NAPOLEÃO

A FUGA DE ELBA

Coleção Globo Livros
História

A revolução de 1989, A queda do Império Soviético, Victor Sebestyen
A história perdida de Eva Braun, Angela Lambert
O expresso Berlim-Bagdá, Sean McMeekin
Napoleão, André Maurois
Diário de Berlim ocupada 1945-1948, Ruth Andreas-Friedrich
Depois da Rainha Victoria, Edward VII, André Maurois
O conde Ciano, sombra de Mussolini, Ray Moseley
Churchill e três americanos em Londres, Lynne Olson
Declínio e queda do Império Otomano, Alan Palmer
Churchill, o jovem titã, Michael Shelden
A Primeira Guerra Mundial, Margaret MacMillan
Tratado de Versalhes, a paz depois da Primeira Guerra, Harold Nicolson
A vida de George F. Kennan, John Lewis Gaddis
O amigo do rei, Geordie Greig
Lênin: um retrato íntimo, Victor Sebestyen

Norman MacKenzie

NAPOLEÃO
A FUGA DE ELBA

A QUEDA, O PRIMEIRO EXÍLIO E A FUGA
1814-1815

Tradução
Vera Giambastiani

GLOBO LIVROS

Texto fixado conforme as regras do novo Acordo Ortográfico
da Língua Portuguesa (Decreto Legislativo nº 54, de 1995)

Título original: *The escape from Elba*

Revisão: Ana Maria Barbosa e Carmen T. S. Costa
Capa: Gisele Baptista de Oliveira
Imagem de capa: Hulton Archive/ Getty Images
Imagem de quarta capa: Fine Art Images/ Heritage Images/ Getty Images

1ª edição, 2018

CIP-BRASIL. CATALOGAÇÃO NA PUBLICAÇÃO
SINDICATO NACIONAL DOS EDITORES DE LIVROS, RJ

M143n

MacKenzie, Norman, 1921-2013
Napoleão : a fuga de Elba / Norman MacKenzie; tradução Vera Giambastiani. - 1. ed. - Rio de Janeiro : Globo Livros, 2018.
il.

Tradução de: The escape from Elba
ISBN 978-85-250-6399-1

1. Napoleão I, Imperador dos franceses, 1769-1821. 2. Guerras napoleônicas, 1800-1815. 3. França - História militar - 1789-1815. I. Giambastiani, Vera. II. Título.

17-42560 CDD: 940.27
CDU: 94(44)

Direitos de edição em língua portuguesa
adquiridos por Editora Globo S. A.
Rua Marquês de Pombal, 25 – 20230-240 – Rio de Janeiro, RJ
www.globolivros.com.br

Sumário

Mapas

Agradecimentos

Sou grato a Luigi de Pasquali, de Portoferraio, pelos conselhos e pela ajuda, e aos funcionários da biblioteca pública, do setor de turismo e das residências napoleônicas em Elba; aos meus colegas Maurice Hutt, sempre generoso com sua ajuda, e a Giovanni Carsaniga; às equipes da London Library, da British Library, da biblioteca da University of Sussex, da biblioteca da University of Nottingham, das bibliotecas do Britannique Institut, em Paris, da Sorbonne, e do National Maritime Museum; à Historical Manuscripts Commission e ao Public Record Office.

Agradeço também a Margaret Ralph e a Betty ffrench-Beytagh, que digitaram a maior parte do manuscrito, e a Brenda Haw, que organizou os mapas. A equipe editorial da Oxford University Press foi muito atenciosa, profissional e eficiente.

Gostaria de manifestar o meu cordial apreço à Fundação Rockefeller e ao pessoal de seu Study Center, em Bellagio, pelo ambiente hospitaleiro no qual este livro foi preparado para ser impresso.

A ortografia da designação de lugares foi padronizada conforme o uso tradicional e discretamente corrigida nas transcrições. Portanto, Leghorn é sempre Livorno, a praça central de Portoferraio é referida como *Piazza d'Armi*, mesmo durante a ocupação francesa; Lyon é chamada de Lyons, Marseille é Marseilles, Genova é Genoa, e assim por diante. Da mesma forma, os nomes pessoais mais frequentes, em especial os de membros da família Bonaparte.

Dramatis Personæ

ADYE, JOHN. Comandante da chalupa inglesa *Partridge* durante a fuga em 1815.

ALEXANDER I. Czar da Rússia, de 1801 a 1825.

CONDE D'ARTOIS. Irmão mais novo de Louis XVIII, que se tornou Charles X em 1824.

BALBIANI, GIUSEPPE. Vice-prefeito de Elba.

de BEAUHARNAIS, EUGÈNE. Filho da imperatriz Josephine, militar bem-sucedido e vice-rei da Itália.

de BEAUHARNAIS, HORTENSE. Filha da imperatriz Josephine, esposa de Louis Bonaparte, conhecida durante a Restauração como duquesa de Saint-Leu.

de BEAUHARNAIS, JOSEPHINE. Viúva de um aristocrata guilhotinado, primeira esposa de Napoleão e imperatriz até o divórcio em 1810.

de la BÉDOYÈRE. Coronel comandante do 7º Regimento de Infantaria, em Chambéry.

MARECHAL BERTHIER. Chefe do estado-maior de Napoleão de 1805 a 1814.

GENERAL BERTRAND. Nomeado chefe do cerimonial do palácio em 1813 e assistente-chefe de Napoleão, em Elba.

BERTRAND, FANNY. Esposa do general Bertrand e filha de um general irlandês servindo no exército francês.

BEUGNOT, JACQUES-CLAUDE. Monarquista, diretor-geral da polícia.

CONDE BLACAS. Primeiro-ministro de Louis XVIII.

BONAPARTE, CAROLINE. Irmã mais moça de Napoleão, casada com Joachim Murat, rei de Nápoles.

BONAPARTE, ELISA. Irmã mais velha de Napoleão, grã-duquesa da Toscana de 1809 a 1814, casada com Felix Bacciochi.

BONAPARTE, JÉROME. Irmão mais novo de Napoleão, rei da Westfália de 1807 a 1813.

JOSEPH BONAPARTE, irmão mais velho de Napoleão, rei de Nápoles de 1806 a 1808; rei da Espanha de 1808 a 1813.

LETIZIA BONAPARTE, mãe de Napoleão, viúva, conhecida como Madame Mère.

LOUIS BONAPARTE, terceiro irmão de Napoleão, rei da Holanda de 1806 a 1810.

LUCIEN BONAPARTE, único dos irmãos de Napoleão que recusou honrarias reais.

NAPOLEÃO BONAPARTE, ex-imperador da França.

PAULINE BONAPARTE, segunda irmã de Napoleão, separada de seu marido príncipe Borghese.

LOUIS GUÉRIN de BRUSLART, antigo líder da resistência monarquista, nomeado governador militar da Córsega em 1814.

GENERAL CAMBRONNE, veterano das guerras revolucionárias, comandante do destacamento da Guarda Imperial que acompanhou Napoleão em Elba.

CORONEL NEIL CAMPBELL, comissário inglês na ilha de Elba de 1814 a 1815.

LORD CASTLEREAGH, ministro do Exterior inglês em 1812 e chefe da delegação no Congresso de Viena.

GENERAL CAULAINCOURT, embaixador francês na Rússia de 1807 a 1811; ministro do Exterior nos últimos meses da guerra e o mais próximo conselheiro de Napoleão durante a crise da abdicação.

COMANDANTE CHAUTARD, do *Inconstant* em que Napoleão fugiu de Elba.

GENERAL DALESME, comandante da guarnição francesa de Elba, por ocasião da chegada de Napoleão.

Marechal Davout, o mais leal dos marechais de Napoleão, que manteve Hamburgo por mais um mês depois de o imperador haver abdicado.

General Drouot, artilheiro muito respeitado, conhecido como "o sábio do exército", que se tornou governador da ilha de Elba e depois comandou a Guarda Imperial em Waterloo.

Cardeal Fesch, meio-irmão de Letizia Bonaparte, que alcançou sucesso na carreira graças ao apoio de Napoleão.

Fleury de Chaboulon, jovem funcionário que foi para Elba no início de 1815, como emissário autonomeado e clandestino dos bonapartistas na França.

Alessandro Forli, provavelmente o espião apelidado Mercador de Azeite.

Joseph Fouché, eminente jacobino que se tornou ministro da Polícia e apoiou Napoleão na sua ascensão ao poder. Um mestre da intriga secreta, foi novamente nomeado ministro da Polícia no retorno de Napoleão à França, mas depois de Waterloo participou do planejamento secreto da segunda Restauração.

Franz I, imperador da Áustria de 1792 a 1835, pai de Marie-Louise.

Frederick Wilhelm III, rei da Prússia de 1797 a 1840.

George, príncipe de Gales, príncipe regente a partir de 1811, reinou efetivamente durante a longa doença de seu pai. Tornou-se George IV em 1820.

Barão Hager, chefe da polícia secreta austríaca.

Príncipe Hardenberg, chanceler da Prússia e conselheiro de maior confiança de Frederick Wilhelm III.

Hyde de Neuville, agente monarquista francês que realizou muitas missões secretas.

Conde de Jaucourt, representante de Talleyrand no Ministério das Relações Exteriores de Louis XVIII.

Rei de Roma, filho de Napoleão e Marie-Louise, nascido em 1811, conhecido como Napoleão II e duque de Reichstadt.

General Köller, representante austríaco junto a Napoleão em Elba.

Coronel Téodor Lacynski, irmão de Maria Walewska e um dos vários oficiais poloneses fortemente ligados a Napoleão.

Dr Christian Lapi, comandante da Guarda Nacional em Elba.

Conde Lavalette, ex-assistente de Napoleão, casado com a sobrinha da imperatriz Josephine e diretor-geral dos Correios nos últimos dias do Império. Fervoroso bonapartista.

Lord Liverpool, primeiro-ministro inglês a partir de 1812.

Louis XVIII, irmão do guilhotinado Louis XVI, líder da emigração monarquista, retornou a Paris em 1814, e novamente depois de Waterloo, mantendo-se rei até sua morte em 1824.

Marechal Macdonald, filho de um jacobino exilado, atuou em todas as guerras e desempenhou papel fundamental durante a crise da abdicação.

General Marchand, comandante da guarnição de Grenoble, em 1815.

Hughes Bernard Maret, um dos conselheiros mais próximos de Napoleão, diplomata de confiança, ministro das Relações Exteriores de 1811 a 1813, e um dos líderes da facção bonapartista na França durante a Restauração.

Marie-Louise, filha do imperador Franz I da Áustria, tornou-se imperatriz da França ao se casar com Napoleão em 1810.

Chevalier Mariotti, da Ordem do Santo Sepulcro, cônsul francês e agente secreto em Livorno.

Marechal Marmont, um dos melhores companheiros de armas de Napoleão, negociou a rendição de Paris em março de 1814, e planejou a deserção do 6º Corpo alguns dias depois.

Conde de Maubreuil, conspirador monarquista, envolvido nos frustrados planos de assassinato de Napoleão.

Barão de Méneval, secretário particular de Marie-Louise.

PRÍNCIPE KLEMENS METTERNICH, embaixador da Áustria em Paris, de 1806 a 1809, tornou-se ministro das Relações Exteriores e se distinguiu no Congresso de Viena.

MARECHAL MONCEY, comandante da Guarda Nacional em Paris em 1814.

MARECHAL MORTIER, comandou a Velha Guarda durante a batalha da Champagne e a defesa de Paris.

JOACHIM MURAT, casado com Caroline, irmã de Napoleão, rei de Nápoles a partir de 1808, abandonou a causa de Napoleão em 1814, após negociações secretas com os austríacos.

CONDE NEIPPERG, general austríaco e diplomata que negociou a deserção de Murat em 1814 e, após a derrota de Napoleão, foi encarregado de vigiar Marie-Louise.

MARECHAL NEY, comandante da retaguarda durante a retirada de Moscou, foi porta-voz dos marechais dissidentes durante a crise da Abdicação e depois tornou-se oficial de alto nível designado pela primeira Restauração.

MERCADOR DE AZEITE, designação dada a um agente secreto francês em Elba, que informava Mariotti, provavelmente um italiano chamado Alessandro Forli.

LOUIS PHILIPPE, duque de Orléans, que lutou com os exércitos revolucionários em 1793, apesar de ser membro da família real francesa. Depois desertou e passou vinte anos no exílio. Considerado um político liberal e uma alternativa para os Bourbons mais reacionários, por muito tempo foi foco de intrigas com as quais nunca esteve pessoalmente comprometido. Tornou-se rei da França após a revolução de 1830.

GUILLAUME PEYRUSSE, tesoureiro de Napoleão.

PONS DE L'HÉRAULT, administrador das minas de ferro em Elba.

POZZO DI BORGO, exilado corso que se tornou um dos conselheiros do czar Alexandre.

MARECHAL SCHWARZENBERG, comandante em chefe dos exércitos aliados a partir de agosto de 1813.

GENERAL CONDE SHUVALOV, enviado pessoal do Czar e comissário russo no acompanhamento de Napoleão a Elba.

TENENTE TAILLADE, comandante da flotilha de Napoleão em Elba até pouco antes da fuga.

PRÍNCIPE CHARLES MAURICE DE TALLEYRAND, ex-bispo, nomeado ministro do Exterior em 1797, defensor de Napoleão até 1807. Posteriormente muito envolvido em intrigas políticas; e após negociações secretas com os Aliados, tornou-se o organizador do Governo Provisório, em 1814. Notável defensor dos interesses da França no Congresso de Viena.

TRADITI, prefeito de Portoferraio.

CONDE TRUCHSESS-WALDBOURG, comissário prussiano no acompanhamento de Napoleão a Elba.

THOMAS USSHER, comandante da fragata inglesa *Undaunted* que, em 1814, transportou Napoleão para Elba.

MARIA WALEWSKA, conhecida como a "esposa polonesa" de Napoleão, tornou-se sua amante em Varsóvia, em 1807; o filho deles, Alexander, nasceu em 1810.

Prólogo

Nos primeiros meses de 1814, o Imperador Napoleão foi derrotado, forçado a abdicar e banido para a ilha de Elba. Um ano depois – após sua fuga de Elba, que sobressaltou a Europa como um estrondo de trovão – ele estava de volta à França e preparava a campanha que terminou na ruína de todas as suas esperanças em Waterloo. Nada foi mais digno de nota em toda sua carreira fantástica do que essas rápidas mudanças nos fados da sorte – e sua reação a elas é o assunto deste livro.

Biografias de Napoleão existem muitas, assim como narrações lendárias de suas vitórias a ecoarem no tempo, mas é em Elba que o vemos num contato direto, despido de suas armaduras e privilégios, ostentador ainda dos hábitos do poder, privado de seu exército, de seus inúmeros auxiliares, porém de novo movido pelos impulsos que levaram seus soldados às pirâmides, ao Kremlin e a criar um império que, embora breve, rivalizou com Roma antiga.

Diante de suas duas décadas de fama, o ano em Elba parece pequeno como uma imagem vista pelo lado inverso do telescópio, mas que brilha intensamente com clareza em cada traço. Mostra a egolatria do soldado da fortuna corso que domou uma revolução, coroou a si mesmo como um César, casou-se com uma Habsburgo e se tornou o senhor da Europa. Revela a taciturna paciência e a capacidade de decisão rápida que distingue o comando brilhante, a visão sistemática do legislador, a disposição favorecedora das artes e as ciências, que encoraja os fabricantes, o comércio, melhora a agricultura, a educação, o saneamento, e constrói estradas e portos. Focaliza no charme pessoal, na petulância com que consegue o que quer e na camaradagem de quartel que parece ser o único aspecto espontâneo daquele homem tão absorvido em seu autocriado papel de grandeza que acha mais fácil assumir atitudes do que mostrar real pena, raiva, remorso ou afeto.

Napoleão em Elba foi na verdade a perfeita miniatura do Homem do Destino, com suas virtudes e defeitos reduzidos à dimensão humana, sem campo de ação para sua abundante energia exceto o do minúsculo reino em que seus inimigos, com escárnio, o tinham instalado; e o contraste entre as glórias passadas e a adversidade do momento era especialmente humilhante. Ele fora antes de tudo homem de seu tempo, abalando reinos e redesenhando mapas conforme bem lhe aprouve, ornando as páginas da história com nomes de batalhas como Marengo, Iena e Austerlitz, transformando inimigos em aliados e vassalos, constatando que apenas a Inglaterra permanecia antagônica, firme, segura contra invasões após a destruição de sua esquadra francesa em Trafalgar, e rica o suficiente para subsidiar uma sucessão de coalizões decrépitas hostis a ele. Mas no fim, pelo que sempre lhe pareceu ser mais um perverso golpe do destino do que falha de sua parte ou brilho dos inimigos, a última dessas coalizões o derrotou.

A vitória aliada, ainda assim, demorou a chegar. Napoleão era o melhor dos generais, comandava o que foi um dia o melhor dos exércitos, e a retirada que começou nas neves do inverno de 1812 na Rússia jamais virou uma debandada, pois ele empreendeu uma guerra defensiva com ação retardadora por todo o caminho da volta para Paris. Quando um exército era destruído, ele formava outro no lugar. Quando os oponentes o excederam em número, ele fez seus homens marcharem duas vezes mais rápidos e lutarem duas vezes mais firmes. Porém, de forma inexorável, por todo o ano de 1813, os russos avançaram pela Polônia e pela Saxônia; os prussianos, e depois os hesitantes austríacos, juntaram-se a eles. Em Leipzig, no outubro de 1813, na maior e mais sangrenta batalha das Guerras Napoleônicas, os Aliados mutilaram a tal ponto seu exército que ele foi forçado a recuar para o Reno. Ao mesmo tempo, após sete anos de obstinada luta em Portugal e na Espanha, o futuro duque de Wellington empurrara os franceses de volta aos Pireneus e, quinze dias antes da vitória de Leipzig, cruzaria a fronteira da França.

A batalha pela França durou dez semanas, e Wellington disse mais tarde que a campanha de Napoleão diante de Paris foi uma esplêndida demonstração da capacidade militar do Imperador conforme ele negaceava, fintava e investia, atacando duramente os russos em movimentos rápidos pelos campos da Champagne para frear o ímpeto dos prussianos do marechal Blücher, virando a sudeste para fustigar os austríacos, fechando brechas em suas fileiras, e de algum modo conseguindo manobrar para manter o controle, embora seus oponentes fossem sempre aumentando as tropas e ele se visse obrigado a repartir seus definhantes exércitos. Faltou-lhe força para obter a vitória decisiva que buscava, e também senso político para entrar num acordo aceitável tanto para sua exausta gente quanto para os Aliados já cansados de guerra. Em Praga, em Frankfurt, e nas mais recentes negociações em Châtillon, ofereceram-lhe termos razoáveis. Todas as vezes, ele usou as pausas, tomou fôlego para novas batalhas e, a cada novo exemplo de má-fé, os Aliados elevaram seu preço. Em fins de fevereiro ficou-lhes patente que não poderiam concluir uma paz confiável com o Imperador, e nada lhes restou senão entrar na França, lentamente reduzindo seus exércitos a regimentos de espantalhos famintos e cansados, sem nenhuma ideia de como terminar a guerra ou do que seria da França quando isso ocorresse.

1
A queda do colosso

"É TOCAR PARIS COM UM DEDO E DERRUBAR O COLOSSO," disse um dos conselheiros do Czar Alexandre ao recomendar a seu soberano todo esforço para tomar a capital francesa.

Nos últimos dias de um inverno chuvoso e angustiante, o prognóstico se realizava, pois Napoleão cometera um erro desastroso. Em meados de março deixara livre a estrada para Paris e partira para o Leste na jogada de tentar quebrar a ponta de lança aliada. Na melhor das hipóteses eram poucas as probabilidades, e a situação de fato mais perigosa do que ele supunha, porque os Aliados já tinham conhecimento de sua localização e do que pretendia fazer. Haviam interceptado uma carta para a imperatriz Marie-Louise na qual ele mencionava seus planos, e também tinham informantes bem colocados em Paris, inclusive o arqui-intrigante Charles Maurice de Talleyrand. Por longo tempo figura-chave da política francesa, embora havia muito em discordância com o Imperador, Talleyrand mantinha secretos contatos com os austríacos e não tentava esconder a convicção de que Napoleão deveria ser afastado se a França quisesse livrar-se de uma paz punitiva. Com o Imperador em St. Dizier, a três dias de marcha difícil para capital e sem contato com seu irresoluto irmão Joseph deixado para defendê-la, havia uma chance de derrotá-lo com um ataque repentino, mais característico do próprio Napoleão que dos soberanos que vinham ajustar contas com ele. Se os Aliados se apressassem poderiam vencer a corrida a Paris.

O Czar persuadiu o rei da Prússia e o ansioso Schwarzenberg a avançar rapidamente a despeito dos riscos de alguma cilada que Napoleão lhes pudesse armar. Em 29 de março as tropas aliadas haviam empurrado os marechais Marmont e Mortier de volta a Montmartre e aos outros vilarejos nas elevações ao norte de Paris, haviam derrotado os esfarrapados exércitos de veteranos feridos, de moços e de voluntários civis que procuraram barrar-lhes o caminho para a cidade, e oferecido aos comandantes franceses a escolha entre uma capitulação honrosa e – como disse Marmont – "o horror de um cerco" em que os russos poderiam vingar-se do incêndio de Moscou. No dia seguinte, os comandantes assinaram o armistício. Os exércitos franceses deveriam retirar-se de Paris antes do romper do dia, em 31 de março, e os Aliados fariam a entrada cerimonial poucas horas depois.

Tão logo teve conhecimento de que os principais exércitos aliados lhe haviam escapado, Napoleão partiu célere para Paris, deixando que suas cansadas unidades o seguissem o mais rápido possível, na esperança de alcançar a cidade a tempo de convocar a Guarda Nacional e incitar os subúrbios com o patriotismo revolucionário que salvara a França em 1792. Porém mais tarde, no anoitecer do dia 30 de março, quando alcançou o posto da estalagem Cour de France perto de Juvisy, apenas para fazer uma última troca de cavalos da sua carruagem antes de alcançar Paris, surpreendeu-se ao ver uma coluna isolada de cavalarianos dirigindo-se para o sul na escuridão e sob chuva fina. "O que faz aqui?" – perguntou ao general Belliard, cujos homens eram a vanguarda do exército de Marmont de volta à linha do rio Essone que protegia o acesso ao palácio real de Fontainebleau. "Onde está o inimigo?" – gritou enraivecido. "Onde estão a Imperatriz e meu filho?" Quando Belliard informou que os irmãos de Napoleão, Joseph e Jérome, tinham fugido com Marie-Louise e o infante Rei de Roma, e que a capital havia se rendido, Napoleão entrou em desvario. "Todos perderam a cabeça," exclamou para o marechal Berthier, seu chefe de estado-maior, e para o general Caulaincourt, seu ministro do Exterior, que viajavam com ele. "É no que dá confiar em gente que não tem senso nem energia." Em sua aflição, saiu em direção a Paris, insistindo que algo ainda poderia ser salvo da ruína de suas esperanças, e Berthier e Caulaincourt tiveram dificuldade em persuadi-lo de que a capitulação não podia ser revogada e que não havia meios de continuar a luta.

Por uma hora ou mais, Napoleão andou de um lado para outro a passos duros, clamando contra seu irmão Joseph e outros covardes, culpando-se amargamente por estar algumas horas atrasado, maquinando esquemas radicais de um massacre dos aliados nas ruas de Paris e lamentando que "a capital do mundo civilizado será ocupada por bárbaros." Caulaincourt, por fim, convenceu-o a entrar na casa do posto, mas ele estava tão agitado pela raiva e pela decepção que nada o acalmava.

Por algum tempo lá sentou-se, pensando num jeito de reverter a capitulação de Paris a seu favor, pois tinha certeza de que os Aliados teriam dificuldade em reagrupar suas tropas para a luta, tão logo elas estivessem dispersas pelas ruas e praças da capital. Mas sem um exército à mão, e impedido pelos termos com que Marmont firmara a rendição da cidade, não podia pensar em nada além das táticas que havia empregado durante todo o inverno. Enviaria Caulaincourt para negociar com o Czar, pois ambos deram-se bem quando Caulaincourt fora embaixador em São Petersburgo e, enquanto ganhava tempo com as conversações, reuniria suas últimas reservas para um lance de risco. "No concernente à paz, a melhor promessa do Imperador nada valia," escreveu mais tarde Caulaincourt, num comentário revelador sobre um homem que ele havia, até então, admirado e servido com o máximo da lealdade. "O desejo de exaltar o renome e a prosperidade da França sempre entrava em conflito com suas melhores intenções e resoluções mais pacifistas, e o tempo todo ele visava escapar da necessidade de se submeter a uma paz que ia contra seus sonhos da vida inteira."

Nunca houve exemplo mais claro desse traço do que a relutância de Napoleão em encarar a realidade de sua derrota em 1814. Alvorecia quando ele se pôs a caminho de Fontainebleau, após uma das piores noites de sua vida, mas seu espírito já voltara à boa disposição quando começou a improvisar planos para recuperar a capital. Com 44 anos, depois de tantas vitórias, não podia acreditar que a sorte finalmente virava contra ele e que suas recusas em aceitar a paz quando teve a chance haviam perdido um império e trazido os cossacos em algazarra pelos Champs-Élysées.

Sua mulher já tinha viajado um dia antes de ele chegar ao posto Cour de France, cujo nome era amarga ironia naquelas circunstâncias. Às oito e meia da noite de 28 de março, quando canhões russos podiam ser ouvidos nos portões de Paris, o Conselho da Regência reuniu-se nas Tulherias para decidir se a Imperatriz e o Rei de Roma deveriam permanecer na cidade ou deixá-la. Embora a maioria dos membros do conselho julgasse que eles deviam ficar, Joseph Bonaparte surpreendeu a todos ao ler duas cartas do irmão imperador: mal interpretadas, essas cartas seriam a causa imediata da separação de sua mulher e da perda da capital.

O pusilânime Joseph, que já abandonara seu instável trono na Espanha, havia muito era a favor de firmar uma paz que salvasse da ruína tanto a França quanto a fortuna da família Bonaparte, e durante todo o inverno censurara Napoleão por sua relutância em encarar a realidade. Agora que o desastre batia à porta, não pensava noutra coisa senão capitular e fugir, e as duas cartas forneceram a desculpa.

A primeira delas fora escrita em 8 de fevereiro, quando Napoleão especulava a possibilidade de derrota ou de morte; num caso desses, ele dizia a Joseph que sua mulher e seu herdeiro deveriam ser levados para junto das tropas ao sul do Loire. "Prefiro ver meu filho morto," escreveu, "a ele ser educado como príncipe austríaco." A segunda carta, mais ou menos nos mesmos termos, foi enviada de Reims em 16 de março: "Não deves permitir que a Imperatriz e o Rei de Roma caiam nas mãos do inimigo," insistia novamente Napoleão. "Se o inimigo avançar sobre Paris em força e tornar impossível qualquer resistência," acrescentou, "todo o governo deve decampar rumo ao Loire. "Não abandone meu filho e lembre que prefiro sabê-lo no Sena a estar nas mãos dos inimigos da França."

Napoleão não estava morto, as forças aliadas haviam alcançado Paris imprudentemente espalhadas, e uma resistência de alto custo era ainda possível – mas com aquelas instruções Joseph pôde agir como desejava. E assim fazendo, criou tamanha confusão que não foi possível sequer organizar uma defesa satisfatória para a capital, nem garantir que o governo todo se retirasse da capital. Numa tentativa de salvar a Imperatriz e o filho, e alarmado com as próprias perspectivas, simplesmente abandonou o Imperador à sua sorte. "Bem, isso é o fim de tudo," comentou Talleyrand quando, muito depois da meia-noite, a reunião terminou, "embora se esteja desperdiçando o jogo com tantos trunfos na mão." Ele já havia decidido permanecer em Paris e ver como tirar vantagem das próprias cartas.

"Estou preocupada por partir, sei que as consequências serão ruins para você," escreveu Marie-Louise numa avaliação sensata para Napoleão depois que a reunião acabou, "mas todos disseram que meu filho estaria em perigo... Então confiei na Providência, certa, porém, de que tudo terminará em desastre." Ela era de personalidade egocêntrica e fraca, e fora criada de forma tão estrita que não contava com quase nenhuma experiência do mundo na ocasião em que seu pai, o imperador Franz I da Áustria, por razões dinásticas entregou-a em casamento a Napoleão com apenas dezoito anos, e seu futuro marido era o homem mais poderoso do mundo. No entanto, ela possuía um senso do dever régio e conjugal que a deixava relutante em separar-se de Napoleão nesse momento de crise. Sabia muito bem o que deveria fazer ou provavelmente gostaria de fazer, mesmo carecendo de força de caráter e de meios para fazê-lo.

Cedo na manhã seguinte houve luta para além de Montmartre quando a cavalgada se movimentou em direção a Rambouillet a caminho do Loire. Havia uma dúzia de *berlines* para Marie-Louise e seus acompanhantes, as carruagens do cerimonial e da coroação abarrotadas com roupa de cama e mesa; e atrás delas se estendia e rodava uma linha oscilante de carros de carga transportando os bens privados do Imperador, o ouro restante do Tesouro, as joias e o guarda-roupa de Marie-Louise, roupas e uniformes de Napoleão, a roupa de baixo bordada com suas iniciais. Com mais de mil cavalarianos formando uma escolta, a partida precipitada da corte foi uma visão impressionante, mas desmoralizadora.

No dia seguinte, em Chartres, a oitenta quilômetros de Paris, Marie-Louise foi alcançada por Joseph e Jérome Bonaparte e esposas. Os irmãos Bonaparte não haviam sequer esperado por Marmont para acertarem os termos com que Paris se rendia aos Aliados, e a primeira notícia concreta que tiveram da capital foi uma nota de Napoleão escrita às pressas na Cour de France e enviada a eles por mensageiro. Nesse meio-tempo, os refugiados reais haviam decidido percorrer os cem quilômetros a mais até Blois. A jornada custou-lhes dois dias de estrada enlameada por chuva incessante, e quando chegaram a Blois muitos soldados e prisioneiros feridos foram desalojados e deixados a si mesmos para dar lugar à Imperatriz, aos dois ex-reis (pois Jérome teve um período como rei da Westfália na época em que Napoleão distribuía reinos pela família), e a toda a comitiva; o aglomerado ainda piorou quando foi acrescido por Louis Bonaparte (que fora rei da Holanda), Letizia Bonaparte, mãe de Napoleão, e o meio-irmão dela, Cardeal Fesch, que iniciara a vida como intendente do exército e progredira na Igreja por influência do sobrinho.

Nenhum deles sabia o que fazer. O hipocondríaco Louis, relatou posteriormente Marie-Louise, "estava num estado de pânico a ponto de querer partir de imediato para alguma fortaleza... tão fora de si que se tornou constrangedor." Enquanto isso, Joseph e Jérome pareciam imaginar que ficariam mais seguros e teriam alguma chance de barganha com os Aliados se mantivessem sob controle a Imperatriz, seu filho, e o Tesouro. Napoleão sempre fora surpreendentemente tolerante com os irmãos, nenhum dos quais merecera as honras, a riqueza e a responsabilidade com que ele os cumulara em seus dias de glória; e agora em declínio, pagava o preço por deixá-los no comando enquanto se ausentava nas guerras.

Três dos seus inimigos eram ainda menos eficientes que seus irmãos. O Príncipe Regente inglês não participara diretamente do conflito, embora os ingleses tivessem sido os únicos adversários consistentes de Bonaparte. A riqueza do Príncipe e seus problemas matrimoniais tornaram-no impopular a ponto de ser vaiado nas ruas, e mesmo que tivesse podido se locomover para a França, era fisicamente inadequado para os rigores de uma campanha militar. O imperador Franz I da Áustria, duas vezes derrotado por Napoleão antes de casar a filha com seu vencedor, era um homem irritadiço, obcecado com trivialidades, fascinado por intrigas, que delegava todos os assuntos importantes ao príncipe Metternich, seu hábil ministro do Exterior, e ao marechal Schwarzenberg, o cauteloso comandante em chefe dos exércitos aliados. Acossado de volta para a Suíça pela ofensiva final de Napoleão, Franz I seria o último soberano a alcançar Paris. O rei Frederick Wilhelm da Prússia impressionava ainda menos. Mais se interessava em desenhar novos uniformes para seus soldados do que em liderá-los em combate.

O czar Alexandre, na verdade, era o único soberano com uma mínima capacidade de liderança de campo, e havia predominado no comando dos Aliados nas últimas semanas da campanha. Autocrata na Rússia, que findaria seus dias como um reacionário místico execrado por todos aqueles de mente liberal da Europa, seu único objetivo manifesto era impelir as fronteiras de seu país para o Oeste como recompensa por suas perdas de guerra. Ao mesmo tempo, esse governante charmoso, inteligente e bem-educado, desejava apresentar-se aos franceses como um vitorioso graciosamente benfazejo e refinado que vinha apenas restaurar-lhes a liberdade. Parecia tão magnânimo que podia prescindir do rancor pessoal contra Napoleão, sentimento este ainda muito forte entre seus aliados e seus próprios conselheiros. Ele havia genuinamente admirado o Imperador nos tempos de vitória e, apesar do incêndio de Moscou e da dispendiosa marcha através da Europa, propunha-se a lidar generosamente com o derrotado.

Na manhã de 31 de março, quando Caulaincourt chegou ao quartel-general do Czar em Bondy nos arredores de Paris, encontrou Alexandre indeciso em relação à forma de governo que agora seria melhor para a França, em vista do seu desagrado pelos Bourbons como família e nenhum desejo de ver Louis XVIII, obeso e politicamente inepto, escorado nas Tulherias pelas baionetas russas. Permanecia, no entanto, firme em um ponto: Napoleão devia perder o trono. Schwarzenberg era ainda mais enfático que o Czar. "Temos por objetivo garantir que nossos filhos vivam anos de paz e que o mundo consiga algum sossego," disse ele a Caulaincourt. "O imperador Napoleão tem mostrado com clareza, ultimamente, que não deseja nada disso. Com ele, não há segurança para a Europa."

O armistício confiara Paris "à generosidade dos Aliados," e antes de suas colunas marcharem pela cidade houve esforços frenéticos para dar à França um governo provisório. Talleyrand era a força propulsora. Sabia que Napoleão estava acabado: durante meses esteve insistindo para que ele aceitasse uma paz que legasse à França a fronteira "natural" do Reno (incluindo a Bélgica), dos Alpes e dos Pireneus. Percebeu também que havia pouca esperança de uma regência para Marie-Louise e seu filho, porque os Aliados tendiam a ver essa solução como porta aberta para um eventual retorno de Napoleão. A menos que a França se tornasse novamente uma república ou aceitasse algum príncipe inferior, como o renegado marechal Bernadotte que se fizera herdeiro do trono da Suécia, era evidente que o país teria de retornar aos Bourbons. Essa era uma conclusão intragável para os homens que haviam saído da obscuridade na Revolução, assistido a Louis XVI e Maria Antonieta caminharem para a guilhotina e depois prosperado sob o Império. Porém Talleyrand não hesitou. Calculista, corrupto, com uma personalidade sem atrativos e moralidade duvidosa, era, contudo, o mais talentoso político da França e firme defensor dos interesses nacionais. Sobre essa crise Caulaincourt disse mais tarde, "ele me deu a impressão de um homem compelido pelas circunstâncias a desposar uma mulher pela qual tinha antipatia e desprezo."

Quando um Caulaincourt desconsolado retornou a Paris, encontrou Talleyrand tentando formar uma estranha combinação de homens. Alguns tinham se desentendido com Napoleão ou perdido a fé nele; outros eram oportunistas, esperando tirar proveito virando a casaca; outros ainda eram funcionários experientes que acreditavam estar Talleyrand fazendo o certo, e que a melhor solução para a França seria assegurar que Louis XVIII retornasse como monarca constitucional. Não era tarefa simples, pois a vitória aliada fora tão repentina que pegara a todos de surpresa, criando tal estado de confusão que ninguém sabia o que fazer a seguir. Era também um risco. Se Napoleão revidasse, expulsando os Aliados da cidade, Talleyrand e os que conspiraram com ele poderiam ter dificuldade em manter a cabeça sobre os ombros. Havia pouco apoio público aos Bourbons, quase desconhecidos após 25 anos de exílio; e os monarquistas intransigentes, que não tinham simpatia nenhuma por uma constituição e desprezavam as noções de liberdade, igualdade e fraternidade, simplesmente desejavam atrasar o relógio para os dias antes de o povo de Paris tomar a Bastilha de assalto.

Naquela tarde, o Czar, o rei da Prússia e o marechal Schwarzenberg seguiram à frente de mais de 40 mil homens para a entrada de Paris, com bandas e bandeiras, numa parada solene surpreendentemente bem acolhida pelas multidões alinhadas pelo caminho. As braçadeiras brancas usadas pelas tropas eram apenas um meio de identificação adotado depois que unidades russas e prussianas atiraram umas nas outras por engano, mas foram consideradas pelos parisienses uma demonstração de apoio à bandeira e à roseta de chapéu brancas dos partidários dos Bourbons; monarquistas dispersos aproveitaram para incitar vivas ao Rei, e então – sob a liderança de um aventureiro fanático conhecido como Maubreuil – iniciaram uma infrutífera tentativa de derrubar a estátua de Napoleão da coluna de Austerlitz na Place Vendôme. Um comandante russo afastou-os e acampou seu regimento na praça. Quando o Czar subiu para ocupar seus aposentos na bela casa de Talleyrand na rua Florentin, evidenciou-se que nada estava decidido ainda sobre o trono da França, exceto a remoção do seu ocupante. "Não vi um único rosto amigável o dia todo," escreveu tristemente Caulaincourt a Napoleão naquela noite.

Sessenta quilômetros ao sul, numa pequena suíte de quartos no primeiro andar do palácio em Fontainebleau, Napoleão planejava lutar em vez de render-se. Conforme Caulaincourt já fizera o Czar lembrar, havia ocorrido apenas um armistício local em Paris, do qual o Imperador não fora parte, e Napoleão poderia facilmente reunir uma grande força ao longo do Loire. Poderia até realizar uma tentativa séria de recuperar Paris. Naturalmente, por qualquer padrão convencional, Napoleão não estava em condições para batalha. Tropas exaustas pelas semanas de lutas e marchas, suprimentos racionados, boa parte de sua artilharia, bagagem e outras provisões enviada para Orléans, e só contando no momento com 70 mil homens, menos da metade da força aliada reunida dentro e ao redor de Paris. Mas os exércitos aliados estavam arriscadamente divididos, com 50 mil homens frente a Marmont e Mortier no rio Essone, que cobria o acesso para Fontainebleau, 40 mil em Paris, e outros 60 mil ao norte do Sena. Pareceu a Napoleão, conforme ia examinando seus mapas e efetivos, que um rápido ataque pelo Essone poderia mandar os austríacos de Schwarzenberg cambaleando de volta à capital para lá descobrirem que a Guarda Nacional e os subúrbios haviam se levantado numa patriótica insurreição, enquanto o resto do exército francês contornava pelo norte e pelo leste da cidade a fim de cortar a linha de retirada dos Aliados.

Em termos militares essa dramática manobra, sem dúvida, era exequível – tão exequível, na verdade, que, durante os três primeiros dias de abril, Schwarzenberg pensou em retirar-se de Paris em direção a Meaux antes que os exércitos aliados fossem apanhados na armadilha e batidos, um após outro, pelo costumeiro estilo de Napoleão; e a manobra agradava tanto ao Imperador que rascunhou as ordens de marcha. Mas o plano não agradou aos seus marechais e comandantes de divisão, que não queriam uma grande batalha dentro e em torno de Paris que pudesse deixar a capital uma ruína flamejante tal qual Moscou, ganhasse ou perdesse Napoleão.

Napoleão criara 25 marechais, e se nenhum tinha seus dotes políticos ou seu brilho estratégico, eram homens valentes no campo de batalha, e a maioria o servira lealmente até sua sorte ter mudado e ele ter começado a jogar fora vidas e territórios franceses com indiferente abandono. Agora três estavam mortos, alguns outros em desfavor, e outros mais achavam-se ainda na frente de batalha. Apenas Berthier, seu chefe de estado-maior, Ney, Lefebvre, Moncey, Mortier e Marmont mantinham-se com o exército em Fontainebleau, embora Oudinot e Macdonald chegassem com as unidades que Napoleão deixara na Champagne quando correra a Paris em março. Esses oito homens teriam os papéis decisivos nos próximos poucos dias, e muito embora viessem a parecer um grupo de conspiradores, eram na realidade nada mais do que um conjunto de soldados confusos, cansados e desiludidos, sabedores de que Napoleão enfim pedira demais de seu exército a ponto de desintegração.

Caulaincourt via muito bem a situação. "A necessidade de descanso," escreveu, "era tão sentida entre todas as classes da sociedade e no exército, que a paz a qualquer preço se tornara a paixão do dia; e todo esse sentimento voltava-se ao Imperador, acusado de rejeitar a paz e de não desejá-la sinceramente, mesmo agora." Conforme tais sentimentos iam se propagando, o poder de Napoleão inevitavelmente se dissipava. Os homens impulsionados havia tanto tempo por sua inquieta vontade e fascinados por sua percepção de destino estavam por fim chegando ao ponto de ruptura, e ele não podia mais contar com nenhum deles para agir por ele ou compartilhar de seus sonhos mágicos conforme iam se desvanecendo na dura luz da derrota. O máximo que os mais chegados camaradas podiam agora fazer por ele era garantir-lhe a melhor barganha possível por sua vida e liberdade.

Pelas semanas seguintes, Caulaincourt fez viagens constantes entre Fontainebleau e Paris, tentando chegar a termos aceitáveis para os Aliados e para o Imperador. Tudo, na verdade, dependia do Czar. "Alexandre é o mais razoável deles," observou corretamente Napoleão ainda no início dessas negociações. "Apesar de todo o mal que fizemos um ao outro, ele é possivelmente o mais generoso, também." No terceiro encontro com Caulaincourt, em 1º de abril, o Czar disse amigavelmente que Napoleão precisava abdicar, que o Imperador seria bem compensado se concordasse em viver fora da França ou da Itália; mencionou Elba como uma possível residência e propôs receber Napoleão como honorável hóspede na Rússia, se Elba não lhe fosse apropriada; e até considerou a insistente sugestão de Caulaincourt de que Napoleão abdicasse em favor do filho. O problema poderia ter sido resolvido dessa forma se o Czar e o Imperador tivessem se encontrado, da maneira como havia sido na balsa em Tilsit, em 1807, para tratar diretamente um com o outro.

O Czar, porém, agora precisava levar em conta seus aliados, pois ao terem esbarrado numa inesperada vitória decisiva haviam chegado a Paris sem outra concordância exceto o afastamento de Napoleão do trono – e a necessidade de garantias de que ele nunca o retomaria. Inicialmente o Czar simpatizou com a ideia de uma regência. Manteria os Bourbons à distância, aborreceria os austríacos, com os quais ele logo iria se desentender sobre o destino da Polônia e da Saxônia, agradaria o Exército francês e a maioria do povo e, por ter se chegado a uma rápida solução, a ameaça sobre Paris estaria afastada. Também tornaria a decisão sobre o futuro pessoal de Napoleão independente de qualquer tratado de paz com a França e do árduo trabalho de dividir o espólio de seu império falido.

Mas os ingleses, comprometidos com os Bourbons, preparavam a volta de Louis VXIII de seu longo exílio numa casa de campo em Hartwell, ao norte de Londres; e uma regência era a última coisa que os austríacos queriam. O Imperador Franz I estava tão ansioso em repudiar seu genro quanto estivera feliz em deixar um Bonaparte desposar uma Habsburgo com o intuito de fundar nova dinastia imperial. "Só tomamos essa posição como último recurso," disse Schwarzenberg a Caulaincourt em 1º de abril. "Agora nada pode ser mudado; tratamos com o senhor por muito tempo, e presentemente temos obrigações para com nossos aliados. Quanto ao Imperador, foi ele quem provocou esses transtornos para si mesmo... e quanto à Imperatriz, seu pai a ama, e nós lamentamos a situação dela, mas o interesse da Europa e nosso próprio sossego devem vir em primeiro lugar." A partir daquele momento, Caulaincourt compreendeu que nada mais podia esperar da parte dos austríacos.

Talleyrand e aqueles a quem estava persuadindo a formar um governo provisório eram igualmente contra uma regência. Esta teria servido muito bem a Talleyrand antes de os Aliados terem alcançado Paris, pois conseguindo a permanência de Marie-Louise na capital, ele seria o ministro mais importante e negociaria com os Aliados; porém, em razão de a Imperatriz e o filho terem fugido, e de ele ter-se comprometido com uma constituição e um rei Bourbon, não podia agora deixar Alexandre arruinar seu jogo de forma casual. Começou imediatamente a organizar o Senado (onde uma oposição a Napoleão vinha aumentando havia meses) para depor os Bonapartes e impor os Bourbons nos seus termos. Pela noite de 3 de abril, o Senado havia feito quanto ele pretendia. Foi aprovada uma longa resolução culpando Napoleão por tudo que dera de errado na França, inclusive fome e doenças. Proclamou-se ele não ser mais Imperador, e seu filho não ter direito de sucessão. Declararam-se firmemente por uma monarquia constitucional. E, mais importante, abriram o caminho para comandantes desafetos mudarem de lado, desobrigando os soldados de seus juramentos.

Era mais fácil aprovar moções do que pô-las em prática. Os Aliados ou os monarquistas poderiam ter outras ideias. O Conde d'Artois, irmão reacionário de Louis XVIII, ia fazer tudo que pudesse para livrar Louis das restrições de uma constituição, e já estava a caminho com planos que consternariam Talleyrand tanto quanto agradariam aos monarquistas vingativos. Napoleão também estava em posição de interferir. Talleyrand tinha ainda mais razão do que o Czar para temer um rápido ataque a Paris, convencido de que nem seu governo, nem algum outro que pudesse vir a sucedê-lo, estaria a salvo até não haver mais nenhuma possibilidade de Napoleão retornar à capital. Em suma, não haveria paz duradoura até que o Ogro Corso fosse banido para os confins do mundo ou morresse.

Talleyrand já falava em Açores e Santa Helena. Havia também conversas sobre retomar a antiga conspiração monarquista de um grupo de homens temerários disfarçados com uniformes de cavalarianos aproximar-se do Imperador e assassiná-lo. Dalberg, colega de Talleyrand no novo governo, foi tão indiscreto sobre o esquema que o rumor chegou à polícia em Paris e a Napoleão em Fontainebleau. E, segundo o desacreditado Maubreuil, que se envolveu nesse plano – e depois também numa prolongada série de escândalos e ações judiciais que davam a entender estar ele desequilibrado mentalmente –, foi o secretário de Talleyrand, Roux Laborie, quem insinuou que o próprio Talleyrand estava a par do que ocorria. Qualquer que fosse a verdade das alegações de Maubreuil, não resta dúvida de que Talleyrand seria capaz de dar um encorajamento oculto a tal intriga. Nas ansiosas primeiras horas após a capitulação, é bem possível que ele tenha considerado um plano assim, caso Napoleão tentasse retomar Paris; mas com o Czar hospedado em sua própria casa e um destacamento da guarda imperial russa para protegê-la, com as decisões do Senado no bolso e com o espaço de Napoleão para criar problemas diminuindo dia a dia, a necessidade dessas medidas desesperadas logo passou.

Inseguro do que ocorria em Paris e incapaz de exercer muita influência nos acontecimentos, Napoleão conversava interminavelmente com todos que vinham vê-lo em Fontainebleau, especialmente com Maret, que precedera Caulaincourt como ministro do Exterior, e com o próprio Caulaincourt, que era submetido a um caudal de recordações, recriminações e propostas, toda vez que retornava para relatar suas discussões com os Aliados. No curso de poucos minutos, disse Caulaincourt, o humor de Napoleão podia oscilar do desespero ao desafio, da autopiedade a falsas esperanças de que sua sorte iria mudar. Falava em abdicar e deixar para os Bourbons assinarem uma paz humilhante ditada pelos cossacos. Assegurava que ia encontrar-se com Marie-Louise em Orléans e continuar com a guerra a partir do Loire, e logo depois falava em juntar-se ao seu enteado Eugène Beauharnais na Lombardia e oferecer uma última resistência como Rei da Itália. Queixava-se continuamente sobre a carreira de traição de Talleyrand e a grande ingratidão das cabeças coroadas da Europa as quais ele havia livrado dos abismos da revolução. Continuava a insistir que o imperador Franz I quando chegasse a Paris acertaria tudo pelo bem da filha.

Napoleão sempre fora homem de impulsos. Mas em tal estado de choque, seu natural desassossego estava tão acentuado que a um impulso seguia-se outro sem levar a nenhuma decisão. Entre toda essa revoada de ideias, na verdade, o único tema constante era uma batalha apocalíptica por Paris, e muito embora essa perspectiva alarmasse os homens que teriam de planejar e lutar nessa desesperada aventura, Napoleão continuava a se iludir apelando aos mais devotados de seus soldados. Na manhã de 3 de abril, quando passava em revista a guarda no pátio de Fontainebleau, ele ficou tão contente com os brados de "A Paris! A Paris!" e a fervorosa entoação da "Marseillaise", que passou a tarde com Berthier esboçando planos para retomar a capital dois dias mais tarde.

Durante a noite, no entanto, as fracas unidades comandadas por Macdonald e Oudinot começaram a alcançar o abrigo da floresta de Fontainebleau. Era evidente para todos que os jovens recrutas não estavam em condições de lutar, e diferentemente dos veteranos da Guarda, eles queriam paz. O general Gérard, comandante do 2º Corpo, disse duramente a Macdonald que sua tropa caía aos pedaços e que os generais se recusariam a marchar para Paris e somar a destruição da capital a tantos outros sacrifícios.

Na manhã seguinte, depois de outra revista, Berthier, Maret e Caulaincourt conversavam com Napoleão quando a eles se reuniram Ney, Moncey, que comandava a Guarda Nacional, e Lefebvre, os quais haviam criado coragem para dizer a Napoleão que a situação era desesperadora. Napoleão começou a repreendê-los e ridicularizá-los, como tantas vezes fizera no passado quando discordavam dele. "Nós vamos salvar a França, redimir nossa honra, e então aceitarei uma paz negociada," declarou numa lufada da familiar retórica. "Um derradeiro esforço, e então podemos todos relaxar após 25 anos de luta."

Nesse ponto, chegou Macdonald com a desanimadora notícia do estado de suas tropas, dizendo que eles partilhavam do difundido receio de que Napoleão exporia Paris ao terrível destino de Moscou e mostrando-lhe uma carta em que era convidado a desertar para o Governo Provisório. Conforme prosseguia a discussão, tornava-se evidente que os marechais só ficariam satisfeitos se Napoleão concordasse em abdicar a favor do filho. Caso a luta outra vez recomeçasse, eles se defrontariam ou com a derrota e a desgraça, ou com a vitória e uma guerra sem fim; e se os Bourbons retornassem, pouco poderiam eles esperar de uma dinastia que haviam estado a combater desde a Revolução. Mas uma regência sob Marie-Louise parecia dar-lhes exatamente o que queriam – paz e continuada fatia no poder e nos privilégios do Império.

Napoleão julgou-os tão tolos quanto medrosos. "Os marechais perderam a cabeça," disse a Caulaincourt depois de ter malogrado em convencê-los de que a regência não duraria uma semana. "Não percebem que sem mim não haverá exército nem nada para garantir seus interesses." Mesmo assim, foi obrigado a dar uma demonstração de aquiescência. "Muito bem. Se é nesse pé que as coisas estão, eu abdico," disse com petulante autopiedade. "Nada pedi senão a felicidade da França, e falhei."

Mesmo então contemporizava, pois gostava de assegurar-se de todas as contingências. Mandou os marechais se retirarem enquanto rascunhava uma abdicação condicional, porém ao conversar com Caulaincourt sobre as negociações que este tinha entabulado com o Czar, persistia em voltar à ideia de encontrar seu destino entre os muros de Paris, e insistiu que seus relutantes marechais lutariam uma vez comprometidos com a batalha. O assunto agitava tanto sua mente que ele não pôde escondê-lo quando os chamou de volta. Depois de ler-lhes o rascunho da abdicação e dizer que estava delegando a Caulaincourt, Ney e Marmont discuti-la com Alexandre, estraga o alívio que sentiram os emissários fazendo um importuno apelo aos velhos camaradas de armas: "Marchemos amanhã, vamos derrotá-los," bradou. "Aprontem-se para partir às quatro da manhã." Os marechais permaneceram em silêncio, e Napoleão, passados alguns momentos, irritadamente, rabiscou seu nome no papel.

Essa ambivalência foi a característica do comportamento de Napoleão por toda a primeira semana de abril, e é impossível dizer se ele queria que as negociações prosperassem ou tinha expectativas de que os Aliados rejeitassem a ideia de uma regência, forçando assim os marechais a ficar do seu lado. É possível que nem ele próprio soubesse, porque falou tantas coisas diferentes no correr desse dia confuso, que os membros do grupo se deram por felizes em partir levando a nota de abdicação – e também outro vago documento declarando que tão logo o princípio da regência fosse aceito, poderiam prosseguir para a assinatura de um tratado de paz.

Essa incerteza, além disso, se refletiu noutra mudança de opinião aparentemente trivial, porém crucial. Antes da partida dos comissários, Macdonald recebeu ordem de tomar o lugar de Marmont junto a Caulaincourt e Ney. Isso era compreensível, pois Napoleão conhecia e confiava em Marmont desde o tempo em que foram jovens oficiais juntos, e era o 6º Corpo, que Marmont comandava, que teria de suportar o peso de um ataque austríaco ou liderar a marcha de Napoleão sobre Paris. Porém, no último momento, possivelmente induzido por temores sobre Ney, que era duvidosamente leal e um tão grande tolo em política que Talleyrand poderia facilmente jogar com sua vaidade e ambição, Napoleão disse aos três emissários que podiam decidir, quando chegassem a Essonnes, se seria sensato levar Marmont com eles.

Foi uma decisão curiosa, pois Napoleão já havia resolvido fazer uma reunião de oficiais do estado-maior na manhã seguinte a fim de examinarem planos de batalha caso o comitê fosse mal recebido, e por isso Marmont era o mais imprescindível deles. Foi também uma decisão desastrosa. Enquanto Napoleão tergiversava e hesitava em Fontainebleau, seu velho amigo se precipitara numa intriga que destruiria qualquer chance de regência ou de vitória sobre os Aliados. Talleyrand estava ciente de que os marechais queriam a paz, mas não podia se permitir deixá-los decidir por uma regência. Por conseguinte, iniciou uma sistemática tentativa de corrompê-los enviando antigos colegas de armas até as fileiras, com cartas instando-os a evitar os horrores de uma guerra civil e comunicando que o Senado os havia desobrigado de seus juramentos de lealdade ao Imperador.

A resolução do Senado era o grande trunfo. Deveria ter um efeito rápido e geral sobre o exército francês, porque permitia a qualquer um mudar de lado sem maiores receios de consequências; e se acontecesse um novo governo, quanto mais cedo se entrasse a serviço dele, melhor. A resolução também produziu um efeito especial sobre os marechais, que tinham mais a ganhar do que a perder com a questão. Se tivessem sido ameaçados com perda de patente e confisco de bens por *attainder*, ou informados de não haver lugar para eles na nova ordem de coisas, seriam forçados a se arriscar com Napoleão até o fim. Mas a engenhosa deliberação de Talleyrand garantiu-lhes segurança ao desertar e, se pusessem a lealdade à França acima da lealdade à pessoa do Imperador, poderiam esperar a continuação de suas carreiras, a preservação dos títulos e da posição social, belas casas e propriedades rurais, mesmo sob a restauração dos Bourbons. Foi uma isca tentadora para homens simples e autoimportantes cuja maior parte da vida fora em campanhas militares – no momento certo, quando os marechais viram que Napoleão finalmente os havia levado a um impasse.

As mensagens tentadoras foram enviadas a quase todos os marechais, porém Marmont era obviamente o alvo principal. Se o 6º Corpo pudesse de alguma forma sumir de Essones, o governo provisório estaria a salvo e os Aliados poderiam impor a Napoleão todas as condições que quisessem.

No entardecer de 3 de abril, um ex-ajudante de Marmont chamado Charles de Montessuy chegou ao seu quartel-general vestido como cossaco e levando uma bandeira de trégua. Trazia a resolução do Senado, cartas de quatro amigos chegados que se juntaram ao governo de Talleyrand, e um apelo de Schwarzenberg; e a isso ele acrescentou suas próprias persuasões. Marmont vacilou por mais de uma hora, porém não teve ânimo para resistir àquelas adulações. Achava-se exausto por semanas de lutas contínuas, não tinha certeza do que acontecia em Fontainebleau, temia um colapso militar degenerando em guerra civil e receava já se ter desmoralizado com Napoleão por render Paris. É também possível que ele se visse como salvador da França e como aquele que protegeria o Imperador da ignomínia ou da morte. Quaisquer que tenham sido seus motivos, ele não tentou informar Napoleão dessas abordagens, e foi inteiramente por iniciativa própria que disse a Schwarzenberg que capitularia, mas sob dupla condição. Ao seu exército deveria ser permitido retirar-se para a Normandia, com todos os suprimentos e honras de guerra; e se, como consequência, Napoleão fosse capturado pelos Aliados, eles teriam de garantir por sua vida e liberdade em algum lugar a ser escolhido em acordo com o novo governo da França.

Cedo na manhã do dia 4 de abril, enquanto Napoleão passava em revista suas tropas, na completa ignorância desses entendimentos, Schwarzenberg envia a Marmont uma resposta cordial dizendo aceitar os termos propostos e que "apreciava a delicadeza" da cláusula sobre o Imperador. Simultaneamente, ordena a seus generais que ficassem em guarda enquanto as unidades de Marmont estivessem marchando através das posições austríacas a caminho de Versalhes. Ainda que Marmont fosse sincero, era possível que suas tropas se dispersassem ao se descobrir a traição ou que Napoleão usasse essa complicada manobra como disfarce para um ataque de surpresa.

Eram quatro horas da tarde quando Caulaincourt, Macdonald e Ney alcançaram Marmont, e a inesperada chegada deles deixou-o compreensivelmente nervoso e constrangido. Depois de alguma hesitação, contou-lhes que se correspondera com Schwarzenberg, mas afirmou estar esperando por um acordo formal. Se nada estivesse assinado, disse Caulaincourt firmemente, nada ainda estava decidido; e assim, após algumas discussões adicionais, Marmont concordou em ir com os emissários e dizer a Schwarzenberg que a abdicação condicional do Imperador tornara a proposta de rendição desnecessária. "Eu não precisava mais me culpar," disse ele depois. "O dever me impôs unir-me aos meus camaradas. Eu teria sido culpado se tivesse continuado a agir sozinho." Embora já tivesse dito aos seus comandantes de divisão que tencionava capitular naquela noite, constatando que todos, exceto um único, estavam de acordo, ele agora voltava atrás e, antes de partir, transmitiu ao seu subcomandante, general Souham, instruções estritas de que ninguém se deslocasse até ele voltar ou enviar novas ordens.

Quando os emissários chegaram ao quartel-general de Schwarzenberg tiveram uma recepção fria do comandante em chefe aliado, que não mostrou nenhum interesse por suas ideias de regência. "Devemos fazer a paz quando ela é possível," disse ele a Caulaincourt. Um

Marmont extremamente envergonhado obteve uma conversa privada. "Desobriguei-me dos acordos que havíamos feito," alegou mais tarde. "Ele compreendeu perfeitamente e deu total apoio ao meu plano." Apesar disso, Schwarzenberg parece nada ter dito aos outros emissários sobre a proposta de rendição de Marmont antes de despachá-los através da noite para Paris.

Os membros do governo provisório, naturalmente, ficaram bastante aliviados ao ouvirem que Montessuy convencera Marmont a render-se e esperaram ansiosamente durante toda a noite de 4 de abril pela notícia de que as unidades do 6º Corpo estavam realmente passando pelas linhas austríacas. "Aqui vai uma boa novidade, minha cara," escreveu Talleyrand com aliviada satisfação à duquesa de Courland em algum momento daquele dia. "O marechal Marmont e seu exército acabam de se render, evento esse devido a nossas proclamações." O alívio era prematuro. Talleyrand ficou atônito quando um mensageiro chegou dizendo que os emissários de Napoleão estavam a caminho com uma proposta para negociar. Era a última coisa que Talleyrand queria; mesmo assim, não pôde impedir o Czar de receber a delegação com grande amabilidade quando eles chegaram à rua Florentin de madrugada.

Longe de se render, Marmont surgira em Paris, e manifestamente dava aos colegas seu total apoio. "Não tinha o menor entusiasmo em defender os direitos do filho de Napoleão e do Regente," disse. Porém de novo Alexandre rejeita a proposta de instalar uma regência. "É tarde demais," disse aos emissários, "as coisas andaram muito rápidas." Ainda assim, ele repetia que não desejava impor os Bourbons ou qualquer outra forma de governo à França, e Caulaincourt teve a impressão – quando os emissários foram às três da manhã para as subsequentes trocas cáusticas com o pessoal do grupo de Talleyrand que os aguardava – de que o Czar poderia ainda dispor-se a aceitar a regência. De fato, após os emissários de Napoleão saírem, Alexandre fez uma última tentativa de persuadir Talleyrand. Este não cederia. "Se for criada uma regência," disse firmemente ao Czar, "Napoleão estará de volta em um ano."

No Sul distante, os acontecimentos haviam se movido mais rapidamente do que os emissários poderiam viajar e falar. Quando o convite de Napoleão a Marmont para a reunião do estado-maior na manhã seguinte chegou a Essones, seguido uma hora depois pelo coronel Gorgaud, enviado para garantir que Marmont e seus generais compareceriam, pareceu ao apreensivo general Souham e para a maioria de seus colegas que o convite não passava de um truque a fim de atraí-los todos a Fontainebleau.

Temerosos de que de alguma forma Napoleão soubesse da proposta que lhes fora feita de defecção e que ele poderia estar planejando colocá-los diante de um pelotão de fuzilamento, rapidamente decidiram passar para o lado austríaco. Haviam chegado à conclusão de que Marmont já teria debandado para salvar a pele. Alguns deles recusaram-se a entrar em pânico e partiram para Fontainebleau, enquanto o coronel Fabvier seguia a galope para Paris com o intuito de avisar Marmont. Mas era tarde demais. Ao amanhecer, as tropas de Marmont acharam-se cercadas pelos inimigos.

Os comissários haviam dormido tarde e ainda tomavam o café da manhã na casa de Ney quando Fabvier chegou com as desastrosas notícias. Marmont pareceu genuinamente surpreso e desconsolado por seus subordinados terem levado mesmo adiante seu plano de defecção. "Eu daria um braço para evitar isso," disse ele sombriamente. "Nem sua cabeça seria suficiente," comentou Ney, pensando na reação de Napoleão e no acolhimento que teriam quando voltassem para ver Alexandre.

A defecção do 6º Corpo de fato transformara a situação e mudou o pensamento do Czar. Não havia mais necessidade de chegar a algum rápido acordo com Napoleão ou de contrapor-se ao retorno dos Bourbons se Louis fosse refreado por uma Constituição. "O Imperador agora tem de abdicar incondicionalmente," disse a Caulaincourt naquela manhã – embora prometendo que Napoleão seria contemplado com um reino ainda indefinido. A Córsega não podia ser porque era francesa; a Sardenha, por ser parte da Savoia; Corfu, porque os ingleses e os russos objetariam; e até mesmo Elba, que o próprio Alexandre preferia, era demasiado próxima da Itália para que todos se sentissem seguros. Tudo que o Czar oferecia, na imediata consequência das desoladoras notícias de Essonnes, eram dois dias de armistício e o compromisso de discutir com simpatia o futuro pessoal de Napoleão, caso Caulaincourt retornasse com a abdicação incondicional do Imperador.

Napoleão tergiversara tempo demais, como entendiam até seus mais chegados conselheiros. "Temendo cair nas mãos dos Aliados," escreveu depois Caulaincourt, "ele fez seu jogo com tanta ansiedade e indecisão que perdeu seus defensores, deu chances aos seus inimigos franceses e no fim, para obter seus direitos e sua segurança, dependeu dos homens que o tinham derrotado."

2
Cercado de lobos

Por volta das duas horas da manhã de 5 de abril, quando o capitão Magnien acordou Napoleão com a notícia de que as unidades de Marmont haviam se unido ao inimigo, o Imperador imediatamente mandou um corpo de cavalaria cobrir o setor até Mortier se deslocar para o outro lado para ocupá-lo. Agora era impossível atacar Paris. Era até mesmo duvidoso que Napoleão pudesse manter sua posição em Fontainebleau por mais de um ou dois dias caso a luta recomeçasse, pois as unidades aliadas ainda avançavam, ameaçando-o com isolamento ao sul e ao norte. No entanto, ele ainda achava que uma guerra mais longa era melhor do que uma paz vergonhosa, e quando Ney retorna de Paris constata que mais uma vez o Imperador falava em recuar para o Loire, e que Berthier recebera ordem de preparar as ordens para a marcha naquela direção.

Ney se apressara de volta a Fontainebleau, aparentemente desejando ficar com o crédito de ter persuadido o Imperador a abdicar incondicionalmente; ele havia sido o mais franco dos marechais descontentes e queria agora superar a espetacular defecção de Marmont levando para Paris a abdicação assinada. Com franqueza rude, disse a Napoleão que não restava absolutamente nenhuma esperança de uma ulterior resistência, e ficou tão certo de tê-lo convencido a renunciar ao trono que às 23h30 escreveu uma triunfante carta para Talleyrand. "O Imperador resignou-se ao seu destino," declarou, "e está pronto a concordar com uma rendição completa e incondicional."

Ney estava enganado. Quando Caulaincourt e Macdonald chegaram logo após a meia-noite, trazendo a exigência do Czar de abdicação, Napoleão saudou-os com uma sucessão de tiradas – contra Talleyrand, que durante anos estivera planejando enganá-lo, contra Marmont, que havia desertado "quando a vitória estava à mão," contra a covardia de seu irmão Joseph, que lhe havia causado a perda de Paris, e contra todos os que o estavam abandonando por "interesse, cargo, dinheiro e ambição." Parecia estar se esquivando de qualquer responsabilidade por sua ruína e vendo-se como vítima de tolos e de adversários malignos.

Era quase o amanhecer quando Caulaincourt pôde acalmá-lo e conseguir que rascunhasse uma nova e incondicional abdicação, que seria entregue para assinatura de um tratado aceitável. "Visto que as forças aliadas proclamaram que o Imperador Napoleão é o único obstáculo à restauração da paz na Europa," dizia o documento, depois de algumas pequenas alterações às primeiras frases rascunhadas, "o Imperador Napoleão, fiel ao seu juramento, declara que renuncia, por si e por seus herdeiros, aos tronos da França e da Itália, posto que não há nenhum sacrifício pessoal, inclusive da própria vida, a que ele não esteja preparado para fazer no interesse da França."

Apenas três horas depois, no entanto, Napoleão mudou de ideia, e chamou Ney, Macdonald e Caulaincourt para outro debate sobre uma marcha em direção ao Loire e a alternativa ainda mais temerária de uma incursão para juntar-se a Eugène na Itália. De novo eles apontaram para o risco de um desastre militar degenerando numa guerra de guerrilha, e de novo ele os censurou energicamente. "Muito bem. Se querem descanso, vocês o terão. Mas não fazem ideia dos perigos e desapontamentos que os aguardam quando deitarem em seus colchões de penas. Alguns anos dessa paz, pela qual pagarão caro, os fará desejar terem antes enfrentado a mais renhida das guerras."

Essa sucessão de discursos retóricos convenceram Ney e Macdonald de que Napoleão agora estava tão desesperado que bem poderia enviar o que restava de seu exército nessa insensata operação e estragar a última chance de uma paz aceitável. Ao saírem, conversaram com outros oficiais superiores ainda em Fontainebleau e constataram todos dispostos a despojar o Imperador de seus poderes remanescentes. Os comissários que agiam em seu nome iam agora tomar todas as decisões por ele, e nesse entretempo disseram a Berthier para ignorar quaisquer ordens militares, exceto as que eles emitissem em atenção às suas negociações com os Aliados.

Desse modo, Napoleão tornou-se um Imperador que perdera seu império, um grande general reduzido a comandar a guarda do palácio, um político sem política e virtual prisioneiro de seus próprios oficiais mais antigos. Nem sequer poderia usar de muita barganha, tanto pela própria França quanto por si mesmo, e embora mantivesse uma longa e infundada esperança de que, uma vez tendo abdicado, os Aliados permitiriam que a França retivesse a Bélgica e a Renânia, e continuasse repetindo que se o país fosse despojado dessas fronteiras naturais, uma nova guerra eclodiria em um ano. Mas antes de Caulaincourt retornar a Paris, o Imperador disse-lhe para não liberar a carta de abdicação até que lhe fossem oferecidos termos satisfatórios, inclusive a segura oferta de um reino pessoal em Elba, de adequada pensão para sua família e outros dependentes, da Toscana para Marie-Louise, e da permissão para a Imperatriz e o Rei de Roma juntarem-se a ele em Fontainebleau antes de sua partida. Tentava manter a coragem. No acerto de contas com ele, os Aliados também estavam propondo dar fim à sua dinastia para sempre.

Apesar da promessa do Czar de salvaguardar os interesses pessoais de Napoleão, ocorriam persistentes dificuldades sobre Elba e a Toscana, que haviam revertido à ocupação austríaca. "A questão da ilha de Elba provoca discussões," escreveu Talleyrand em 7 de abril. "A condição moral da Itália não parece admitir esse acerto." E antes de o tratado ser assinado ele ameaça que o Governo Provisório não lhe pagaria a pensão ou o reconheceria sob forma nenhuma, a menos que Napoleão fosse imediatamente afastado da Europa. "É lamentável que Lord Castlereagh não esteja por perto," escreveu seu meio-irmão Sir Charles Stewart a Lord Bathurst em Londres, "para contrabalançar, com sua firmeza moral e sagacidade a imprudente e um tanto teatral generosidade do imperador Alexandre." Seria bom observar, acrescentou Stewart, "que algum retiro bem menos perigoso seja encontrado, ou que Napoleão não consiga levar a pólvora para as minas de ferro de Elba."

Na verdade, Castlereagh chegou a Paris em 10 de abril, quando o Tratado de Fontainebleau já estava redigido mas ainda não assinado. De imediato, declarou que o desaprovava e se recusou a assiná-lo em nome de seu governo, porém relutantemente abriu mão de suas objeções à escolha de Elba porque a palavra do Czar havia sido empenhada; "os soberanos," disse ele um ano mais tarde quando seus críticos perguntaram por que concordara com providências tão confusas e insatisfatórias, "acharam ser esse o único meio de levar o conflito a um fim." O primeiro-ministro, Lord Liverpool, ofereceu a mesma justificativa quando também inquirido sobre os motivos pelos quais os Aliados malograram em tomar as "devidas precauções" contra o retorno de Napoleão à França. O Tratado de Fontainebleau, insistiu ele, "proporcionou o único modo de evitar uma guerra civil na França e de trazer os marechais." Se a guerra tivesse continuado, acrescentou – admitindo o ponto de vista de Napoleão de que o tratado fora uma barganha, e não uma sentença punitiva –, os Aliados poderiam ter vencido, "porém a luta seria terrível e seus resultados duvidosos."

Ao mesmo tempo que Castlereagh se queixava de que o tratado proposto estava redigido de forma indefinida e indulgente em relação ao

Imperador e que Metternich chegara a Paris a fim de pressionar contra as objeções austríacas à sua instalação como Rei de Elba, o próprio Napoleão parecia ter mudado novamente de ideia. Seus oficiais superiores continuavam a afastar-se alegando família e outros assuntos, mas sua disposição ainda se animava com os gritos de aplauso dos veteranos que ele chamava de seus *grognards*, ou velhos resmungões, e com suas ilusões. Ele agora ameaçava retirar a proposta de abdicação e renovar os planos de reunir as tropas de Augereau com o exército da Itália, e fundamentou essa ideia incongruente com um boato sobre seu sogro, dando a entender que Franz I, afinal, poderia decidir resguardar o trono da França para seu neto. Caulaincourt ficou horrorizado. "Já somos vistos como rebeldes," escreveu, rogando a Napoleão para não transformar os comissários em agentes duplos no momento em que se empenham em fazer o melhor para ele. "Não há nada a se esperar da Áustria," acrescentou, explicando que, mesmo com o apoio do Czar, ele não conseguiria a Toscana para a Imperatriz. Essa resposta não acalmou o Imperador, que às cinco da manhã de 11 de abril se pôs a escrever a Caulaincourt uma carta irada sobre o tratamento de Marie-Louise pelos austríacos, ordenando-lhe abruptamente não assinar o tratado, a menos que houvesse um acordo sobre a Toscana.

Napoleão agora propõe uma ideia totalmente nova. Determina a Caulaincourt perguntar a Castlereagh se ele lhe daria asilo na Inglaterra sem a necessidade de um tratado e em completa liberdade. Após vinte anos de guerra, Castlereagh ficou naturalmente atônito ao receber semelhante pedido. Na verdade, Napoleão estava propondo trocar de lugar com Louis XVIII, que retornava, deixando claro que confiava mais na palavra de seu mais obstinado inimigo do que nas promessas dos homens com quem estava presentemente negociando seu destino. Mas era tarde demais para mudar qualquer coisa. Ao tempo em que Caulaincourt recebia essa carta, ele e os outros comissários já haviam assinado o documento, e se Napoleão o repudiasse, tornar-se-ia um fora da lei.

O mais importante dos 21 artigos do Tratado de Fontainebleau ocupava-se com títulos, pensões e haveres. Após mencionar a abdicação incondicional do Imperador, assegurava que ele e sua família conservariam seus títulos e teriam "plena soberania e posse" sobre a ilha de Elba, junto com uma pensão anual de 2 milhões de francos do governo francês; que os ducados de Parma, Piacenza e Guastalla (do outro lado dos Apeninos a partir da Toscana) deveriam ser para Marie-Louise e seu filho; que uma pensão anual de 2,5 milhões de francos deveria ser dividida entre a mãe, irmãos e irmãs de Napoleão; que os juros sobre um adicional de 2 milhões deveriam ser pagos para os generais e funcionários à escolha de Napoleão; e que essa generosa provisão deveria também ser propiciada à divorciada Imperatriz Joséphine e seu filho Eugène. Se o governo francês fosse efetivar todas as obrigações que os Aliados lhe impuseram – às quais Talleyrand era forçado a dar seu consentimento formal –, a assistência à família Bonaparte custaria o equivalente a 300 mil libras por ano.

Assim, com exceção da Toscana, Napoleão conseguira mais ou menos o que pedira dos Aliados, e a maior parte dos itens restantes tratava de protocolo e assuntos práticos que envolviam instalá-lo com todas as honrarias de um príncipe de segunda linha. Foi-lhe oferecido auxílio contra as depredações dos piratas berberes que havia muito faziam incursões em Elba e se apossavam dos navios da ilha. Ser-lhe-iam oferecidos escolta no Mediterrâneo, navios para conduzi-lo, a ele e aos de sua casa, para a nova capital em Portoferraio, uma corveta a fim de servi-lo posteriormente, e quatrocentos soldados escolhidos de sua Guarda Imperial para defender seu pequeno reino.

O tratado, no total, exigia muito pouco de Napoleão em troca de todas essas concessões. Havia os ajustes que ele mesmo propusera de transferir seus pertences pessoais e as joias de estado de volta à Coroa, e também a devolução do ouro do Tesouro que fora levado no comboio de bagagem de Marie-Louise. Mas não havia cláusulas exigindo que permanecesse sossegado em sua ilha ou estipulando punições por novas conspirações ou façanhas: nem sequer foi-lhe dito que não podia sair de Elba ou que lá estava proibido para sempre de retornar à França. As "restritas condições" que Alexandre havia mencionado para Caulaincourt no primeiro encontro pareciam esquecidas na pressa de tirar Napoleão de Fontainebleau antes de Louis XVIII chegar a Paris e de os Aliados se voltarem à tarefa de elaborar um novo acordo geral com a França.

A situação, na verdade, tornava-se constrangedora. Em 10 de abril já ocorrera uma cerimônia de "purificação" do local onde Louis XVI e Maria Antonieta haviam sido guilhotinados. E o tempo estava tão premente que na manhã de 12 de abril, quando Caulaincourt e Macdonald viajavam de Paris para o sul, seu colega marechal Ney se apressava para o lado norte da cidade a fim de saudar o Conde d'Artois em Bondy. O mais vistoso dos marechais de Napoleão saíra direto do evento da assinatura do tratado que fizera em nome dele para encontrar-se com o homem que era irmão tanto do rei morto como do rei novo.

A posição de Marie-Louise era agora peculiaríssima. Supunha-se pelo tratado que Napoleão poderia levar a mulher e o filho com ele para o exílio, ou que estes estariam livres para visitá-lo em Elba. Mas nada havia no texto que justificasse essa visão. A única cláusula relevante falava em emitir passaportes para o Imperador, a Imperatriz e outros membros da família "que possam querer acompanhá-los ou estabelecer-se fora da França." Os austríacos haviam habilmente manejado para evitar qualquer compromisso de reunir o Imperador e a Imperatriz novamente.

Nos primeiros dias após o colapso, Marie-Louise certamente pensou em partir para juntar-se a Napoleão em Fontainebleau, e provavelmente poderia ter feito a viagem de cerca de 160 quilômetros perfeitamente a salvo. "Tive a honra de vê-la muitas vezes nesse momento doloroso," disse o barão de Méneval, seu leal e consciencioso secretário, "e fiquei convencido de sua devoção ao Imperador." Mas todos exploravam seus medos com histórias de cossacos assolando e saqueando pelo interior, e o próprio Napoleão não tentou persuadi-la a deixar Blois. Com certeza, pensou inicialmente ser melhor deixá-la onde estava, com sua família e o tesouro do estado, para o caso de ele decidir de repente deslocar-se para o Loire. Então, em 7 de abril, certo coronel Galbois chegou a Blois com uma carta na qual Napoleão relatava à sua mulher que os Aliados falavam em enviá-lo para Elba, queixava-se de que os austríacos objetavam à concessão da Toscana, e dizia que o Czar enviara um oficial russo para escoltá-la a Fontainebleau. "Entristece-me," concluía, "que tudo o que posso fazer por você é deixá-la partilhar de minha má sorte."

Foi a primeira vez que Marie-Louise ouviu falar da abdicação, ou da proposta de exilar Napoleão do continente europeu, e sua primeira reação foi solidária. "Meu lugar é ao lado do Imperador em sua infelicidade," disse a Galbois, mas quando este juntou sua voz aos que sublinhavam os perigos de viajar por estradas cheias de tropas saqueadoras, ela concordou em esperar até a chegada do prometido oficial russo.

A perspectiva de sua partida, no entanto, alarmou de tal maneira Joseph e Jérome que os levou a uma decisão, e cedo na manhã seguinte, Sexta-feira da Paixão, foram aos aposentos de Marie-Louise trajando roupas de viagem e anunciaram bruscamente que o exército russo estava perto da cidade e que precisavam partir de imediato. Segundo uma versão, eles propuseram estabelecer uma nova sede de governo em algum lugar ao sul do Loire, mas segundo a carta que Marie-Louise enviou para Napoleão, protestando contra o comportamento de seus irmãos, eles insistiram "que eu tinha de fugir depressa e me entregar para a tropa austríaca mais próxima."

Qualquer que tenha sido exatamente, a proposta provocou uma áspera discussão marcada por ameaças e gritos que caracterizavam as brigas na família Bonaparte, e Marie-Louise disse a Napoleão que os oficiais de sua guarda deixaram claro que "não iriam tolerar que me obrigassem a partir (...) e caso seus irmãos estivessem com medo, tudo o que tinham a fazer era irem embora o mais cedo possível." Nessa vergonhosa cena, a Imperatriz parecia o único membro calmo e razoável da família imperial. "Esses acessos não podem me afetar," escreveu ela a Napoleão. "Estou aguardando suas ordens e rogo-lhe que as envie." Ainda assim, por trás de sua postura de decoro, ela estava bastante perturbada pelas intimidações dos irmãos Bonaparte, o suficiente para enviar carta ao seu pai perguntando se podia obter asilo na Áustria. "Tudo que desejo é viver tranquila em vossos domínios, não importa onde," escreveu, "para que eu possa criar meu filho."

Às duas horas daquela tarde, no entanto, o esperado oficial russo chegou, apresentando-se como conde Shuvalov. Não há nenhuma dúvida de que o Czar o instruíra para conduzir Marie-Louise até Napoleão, pois ela escreveu ao pai dizendo que Shuvalov havia explicado "a situação na qual o Imperador se encontrava" e que ela "deveria seguir para Fontainebleau amanhã." É também igualmente claro que Franz I já tinha outros planos para ela. Assim que ouviu sobre a missão de Shuvalov, ele protestou que os Aliados haviam tomado decisões "com referência à pessoa de sua filha" sem consultá-lo e exigia que ela "deveria ser-lhe enviada para que ele pudesse, na forma adequada ao seu nascimento, conduzi-la aos seus domínios, e que pudesse dar a ela e ao filho uma moradia adequada até chegar a hora de decidir seu futuro."

Franz I era um consumado hipócrita, em quem a duplicidade ocorria facilmente. "Não tenho queixas a fazer de meu genro," escreveu ele a Marie-Louise, insistindo que gostaria de ver sua felicidade matrimonial perdurar. Mas nessa carta ele cuidadosamente distinguia entre seu sentimento afetuoso de pai e seu compromisso formal como imperador, forçado a aceitar as decisões de seus pares soberanos; e ao mesmo tempo, escreveu a Metternich deixando claro quais as decisões que ele desejava ver tomadas. "O importante é cuidar que Napoleão seja banido da França, e queira Deus, quanto mais longe melhor. Não aprovo a escolha de Elba como residência de Napoleão. Elba é parte da Toscana, e isso significa que um pedaço de meu território está sendo alienado em favor de um estrangeiro. Realmente, não posso permitir esse tipo de coisa no futuro."

A chegada de Shuvalov foi suficiente para persuadir a maior parte dos funcionários que acompanharam Marie-Louise a Blois que o Império finalmente desmoronara, e tão logo os russos lhes deram salvo-condutos e eles retiraram seus pagamentos dos fundos públicos, partiram para tentar a sorte junto ao novo governo em Paris. Shuvalov, enquanto isso, ocupou-se em pôr os Bonapartes a caminho novamente, e naquela noite – depois de ser compelido a rechaçar uma tentativa dos cossacos de saquear os carros da bagagem e do tesouro – o grupo todo chegou a Orléans.

Logo após a chegada, a situação se complicou com uma carta de Napoleão a Méneval na qual dizia que os austríacos haviam concordado com a sucessão do Rei de Roma, tendo Marie-Louise como regente, e que ela portanto deveria confiar em seu pai para proteger seus interesses. A primeira parte dessa carta era uma ilusão; a segunda era desastrosa, pois novamente dizia para Marie-Louise contar com o pai em vez de seu marido.

Ela estava compreensivelmente confusa, visto que mensageiros se atrasavam e cartas se cruzavam, numa situação que mudava de um dia para outro. Talvez os Bonapartes a tenham assustado, ou ela não confiasse em Shuvalov. Quaisquer que fossem as razões, ela então enviou um dos seus oficiais com uma carta para Franz I pedindo-lhe permissão para juntar-se a ele. "O Imperador está partindo para Elba," escreveu ela, "e eu lhe disse que não poderia juntar-me a ele enquanto não tivesse visto e ouvido o que tendes a dizer (...) Cada dia que passa torna minha posição mais crítica e mais alarmante. Há um complô para me forçar a partir contra a minha vontade. Rogo-vos me enviar uma resposta o mais cedo possível, porque estou quase morta de medo."

Tanto os atavios quanto a substância do Império rapidamente escapavam dela. O Governo Provisório, desesperadamente sem dinheiro e temeroso que os igualmente empobrecidos Bourbons pegassem antes o dinheiro, não havia esperado que o Tratado de Fontainebleau providenciasse um organizado retorno do Tesouro, ou que Napoleão conservasse suas consideráveis economias pessoais. Enviaram um mal-afamado funcionário chamado Dudon para deitar a mão sobre quaisquer fundos que pudesse encontrar no bagageiro imperial. Quando Dudon chegou a Orléans no domingo de Páscoa, ele não só pegou os estoques de ouro pertencentes ao estado, como também se apropriou de uma grande parte da fortuna pessoal de Napoleão, suas caixas de rapé, uniformes, peças de linho e muitas joias pessoais de Marie-Louise – inclusive o colar de pérolas que ela usava na ocasião. Tudo que restou foi uma quantia de cerca de 6 milhões de francos considerados sua propriedade particular.

No dia seguinte chegou outra carta de Napoleão, perguntando ao Dr. Corvisart, o competente médico da corte que fora com Marie-Louise para Blois, se ela estaria bem o suficiente para ir à Itália e tratar-se com águas em algum balneário, como Lucca ou Pisa, que eram convenientemente perto de Elba. Corvisart, no entanto, não desejava ir para a Toscana, muito menos partilhar o exílio do decaído Imperador, e é provável que estivesse agindo como agente pago do Czar e de Schwarzenberg: possivelmente ambos. Com certeza foi fácil para ele, com uma paciente como a Imperatriz, encontrar sintomas suficientes para obstar a proposta de Napoleão. Marie-Louise, declarou ele, achava-se sujeita a fraqueza pulmonar, dores de cabeça e debilidade nervosa, e visto que ela ficava "habitualmente adoentada" no meio do mês, lhe seria impossível viajar para o sul com o Imperador quando ele partisse para Elba. O que ela precisava, continuou, era de "descanso absoluto e tranquilidade em algum local apropriado onde pudesse seguir uma rigorosa sequência de tratamento," e sugeriu Aix-les-Bains no sopé dos Alpes.

Esse argumento persuadiu Marie-Louise, que era sempre suscetível aos conselhos de seu médico, e satisfez também Napoleão, pois ele escreveu para dizer que "a nobre atitude de Corvisart mais do que justifica minha confiança nele (...) tente chegar a Aix, como ele recomenda (...) tentarei escrever para você de Elba, onde farei os preparativos para recebê-la." Tudo o que ele tinha para se apoiar era uma receosa carta de Marie-Louise na qual ela prometia viajar para Elba depois de ter se avistado com seu pai e procurado cura em Aix, e a alegação sobre o balneário funcionaria bem por todo o verão, proporcionando uma desculpa perfeita para o imperador Franz I manter Marie-Louise longe do marido sem lhe negar explicitamente permissão para que se juntasse a ele. Inclusive parece ter convencido Napoleão, embora a saúde de sua mulher fosse na verdade suficientemente boa para ela então fazer uma série de viagens pela Europa que eram bem mais cansativas do que uma simples visita à Toscana.

Na segunda-feira à noite finalmente Marie-Louise teve notícias oficiais dos austríacos, embora a mensagem trazida pelos príncipes Esterhazy e Wenzel de Lichtenstein viesse de Metternich, em vez de diretamente de seu pai. Franz I havia agora persuadido o Czar a desistir da tentativa de reunir Marie-Louise com seu marido, e Shuvalov também recebeu ordens de levar a Imperatriz de volta a Rambouillet, no caminho para Paris, e ali esperar até o Imperador da Áustria chegar para ver a filha. Foram, ambos, igualmente diretos com Marie-Louise. "Disse-lhes que eu não podia partir sem o teu consentimento," escreveu ela a Napoleão naquela noite, "e eles disseram que não podiam esperar e que, até mesmo, caso eu quisesse ir embora antes de me encontrar com meu pai, tinham instruções para me impedir de fazê-lo.(...) Por favor não se zangue comigo, meu querido amigo, não é culpa minha, e eu o amo tanto que meu coração está se despedaçando; tenho muito medo que você possa pensar que isso tudo seja um conluio entre mim e meu pai."

Marie-Louise foi então afastada do resto da família Bonaparte, a qual se espalharia por seus vários exílios. Antes de deixar Orléans, ela enviou a Napoleão uma aflita declaração de que não tinha ido livremente. "Quero estar com você," escreveu; "quanto mais gente tenta nos separar, mais anseio por estar perto de você e cuidar de você." Suas suspeitas eram justificadas, pois o Governo Provisório expedira ordens de que ela devia ser impedida "a qualquer custo" de pegar a estrada para Fontainebleau. "A Imperatriz não é livre de seguir suas próprias inclinações," escreveu Méneval ao secretário de Napoleão, barão Fain, no dia seguinte. "Ela não tem conselho nem apoio contra insinuações e força. Ela é na verdade prisioneira – sofrendo e muito transtornada."

Marie-Louise, no entanto, conseguiu enviar a Napoleão um último e tangível gesto de ajuda. Em 12 de abril, justamente quando ela estava partindo para Rambouillet, o tesoureiro de Napoleão, Guillaume Peyrusse, chegou em busca da fortuna pessoal do Imperador. Marie-Louise disse-lhe que ela ficaria com a metade dos 6 milhões de francos que Dudon lhe deixara, em parte porque precisava de dinheiro para pagar sua escolta cavalariana francesa e outras despesas de viagem, e em parte porque ela achava que o dinheiro estava mais seguro em suas mãos do que estaria tendo apenas Peyrusse com um punhado de guardas nacionais a protegê-lo. Peyrusse aceitou a proposta quando a Imperatriz deu-lhe o adequado recibo e uma promessa de mandar o restante para Fontainebleau – pois ele já tinha preocupação suficiente com as trinta caixas de ouro maciço que ela lhe dera – e depois enviou um mensageiro para dizer a Napoleão que ele não podia se arriscar a movimentar 2,58 milhões de francos em ouro no meio de regimentos cossacos indisciplinados. À meia-noite do dia seguinte o general Pierre Cambronne chegou com os batalhões de elite da Guarda Imperial, depois de uma incrível marcha forçada em más condições de tempo e por entre tropas hostis. Cambronne chegou a tempo de salvar o dinheiro, mas tarde demais para salvar a Imperatriz também. Quando alcançou Orléans, ela estava a meio caminho para uma residência forçada e temporária no castelo de Rambouillet.

Caulaincourt e Macdonald voltaram a Fontainebleau para encontrar o palácio quase vazio. Havia ainda alguns funcionários e oficiais de serviço, mas a administração da casa imperial se reduzia a uns poucos homens: o general Bertrand, *grand maréchal du palais*, e Peyrusse, o tesoureiro, os quais haviam decidido compartilhar do exílio de Napoleão; Maret, que permaneceria na França e se tornaria o líder da facção bonapartista; o secretário do Imperador, barão Fain, seu médico assistente Dr. Yvan, e uma vintena de empregados. Tudo estava tão quieto, comentou o general Pelet, "que parecia que Sua Majestade já estava enterrado."

O próprio Imperador vivia um estado de espírito funesto e pensativo, falando sobre outros grandes homens que haviam preferido a morte à desonra, dizendo que a perspectiva de uma paz humilhante tornava sua vida insuportável. "Fiz o que pude para ser morto em Arcis," disse, lembrando a última batalha na recente campanha, "mas as balas não me acharam."

Certamente, Napoleão estava preparado para uma morte de soldado. Permanecia impassível sob fogo, e em sessenta batalhas e trezentas ações menores ninguém jamais levantou nenhuma suspeita de covardia em face do inimigo. No entanto, os excessos da revolução deixaram-no com medo de multidões, e após se ter tornado imperador, criou uma crescente intranquilidade quanto a afrontas à sua pessoa e a ameaças de assassinato. "Suas cismas nessa esfera," escreveu Caulaincourt francamente, "excedem qualquer coisa que eu possa imaginar" e o atormentaram o tempo todo em seus últimos dias de Fontainebleau. "Estou cercado de lobos," dizia ansiosamente a Caulaincourt, e ficava perguntando se enviariam algum oficial inglês para escoltá-lo a Elba e se a travessia era em navio de guerra inglês. "O povo inglês não vai tolerar um assassinato," insistiu, prestando o primeiro de muitos outros semelhantes cumprimentos à honra de um povo que havia tão tenazmente frustrado suas ambições. "Naquele país os ministros têm de prestar contas de suas ações, de suas tarefas e até mesmo da maneira com que elas são cumpridas."

Napoleão julgava a perspectiva de autodestruição igualmente repulsiva. "Cogitar suicídio seria indigno de mim," declarou quase que no mesmo alento em que falara no arrostar dos projéteis em Arcis. "É a morte de um jogador arruinado. Estou condenado a viver." Fazia muitos comentários desse tipo. "Dizem que um simplório vivo é melhor que um Imperador morto," comentou ao barão de Bausset em 11 de maio. Porém estava obviamente deprimido, e à sua volta começaram a temer que ele pudesse acabar com a própria vida: o barão Fain achava que ele estivera cogitando "um desígnio secreto" por vários dias, seu valete Constant mais tarde asseverou que os serventes do palácio se recusaram a pôr um braseiro de carvão no quarto do Imperador, não fosse ele deliberadamente se sufocar, e o conde Turenne, um de seus assistentes pessoais, viu Napoleão mexendo em sua caixa de pistolas e ocultamente esvaziou o polvorinho.

Todos esses sinais agourentos, no entanto, foram comunicados depois do peculiar e incomum episódio da noite de 12 de abril, quando pareceu que Napoleão havia ingerido uma dose de veneno, e é possível que a ansiedade daqueles à sua volta os levasse a interpretar o evento e a lembrança que tinham dele, através dos próprios medos. Não há dúvida de que o Imperador sentira o amargor da ruína naquela noite, quando Caulaincourt trouxe-lhe o texto do tratado e ele teve então certeza absoluta de ter sacrificado o trono sem nenhum ganho para seu país e de seu impulso combativo ficar confinado a uma rocha no mar da Toscana, porém nada havia na sua reação à adversidade, antes ou depois daquela única ocasião, a indicar que escolheria esse recurso final de fuga. Um homem pode estar pronto a acolher a morte sem procurá-la, e a capacidade de Napoleão para autodramatização bem pode tê-lo levado nesse desesperado momento a imitar um herói da Antiguidade.

Ele havia passado a noite conversando com Caulaincourt sobre seu sombrio futuro, e antes de retirar-se para dormir, escreveu uma carta franca à sua mulher, propondo-lhe viajarem juntos para o Sul – pois ainda não ficara sabendo de forma categórica se Marie-Louise estava ou relutante ou incapaz de juntar-se a ele. Algumas horas mais tarde, conforme disse um camareiro que fora alertado por seus movimentos, Napoleão levantou da cama, misturou uma poção num copo com água e bebeu-a. A poção era, supostamente, feita com uma mistura de ópio, beladona e heléboro-branco, citada como a beberagem usada pelo filósofo Condorcet quando este se envenenou a fim de evitar a guilhotina, e acredita-se que essas ervas tinham sido conservadas num sachê que o Imperador levara consigo na campanha russa para frustrar os cossacos, caso eles o capturassem. Pouco tempo depois, quando Napoleão começou a mostrar sintomas de agitação e náusea, o criado foi buscar Caulaincourt, que se sentou ao lado do chefe a escutar mais uma récita de seus pressentimentos de desgraça e receios de não alcançar Elba com vida. Era uma estranha conversa, na qual o Imperador parecia estar ensaiando uma premeditada cena de leito de morte. "Em breve não mais existirei," disse doridamente a Caulaincourt, transmitindo seus últimos desejos para com Marie-Louise e sua bênção para o filho.

Não há como saber se Napoleão efetivamente ingeriu uma dose de veneno (deteriorado pelo tempo ou muito fraco para ser letal quando ele o vomitou em parte), se simplesmente tomara um sedativo e resistia aos seus efeitos, ou se sofria de nada além que um ataque de aguda ansiedade pelo medo de morte iminente. Caulaincourt não pôde de início entender o que estava errado, mas ao ver Napoleão contorcendo-se, abalado por soluços, com ânsia de vômito, transpirando, com acessos de histeria e momentos de calma, convenceu-se que presenciava uma tentativa abortada de suicídio; e disse, quando finalmente chamou o Dr. Yvan, o qual preparara o composto na Rússia, que Napoleão pediu ao médico uma dose forte para dar fim às suas dores. Se esse pedido confirmava a crença de Caulaincourt de que o Imperador tentara se matar, produziu sim o mais curioso efeito em Yvan, que, gritando alarmado não ser um assassino, precipitou-se porta afora sem fazer sequer uma tentativa de medicar o régio paciente e partindo pela noite em direção a Paris.

Sob qualquer ponto de vista, foi um incidente estranhíssimo, que terminou tão rápido quanto começara. Já ao amanhecer, Napoleão parecia ter-se recuperado novamente, e o primeiro sinal de que se sentia melhor foi o recomeço de uma outra rodada de arengas contra os soberanos que o haviam entendido mal, caluniado e maltratado. No fim da manhã, após dizer a Caulaincourt "vou viver, porquanto a morte não está mais propensa a me levar do leito do que esteve do campo de batalha," prontificou-se a ratificar o tratado; e quando Macdonald entrou para vê-lo, o Imperador mostrava-se pálido e fraco, porém perfeitamente controlado. O acesso havia passado, e logo estava a falar, tão ativamente como sempre, sobre o novo governo, sobre os homens que o haviam abandonado quando estivera no limiar da vitória e sobre os preparativos da jornada para Elba.

Estava, até mesmo, ensaiando para um novo papel, no qual se pronunciaria como um estadista mais velho, experiente, e contemplaria o passado na paz de seu retiro. "Transpus o estágio das revoluções e curei os ferimentos causados no nosso próprio período," disse com ar superior, e com certa razão, em uma de suas divagações com Caulaincourt. "Ficarão surpresos em ver o quanto me resignei e quão sossegado me proponho viver." Ele até mesmo falava tranquilamente a respeito do retorno de Louis XVIII, dizendo que a França encontrava-se tão bem governada que o novo rei herdaria uma excelente administração com homens capacitados para conduzi-la. "Se os Bourbons forem sensatos," disse, "não mudarão nada, exceto os lençóis da minha cama."

Os assuntos pessoais de Napoleão estavam agora assentados, mas ainda faltava resolver o problema de Marie-Louise. Logo depois de chegar a Rambouillet, a Imperatriz recebeu a carta que Napoleão havia escrito na manhã de 11 de abril, quando ele soube ao certo que teria Elba e que para ela ofereceram os ducados de Parma. Caso não conseguisse a Toscana, disse ele, Marie-Louise deveria ao menos pedir Lucca a seu pai e parte da costa italiana defronte a Elba, dizendo também que estava esperando que ela fosse ao seu encontro em Briare e viajasse com ele até La Spezia.

Entrementes, a Imperatriz percebera que não era mais independente, tornando-se cada vez mais insegura quanto à atitude a tomar caso necessário. Enquanto esperava o pai visitá-la, os membros de seu séquito travavam uma batalha de bastidores para influenciar sua opinião. Méneval e a condessa de Montesquiou, que se encarregavam do Rei de Roma, instavam com ela para ficar ao lado do marido, enquanto o Dr. Corvisart e a duquesa de Montebello (por motivos pessoais ou venais) esforçavam-se para desacreditar Napoleão com mexericos sobre suas infidelidades e seus filhos ilegítimos. Em 15 de abril Caulaincourt também seguiu para Rambouillet para ver o que poderia ser feito, levando uma mensagem equivocadamente complacente de Napoleão a sua mulher. "Não insista para que ela se junte a mim," disse a Caulaincourt. "Eu prefiro que ela fique em Florença a que fique em Elba, se vier descontente. Na sua idade, ela ainda precisa de brinquedos para entretimento. Podemos arranjar as coisas para que eu possa passar alguns meses por ano com ela na Itália, quando ficar óbvio que resolvi não interferir em nada, e que estou contente, tal como Sancho, com o governo da minha ilha e os prazeres de escrever minhas memórias."

A visita de Caulaincourt nada definiu. A Imperatriz, observou ele, "recebeu-me com perfeita gentileza, chorou muito, e conversou longa e sentidamente sobre o Imperador," dizendo em particular que planejava juntar-se a ele após o tratamento com águas em Aix. Mas Napoleão permanecia otimista, pois escreveu a Marie-Louise no mesmo dia em que ela recebeu Caulaincourt, tendo por certo que ela já havia visto o pai e chegado a um entendimento favorável com ele. "Quero que você venha para Fontainebleau amanhã, para que possamos partir juntos," disse ele, acrescentando que estariam indo para o exílio "a fim de esquecer os grandes assuntos do mundo." Como Caulaincourt já havia percebido, Napoleão sempre subestimava a hostilidade dos Aliados e o medo que ele lhes inspirava, e essa nova postura de renúncia era tão ingênua quanto a persistente crença de que seu sogro mostrar-lhe-ia amizade.

Além disso, uma vez mais os atrasos e a distância defasaram a percepção de tempo de Napoleão. Franz I, na verdade, só chegou a Rambouillet no dia seguinte, mas então as pressões conflitantes haviam reduzido Marie-Louise a um estado de nervosa indecisão. Franz I não precisou de muito tempo para persuadi-la a retornar a Viena "por alguns meses," embora tenha sido cuidadosamente vago quanto ao futuro dela quando enviou a Napoleão uma carta escrita por Metternich com sua assinatura. "Assim que recobrar a saúde, minha filha tomará posse de seus domínios," disse com enganadora ambiguidade, "e isso, como é de se esperar, a trará para mais perto da residência de Vossa Majestade."

Marie-Louise não achou necessário mascarar com linguagem diplomática as intenções de seu pai: "Ele foi muito gentil e bondoso comigo," escreveu a Napoleão depois de ter se encontrado com Franz I, "mas isso não diminuiu o terrível choque que ele me infligiu, impedindo-me de reunir-me a você, de vê-lo, de viajarmos juntos." Não foi somente seu senso de dever que a fez desejar essa reunião, pois ela acrescenta: "Eu realmente sinto que isso vai me matar, e rezo para que você seja feliz sem mim, embora me seja impossível ser feliz sem você." Ao escrever para Caulaincourt em 20 de abril, ela estava ainda mais melancólica diante da perspectiva de voltar para a Áustria. "Tenho medo de que queiram me manter como uma prisioneira ali pelo resto da vida e não me deixem ir a Aix," queixou-se, "embora seja este o único meio de recuperar minha saúde e ficar perto do Imperador, com quem anseio me reunir." Não havia possibilidade de ir diretamente para Aix, disse ela. "Temo que já tenha prometido demais a meu pai para poder conseguir sua permissão para fazê-lo."

Enquanto esperava em Rambouillet, Marie-Louise recebeu a visita do Czar, que se mostrou muitíssimo agradável, e tentou convencê-la de que ninguém poderia impedi-la de ir para Elba, embora achasse que ela estaria cometendo um erro, caso se juntasse a Napoleão em seu exílio. Ela também recebeu uma visita bem menos agradável do Rei da Prússia, que fez "canhestras tentativas de polidez." Mas só lhe foi permitido sair do castelo uma semana mais tarde quando, com 24 carruagens e um comboio de bagageiros, pôs-se a caminho da Áustria numa viagem que, iniciada em profundo conflito emocional, gradualmente foi se transformando em algo como uma excursão de férias.

Ao chegar a Viena, Marie-Louise parecia contente por estar em casa com suas muitas irmãs e o restante da vasta família imperial. Porém, para seu pai e Metternich, o retorno dela não era o expediente temporário que eles simularam. Era uma vitória simbólica. Mostrava claramente que Franz I se opunha em tão alto grau a uma dinastia Bonaparte que, a fim de pôr-lhe termo, estava disposto a sacrificar o casamento de sua filha e a herança de seu neto. Franz I precisava do "legitimado" Louis XVIII no trono da França para apoiar suas pretensões do Norte da Itália, da mesma forma que Louis, em nome da legitimidade, necessitaria da assistência austríaca para afugentar o cunhado de Napoleão, Joachim Murat, do trono de Nápoles. Com Napoleão I fora do caminho, os Habsburgos e os Bourbons tinham o interesse em comum de assegurar que o Rei de Roma jamais se tornasse Napoleão II.

3
Missão ambígua

NO DIA 14 DE ABRIL, QUINTA-FEIRA, UMA CARTA urgente de Lord Castlereagh foi entregue no alojamento do coronel Neil Campbell, ferido durante a marcha sobre Paris e que mal chegara à cidade – indagando se Campbell escoltaria "o último Chefe do Governo francês" em sua jornada ao exílio, e se estaria pronto para partir dentro de um ou dois dias.

Castlereagh estava, portanto, reagindo positivamente aos sentimentos de insegurança de Napoleão. Ele relutara em oferecer acolhimento político na Inglaterra ao Imperador: quando Caulaincourt formulou a proposta de asilo, notou que o ministro do Exterior "ficou aturdido com minha pergunta, e mesmo enredado em achar uma resposta," mas fez o melhor que pôde para acalmar os temores de Napoleão. "Assegurou-me," escreveu Caulaincourt mais tarde, "que a Inglaterra (com a qual até então não houvera quaisquer *pourparlers*) garantiria, quanto a suas próprias ações, a soberania sem interferências do imperador Napoleão sobre Elba, os ducados de Parma etc. ... Castlereagh foi prestativo, categórico, franco em suas simpatias e perfeitamente cortês ao falar do Imperador e discutir seus interesses; e cumpriu todas as promessas, palavra por palavra." Em particular, o ministro inglês prometera enviar um oficial para se reunir à escolta fornecida pelos três países que haviam efetivamente assinado o Tratado de Fontainebleau, escolhendo Neil Campbell, um oficial do estado-maior experiente e bem relacionado, acostumado a missões diplomáticas e ao protocolo da realeza europeia.

No decorrer de 1813 Campbell encontrara-se com o rei e a rainha da Suécia, o Príncipe Bernadotte, o rei da Prússia, o Czar, e uma variedade de príncipes e princesas; e na sua atual função de adido militar nos quartéis-generais do Czar, ele lutara através da Europa ao lado das unidades russas. Em 25 de março, na feroz batalha em Fère-Champenoise, ele quase foi morto por um golpe de sabre na cabeça, e por um ferimento de lança nas costas infligido por hussardos russos embriagados que o tomaram por francês, e se achava ainda incapacitado. Sua convalescença, na verdade, o havia alijado dos acontecimentos. "Não tinha conhecimento do que estava sendo estipulado quanto ao futuro destino de Napoleão, exceto pelos jornais diários," escreveu mais tarde. Porém, ele não deixou de aceitar o inesperado pedido de Castlereagh, apesar de seu fraco estado de saúde, de sua ignorância quanto aos acordos dos Aliados com o Imperador e da perda de todos os seus documentos, dinheiro e bens quando foi ferido. "A proposta apresentava tantos pontos de interesse," disse em seu estilo seco, "que resolvi aceitá-la contra todos os riscos."

No sábado, 16 de abril, às nove da manhã, Campbell apresentou-se a Castlereagh a fim de receber suas instruções, depois saiu direto para Fontainebleau para juntar-se aos outros três oficiais que levariam Napoleão através da França. Eram todos homens de altos postos. Os austríacos haviam selecionado o general Köller, que fora assistente de Schwarzenberg na recente campanha; os prussianos escolheram o conde Truchsess-Waldbourg, que servira Jérome Bonaparte quando este foi rei da Vestfália; e o Czar desligou o general Shuvalov da comitiva de Marie-Louise, enviando-o a Fontainebleau com ordens de responder pela vida de Napoleão com a sua própria.

A carta formal de Castlereagh ao coronel Campbell determinando-lhe que tivesse autoridade própria nos próximos meses seria menos dramática, mas igualmente explícita. Todas as suas principais instruções ocupavam-se da segurança pessoal de Napoleão pelo caminho até a costa e durante a curta viagem a Elba. Campbell deveria mostrar "todo o adequado respeito e atenção a Napoleão, a cujo asilo seguro nessa ilha, é desejo de Sua Real Alteza, o Príncipe Regente, proporcionar toda a facilidade e proteção," recorrer a "qualquer dos oficiais de Sua Majestade de terra ou mar" para ajuda em suas atividades e permanecer em Elba indefinidamente caso Napoleão "considerar a presença de um oficial inglês útil para a proteção da ilha ou de sua pessoa contra afrontas e ataques."

As cortesias devidas a um inimigo derrotado eram o motivo manifesto de Castlereagh ter aceito o pedido de Napoleão por proteção, mas havia outra e oculta razão pela qual respondera com tanta espontaneidade. Ele estava extremamente preocupado com a segurança de Napoleão num sentido oposto, pois lhe daria a chance de pôr seu próprio agente confidencial em Elba e próximo ao Imperador. Embora a Inglaterra não tivesse nenhuma obrigação formal a esse respeito, a carta cuidadosamente fraseada de Castlereagh tornou Campbell efetivamente responsável por supervisionar Napoleão, sob o pretexto de protegê-lo; e, visto que a Marinha inglesa controlava o Mediterrâneo, era óbvio que o meio de transportar Napoleão para Elba deveria também ser o meio de assegurar a permanência dele ali. A ambiguidade dessas providências foi de uma conveniência imediata, mas posteriormente muito infeliz.

Eis o porquê da repentina convocação dos serviços do coronel Campbell. Havia diversos outros oficiais ingleses mais antigos e mais experientes socialmente em Paris, que bem podiam ter sido enviados como escolta temporária do Homem do Destino, mas era difícil para Castlereagh achar quem estivesse disposto a ficar ao lado de Napoleão indefinidamente sem recompensas maiores e numa função bastante dúbia. Quem quer que acompanhasse o Imperador a Elba teria de ser um pouco vigia, até certo ponto um carcereiro, e algo como um embaixador, sem desfrutar do status oficial de nenhum desses papéis. Na verdade, antes de Castlereagh ter escrito a Campbell, a missão já fora declinada pelo elegante Lord Burghersh, que disse francamente ao ministro do Exterior preferir os prazeres da Paris ocupada às duvidosas atrações de uma ilha pobre da costa da Toscana.

Campbell tinha uma personalidade muito diferente. Nascido numa família das altas terras da Escócia que regularmente mandava seus filhos para serem oficiais em regimentos escoceses, fora treinado por anos de militarismo profissional a aceitar seus deveres e ganhar a vida assim. Havia servido com distinção nas Índias Ocidentais, lutado sob o comando de Wellington em Portugal e na Espanha, foi enviado especial à Suécia, e passou um ano com os russos no tempo do penoso avanço deles para oeste a partir da Saxônia – onde certa vez ele entrevira Napoleão através das linhas, na batalha de Bautzen. Com a idade de 38 anos, era um homem vistoso de rosto um tanto solene emoldurado por grossas costeletas que lhe davam um efeito impressionante ao cavalgar pelo caminho de Fontainebleau ainda usando uma atadura de gaze a enlaçar o abundante cabelo negro e tapar o olho esquerdo, e uma tipoia no braço direito ressaltando o branco contra o vermelho de seu uniforme.

Era um homem razoavelmente inteligente, embora sem muita imaginação, e se entediava com facilidade quando lhe faltava companhia adequada; era um soldado competente e laborioso – seu *Instructions for Light Infantry and Riflemen* foi o manual de treinamento padrão por muitos anos – e mostrava boas maneiras, contanto que controlasse o temperamento um tanto espinhoso. Falava um francês fluente e era um bom ouvinte.

Todas essas qualidades ajudariam Campbell a se haver com as notórias mudanças de humor de Napoleão. Às vezes dava na veneta do Imperador tratar seu íntimo acompanhante *en soldat*, de um veterano para outro; também lhe apetecia atuar como um *savant* ou benfeitor das artes aplicadas ou encontrar uma plateia para seus solilóquios sobre guerra e política; outras vezes ele era apenas um aventureiro corso, barganhando inescrupulosamente pequenas vantagens; ocasionalmente, prendia-se às formalidades de sua dignidade imperial. Campbell, além do mais, não era somente um bravo soldado e um experiente militar palaciano. Era também um informante consciencioso, cujo diário e despachos revelam capacidade de induzir as pessoas a falarem e em anotar o que diziam e faziam de maneira extremamente objetiva e literal. Parecia que Castlereagh, apesar da premência do tempo, escolhera o homem certo para o que certamente devia ser uma tarefa dificílima.

Apenas três dos generais que permaneceram em Fontainebleau acompanhariam Napoleão no exílio, e eram homens de temperamento fortemente contrastante. Cambronne, que partiu em 14 de abril com os voluntários da Guarda através da França a fim de embarcarem para Elba, era um rústico de espírito combativo – "um rufião afoito e mal-educado" foi a descrição severa de Campbell depois de uma convivência de vários meses. Mas era açodadamente corajoso, estivera lutando desde a primeira grande batalha das guerras revolucionárias em Jemappes, e fora tantas vezes ferido que outro general, ao se banhar perto dele em 1813, comentaria que era "todo tatuado de cicatrizes." Para servir sob seu comando acorreram tantos voluntários que ele na realidade partiu com seiscentos homens da Guarda, duzentos a mais do que permitia o tratado, e atrás de sua coluna de veteranos vinham quatro canhões, 27 carruagens e os cavalos favoritos de Napoleão. Não havia nenhuma dúvida sobre a lealdade de Cambronne e dos *grognards* que formavam essa guarda pretoriana.

Tampouco havia qualquer dúvida sobre Henri Bertrand. Era um experiente oficial de estado-maior, rígido, obstinado, meticuloso e muito competente, um administrador nato que encontrara sua vocação gerindo a casa imperial e agora não se dispunha a abandoná-la mesmo na adversidade. Desagradavam-lhe intensamente as perspectivas futuras; aos 41 anos de idade, parecia estar jogando fora sua carreira enquanto outros, que tinham se saído ainda melhor fora do Império, apressavam-se a garantir postos sob a Restauração. Sua esposa, Fanny, uma bela mulher de descendência irlandesa cujo pai fora um general monarquista antes de ser guilhotinado durante o Terror, e cuja mãe tinha um distante parentesco com a anterior imperatriz Joséphine, sentia-se ainda mais relutante que Bertrand em trocar a grandiosidade das Tulherias por uma mísera vida de exílio numa ilha totalmente deficiente em conforto e amenidades.

Antoine Drouot era solteiro, despretensioso e cordial. O marechal Macdonald descreveu-o como "o mais correto e honesto homem que conheci, bem-educado, corajoso, sincero e sem afetação." Alcançara alto posto na Guarda Imperial, e quando teve de enfrentar a penosa escolha entre a lealdade pessoal ao Imperador e um patriotismo que então teria de incluir fidelidade aos Bourbons, tristemente escolheu deixar a França e abdicar da cidadania francesa. Diferentemente de Bertrand, que podia contar com a continuidade de sua carreira nas restritas circunstâncias de Elba, servindo como *chamberlain* [camareiro-mor] e ministro-chefe da corte do Imperador, homem de negócios, confidente e companhia frequente (funções, todas elas, pelas quais não haveria mais nenhuma competição), Drouot nada esperava para ele mesmo. Recusou um presente de 100 mil francos de Napoleão, dizendo que comprometeria sua reputação de lealdade desinteressada e que, de qualquer modo, ele tinha gostos frugais; e, ao lhe oferecerem um posto em Elba, aceitou de início apenas com a condição de poder demitir-se tão logo Cambronne chegasse para substituí-lo. "Renunciei completamente às grandes coisas do mundo," escreveu a seu velho amigo general Evain em 5 de maio, "e vou devotar os meus dias de exílio ao estudo."

Quando Campbell chegou a Fontainebleau, soube que o general Köller já fizera os preparativos para a partida de Napoleão em 20 de abril. Por todo o caminho para Lyon, os postos de troca haviam sido alertados para providenciar mudas de cavalos, e inspetores enviados na frente para garantir que essas ordens fossem cumpridas. Agora que se decidira que o Imperador viajaria sozinho, sem a mulher e o filho, não havia razão para mais delongas. Contudo, Campbell foi recebido por um desconsolado Bertrand, que "se expressou no mais melancólico dos termos" sobre as perspectivas de vida num lugar tão *sauvage* e mal equipado como Elba, pedindo para que o lugar de embarque fosse trocado de Saint-Tropez para Piombino, pequeno porto do continente exatamente oposto à ilha, e repetiu a solicitação de Caulaincourt para Campbell ir para Elba e permanecer lá como símbolo da proteção inglesa.

As razões apresentadas por Bertrand ao convidar Campbell para Elba (fazendo, portanto, exatamente o que Castlereagh queria) eram o risco de ataque dos corsários berberes saqueadores, caso o grupo do Imperador fosse retido no mar por um mau tempo, ou pela recusa do comandante francês, general Jean-Baptiste Dalesme, de entregar a ilha. Ao fim de três desmoralizantes semanas em que sentira "a matilha de lobos" fechando lentamente o cerco, Napoleão estava tão apreensivo que sua preocupação sobre os piratas podia ter sido igual a seus temores de que agentes monarquistas pudessem sequestrá-lo ou assassiná-lo na viagem para o sul. O general Köller, que o viu na primeira missa na manhã de domingo, notou que ele estava "no mais perturbado e aflito estado mental – algumas vezes esfregando a testa com as mãos, apertando os nós dos dedos contra a boca ou mordendo-os de maneira muito agitada e emotiva."

Os outros representantes aliados observaram essa inquietude quando foram recebidos por Napoleão mais tarde naquele dia. "Vi diante de mim um homem baixo e de aparência vigorosa, que ia a passos rápidos de um lado a outro de seus aposentos, como um animal enjaulado," relatou Campbell. "Vestia um velho uniforme verde com dragonas douradas, calças azuis e botas vermelhas de cano alto, tinha o rosto por barbear, cabelos despenteados, e via-se pó de rapé espalhado profusamente sobre o seu lábio superior e o peito." Quando Campbell lhe foi apresentado, Napoleão sorriu, "evidentemente tentava esconder sua ansiedade e agitação assumindo uma placidez de maneiras;" e muito embora o general Bonaparte – nome pelo qual Campbell foi instruído a chamá-lo, visto que os ingleses não reconheciam os títulos imperiais – tivesse sido breve e formal com os demais representantes, deu-se o trabalho de ser agradável para com o coronel escocês. Ele sempre media essas conversas com o mais cuidadoso cálculo. Perguntou sobre os ferimentos de Campbell, suas medalhas, sua experiência de guerra, e sua opinião sobre os poemas de Ossian, as românticas imitações de verso gaélico que haviam ultimamente capturado a imaginação da Europa. Falou com admiração sobre o Duque de Wellington, "homem de firmeza em combate" que no domingo de Páscoa vencera a última batalha da guerra ao derrotar o marechal Soult em Toulouse, e foi ainda mais lisonjeiro sobre os compatriotas de Wellington. "A vossa é a maior de todas as nações," disse a Campbell num modo de relutante admiração que se tornaria comum em suas entrevistas com visitantes ingleses. "Eu a estimo mais que qualquer outra. Fui vosso maior inimigo – francamente falando, mas não sou mais. Desejei elevar igualmente a nação francesa, mas meus planos não tiveram sucesso. Tudo é destino."

Aparentemente muito emocionado, com lágrimas nos olhos, Napoleão fez uma pausa antes de entrar em questões de detalhe. Satisfeito por

Campbell estar disposto a ficar em Elba, ele prosseguiu solicitando uma fragata inglesa para navegar com a corveta francesa que lhe haviam prometido, ou, ainda melhor, fazer a travessia num navio inglês, solicitação essa que Castlereagh atendeu pela mala postal de retorno, acrescentando a esperança de que não houvesse mais nenhuma alegação para demoras.

Os próprios representantes dos Aliados desejavam pôr-se a caminho, visto estarem numa posição delicada. Embora houvesse tropas austríacas a curta distância, eles não tinham meios diretos de impor decisões. Enquanto Napoleão permanecesse em Fontainebleau, com vários milhares de seus mais leais soldados acampados nas florestas vizinhas, sempre haveria o risco de que ele pudesse de repente se tornar obstinado ou mesmo sair numa noite às escondidas para incitar as unidades do outro lado do Loire, fazendo com que os Aliados tivessem de ir ao seu encalço novamente. Os quatro representantes, além do mais, haviam recebido instruções muito vagas, que iam pouco além de uma ordem para escoltar o Imperador através da França, por distritos que eram favoráveis a ele e por outros que lhe eram sabidamente hostis, e levá-lo a salvo para fora do país. Uma tarefa invulgar, não só porque nenhum deles tinha nenhuma experiência em lidar com um homem cujo nome, no dizer de Campbell, "fora por tanto tempo a pedra de toque do meu sentimento profissional e nacional, e cuja aparência fora trazida à minha imaginação de todas as formas com que o exagero e a caricatura podiam impressionar." Mesmo na derrota, Napoleão permanecia figura atemorizante, e muito embora a diplomacia e as armas lhe tivessem por fim falhado, ele poderia ainda usar o charme e sua astúcia natural para atingir os fins desejados.

Köller, Truchsses-Waldbourg, Shuvalov e Campbell estavam bem cônscios das dificuldades que enfrentariam. Para começar, concordaram em partilhar entre si as informações. Até aquele momento, por exemplo, Campbell ainda não tinha realmente visto uma cópia do Tratado de Fontainebleau porque a Inglaterra não era partícipe, e ele nada sabia das cláusulas até que seus colegas as expuseram. Estavam, aliás, ainda em sua primeira reunião, quando Bertrand os interrompeu com nova leva de problemas.

"O exterior dele é comum e pouco atraente," disse certa vez Napoleão a respeito de Bertrand, "mas há tutano e substância dentro." Ele era o tipo do atormentador escrupuloso que Napoleão necessitava para apoquentar outrem em lugar dele, e ele agora aparecia na reunião para se queixar de que o general Dupont, ministro da Guerra do Governo Provisório, estava violando o tratado ao mandar uma ordem ao general

Dalesme em Elba que se referia a Napoleão como "ex" Imperador (apesar do compromisso de respeitarem seu título), e também ao mandar que evacuasse todas as tropas e propriedades francesas antes de Napoleão se tornar Rei da ilha. Os representantes disseram que não podiam responder pelo general Dupont, mas Köller enviou seu assistente, major Clam-Martinitz, ao quartel-general dos Aliados a fim de instar que a guarnição francesa permanecesse até os homens da Guarda chegarem a Elba para substituí-los, e ainda recomendar que deixassem lá todos os meios para Napoleão dar começo à sua administração militar na ilha.

Bertrand queria também uma mudança de rota. Havia duas principais vias que se estendiam para o sul até Lyon, e Köller planejara tomar o rumo mais direto através de Auxerre. Napoleão desejava ir pelo caminho mais ocidental através de Briare, pelo motivo de Cambronne e os homens da Guarda estarem ali à espera de vê-lo passar. Essa rota poderia também levá-lo a passar por perto de outras unidades francesas ao longo do Loire; então ele poderia ter a esperança de estar coberto pelas unidades de Augereau ao redor de Lyon e ser protegido nas últimas etapas de sua viagem pelas tropas austríacas que haviam ocupado parte da Provence.

A razão imediata para essas mudanças era um relatório de que Louis Bourrienne, o novo ministro dos Correios, antigo colega de escola e secretário de Napoleão que havia caído em desgraça e se tornara hostil ao Imperador, havia visitado os agentes postais estacionados ao longo do caminho programado para a passagem através de Auxerre e deixado novas ordens. Pode ter havido uma razão natural para essa mudança, mas ela fez com que Caulaincourt temesse "talvez alguma violência planejada no Midi," ou que bandos fossem formados para perpetrar ataques ao Imperador. As suspeitas de Napoleão já se haviam intensificado por outros boatos perturbadores de Paris durante o fim de semana. Dizia-se que Joseph Fouché, o antigo chefe de polícia demitido por Napoleão antes da queda do Império, estava de volta à capital e ativo com seu velho jogo de intrigas, falando aos Aliados que Elba ficava tentadoramente perto do continente e que melhor fariam levando o Imperador para longe, na Rússia ou em alguma colônia distante. Havia também conversas sobre outro conluio de assassinato, mais uma vez envolvendo o mal-afamado Maubreuil, que parecia ter a conivência de alguns membros do governo e a cumplicidade do comando aliado em Paris; no entanto nada ocorreu além de uma emboscada à mulher de Jérome Bonaparte quando partiu para o exílio na Suíça.

Enquanto Bertrand falava com os representantes, Napoleão enviava Caulaincourt noutra jornada a Paris com queixas sobre essas perigosas intrigas e para "obter toda garantia possível" dos monarcas aliados. "O Czar, exasperado pelo que lhe contei," notou Caulaincourt, "deu imediatas instruções a seu ministro para tomar todas as medidas necessárias," e até mesmo Metternich foi confortantemente franco. "Não sei se a decisão tomada foi a melhor para o Imperador Napoleão, isso sem nem falar quanto a nós," disse. "Mas uma coisa é certa: o Imperador da Áustria assumiu compromissos definidos e permanecerá fiel a eles."

Caulaincourt teve de contentar-se com essas promessas, embora o Imperador relutasse em deixar Fontainebleau antes de ouvir de Londres que o governo inglês havia subscrito o assentimento informal de Castlereagh ao tratado. Quase no final Napoleão parecia contar com uma mudança na sorte, a seu favor. Tinha pouco com que se ocupar, agora que tudo estava arranjado. Despachara a maior parte de sua bagagem com Cambronne, mas ainda catava na biblioteca do palácio material sobre Elba e outros livros que poderiam formar o núcleo de uma coleção sobre a ilha. Pegou um conjunto encadernado do *Moniteur*, o jornal oficial que registrara eventos de 1789 a 1813, as *Fábulas* de La Fontaine, alguns volumes de Cervantes e Rousseau, e ainda as *Vidas* de Plutarco, que tantas vezes lhe serviram de leitura de cabeceira. Deu livros, espadas, pistolas, medalhas e moedas aos oficiais que vieram se despedir, e enviou presentes semelhantes a amigos e subordinados ausentes. Com tempo sobrando, passava-o em grande parte tagarelando sobre o momento, e quando não tinha ninguém para distraí-lo, ficava horas num pequeno terreno atrás do palácio, riscando, taciturno, o cascalho com a ponta da bota. Havia-se chegado a um estado em que nem os Aliados nem o Governo Provisório tolerariam mais nenhuma protelação. Suas hesitações e equívocos tinham começado a esgotar a paciência e a generosidade do Czar.

Quase quinze anos depois de ter retornado do Egito desembarcando numa praia perto de Fréjus e indo às pressas a Paris fazer-se senhor da França, Napoleão estava sendo levado de volta à mesma praia como um arruinado cujos únicos haveres eram lembranças de glória passada.

4
Viagem para o exílio

Com o clarear da manhã de quarta-feira, 20 de abril, um dia frio, cinzento e enevoado como tantos daquele mês, as quinze carruagens que transportariam o grupo de Napoleão pela França se enfileiraram do lado de fora do palácio de Fontainebleau. Uma tropa de cavalaria seria a vanguarda da caravana, seguida por uma carruagem com o general Drouot e outros oficiais que serviriam voluntariamente em Elba, por uma *dormeuse de voyage* (uma carruagem-dormitório para Napoleão e Bertrand), cinquenta cavalarianos mais, uma carruagem para cada representante dos Aliados, e nove outras para o restante do serviço da casa, inclusive um médico, um farmacêutico, um secretário, um despenseiro, dois pagadores, seis camareiros, lacaios, limpadores e ferradores para os cavalos. Na mesma hora, as companhias de granadeiros da Velha Guarda entraram em forma no grande pátio do palácio para uma digna cerimônia de despedida ao seu Imperador.

Às nove horas, quando enviou Bertrand para assegurar aos ansiosos representantes que estaria, de fato, pronto a partir naquele dia, Napoleão sentou-se para escrever uma nota final a Marie-Louise. Ele despachara três outras mensagens no dia anterior – uma para dizer que o pintor Isabey lhe havia oferecido um quadro da viagem da Imperatriz com o Rei de Roma que muito apreciara, outra para objetar à visita do Czar a ela e encorajá-la a suportar as dificuldades "com firmeza," e a terceira para comunicar que partiria na manhã seguinte. Agora dirigiu-lhe uma última promessa: "Conte sempre com a coragem, a compostura e a bondade de seu marido," acrescentando "um beijo ao Reizinho" como pós-escrito.

Em ocasião tão formal e histórica, no entanto, Napoleão não se permitiria pressa, e após algumas consultas com sua equipe, convocou o general Köller e cada um dos representantes em sequência. Surpreendeu Köller ao dizer que ainda estava em dúvida quanto a partir ou não, e novamente queixou-se de que o tratado fora violado com o confisco de seus fundos privados em Orléans, com a ordem de retirar de Elba os suprimentos do exército francês e a recusa dos austríacos em permitir que sua mulher e seu filho se reunissem a ele. E abruptamente disse a Köller que, sem recursos financeiros e sem proteção apropriada ele não permaneceria em Elba; e após falar vagamente em recrutar um novo exército e retomar a guerra, repetiu a insinuação de que poderia buscar refúgio na Inglaterra.

Durante essas tiradas, um ajudante de ordens bate à porta com o lembrete de Bertrand de que já ia dar onze horas. "Essa agora," resmungou Napoleão irritado para Köller. "Desde quando quem manda em mim é o relógio do *grand maréchal* ?" Virou-se para o ajudante e disse com zombeteira fanfarrice: "Talvez eu nem vá." Parecia, observou Campbell, que o Imperador ficava "cada vez mais relutante em partir conforme o momento se aproximava," continuando aquele aranzel em cima de Köller "de um modo emocional e desenfreado, mostrando-se às vezes extremamente aflito" quanto à ameaça que uma Rússia poderosa seria para a Áustria e à "crueldade" de Franz I e de Metternich em enviá-lo para longe sem a família. "Se trapacearem comigo, pedirei asilo à Inglaterra," disse a Campbell. "O senhor acha que me receberão?" Napoleão repetiu esse pedido tantas vezes que Castlereagh se viu por fim obrigado a escrever, em 5 de maio, para obter a opinião formal do primeiro-ministro; enquanto isso, Campbell podia apenas dar uma resposta cautelosa. "Majestade," disse ele, "presumo que o soberano e a nação sempre levarão a cabo seus compromissos lealmente e com generosidade." Napoleão tomou esse comentário mais positivamente do que Campbell pretendia. "Sim," replicou, "estou certo de que não me rejeitarão;" e depois de ir e vir a passo pela sala, olhou firmemente para Campbell e disse: "Muito bem, partiremos hoje." Manteve uma breve conversa com os representantes russo e prussiano, apertou a mão de Caulaincourt, Maret, Fain e de vários oficiais superiores e auxiliares que ficaram para presenciar sua partida, depois desceu os degraus do pátio para passar em revista a guarda de honra e dirigir-lhes a palavra.

Era um momento solene, e ele o aproveitou ao máximo, recordando as vitórias que os exércitos franceses tiveram sob as águias imperiais, exaltando a bravura e a devoção de seus soldados, e insistindo que mesmo quando Marmont e sua unidade "passaram para o lado do inimigo" ainda teria sido possível continuar a luta contra toda a Europa. Mas a que custo? "Uma guerra externa e civil devastaria nosso belo país," disse. Foi para evitar tal destruição, acrescentou ele, que "sacrifiquei os meus direitos, e estou pronto a sacrificar a mim próprio, pois toda a minha vida foi devotada à glória e à felicidade da França." Napoleão era um mestre nessa retórica ante seus homens, combinando dignidade com familiaridade num efeito ímpar. "Vocês são todos meus filhos," declarou ao chegar ao fim do discurso. "Não posso abraçar cada um, mas estarei abraçando todos na pessoa do vosso general." Beijou o general Petit em ambas as faces e, a seguir, virou-se dramaticamente para o porta-bandeira. "Traga-me as águias [insígnias] que nos guiaram por tantos perigos e tantos dias gloriosos." Cobriu o rosto com um dos sedosos cantos bordados em ouro como reverência às batalhas e permaneceu silencioso por quase um minuto. Então, elevando seu braço esquerdo, falou de novo ao pátio repleto. "Adeus, velhos companheiros! Meus melhores votos estarão sempre convosco! Guardai-me em vossas memórias!"

À medida que Napoleão caminhava para a carruagem, podia ouvir soluços dos homens que o haviam seguido aos confins da Europa e agora sentiam que a ele não seguiriam mais. Aqueles mais de perto beijaram suas mãos e tocaram em seu uniforme, contagiando até mesmo os Comissários aliados. "Foi na verdade uma cena das mais comoventes," disse Campbell, "e digna do grande homem que a criou." Depois disso, recorda o capitão Pasquin, "os velhos soldados queimaram suas bandeiras e dividiram as cinzas entre eles."

O relógio ainda não marcava duas horas quando a carruagem cruzou os portões do palácio levando o Imperador – e com ele toda uma era.

A queda de Napoleão pôs muitos dignitários de volta à estrada. Alguns determinados a desfazer o que se fizera pelos direitos humanos e a restaurar os direitos da realeza. O czar da Rússia e o rei da Prússia, tendo vindo de tão longe, celebrariam agora o triunfo da legitimidade com o Príncipe Regente em Londres. Louis XVIII, cuja família fora o símbolo de todos os velhos regimes, não ficou para as festividades em Londres; já estava em seu caminho de volta a Paris, com uma torrente de aristocratas e *émigrés* em sua esteira. A família real espanhola retornava da detenção na França para restaurar o regime reacionário Habsburgo em Madrid. E governantes menores, por toda a Europa, tentavam rejuntar o padrão de poder que os exércitos de Napoleão – e o seu hábito de distribuir domínios a parentes e partidários – haviam tão seriamente desfeito.

Com os vencedores a chegar, saíam os vencidos. Marie-Louise e seu filho seguiam para Viena. A mãe de Napoleão, Madame Mère, estava a caminho de Roma com o cardeal Fesch, e apesar de Napoleão ter de passar pelo ponto de parada deles perto de Roanne, não se desviou para visitá-los. Seu irmão Lucien, que havia muito era um bem tratado prisioneiro de guerra numa propriedade rural perto de Worcester, estava também a caminho da Santa Sé em busca da proteção do Papa, que parecia não guardar rancor por seu sequestro e longo cativeiro na França; Joseph, Louis e Jérome Bonaparte fugiam todos para a Suíça. Ninguém, aparentemente, se importava de vê-los partir. Somente o Imperador ainda estava envolto no fascínio da monarquia.

Ele percorreu 160 quilômetros no primeiro dia de jornada, parando em Briare, onde Cambronne e os *grognards* o esperavam para dar-lhe uma entusiástica recepção e gritar insultos tão clamorosos aos representantes dos Aliados que ele teve de apresentar uma queixa a fim de salvar as aparências. Porém sua reação pessoal, conforme revelou numa carta enviada a Marie-Louise antes de deixar a cidade, era de prazer com aqueles sinais de "solidariedade e afeição." Ao conversar com Campbell no café da manhã, parecia em excelente estado de espírito, e o dia todo respondeu aos brados de "*Vive l'Empereur!*" ao longo da estrada, alguns espontâneos, outros preparados por batedores enviados para avisar a população seguinte de que ele estava a caminho. Quando o grupo chegou a Nevers naquela noite, tudo parecia estar indo bem. Pernoitavam no Hôtel de la Nation, quando o major Clam alcançou-os trazendo as novas ordens para o comandante francês de Elba, e Campbell, encontrando um oficial inglês que fora prisioneiro e agora se dirigia a Paris, aproveitou para enviar uma mensagem tranquilizadora para Castlereagh.

O dia seguinte, 22 de abril, começou bem, mas terminou muito mal. Em Villeneuve-sur-Allier, de onde a escolta de cavalaria que viera de Fontainebleau retornou, Napoleão sentiu-se suficientemente confiante para se permitir um gesto, e com as palavras "não preciso nem de minha Guarda nem da proteção de estrangeiros para andar pela França," ele deu de mão mandando embora o destacamento de hussardos austríacos que aguardavam para acompanhá-lo. Depois de alguns quilômetros de estrada, em Moulins, ele começou a pagar por aquele momento de orgulho, quando uma grande multidão formou-se em torno das carruagens com gritos de "*Vive le Roi!*" e exibições da roseta branca. Perturbadíssimo, Napoleão cancelou a parada para jantar e distanciou-se rapidamente por mais cem quilômetros, alcançando Roanne e a proteção de uma unidade austríaca já bem depois da meia-noite.

Após o quase motim em Moulins, Napoleão disse a Campbell para seguir na frente a fim de tomar as providências prometidas para um navio inglês escoltar o grupo até Elba; e antes de deixarem Roanne no dia seguinte, ampliou esse pedido para a exigência formal de transporte numa belonave inglesa, alegando que poderia ser afrontado se fosse numa embarcação francesa. Essas primeiras demonstrações de hostilidade reacenderam seus temores quanto às turbas de monarquistas no Midi e o deixaram ansioso por avançar o mais rápido possível, acabando com paradas de pernoite, fazendo com que todos dormissem aos trancos enquanto as carruagens rodavam. Escurecia quando o grupo chegou a Lyon, e o comandante austríaco, preocupado em evitar atrito entre as facções dos Bonapartes e dos Bourbons, desviou o comboio para as cercanias da cidade. Ao meio-dia de sábado, 24 de abril, já se aproximavam da área norte de Valence, onde Napoleão esperava encontrar Augereau e seu exército.

Campbell, agora bastante à frente, surpreendeu-se ao topar com Augereau, que deixara sua tropa e se dirigia para o norte a fim de acertar seus assuntos com o novo governo. O marechal desconcertou-se ao saber que Napoleão estava a caminho pela estrada de Paris. Ele se tornara conhecido por suas proclamações extravagantes, e apenas uma semana antes distribuíra entre seus comandados um violento manifesto denunciando o Imperador como um tirano "que, após sacrificar milhões à sua cruel ambição, não teve a coragem de morrer como soldado." Ele agora repetiu a Campbell essa acusação de covardia. O Imperador, disse, "deveria ter avançado diretamente para uma bateria e assim dado fim a si mesmo."

Embora tivesse dito a Campbell que repetiria essa acusação a Napoleão em pessoa, Augereau estava claramente envergonhado quando esteve com o Imperador mais tarde naquele dia. Apesar de Napoleão estar, quase que certamente, ciente do insultante manifesto de Augereau, permaneceu controlado, tratando Augereau do mesmo modo com que tratara os outros marechais que o haviam abandonado por amor à paz, e apenas repreendeu-o por sua relutância em organizar e preparar o exército reserva nos últimos estágios da guerra.

Aos olhos dos soldados de Augereau, entretanto, era o marechal quem se mostrara medroso e também era culpado de traição por forçá-los a usar o laço branco; e quando Napoleão passou por algumas dessas unidades, os homens se alinharam pela estrada para saudá-lo, e um por um dos oficiais subalternos veio até ele para penhorar-lhe lealdade. "Se o senhor Imperador tivesse 20 mil homens como eu," disse-lhe um cavalariano quando ele chegou em Valence, "nós o libertaríamos e o poríamos no comando novamente. Quem vos traiu não foram vossos soldados, foram vossos generais."

Foi uma história diferente em Montélimar, onde o subprefeito recebeu Napoleão com a agourenta notícia de que agentes da monarquia haviam ido à frente para amotinar a população contra ele em Avignon, e que a ocupação de Marselha pelos ingleses causara manifestações monarquistas desabridas pela cidade. Napoleão considerou, mas depois rejeitou a ideia de uma mudança de rota, e continuou pela escuridão, na esperança de que as turbas hostis estariam dispersas antes de sua chegada em Avignon nas primeiras horas da manhã. Em Donzère, onde chegou às nove da noite, uma multidão raivosa quase bloqueou a saída do vilarejo, e em todas as aldeias os habitantes ficavam à espreita para vê-lo e esbravejar contra ele.

Ele tinha certa razão em temer emboscadas. A região fora sublevada pelo coronel Mollot, um dos inúmeros enviados que o Conde d'Artois despachara pela França a fim de arregimentar apoio para a restauração dos Bourbons, e Mollot já havia reunido gente de Avignon para fechar a estrada a algumas carruagens que Napoleão mandara à frente do grupo principal. Quando ele próprio chegou, os ativistas tinham ficado de prontidão a maior parte da noite e estavam fora do controle da guarda que o prefeito improvisara. Assim que chegaram perto das carruagens, gritando e atirando pedras, Mollot se aproximou da carruagem de Napoleão brandindo uma espada; foi mantido à distância pelo esforço combinado de Bertrand e Drouot, e o palafreneiro apontou-lhe uma pistola enquanto o cocheiro chicoteou os cavalos e levou Napoleão para longe, contornando os muros.

A recepção em Orgon, a trinta quilômetros pela estrada de Aix-en-Provence, foi ainda mais alarmante. Os habitantes hostis haviam pendurado uma efígie de Napoleão manchada de sangue num patíbulo improvisado do lado de fora do posto de troca com as ameaçadoras palavras "Mais cedo ou mais tarde será este o destino do Tirano!" Enquanto os moços da estrebaria diligenciavam a troca dos cavalos, uma turba atirava pedras contra as janelas da carruagem e apupava Napoleão. Ele permanecia silencioso, atrás de Bertrand, mas a situação estava ficando tão desfavorável que os representantes aliados e seus assistentes se colocaram entre a carruagem de Napoleão e a multidão, e o general Shuvalov fez uma tentativa de acalmar a massa com uma exortação. "É vergonhoso insultar um infeliz indefeso, alguém que foi governante do mundo e agora está à mercê de vocês," conclamou. "Deixem-no em paz. Olhem para ele, e vocês verão que o desdém é a única arma que podem usar contra alguém que não é mais perigoso."

Napoleão estava fortemente abalado e ficou ainda mais assustado quando a caravana foi parada quase dois quilômetros depois de Orgon, por um homem que avisou do boato de que Talleyrand enviara assassinos para pegá-lo antes que chegasse ao mar. Em St. Cannat, onde houve nova troca de cavalos, ele insistiu em sair da sua carruagem vestido com um casaco azul simples, inclusive tomando a humilhante precaução de pôr uma roseta branca no chapéu. Então, disfarçado de mensageiro, foi sentado à frente com um dos palafreneiros pela paisagem rochosa e a poeira trazida pelo mistral. Passou direto pelo posto de troca seguinte (onde a multidão que o esperava atacou enraivecida sua carruagem e Bertrand teve de ser salvo pelos representantes Aliados) e parou numa estalagem à beira da estrada em La Calade. Quando o restante do grupo o alcançou, encontrou-o num dos quartos com a cabeça entre as mãos e lágrimas nos olhos. Ficara extremamente perturbado pela atitude da proprietária que, à menção do nome de Bonaparte, começou a acusar o Imperador pela morte de seu filho e de seu sobrinho. "Quero ver se vai conseguir fugir," disse, sem saber que ele estava sentado à sua frente. "Acho que o povo vai matá-lo, e não tenho dúvida de que o patife merece isso."

O grupo todo estava exausto e faminto, mas Napoleão não pôde nem descansar nem comer, temendo que pudesse cair numa armadilha ou ser envenenado. "Com qualquer barulhinho," observou Truchsess-Waldbourg, "ele se sobressaltava e mudava de cor." Alarmou-se ao saber que preparavam grelhados do outro lado da janela, e embora a cortesia o fizesse provar a comida, "cuspia tudo de volta ao prato ou atrás da cadeira." Nada comeu, exceto um pedaço de pão e vinho de uma garrafa trazida de sua carruagem. "Deixou-se dominar completamente por seus medos," escreveu o major Clam mais tarde. "Estava pálido e transfigurado, sua voz enfraquecida, não conseguia ficar nem mesmo diante dos criados."

O general Köller enviou relatório semelhante a Metternich, dizendo do "estranho e penoso tempo que passamos na hospedaria, em que o Imperador, dominado pela ansiedade, não pensava em nada, exceto nas providências a serem adotadas para sua segurança, no disfarce que deveria usar etc." Preocupado com o ânimo da multidão que se reunia do lado de fora da hospedaria e pelos boatos de uma recepção ainda mais crítica que lhe reservavam em Aix, Napoleão propôs que o grupo voltasse para Lyon a fim de tentar uma nova rota. Os representantes recusaram, e Napoleão declinou da alternativa que lhe apresentaram de ir direto para Toulon, região bastante conhecida por seus sentimentos monárquicos. Indagou então se poderia se fazer passar pelo coronel Campbell ou algum outro oficial inglês; no fim, antes de o grupo partir à meia-noite, deram-lhe um uniforme doado por Köller, um casquete prussiano emprestado por Truchsess-Waldbourg, e um capote russo pertencente a Shuvalov, e o ajudante de ordens de Shuvalov então vestiu a roupa de mensageiro que Napoleão usara antes naquele dia.

Mesmo depois que todos saíram da hospedaria, ele ainda pensava em outros subterfúgios para se proteger de algum ataque. Visto que viajava com o general Köller, e para dar a impressão de que o passageiro não era ninguém de importância, ele falou ao cocheiro para fumar e pediu a Köller para entoar cantigas. Quando Köller objetou não ter voz, Napoleão implorou que assobiasse uma melodia. "E com essa música singular fizemos nossa entrada em todos os lugares," comentou Truchsess-Waldbourg, "enquanto o Imperador, exposto ao fumo do cachimbo, se espremia num canto da carruagem e fingia estar profundamente adormecido."

Em seis dias o grupo cobriu oitocentos quilômetros desde Fontainebleau, e foi uma viagem exaustiva e desagradável. Napoleão, na verdade, estava bem ciente de que seus medos haviam causado má impressão nos oficiais aliados que presenciaram seu colapso. "Eu praticamente me desnudei diante de vocês," confessou para Köller, e com seu ânimo começando a se revigorar no dia seguinte, ele voltou a assumir as maneiras imperiais, como para apagar a desagradável lembrança. De qualquer modo, logo que deixaram para trás Aix e St. Maximin, ele se sentiu mais a salvo, pois a população local não era tão antagônica, e Shuvalov havia enviado mensageiros na frente para afastar os gendarmes e alertar as unidades austríacas ao longo da estrada.

Ao anoitecer da terça-feira, 26 de abril, o Imperador chegou em Bouilledou, uma grande propriedade rural perto de Le Luc, onde se encontraria com a irmã favorita Pauline e passaria a noite. Ninguém mais da família, pela qual ele tanto fizera, havia se esforçado para vê-lo após a derrota, muito menos para se oferecer a compartilhar seu exílio, mas Pauline, ao seu modo mimado e egocêntrico, sempre lhe fora leal. Em 21 de abril ela escreveu ao cunhado, Bacciochi, o qual havia fugido da Toscana para Roma, para dizer que estava aguardando Napoleão passar pela região da Provence, onde ela se hospedara ao retornar de um pequeno *spa* nos Alpes Marítimos, e que esperava ir com ele para Elba ou para Nápoles a fim de juntar-se à sua irmã Caroline e seu outro cunhado Joachim Murat. "Não amei o Imperador como meu soberano," escreveu ela, "amei-o como meu irmão e permanecerei fiel a ele até morrer."

A princesa Pauline Borghese era mais sensata que sua irmã Elisa, uma libertina embotada, e bem mais vivaz e encantadora que sua irmã Caroline, uma intrigante nata que se dedicou à difícil tarefa de manter o impulsivo marido no trono de Nápoles. Aos 34 anos ela continuava a ser uma mulher atraente. O grande escultor italiano Canova por duas vezes modelou-a como Vênus, e ela aproveitou-se ao máximo dos seus encantos em seus muitos casos. Seu primeiro marido, o general Leclerc, morrera de febre amarela nas Índias Ocidentais. O segundo, o príncipe Borghese, foi um belo diletante que tolerava suas infidelidades. Napoleão sempre tentava controlar o comportamento dela e limitar suas extravagâncias, porém o mais das vezes ela ignorava seus sermões morais e seus protestos contra os escândalos na família Bonaparte, confiando no fato de que ele sempre lhe fora devotado. Seus inimigos, na verdade, gostavam de espalhar anedotas que insinuavam haver algo mais do que uma natural afeição entre ambos.

Embora Pauline tivesse fama de hipocondríaca e de ser dada a acessos de mal-estar, era realmente uma pessoa doente, sofrendo de salpingite, infecção uterina que causava desconforto recorrente e debilitante. Quando Napoleão chegou, ela estava suficientemente adoentada para alegar que não podia acompanhá-lo a Elba naquele momento – embora na verdade estivesse esperando por um dos amantes para acertar alguns dos seus complicados negócios financeiros em Paris. Prometeu, no entanto, que em breve iria visitar Elba em seu trajeto para Nápoles, e é provável que a questão do futuro de Murat fosse um motivo para a visita a Napoleão. Pauline, mais do que qualquer outra pessoa, poderia facilmente levar uma mensagem confidencial do Imperador ao rei de Nápoles.

Os cunhados estavam desavindos desde que Murat desertara em 1814 e fizera uma apressada aliança com os austríacos. Agora seriam vizinhos, e ambos precisariam de muita cautela nos meses vindouros. Napoleão certamente seria suspeito de conspirar com Murat, verdade ou não; portanto interessado em não dar aos Aliados desculpa para tirá-lo de Elba, enquanto Murat devia evitar que o derrubassem e restaurassem Ferdinand I, o Bourbon espanhol que os ingleses protegiam na Sicília. Por outro lado, tanto Napoleão quanto Murat estavam bem cientes de que podia chegar o momento em que precisariam um do outro novamente e de que seria prudente manter contato secreto adotando uma postura pública de desacordo.

Campbell já tomara todas as providências para a fase final da viagem. Chegando a Marselha na noite da segunda-feira, 25 de abril, entrou em contato com o capitão Thomas Ussher que tomara a cidade no dia anterior, quando atracou as fragatas *Undaunted* e *Euryalus* e usou da ampla autoridade de Castlereagh para levar a *Undaunted* para St. Tropez. Lá, Ussher encontrou-se com o comandante de Montcabrie, de prontidão com a fragata *Dryade*, a corveta *Victorieuse*, e um navio-transporte, aguardando para levar o grupo de Napoleão para Elba.

Quando Campbell voltou a terra para juntar-se aos outros representantes em Le Luc, soube de uma mudança nos planos. Napoleão agora queria passar sua última noite na França hospedado no Chapeau Rouge, em Fréjus, onde ficara ao retornar do Egito, e depois partir no dia seguinte da praia perto de St. Raphael. Campbell, portanto, mandou o comandante Ussher navegar pela baía até o novo ponto de encontro, que foi alcançado no dia seguinte. Tão logo a *Undaunted* lançou âncora, Napoleão novamente deixou claro que preferia embarcar na fragata inglesa do que navegar para Elba sob a bandeira Bourbon, e quando as embarcações francesas chegaram mais tarde naquele dia, souberam que o pessoal de Ussher já carregara a bagagem do Imperador, as carruagens e os cavalos. O comandante de Montcabrie propôs prescindir dos emblemas reais se Napoleão mudasse de ideia, mas quando Napoleão constatou que a *Dryade* serviria apenas de escolta e que deveria embarcar na *Victorieuse* bem menor – que depois permaneceria em Elba –, confirmou sua decisão de ir com Ussher. Ambos os navios franceses partiram no dia seguinte.

O comandante Ussher, entrementes, fixara um importante ponto do protocolo naval para receber Napoleão. "Era minha ideia tratá-lo com a generosidade em relação a um inimigo vencido que sempre foi própria do espírito dos ingleses," escreveu Ussher. Mas ficou em dúvida sobre o acerto de saudá-lo com a homenagem real de 21 tiros de canhão, como Napoleão expressamente desejava. No começo, tentou contornar o caso propondo que Napoleão embarcasse ao escurecer, visto que a Marinha inglesa não disparava salvas protocolares depois do pôr do sol. Quando essa providência foi rejeitada, Ussher procurou pelos representantes, que lhe asseguraram que o Tratado de Fontainebleau referia-se a Napoleão como "Imperador e Soberano da Ilha de Elba;" ele por fim se satisfez quando Campbell mostrou-lhe a carta de instruções de Castlereagh.

Os próprios comissários representantes tinham questões a acertar antes de Shuvalov e Truchsess-Waldbourg partirem para Paris, e de Köller e Campbell irem para Elba, porque na chegada deles a Fréjus, Bertrand enviara a Campbell uma longa mensagem listando detalhes protocolares e de interesse, os quais Napoleão desejava ver cumpridos antes de embarcar. Campbell não estava nada satisfeito com esses pedidos "embasados num tratado que nunca me havia sido mostrado *formalmente*," e não tinha ideia de como Castlereagh reagiria caso exercesse critério próprio ao tomar providências quanto ao transporte para Elba de Pauline e da Guarda em navios ingleses, ou abonasse todas as "necessidades domésticas" de Napoleão. Protegeu-se consultando os outros representantes e obtendo a assinatura deles numa carta de concordância. Mas estava passando rapidamente para uma condição em que não teria ninguém para consultar, em que teria de agir da melhor forma possível sem instruções, autoridade ou ideia clara do que Castlereagh ou os aliados da Inglaterra esperavam dele.

Tão logo Napoleão obteve essas garantias, redigiu a carta que Drouot entregaria ao general Dalesme quando o grupo chegasse a Elba. Novamente insistia em seus direitos sobre os estoques de munição e as provisões da ilha, e pela primeira vez mencionou os súditos de seu novo e pequeníssimo "domínio imperial." Diga-lhes, escreveu ao comandante francês, que "escolhi essa ilha como minha residência devido a seus agradáveis costumes e à excelência do clima." E com essa carta, suas questões oficiais com a França terminaram.

"Fiquei muito satisfeito com os representantes," escreveu Napoleão em curta mensagem a Marie-Louise naquela manhã, e à noite ele lhes ofereceu um jantar de despedida. O comandante Ussher foi também convidado e notou que, embora Napoleão falasse "com grande animação" sobre assuntos navais, "parecia ressentir-se de sua situação de derrotado." Após a recepção, Ussher passou a noite em terra e foi acordado às quatro da manhã por dois agitados civis dizendo que grupos de soldados haviam desertado do exército de Eugène e se dirigiam à França para libertar o Imperador. Os representantes, observou Ussher, "ficaram, como eu, aborrecidos por serem tirados do sono em hora tão imprópria," mas todos estavam apreensivos, e suas dúvidas aumentaram quando se tornou "muito evidente que Napoleão não tinha pressa em deixar as praias da França, parecendo ter motivos para ficar." Ussher então foi até Napoleão, explicando que ocorreria uma mudança de vento para o sul que o obrigava a sair logo com o vento ainda vindo da praia onde estava ancorado. Após proferir o equivalente a um ultimato para que Napoleão partisse de imediato ou arcasse com as consequências, Ussher foi para seu navio a fim de preparar a recepção ao Imperador, e às dez da manhã um barco acostou com uma mensagem de Campbell dizendo que Napoleão não se sentia bem, mas esperava poder partir dentro de poucas horas. Ele viu, observou Ussher secamente, a "necessidade de curvar-se às circunstâncias."

Durante o dia, Napoleão novamente escreve à Marie-Louise, pouco dizendo além de uma convencional despedida de "um afetuoso e fiel marido," e anexando a cópia de uma carta que havia pouco escrevera ao pai dela. "O desejo meu e da Imperatriz é de estarmos reunidos," dizia ele, "especialmente num tempo em que todos sentimos os rigores do destino. Vossa Majestade é de parecer que a Imperatriz necessita do tratamento com águas e que imediatamente depois deva ir para a Itália. Para mim essa é uma boa perspectiva, na qual eu confio." Bertrand escreve em estilo similar para Méneval. "O senhor deve estar a par do quanto desejamos que a Imperatriz divida seu tempo entre Parma e a ilha de Elba," disse, deixando claro que as expectativas do Imperador haviam agora se reduzido; "ficaríamos muito felizes em vê-la de vez em quando."

Napoleão estava, por fim, pronto para partir, e pouco antes das oito horas da noite Ussher chegou para escoltá-lo até o navio. Um pequeno ajuntamento de curiosos esperava nas ruas, e Ussher indelicadamente comentou que "uma turba francesa é a pior de todas as turbas." Napoleão, que parecia "bastante agitado," concordou. "Sim," disse, "eles são como galo de cata-vento, que muda de posição."

Era uma noite clara, iluminada pela lua e de pouco vento. "Pela estrada alinhavam-se hussardos, e na praia havia tropas formadas em quadrado perto do barco," escreveu para sua família o tenente Hastings, do *Undaunted*. "Esse poderoso inimigo da Inglaterra preferiu confiar-se às mãos do mesmo povo que tão frequentemente estigmatizara como destituído de Honra e de Princípios, em vez de confiar-se àquele sobre o qual reinou e tantas vezes conduziu à vitória e à glória." Era, como Hastings observou, uma cena paradoxal. "Abandonado por todos os seus generais, exceto dois, e também pela maior parte de seus *domesticks*; e sempre temendo por sua segurança, ele se coloca a bordo de uma fragata pertencente ao país de cuja mais mortal inimizade tornara-se legitimamente merecedor."

Um clarim tocou em continência. Napoleão despediu-se de Shuvalov e Truchsess-Waldbourg e transpôs a pequena prancha para a barcaça de Ussher. Ao tempo em que os marujos chegavam com o bote ao *Undaunted*, ancorado perto e já preparado para navegar com a brisa da manhã, o primeiro canhão atirou na salva dada como saudação real.

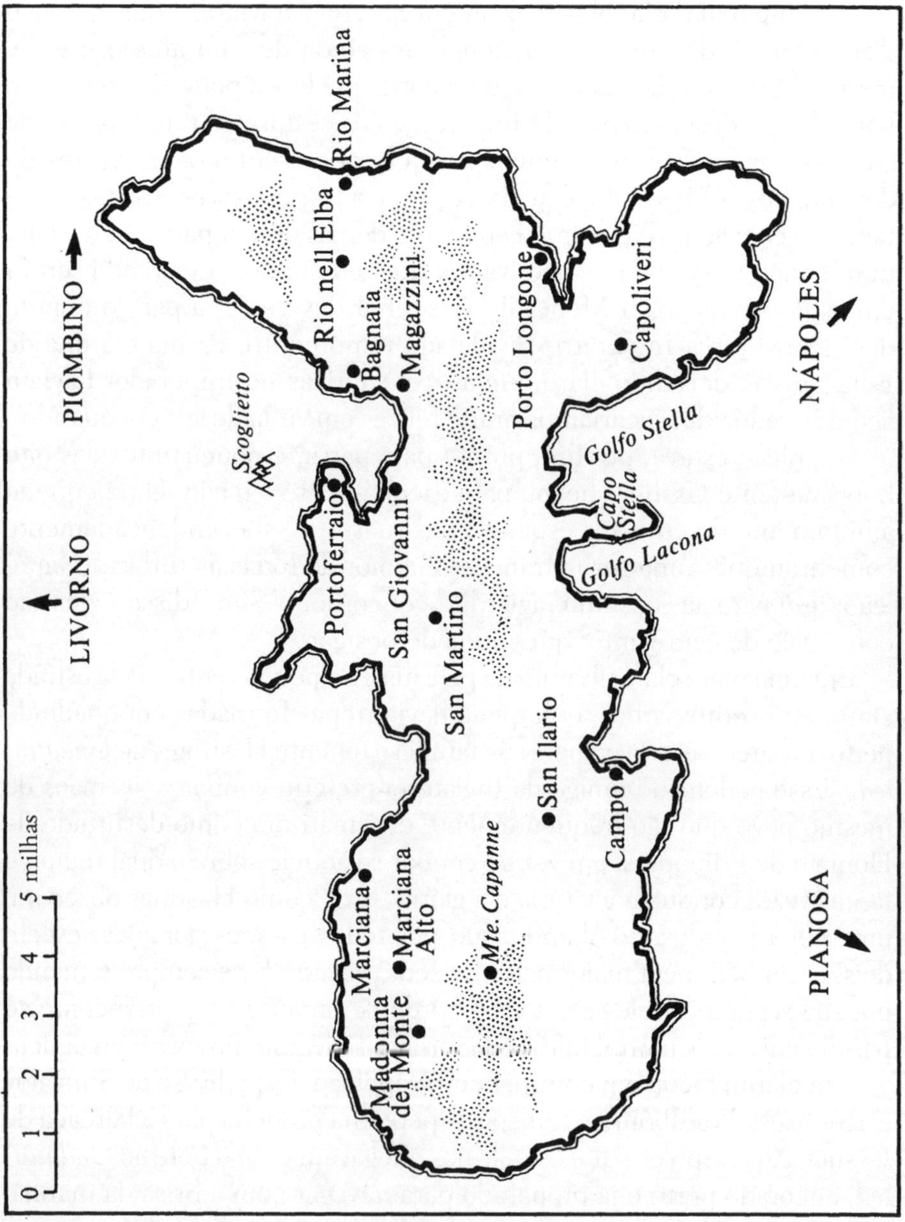
LIVORNO
PIOMBINO
NÁPOLES
PIANOSA
Scoglietto
Rio Marina
Rio nell Elba
Bagnaia
Magazzini
Portoferraio
San Giovanni
San Martino
Porto Longone
Capoliveri
Golfo Stella
Capo Stella
Golfo Lacona
San Ilario
Campo
Marciana
Marciana Alto
Madonna del Monte
Mte. Capanne
0 1 2 3 4 5 milhas

Elba, 1814

5
Mudança dos fados

O COMANDANTE THOMAS USSHER DESCENDIA DE UMA ilustre família anglo-irlandesa. Seu pai foi o primeiro astrônomo-real da Irlanda, e outro de seus antepassados foi o famoso arcebispo cuja datação da Criação para 4004 a.C. foi dogma fundamentalista que entrou pelo século XIX. O próprio Ussher, comentou o *Times* mais tarde, era "um cavalheiro de nobre e generoso coração," que, após servir durante toda a guerra contra Napoleão, estava agora fascinado por seu famoso passageiro. Apenas alguns meses antes, entretanto, quando recebera jornais ingleses que especulavam sobre a derrota do Imperador e a possibilidade de sua tentativa de fuga para a América, Ussher recortou do *Courier* uma detalhada descrição de Napoleão e fixou-a em sua cabine, dizendo jocosamente em seus jantares com convidados de outros navios que "seria bom terem uma cópia, caso ele venha na nossa direção."

Agora o gracejo se transformara em realidade. "Foi meu destino ser o carcereiro do agente do infortúnio que a Europa por tanto tempo suportou," escreveu Ussher em carta para casa em 1º de maio sobre o "glorioso fim" de sua carreira, acrescentando achar o Imperador tão abatido que "procuro com minhas atenções acalmar-lhe a mente inquieta."

Era mais fácil ser agradável a um Imperador derrotado que ajeitar os remanescentes de uma corte imperial nas acomodações de uma apertada fragata inglesa. Ussher cedeu a Napoleão a espaçosa cabine do comandante que ocupava toda a popa do *Undaunted*, instalou Drouot e Bertrand em seu camarote e conseguiu, com a remoção de outros oficiais, beliches para Campbell, Köller, Clam e para o coronel Jerzmanowski – que ia comandar um destacamento de lanceiros poloneses como parte da guarda de Napoleão – para Peyrusse, para dois moços que seriam os camareiros reais, o administrador da Casa Imperial, um médico, um boticário, um secretário e acomodar doze funcionários subalternos e dez criados.

Ventos de borrasca tornaram essas incômodas condições ainda piores, forçando o *Undaunted* a levar cinco dias para uma travessia que normalmente era feita em apenas dois, e o mar agitado causou a Köller, Drouot e a outros membros do grupo, considerável agonia. Mas Napoleão era bom de mar, e Ussher notou que "seu estado de espírito pareceu ter se reanimado repentinamente" tão logo embarcou no navio inglês. Passava a maior parte de seu tempo no convés, observando o trabalho da tripulação, fazendo suas rajadas de perguntas características aos oficiais, demonstrando bom conhecimento do comando de um navio e de navegação. Essa demonstração de *bonhomie* não agradou a todos. O tenente Hastings, observando de perto o homem a quem fora treinado a ver como tirano, escreveu em carta para casa que Napoleão era "fisicamente inativo e desajeitado," e que sua fisionomia "não era de modo nenhum agradável," que suas maneiras estavam longe de majestosas ou refinadas e que ele "assumia uma afabilidade que certamente não lhe era natural." Ussher era mais suscetível às lisonjas de Napoleão. No final da viagem ele sentia haver cumprido sua "difícil missão" com "a deferência e o respeito pelos sentimentos de Napoleão que me pareceram não menos devidos às suas desventuras do que à sua excelsa posição e seus admiráveis talentos." Outros oficiais, surpresos de que aquele elevado personagem pudesse ser tão cordial e acessível, achavam-se igualmente impressionados; e os membros da tripulação, cuja curiosidade sobre "Boney" transformara-se em gratidão quando ele deu a cada um, como presente de despedida, uma garrafa de vinho e uma moeda de ouro, soltaram gritos de aprovação ao contramestre, que expressou agradecimentos desejando que o derrotado governante da Europa desfrutasse boa saúde, vida longa, e "melhor sorte da próxima vez!"

O comandante Ussher e os oficiais de serviço jantavam com Napoleão, Bertrand, Drouot, Campbell, Köller e Clam, e muito embora Ussher falasse tão pouco francês a ponto de precisar contar com a tradução de Campbell, ele se maravilhava com o desembaraço e a variedade da conversa à sua mesa. Naturalmente inquisitivo, letrado, bem informado e dotado de excelente memória, Napoleão sabia aproveitar ao máximo tais ocasiões e, sentado num dos camarotes do castelo de popa do *Undaunted*, palestrava como de um oficial para outro sobre velhos triunfos e derrotas.

Mas nas conversas sobre Trafalgar e o plano falhado de invasão da Inglaterra havia maus indícios do futuro. Certa vez, no café da manhã, Napoleão falou condescendente sobre os monarquistas de regresso como "pobres-diabos," embora logo corrigisse descrevendo-os como grandes *lords* que apenas queriam recuperar suas propriedades e seus privilégios; e previu que, se permitissem aos ingleses imporem uma paz comercialmente danosa à França, "os Bourbons serão expulsos em seis meses."

Campbell estava atento a qualquer sinal de Napoleão ainda relutar em aceitar sua sina, e quando o *Undaunted* encontrou o brigue inglês *Merope* em 29 de abril, aproveitou a chance e enviou mensagens de advertência ao almirante Sir Edward Pellew, comandante naval no Mediterrâneo, e para Lord William Bentick, encarregado das forças inglesas de proteção a Ferdinand I na Sicília e que ocupara Gênova. Dois dias mais tarde, procurando abrigo na costa da Córsega, o *Undaunted* encontrou o *Berwick*, o *Aigle* e o *Alcmene*, que escoltavam um comboio de tropas para Ajaccio, a cidade corsa onde nascera Napoleão em 1769. Campbell logo enviou novas cartas a Pellew e Bentinck, em Gênova, e a Lord Castlereagh em Paris, nas quais relatou a "indiscrição" de Napoleão sobre os Bourbons; e embora permitisse a Napoleão escrever algumas notas particulares a serem entregues na Córsega, foi suficientemente desconfiado para entregá-las ao comandante da força inglesa com a solicitação de que "elas poderiam ser destruídas ou abertas."

Campbell estava claramente apreensivo, pois na carta a Castlereagh em 1º de maio pediu explicitamente novas instruções. Em 3 de maio, quando a travessia terminou, ele se achava ainda mais ansioso e redigiu outra mensagem a Castlereagh, resumindo suas impressões sobre Napoleão. "Ele não tem autocontrole nas suas conversas," escreveu Campbell, "e embora em Fontainebleau expressasse o desejo de passar o resto da vida em Elba estudando artes e ciências, deu provas frequentes do desassossego de sua disposição e de suas expectativas de chances que deem ensejo a seu exercício na França. Está convencido de que a maior parte da população francesa lhe é favorável, exceto aquela próxima ao litoral."

O general Köller também achou que perdurava o velho hábito do Imperador de conspirar, observando que Napoleão repisava a possibilidade de discórdia entre os Aliados vitoriosos. Köller relatou ao seu colega inglês que mais de uma vez Napoleão tentara persuadi-lo da "preocupação que deve nutrir o imperador da Áustria e o príncipe Metternich em consequência do crescente poder da Rússia."

Na manhã de 3 de maio o tempo clareara, e o deslocamento do *Undaunted* para Elba progredia melhor. Não havia certeza, no entanto, de que Ussher pudesse desembarcar seus passageiros. Quando o *Undaunted* passou à altura da ilha de Capraia, uma pequena comunidade pesqueira ao norte de Elba, um grupo subiu a bordo da fragata para informar que os ilhéus tinham dominado a guarnição francesa e queriam proteção inglesa. Também Elba parecia estar em tumulto, e ninguém sabia ao certo quem a controlava. Após desembarcar um de seus oficiais em Capraia para servir de autoridade temporária, Ussher manteve o rumo sul com vento tão fraco que Napoleão tornou-se "extremamente impaciente"; andava a passo pela coberta de proa, e tão logo o vigia do topo do mastro avistou os fortes de Portoferraio, porto principal e capital de Elba, mal pôde esperar para saber qual bandeira tremularia sobre eles. Foi também assunto de importância para o comandante Ussher. Seria muito constrangedor descobrir que rebeldes em Elba tivessem tomado o controle da ilha na esperança de uma ocupação inglesa como derradeiro gesto de desafio contra Napoleão – já que ele vinha empossar o próprio Napoleão de acordo com o Tratado de Fontainebleau. Seria igualmente embaraçoso o general Dalesme ainda não ter recebido a notícia desse tratado ou do retorno dos Bourbons, e assim ele optou por manter a tricolor; "se tivéssemos tido vento favorável," escreveu Ussher depois, quando refletia sobre as guinadas da história, "eu iria encontrar a ilha nas mãos do inimigo, e consequentemente precisaria levar meu protegido ao comandante em chefe, que, sem dúvida, nos encaminharia para a Inglaterra." Felizmente para Ussher, novas ordens já haviam chegado a Dalesme; a bandeira branca dos Bourbons drapejava no Forte Falcone e no Forte Stella, cujas sólidas amuradas juntavam-se em torno de Portoferraio como em escudo – e ele viu que sua missão fora cumprida com segurança. Como a falta de vento deixara o *Undaunted* em calmaria ao sol da tarde, Ussher mandou Jerzmanowski, Drouot e Clam à ilha participarem formalmente ao general Dalesme a chegada de Napoleão e fazer os arranjos para a recepção oficial na manhã seguinte. Campbell e o tenente Hastings foram com os emissários a fim de confirmar a presença inglesa.

Quando os oficiais eram conduzidos a remo pela enseada, Napoleão recordou que 3 de maio era a data do vigésimo quinto aniversário da procissão dos Estados Gerais por Paris, no início da Revolução Francesa. E agora, nesse mesmo dia, quando Napoleão alçava o olhar para as ermas montanhas que cercavam a minúscula capital, Louis XVIII alcançava St. Denis, entrava em Paris numa carruagem decorada com as flores-de-lis reais, e seguia direto para a missa de celebração na Notre-Dame.

O Monte Capanne é o ponto mais alto de Elba, elevando-se escarpado mil metros acima do Mediterrâneo, e a vista em seu cume é espetacular. A leste fica a Itália, uma faixa de litoral azul entre Livorno e Civita Vecchia, e em seu ponto mais próximo apenas a seis milhas de distância através do canal de Piombino. Para oeste vê-se o extenso sombreado da Córsega, lar de Napoleão até 1792, quando a família Bonaparte alinhou-se aos franceses contra os separatistas corsos e partiu em busca de uma nova vida na França revolucionária. Entre a Itália e a Córsega, estendendo-se de norte a sul desde Elba, fica a cadeia de ilhas que formam o Arquipélago Toscano. A mais setentrional é Gorgona, a "rocha escarpada" onde o jovem Napoleão, aspirando ser romancista, ambientou uma história romântica de amizade entre uma patriota córsica exilada e um inglês amante da liberdade. Capraia, um pouco maior, era um lugar rústico na época de Napoleão, e sua população vivia da criação de cabras e da pesca. A seguir vinha Elba com seu séquito de ilhotas das quais apenas Cerboli e Palmaiola eram suficientemente grandes para receber uma torre de vigia; então, a sudeste, Monte Cristo, um cone de granito escalvado que alcança seiscentos metros; e, a sudoeste, Pianosa, um pedaço de terra achatada, tão isolada e vulnerável a ataques que, por longos períodos desde os romanos até os tempos modernos, continuou despovoada.

Nem sequer deram a Napoleão todo esse pequeno conjunto de ilhas. Nada lhe fora garantido, exceto Elba, e isso não era um sinal promissor. Tudo o que ele podia ver do tombadilho do *Undaunted*, na verdade, parecia confirmar o que havia lido em *Voyage à l'île d'Elbe,* um sombrio relato publicado por Thiébaut de Berneaud em 1808, que ele encontrara na biblioteca de Fontainebleau e usava como principal fonte de informação sobre seu novo domínio. "As montanhas de Elba," escrevera Thiébaud, "juntas, apresentam apenas uma massa de morros áridos, colinas que fatigam os sentidos e dão sensações de tristeza à alma. Estradas toscas e acidentadas, cabanas desertas, ruínas espalhadas pelo interior, aldeias indigentes, dois principais vilarejos e uma fortaleza – isso, de um modo geral, era tudo que a vista alcançava do lado da ilha que se estendia ao longo do canal de Piombino."

O resto de Elba era praticamente igual. Vinte e seis quilômetros de comprimento, raramente mais de dez quilômetros de largura, com um litoral rochoso e na maior parte inacessível, a ilha em forma de chave era pouco mais que duas fileiras de montanhas unidas por um pescoço de terras mais baixas. Rica especialmente em mármore, granito e o minério de ferro que fora extraído por séculos, era pobre em tudo o mais. As difíceis encostas cobertas de arbustos de buxo, mirto e tamariscos eram inaproveitáveis para outra coisa que não pasto de cabras. Havia alguns vinhedos, algumas oliveiras e castanhas, que eram moídas em farinha grosseira, mas eram tão poucas as terras planas na estreita cintura da ilha que os ilhéus mal podiam plantar um terço dos grãos de que necessitavam; o restante dos cereais, assim como carne, vegetais desidratados, e quaisquer manufaturados, tinham de ser importados, e o comércio da ilha era balanceado precariamente pelos ganhos das minas de ferro, as salinas e a pesca sazonal de atum, que eram os únicos itens tributáveis e lucrativos.

Era um lugar esparso, dispersamente povoado. Quando Napoleão ali chegou, havia apenas 12 mil habitantes em Elba, e uma quarta parte vivia em Portoferraio, no labirinto de casas que cresciam em fileiras pelas ladeiras íngremes entre a linha-d'água e os fortes acima. Sua posição era interessante, pois a vila fora construída numa península, ficava de costas para o mar e voltava-se ao sul para o ancoradouro. Tirando isso, a capital nada mais era do que um pequeno e desanimado porto mediterrâneo. Ninguém era rico, a maioria do povo era pobre, e a cidade era tão desinteressante para visitantes que lhe bastava ter apenas uma pousada suja. Visto que não havia um suprimento regular de água e os habitantes jogavam seus excrementos pelas ruelas fétidas, era também perigosamente insalubre: muitos casos de disenteria, tifo, malária, lepra, e uma alimentação deficiente era causa da ocorrência de escorbuto. Nas aldeias e no campo a vida era ainda mais dura. Viviam em cabanas miseráveis, dormiam nus numa só cama, bebiam vinho azedo temperado com gengibre para torná-lo palatável, cozinhavam em potes de barro cru, e era sorte quando havia carne salgada ou peixe para suplementar a dieta de queijo de cabra, pão rústico e farinha de castanha.

Os elbenses eram, afinal, muito semelhantes aos corsos que Napoleão conhecera na juventude com o mesmo tipo de vida rude e independente. Embora Thiébault observasse que eram "extremamente irritadiços e impacientes nas contestações e os considerasse no conjunto ignorantes e crédulos," tinham vigor, orgulho, e o gosto encantador de recitar poesia. Eram extremamente rijos, sobreviventes de uma história cruel. As circunstâncias naturais eram ruins o suficiente – terra pobre, estiagens, tempestades repentinas que arruinavam as colheitas e afogavam os pescadores; mas os perigos humanos eram ainda piores. Por mais de 2 mil anos a ilha tinha sido conquistada, explorada, invadida, pilhada, bombardeada e bloqueada, seus habitantes mortos, sequestrados e levados como escravos; algumas das aldeias foram tão completamente destruídas que sequer suas ruínas permaneceram. Um sinal permanente dessa insegurança era a réplica das aldeias costeiras feitas no alto das montanhas. Quando os invasores atacavam pelo mar, a população de Marciana podia recuar para Marciana Alta, a de Campo para San Ilario, a de Rio Marina para Rio nell' Elba.

Era uma ilha de lendas. Dizia-se que Jasão ancorou o *Argo* na baía setentrional depois de ter pegado o Velocino de Ouro, que Eneias recrutou soldados em Elba, que os elbenses lutaram na defesa de Troia contra os gregos, e que São Paulo lá fez pregações. Era também ilha que teve pouca paz e governos estabelecidos. Os etruscos ocuparam-na e exploraram seu ferro; os fenícios comerciaram por ali; os romanos tornaram-na colônia. Após a queda de Roma, ela foi completamente saqueada pelos bárbaros. Sarracenos vieram repetidamente, e quando os pisanos os expulsaram no século XI, o Papa deu a ilha à República de Pisa como recompensa, e uma torre dessa época ainda se eleva no porto de Marciana. Foi tomada por genoveses, vendida para Lucca, destruída pelas guerras entre as facções dos guelfos e dos gibelinos, reivindicada pelos espanhóis no século XVII, duas vezes devastada em incursões do corsário turco Barbarossa, depois oferecida por Felipe II da Espanha a Cosimo de Medici como parte do pagamento de uma dívida. Cosimo tinha planos ambiciosos, dedicando-se a criar uma nova irmandade de cavalaria denominada Ordem de Santo Estevão com a intenção de fazer de Cosmópolis – uma cidade no local da moderna Portoferraio – rival da fortaleza que os Cavaleiros de São João haviam construído em Malta. Ele incumbiu Gianbattista Belluci de desenhar os grandes fortes e os muros da cidade, e mandou para lá operários de Florença para começar o trabalho, mas o projeto nunca foi terminado. Os espanhóis voltaram, construindo outra fortaleza em Porto Longone (o atual Porto Azzuro na costa leste), enquanto os florentinos ficavam com Portoferraio, e o Principado de Pisa mantinha um vago controle no restante de Elba.

No século XVIII os espanhóis, alemães e franceses lutaram pela ilha e mesmo nela. Em 1794, quando os ingleses ajudaram os monarquistas a escapar de Toulon, instalaram-nos em Elba, controlando-a por três anos. Mas em seguida Napoleão conquistou a Itália, a Royal Navy foi temporariamente expulsa do Mediterrâneo central, e os ingleses evacuaram a ilha. Em 1799 os elbenses massacraram as tropas francesas que ocupavam a ilha, mas depois da Paz de Amiens, em 1802, ela tornou-se por breve período parte da França metropolitana, enviando deputados à Assembleia Nacional em Paris. Então, em 1805, Napoleão fez de sua irmã Elisa Bacciochi princesa de Lucca e Piombino, e deu-lhe Elba como parte do dote. Um lugar tantas vezes trocado de mãos, destituído de qualquer lealdade certa ou de importância militar, e apenas ultimamente governado à distância por Napoleão e mais diretamente por sua irmã, era patrimônio apropriado para um homem que tantas vezes redesenhara as fronteiras da Europa e criara reinos, principados e ducados no impulso do momento. Agora o Czar fizera o mesmo com ele, que precisava haver-se da melhor forma possível.

A chegada de Napoleão no *Undaunted* foi um alívio para o general Dalesme, que estava longe de saber com certeza o que acontecia fora de Elba e quase perdera o controle da própria ilha. Para todos os efeitos, ele comandava 5 mil homens, mas era uma tropa despreparada e descontente, cheia de recrutas relutantes vindos da Itália e da Córsega; e muito embora suficiente para exibição nos fortes de Porto Longone e Portoferraio, não era mais capaz de manter a ordem no restante da ilha, e em 21 de abril parte do grupamento se amotinou em Porto Longone. Dalesme nada pôde fazer além de repatriar os italianos, deixar os desertores livres e recolher os confiáveis quinhentos soldados franceses do 35º Regimento para os fortes em Portoferraio. No lado sul da ilha os vilarejos de Capoliveri e Campo haviam se posicionado em favor de Murat e do reino de Nápoles. Em Marciana, onde o povo da cidade queimara uma efígie de Napoleão, disseram ao comandante de um navio inglês ansiarem por um desembarque inglês, e reproduções malfeitas da Union Jack foram hasteadas em várias outras aldeias. O regime imperial desmoronava em Elba no momento exato em que os Aliados despachavam o ex-Imperador para governá-la pessoalmente.

Essa notícia surpreendente e paradoxal chegou a Dalesme de forma tão estranha que o deixou desconfiado. Em 27 de abril uma fragata inglesa e um brigue haviam contatado os revoltosos em Marciana, depois navegado ao longo da costa de Portoferraio, onde o comandante da fragata mandou desembarcar um bote sob bandeira de trégua. O mensageiro levava alguns jornais franceses que noticiavam a abdicação de Napoleão e também a exigência da rendição de Elba sob a alegação de que um tratado de paz entre a França e os Aliados cedera a ilha à Inglaterra. Foi uma engenhosa iniciativa do oficial comandante da fragata, que no entanto falhou. Depois de ter resistido ao bloqueio naval inglês por tanto tempo, Dalesme não seria levado a uma capitulação de última hora, e quando as tropas mantiveram-se firmes em suas posições, a fragata e o brigue retiraram-se para Livorno, que os ingleses haviam capturado seis semanas antes. No dia seguinte, outra fragata inglesa chegou da Córsega, dessa vez trazendo um representante do Governo Provisório que teve muita dificuldade em convencer o obstinado Dalesme de que Napoleão caíra mesmo, o ex-Imperador exilado estava a caminho de Elba, e que a tricolor e a águia deviam ser trocadas pela bandeira branca e a flor-de-lis. Embora de má vontade Dalesme tenha arriado o estandarte vermelho, branco e azul sob o qual servira por tanto tempo, as notícias a respeito de Napoleão pareciam tão estranhas que ele ainda temia ser um truque inglês para se apossar da ilha; além do mais, haviam lhe dito para esperar Napoleão em navio francês – portanto, quando o *Undaunted* foi avistado em 3 de maio, ele assestou seu canhão pesado para a fragata até Ussher fazer sinal de negociação e enviar Drouot e os outros oficiais para explicar a situação.

Eram umas seis horas da tarde quando o grupo chegou à sala de Dalesme, onde ele rapidamente reuniu os dignitários locais – Traditi, prefeito de Portoferraio, Balbiani, o subprefeito responsável pela administração civil da ilha, o Dr. Christian Lapi, que comandava duas companhias da Guarda Nacional bastante instáveis e um senhor chamado André Pons de l'Hérault, que administrava as minas de ferro. Foi uma cerimônia simples. As dúvidas de Dalesme foram mitigadas pela presença do general Drouot, cuja integridade era notória no exército francês, e pelas presenças de Campbell e Clam, e ele acatou as ordens de Paris que o autorizavam a entregar a ilha com todas as armas e provisões militares. O general leu então, em voz alta, a carta de anuência que Napoleão redigira em Fréjus, e as pequenas formalidades que instituíam um novo reino foram assim completadas. O próximo passo seria uma visita informal ao *Undaunted* para dar as boas-vindas ao seu novo rei.

Estranha situação para os funcionários elbenses que acorreram à fragata, submetidos a rápidas e desnorteantes mudanças de lealdade. Duas semanas antes, governavam Elba em nome de Napoleão, como parte do Império; desde então, passaram por um tíbio levante, um motim militar e uma ameaça de anexação inglesa em que se veriam agentes da restauração dos Bourbons; e agora serviriam novamente a Napoleão, embora numa condição diferente e bastante reduzida. "Tudo parecia um sonho, um sonho doloroso, assustador," escreveu depois Pons de l'Hérault. Seus sentimentos eram particularmente ambivalentes. Rechonchudo, afável, versátil homem de 42 anos que servira no mar e depois como oficial camarada de armas de Napoleão na artilharia frente a Toulon, sempre fora republicano exaltado e crítico das pretensões imperiais de Napoleão. Não obstante, era igualmente um ardente patriota que idolatrava Napoleão como general Bonaparte, o vitorioso de Austerlitz e de tantos outros triunfos. "E ali estava eu," meditava quando seguia para o *Undaunted*, "indo ver o herói que desistiu de seu halo de glória!" Por natureza um homem de entusiasmos, a excitação dessa tarde de maio foi quase demais para ele. "Meu coração parecia querer estourar, minha cabeça girava e eu tremia todo," escreveu, e seus companheiros pareciam atingidos da mesma forma.

Quando subiram a bordo do *Undaunted*, receberam uma saudação superficial de Bertrand, que parecia profundamente deprimido. Então Napoleão executou sua admirável entrada em cena. "Cuidadosamente vestido," notou Pons, "como um soldado preparado para uma cerimônia oficial," com a estrela de cavaleiro da Legião de Honra presa à casaca verde de coronel de cavalaria que sempre foi seu uniforme favorito. "Estava calmo, e seus olhos, vivazes; tinha no rosto uma expressão amável e sorria de modo digno." Depois de o general Dalesme balbuciar algumas palavras respeitosas, aprovadas com murmúrios do restante da delegação, Napoleão fez uma declaração incisiva e falou calorosamente de seu amor pela França, repassou os infortúnios que o traziam a Elba e disse que agora se propunha a "consagrar-se ao bem-estar dos elbenses." Houve uma breve palavra pessoal com cada um, e a entrevista terminou.

Até aquela manhã, Elba fervera de desgosto, como Campbell descobriu tão logo desembarcou. "O espírito dos habitantes é muito hostil ao último governo da França e pessoalmente a Napoleão," escreveu ao voltar ao *Undaunted*; e sendo quem Castlereagh fizera responsável pela segurança de Bonaparte, preocupavam-no compreensivelmente os riscos enquanto as companhias da Guarda não chegavam à ilha. Mas exagerava o perigo. O povo de Elba aprendera a se ajustar a bruscas mudanças do destino, e tão logo perceberam que a chegada de Napoleão poderia significar mais dinheiro, mais comércio, mais notoriedade e movimento, a hostilidade podia facilmente virar entusiasmo. De qualquer modo, escreveu cinicamente Campbell a Castlereagh naquela noite, numa povoação dominada por uma guarnição militar "não é difícil aos oficiais provocar clamores de alegria do populacho."

A notícia de que chegara o grande Napoleão se espalhou rapidamente, e uma multidão se alinhou pelas amuradas e pelo cais para olhar a fragata inglesa que permanecia ancorada a poucas centenas de metros de distância. Quando Dalesme e os funcionários retornaram para uma noite praticamente em claro, na qual teriam de improvisar tudo para a recepção real, podiam ver o mar escuro pontilhado com os reflexos das velas colocadas pelos cidadãos de Portoferraio em suas janelas como gesto de boas-vindas. Um reino pequenino estava para receber um grande rei.

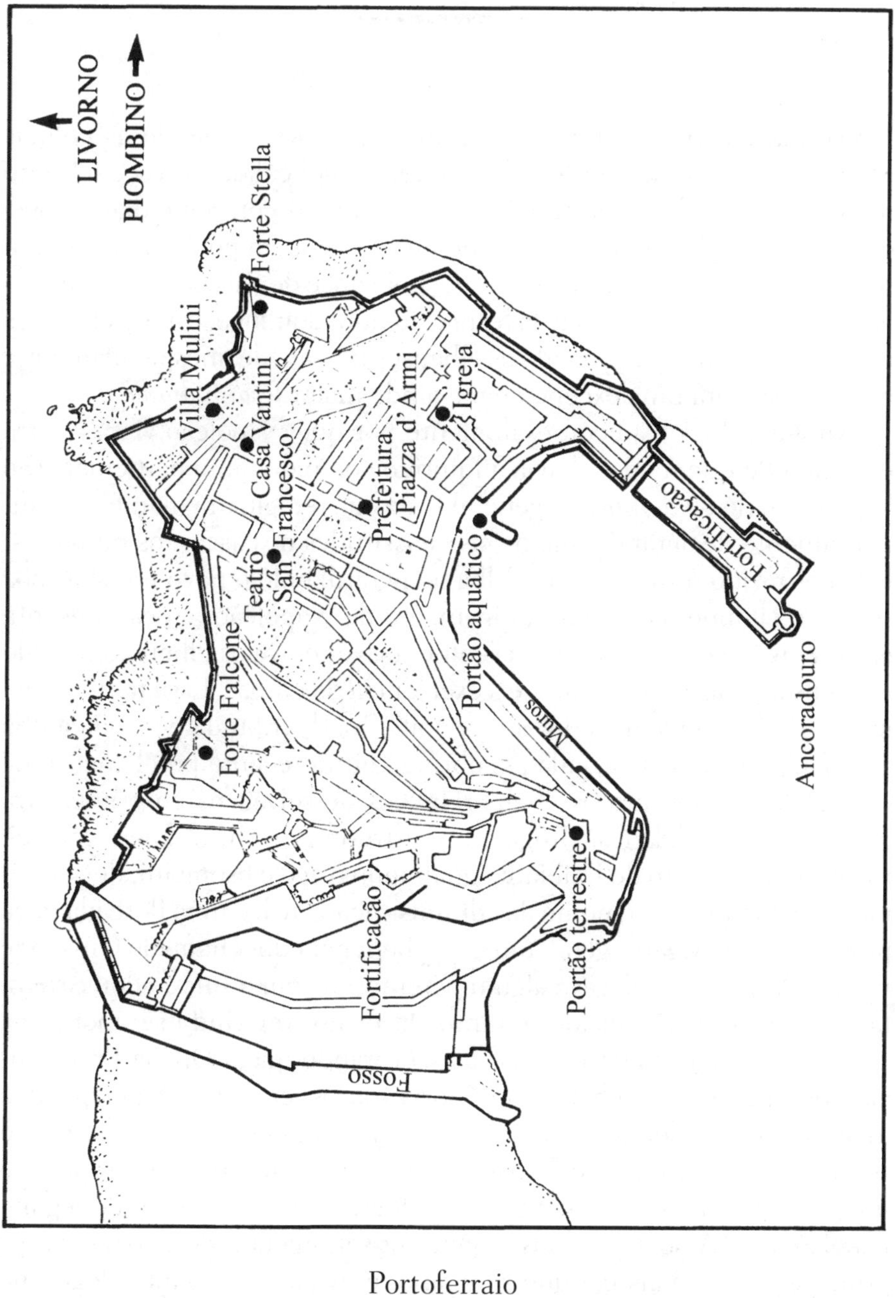

Portoferraio

6
O rei de Elba

Maio, diz um ditado local, é o mês de Elba – quando as colinas estão cobertas de um verde refrescante, e o sol cálido provoca o brilho nas giestas e os doces perfumes da *macchia*; e no primeiro dia do mês, num rito tradicional, os rapazes andam de porta em porta para cantar a serenata do *Maggio* e ganhar o *corollo*, bolo doce de Páscoa que simboliza boa vontade. Em 1814 o dia da festa caiu num domingo, e as celebrações mal haviam terminado quando os elbenses tiveram de, inesperadamente, preparar-se para uma excepcional e ainda maior *festa italiana*.

Ninguém lhes explicou exatamente por que Napoleão viera à terra deles, ou de que modo a havia adquirido como domínio particular. Tão logo voltou do *Undaunted*, o general Dalesme redigiu um manifesto cautelosamente declarando que os "as vicissitudes dos assuntos humanos" haviam trazido o Imperador a Elba, congratulando o povo por sua "boa sorte," e citando o comentário insincero de Napoleão, na carta escrita em Fréjus, de que ele próprio escolhera viver entre os elbenses "devido aos seus agradáveis costumes e à excelência do clima." Essa notificação, impressa de emergência durante a noite, foi distribuída por toda a ilha e, em alguns pontos, afixada encobrindo outra recente proclamação na qual Dalesme acusava os ilhéus rebeldes de selvagens e os ameaçava com duras penalidades. Broglia, o mestre-impressor, também teve de rodar um manifesto de Balbiani, igualmente vago e lisonjeiro, de acolhimento a Napoleão em nome da administração civil, e uma floreada peça produzida pelo vigário-geral, um corso bom bebedor chamado Giuseppe Filippo Arrighi que alegava algum parentesco com o Imperador. Arrighi também evitou o delicado assunto do exílio, referindo-se apenas às "mudanças políticas na Europa" e asseverando que a Divina Providência dera a Elba essa chance de "glória e prosperidade." A perspectiva incitou-o a voos de hipérbole. "A fartura jorrará pela terra," disse ele ao seu rebanho, em frases calculadas para apelar ao interesse próprio de um povo que tão recentemente se revoltara contra as exações do regime napoleônico. "Associai-vos aos respeitosos sentimentos de amor por vosso príncipe, que é mais pai que soberano, e exultai com santa alegria na generosidade do Senhor, que vos distinguiu para toda a eternidade com este auspicioso evento."

Traditi, o prefeito de Portoferraio, estava atarefado demais para retóricas, já que só dispunha de umas poucas horas para improvisar uma recepção real. Persuadiu seus colegas conselheiros a votar 3 mil francos para iluminações e distribuição grátis de pão para os pobres. Acionou gente para preparar um estrado revestido de gesso pintado e papel dourado que pudesse suportar um sofá como um trono temporário; despachou mais homens para enfeitar as ruas com faixas coloridas de estamenha e guirlandas de murta; e, porque faltava à pequena cidade uma chave cerimonial que pudesse ser presenteada a Napoleão, ele pegou as chaves de sua própria adega e enfeitou-as para a ocasião. Depois precisou providenciar alojamentos temporários para o Rei de Elba e seus assistentes. O melhor que pôde fazer para o próprio Napoleão foi limpar a parte de cima, sem uso, da prefeitura – comumente chamada *la Biscotteria* porque antes abrigara uma fábrica de biscoitos – e recorrer aos cidadãos mais prósperos para emprestar peças adequadas de mobília. Por último, enviou mensageiros pela ilha a fim de assegurar que todas as pessoas importantes estivessem à disposição no dia seguinte e que a multidão a dar as boas-vindas fosse a maior possível.

Um ponto da cerimônia persistira na mente de Napoleão durante toda a viagem para Elba. Era necessária uma bandeira para seu pequeno reino e para o reconhecimento de sua frota – e ele pediu a opinião dos representantes das Potências no encontro. O ativo Pons de l'Hérault durante a noite imaginou um desenho e mandou um barqueiro entregá-lo no *Undaunted*. Balbiani, menos impetuoso, apenas forneceu a Napoleão um livro que reproduzia estandartes e brasões relacionados a Elba. Dessa fonte Napoleão escolheu a bandeira branca com uma diagonal vermelha que fora o estandarte de Cosimo de Medici quando a ilha era governada de Florença e acrescentou três abelhas douradas na diagonal. Aventou-se que decidira por abelhas a partir de uma velha gravura de Elba encontrada na biblioteca de Fontainebleau, que elas representavam paz, harmonia e diligência, ou que simbolizavam os três principais distritos de Elba, mas na verdade ele já as havia incluído em suas insígnias como Imperador da França por serem emblemas usados pelos reis medievais. O próprio Napoleão nada disse em explicação da heráldica, exceto por uma sardônica observação de que ele escolhera abelhas douradas em vez de azuis para a bandeira não parecer uma tricolor disfarçada; mas, qualquer que fosse a razão, o desenho serviu perfeitamente, e o alfaiate de bordo do *Undaunted* costurou às pressas as primeiras duas bandeiras – uma para ser hasteada no Forte Stella e outra para drapejar no escaler do navio quando o novo Rei de Elba fosse levado para terra firme.

Napoleão levantou-se ao alvorecer e passou um longo tempo interrogando o chefe do porto que viera a bordo levar o *Undaunted* ao molhe; depois, enquanto os botes descarregavam a bagagem, recebeu dignitários locais que desejavam encontrá-lo antes da recepção oficial – Arrighi, ansioso por tirar proveito de sua ligação corsa; Baccini, que esperava ser confirmado presidente do tribunal que atendia Elba como corte de justiça; e o coronel Vincent, velho conhecido que comandara os engenheiros militares na Toscana por ocasião da derrota e fora removido para Elba.

Vincent permaneceu a bordo e, às oito horas, saiu com Napoleão, Bertrand, Campbell e Ussher num passeio pela baía até San Giovanni para examinar uma grande casa de fazenda que Napoleão, do navio, havia notado como possível residência. Lembra Ussher que, no trajeto em que foram levados a remo para a praia, Napoleão, percebendo de repente que não carregava consigo uma espada, perguntou com um sorriso algo forçado se os camponeses toscanos dedicavam-se a assassinatos. "Evidentemente," escreveu Campbell em seu diário, "ele tem muito medo de acabar desse modo."

No começo da tarde a fragata foi cercada por pequenas embarcações apinhadas de curiosos e seresteiros. Em terra, o cais e os paredões de Portoferraio apinharam-se de gente esperando sob o sol: homens da Guarda Nacional de Elba e da guarnição francesa formaram em fila dupla em frente ao cais onde Napoleão desembarcaria; no escaler do *Undaunted* sentaram-se quatorze homens da tripulação em seus melhores uniformes: calças brancas, jaquetas azuis, lenços vermelhos no pescoço, chapéus quadrados de lona cobrindo cabelos oleosos presos na nuca; e as vergas da fragata tomadas por marujos para a despedida de Napoleão com os costumeiros brados navais de saudação. Evento modesto para um homem que transpusera o portal de tantas grandes cidades em esplendoroso triunfo, mas o melhor possível para manter as aparências – e assim que Napoleão passa pela amurada com Ussher, Campbell, Köller, Bertrand e Clam, o canhão do *Undaunted* começa a salva real, que foi ecoada pelo estampido das peças de menor calibre das duas corvetas francesas no ancoradouro, pelo estrondo das baterias de costa, os sinos das igrejas e os gritos da multidão.

Enquanto o escaler do comandante era levado pelos remadores para longe da fragata, Napoleão olhava para os barcos de flanco carregados de oficiais, de membros de sua comitiva e de marinheiros ingleses que, a seu pedido, Ussher fornecera como escolta pessoal temporária para garantir sua segurança. Depois disso, permaneceu impassível na proa do barco pelos vinte minutos que foram necessários para chegar à *dàrsena* [*it.* a parte da água onde lançar âncora, atrás do molhe] rumo ao pequeno píer que se estendia como uma ribalta em frente à entrada da cidade.

Napoleão nunca fora um homem fisicamente imponente, e agora o cabelo castanho estava rareando, a tez descorando, e o corpo, longo demais em relação às pernas, começava a se avolumar com a chegada da meia-idade. No entanto, em seu famoso uniforme de casaca verde e culotes brancos, com uma nova roseta para o chapéu, ele se destacava, dando a calculada impressão de ser o César da época, e de que todos podiam vir contemplá-lo.

Essa impressão foi forte demais para Traditi, que tremia com nervosismo de palco. Quando Napoleão desembarcou, o prefeito, adiantando-se com uma reverência, apresentou-lhe as chaves douradas numa bandeja de prata, mas não conseguiu achar o discurso que enfiara num bolso e nem lembrar de uma só palavra. Napoleão absolutamente não se constrangeu, e pelo resto da tarde tomou a iniciativa e mesmo deu as deixas para as nervosas autoridades. Rapidamente tocou as chaves, dirigiu uma frase cortês a Traditi, trocou cumprimentos com Balbini, beijou a cruz que Arrighi lhe estendeu e avançou uns passos para se pôr sob o pálio escarlate e dourado do tipo usado nas procissões religiosas, que fora restaurado às pressas a fim de dar alguma dignidade à ocasião. O restante do grupo rapidamente postou-se atrás dele. Bertrand e Drouot vinham próximos em linha, seguidos por Campbell e Köller, Ussher e Jerzmanowski, por membros da assessoria de Napoleão, oficiais do *Undaunted*, o general Dalesme da guarnição, civis eminentes de Portoferraio e luminares menores de outras comunidades da ilha. O cortejo tinha apenas de passar pelo portão que era a única abertura da muralha e cruzar uma pequena praça – mas a multidão se espremia tão próxima a Napoleão que as fileiras de soldados mal conseguiram ficar em ordem, e Arrighi se viu reduzido a dar empurrões e gritar com aqueles que bloqueavam o caminho.

Era um enorme contraste com Paris e com o dia em Notre-Dame quando Napoleão coroara a si próprio na presença do Papa. O melhor que Elba pôde oferecer foi um *Te Deum* numa igreja paroquial decorada como no dia do santo local e lotada de simples soldados e gente da vila. Era também uma grande distância entre as Tulherias e a pompa do Império, e uma improvisada sala do trono na prefeitura, onde três violinistas e dois violoncelistas entretinham os convidados que se acotovelavam por uma audiência com Napoleão. Mas ele acolheu em régio estilo ambos os eventos paroquiais, comportando-se com reverência na igreja, impressionando grandemente o povo de Elba com seu aparente conhecimento da ilha e um atento interesse por seus problemas. Tal como Ussher, que se admirou quando Napoleão reconheceu um antigo soldado como sendo aquele a quem ele havia condecorado no campo de batalha de Eylau, os cidadãos de Elba não estavam preparados para aquela sua capacidade de recordar de imediato fatos aprendidos ou de relacionar nomes a rostos – uma aptidão bastante facilitada por uma cuidadosa ajuda de seus assessores.

Tão logo os convidados saíram para juntar-se às celebrações na cidade, Napoleão olhou em volta do apartamento que Traditi mobiliara de emergência para ele. Era inadequado, cheirava a esgoto de rua, e a cantoria na praça mostrava ser barulhento. "As acomodações são medíocres, mas eu arranjarei algo melhor em uma ou duas semanas," escreveu a Marie-Louise naquela noite, contando a chegada a Elba e queixando-se de estar sem notícias dela. "Este é meu pesar diário," acrescentou. "Adeus, minha querida; você está longe, mas meus pensamentos estão com minha Louise." Pouquíssimas dessas cartas chegaram até ela, e Napoleão recebeu apenas algumas mensagens que ela enviou a caminho de Viena.

A luz esmorecia quando ele saiu a cavalo com alguns de sua roda, indo um pouco além de San Giovanni, onde a trilha para Porto Longone contornava a baía; olhou por um tempo sua pequena capital que se destacava contra o pôr do sol e partiu a trote largo de volta para a cidade.

"O Imperador parece infatigável," observou Pons de l'Hérault, "porque só faz o que quer, como quer e quando quer." É verdade que a tarefa de governar a Europa ensinara a Napoleão como preservar as energias, mas em seus primeiros dias de Elba ele se empenhou ao extremo. "Nunca vi ninguém, em nenhuma situação na vida, com tanta atividade pessoal e tão incansável perseverança," concluiu o coronel Campbell após cavalgar pela ilha com Napoleão. "Ele parece sentir imenso prazer quando em permanente movimento e em ver aqueles que o acompanham sucumbir de fadiga, como aconteceu em várias ocasiões de que participei. Não acho que lhe seja possível sentar-se para estudar entre suas ocupações de retiro, como ele dizia ser sua intenção, enquanto seu estado de saúde permitir-lhe o exercício físico." Curioso por natureza e estimulado pela novidade, Napoleão estava tão interessado em explorar sua herança que permanecia totalmente ocupado do raiar do dia ao anoitecer, familiarizando-se com os problemas de Elba e avaliando seus limitados haveres; e de qualquer modo, uma tentativa de se fazer reconhecer em seu pequeno reino sempre era melhor do que ficar a cismar sobre a funesta guinada do destino que o trouxera até ali.

A segurança pessoal era a principal de suas preocupações. No primeiro dia, de fato, Ussher foi acordado às quatro horas da madrugada pelo rufar dos tambores e gritos de "Viva o Imperador!" quando Napoleão saiu para inspecionar as defesas de Portoferraio. Ao retornar para o café da manhã às dez horas, ele havia examinado os muros da cidade, inspecionado os almoxarifados militares, subido as vielas pavimentadas de pedras arredondadas que subiam por Portoferraio até os fortes como uma sequência de escadarias, caminhado pelos quartéis trocando gracejos de caserna com os veteranos de Marengo e do Egito e, com olhar de artilheiro, avaliado o poder e a localização das baterias. O que viu tranquilizou-o. Por capricho de Alexandre, os Aliados haviam tomado a mais crucial de todas as decisões no fim da guerra, instalando-o numa poderosa fortaleza, com penhascos protegendo-a pelo lado do mar e de fácil defesa tanto da cidade quanto do porto, pelas armas. Estava, sem dúvida, livre de uma incursão dos piratas berberes – ameaça que ele temia ser secretamente encorajada pelos Bourbons ou por Metternich; e assim que sua leal Guarda chegasse a Elba e substituísse a guarnição vigente, obviamente seria difícil removê-lo da ilha sem seu consentimento. "Portanto, ele fez um bom negócio, melhor do que muita gente pensa," escreveu Ussher a um colega em 20 de maio, "e possivelmente agradável, se sua imaginação permitir." Nesse roteiro de inspeção Napoleão começou a procurar uma residência permanente acima das vielas barulhentas de Portoferraio. Onde o ar fosse melhor e sua privacidade maior. A não ser as acomodações espartanas do general Dalesme, muito pequenas até mesmo para modesta residência real, não havia nenhuma casa relativamente grande entre a confusão de fortificações, e quando Napoleão propôs converter o monastério de San Francesco, que no momento era um quartel, foi dissuadido da ideia por Bertrand, na função de *Grand Marechal*. Este desejava ter uma casa própria quando sua mulher Fanny chegasse com os filhos, e receava que Napoleão pudesse querer que compartilhassem desse palácio improvisado. A escolha seguinte era um dilapidado prédio no cimo entre dois fortes. Chamado simplesmente de "*i Mulini*," devido a dois moinhos de vento que ficavam ao lado até serem demolidos em 1808, havia sido construído quase um século antes como uma casa rústica de quatro quartos para o jardineiro do governador, com dependências externas que serviam de silo e armazém para a guarnição; e que no momento era usada como refeitório pelos oficiais de engenharia e artilharia. Embora pouco tivesse a recomendá-la, exceto sua posição ideal, Napoleão percebeu possibilidades. Em duas semanas, decidiu ele, uma parte da casa ficaria habitável, e já no início do outono ela poderia se tornar uma agradável e razoavelmente ampla residência, com um jardim no topo do rochedo dominando uma praia isolada e com vista para as passagens marítimas entre a Toscana, a Córsega e a França.

Napoleão era um homem impulsivo, pronto para agir por qualquer ideia atraente tão logo lhe ocorresse, e sua mente passou facilmente dos planos de um modesto palácio em Portoferraio para a ideia de um retiro campestre. No começo da tarde, aparentemente sem ter se cansado com as seis horas de inspeção antes do café da manhã, ele levou Ussher numa longa cavalgada pela zona rural para ver uma propriedade que poderia servir a esse propósito – como St. Cloud, no período de seu apogeu, servira de alternativa para as Tulherias. Mesmo então ele não se dispôs a relaxar, e naquela noite convocou Pons de l'Hérault – que preferia viver com sua família em Portoferraio do que no ambiente mais rude da comunidade mineira em Rio – e despachou-o para um trajeto de dez milhas pela escuridão a fim de preparar uma visita real às minas de ferro na manhã seguinte.

A visita a Rio foi a primeira chance para um passeio do grupo que havia suportado a tensão da viagem de Paris, a desconfortável travessia no *Undaunted* e a instalação de Napoleão numa ilha cujos habitantes recentemente se haviam revoltado contra ele. Bertrand e Drouot estavam sempre ao seu lado, e Köller, Clam, Campbell e Ussher fizeram também parte do grupo que saiu às seis da manhã e cruzou a baía por mar no escaler de Ussher evitando a longa estrada em volta do ancoradouro. Aportando na pequena aldeia de Magazzini, onde vigorosos pôneis elbenses esperavam para levá-los em direção leste pelo acostamento da montanha para Rio nell'Elba e Rio Marina, quase chegam nos vilarejos antes de Pons estar pronto para recepcioná-los.

Nas semanas seguintes, enquanto Bertrand impunha a imitação barata das trivialidades do estilo imperial sobre a ilha, Napoleão passou a sair em cavalgadas mais grandiosas com ordenanças, gendarmes, *chamberlains* e notáveis locais ladeando a equipe que compunha sua pequena corte. Pois Bertrand aferrava-se aos detalhes em assuntos que afetavam a dignidade de seu amo, emitindo instruções precisas sobre a recepção de Napoleão em cada comunidade, inclusive a construção de arcos do triunfo e a arregimentação de gente que soubesse o que bradar quando visse o soberano. Apesar do tempo limitado Bertrand havia passado úteis conselhos ao nervoso Pons, para quem o apego de toda uma vida à liberdade, igualdade e fraternidade deixara-o um completo noviço em assuntos de cerimonial.

Ele fizera o possível para causar boa impressão quando a comitiva real chegou aos dois vilarejos de Rio, localizados numa paisagem agreste em que os montes de restolhos avermelhados da atividade mineira contrastavam vividamente com as águas azuis do canal de Piombino. Havia arcos de ramos de castanheira atravessando o caminho que levava até Rio, uma grande bandeira elbense feita às pressas, um pequeno grupo de graciosas meninas com flores para os visitantes, fileiras de mineiros, picaretas ao ombro, formando uma espécie de guarda de honra, e uma dissonante saudação de tiros das colubrinas de pequenos navios usados no transporte de minério para o Continente. Até os pescadores de Rio Marina saíram-se bem, apanhando na rede um enorme pargo, de tamanho incomum naquelas águas, para a recepção oficial.

No entanto, coisas de somenos, uma atrás da outra, deram errado. Na passagem pelo vilarejo, Napoleão notou que os mineiros aclamavam mais o popular Pons do que ele próprio – as exclamações de "*Vivva il nostro Babbo!*" eram perceptivelmente mais altas do que os ensaiados brados de "*Vivva l' Imperatore!*" – e ele se virou para Pons com um sorriso frio para dizer "Então é o senhor o verdadeiro príncipe aqui." Na igreja do vilarejo, anotou Ussher, "o padre celebrante não parecia entender do seu assunto," e quando Pons levou Napoleão para o café da manhã em sua própria casa, descobriu que a pessoa que ele havia encarregado de decorá-la com flores escolhera a flor-de-lis. Essa exibição do emblema dos Bourbons afligiu extremamente Pons, que começou a gaguejar e a confundir as formas de tratamento, dirigindo-se a Napoleão como "*Monsieur le Duc*," "*Monsieur le Comte*," e até mesmo como um simples "*Monsieur*," irritando Napoleão, que intencionalmente ignorou seu anfitrião tornando o ambiente inconfortável para todos do grupo. Anos de tropa e política tornaram Napoleão facilmente sociável, em comparação com outros soberanos, mas era suscetível a pequenos detalhes de protocolo. Só no final da refeição ele relaxou, quando Dalesme formalmente lhe assegurou que Pons permanecia republicano e não tivera segundas intenções com a exibição dos lírios.

Mesmo assim havia tensão entre eles, já que Pons se esquivava das alusões de Napoleão à sua permanência como administrador das minas, pois as diferenças entre eles eram, na verdade, devidas a bem mais do que a gafes na recepção ou a contendas entre duas personalidades orgulhosas. O que realmente estava em jogo era o futuro das minas de ferro e a substancial receita que elas produziam.

Em 1809, quando Pons foi enviado a Elba para reativar as operações das minas em Rio, o próprio Napoleão havia direcionado o rendimento delas ao provimento de pensões dos soldados que ele condecorara com a Legião de Honra. Agora que os tempos eram outros, e precisando do dinheiro para propósitos pessoais, teve de encarar a desagradável tarefa de tirá-lo de seus velhos camaradas de armas. Pons se fazia crucial para essa operação, pois tanto era um competente administrador das minas quanto pessoa conscienciosamente honesta, responsável por transferir a renda ao fundo das pensões. Napoleão poderia facilmente apropriar-se do dinheiro disponível acumulado em cerca de 500 mil francos durante os meses em que o bloqueio inglês cortara as comunicações com a França e reencaminhar as futuras rendas ao seu Tesouro sem maiores alegações, baseado no Tratado de Fontainebleau, que tornara as minas propriedade da Coroa. No entanto, tal ação drástica para impor sua reivindicação sobre o mais lucrativo empreendimento em Elba teria sido imprudente. Ele sempre preferiu observar as formalidades legais no que fosse possível sem comprometer seus propósitos, e nesse caso havia dupla razão para cautela. Qualquer disputa direta com Pons, cujo controle das minas o tornava uma das pessoas mais influentes de Elba, teria sido um mau começo para seu reinado; perturbaria o povo e afastaria Pons num momento em que ele precisava muito de pessoas experientes para ajudá-lo a governar a ilha. Ele fora a Rio logo que chegou, na verdade, para conquistar Pons, alternando autoridade e charme paternalista que já haviam cativado oponentes muito mais recalcitrantes do que o afável e singelo gerente de mina, e a técnica de conversão mostrou-se tão eficaz que, anos depois, ao escrever seu relato valioso mas bajulador sobre Napoleão em Elba, Pons ainda sentia necessidade de descrevê-lo com detalhada e ingênua lhaneza. Simplesmente estava fascinado com a presença do Imperador, e, passados alguns dias após Drouot tê-lo visitado com uma proposta formal de permanência no emprego, ele entrou para o serviço de Napoleão e aquiesceu com as negociações, prolongadas mas preservadoras da boa imagem do Imperador, que finalmente lhe facultaram o dinheiro desejado.

Desse ponto de vista foi um dia bastante promissor, que deixou Napoleão em boa disposição. Quando a comitiva fazia o caminho de volta, foi preciso dissuadi-lo de subir até o destruído castelo em Volterraio, com sua espetacular vista da baía até a cadeia de montanhas que se elevava acima do Monte Cappane, e Campbell observou irritado que, por insistência de Napoleão, o escaler de Ussher desviou para "a aguada sob o morro oposto à cidadela, no qual ele propõe instalar uma bateria costeira, e depois para um rochedo na entrada do porto, onde ele também pensa em colocar uma torre." Pela primeira vez Napoleão parecia confiante quanto às perspectivas de seu pequeno reino insular.

Aliás, no jantar daquela noite, Napoleão mostrou-se bastante animado com o futuro. "Já tem todos os planos em ebulição," anotou Campbell, "como o de levar água das montanhas para a cidade, preparar uma casa de campo, uma casa em Portoferraio para ele e outra para a princesa Pauline, um estábulo para 150 cavalos, uma estação de quarentena para navios, um depósito para sal e outro para as redes da pesca de atum." Era hábito de Napoleão, quando chegava a um lugar novo, deixar sua imaginação voar com planos de melhorias, sem considerar despesas ou necessidades práticas e, como não lhe faltava poder, muitas coisas desse tipo sempre foram postas em andamento conforme ele percorrera a Europa. Porém, como os projetos que imaginou nas suas primeiras semanas em Elba seriam capazes de absorver os recursos remanescentes para uma vida inteira, muitos deles foram logo abandonados. Era dificílimo imitar os romanos e trazer água para a cidade por aqueduto ou (noutra passageira ideia) bombear água do mar para o alto das vielas em Portoferraio para criar um córrego de limpeza sarjeta abaixo. Era muito dispendioso construir estradas apropriadas às carruagens. Mostrar-se-ia também impossível colonizar a ilha Pianosa. Mesmo assim, ele forçou algumas ideias, contrariando o conselho de Bertrand, mormente em favor de seu conforto e interesse. Para construir um estábulo – "mero conforto de seus cavalos," anotou Campbell, ranheta – requisitou o depósito de Pellegrino Senno, o homem mais rico de Elba que fizera fortuna com a pesca de atum. Esse fato, acrescentou Campbell, "deve causar mágoas," e demonstra "quão pouco Napoleão permite à reflexão reprimir seus desejos."

No dia seguinte à visita a Rio, além disso, Napoleão emitiu sua primeira ordem geral ao general Drouot, que fora persuadido a atuar como governador da ilha: "Içar a nova bandeira em cada vilarejo e fazer da ocasião um tipo de feriado," escreveu Napoleão num conjunto de instruções brotadas da longa experiência de ocupações militares e mudanças de governo. "Solicite uma reunião com o comissário naval, o superintendente do porto, o comandante dos navios franceses no porto (...) providencie um encontro meu com qualquer pessoa que me possa elucidar sobre administração civil, alfândega, impostos, assuntos sanitários e gerência do porto (...) encontre alguém de confiança para tomar conta dos armazéns e suprimentos (...) descubra quantos homens da guarnição francesa desejam permanecer (...) certifique-se de que a *gendarmerie* esteja eficientemente organizada – isso é muito importante (...) converse com o subprefeito sobre o galpão de cereais que ele diz pertencer à grã-duquesa da Toscana e assuma-o como propriedade da Coroa (...) acabe com as baterias de artilharia de costa, o custo delas é grande e, de qualquer modo, são inúteis (...)" Essa ordem, como muitas outras ditadas por Napoleão, era desconexa em estrutura, coloquial no tom e recheada de assuntos triviais que bem podiam ser deixados para o diligente Drouot ou outros subordinados. Para um homem de tão amplos projetos, ele sempre fora uma pessoa ansiosa quanto aos detalhes, um atormentado; e desde o momento da chegada a Elba começou a se ocupar com assuntos do dia a dia mais próprios a um funcionário que a um rei.

Houve algumas atividades formais em 8 de maio, um sábado, quando a fragata inglesa *Curaçao* chegou de Gênova, trazendo Mr. Locker, secretário do almirante Sir Edward Pellew. A missão de Locker era entregar a Napoleão uma cópia do tratado de paz preliminar entre os Aliados e o Governo Provisório, assinado em Paris em 23 de abril. Napoleão leu o documento em presença de seus assistentes e de Köller, Campbell, Ussher e o comandante Towers do *Curaçao*, e depois o devolveu a Locker sem nenhum comentário além de uma expressão de agradecimento, como a mostrar que agora era indiferente aos assuntos da França. Quando Köller partiu no dia seguinte no *Curaçao* na primeira etapa de sua viagem de volta a Paris, levou para Marie-Louise uma carta, a qual dava a visível impressão de que Napoleão se resignara às suas novas condições de vida. "Cá estou há cinco dias," disse à sua mulher, com a óbvia certeza de que o Imperador da Áustria e Metternich leriam o que quer que ele escrevesse. "Preparo uma linda casa com jardim onde o ar é saudável e me mudarei para lá daqui a três dias. Minha saúde está perfeita. Os moradores da ilha parecem ser boas pessoas e a região é aprazível. O que desejo é ter notícias suas, ter certeza de que você está bem, pois nada soube desde que seu mensageiro me alcançou em Fréjus. Adeus, minha querida. Um beijo para meu filho."

Campbell não ficou muito impressionado com essa exibição de propósitos de estabilidade. Estava, principalmente, inquieto com os esforços de Napoleão para trazer mobiliário da Itália para sua nova casa, que ele achava ser um disfarce para manter comunicações secretas com sua família e seus seguidores; e embora tenha fornecido passaporte a um dos valetes reais que seria mandado a Milão para negociar alguns bens móveis pertencentes ao marido de Pauline, o príncipe Borghese, pediu também para Köller levar uma mensagem a Lord William Bentinck a fim de garantir que o homem fosse vigiado depois de desembarcar em Gênova.

Com a partida de Köller, Campbell era o único representante dos Aliados deixado em Elba, e achava-se numa estranha posição. Napoleão tinha aparentemente boa vontade em relação a ele, falava livremente em sua presença e era insistente em tê-lo como companhia. Na noite em que Köller partiu, por exemplo, Napoleão conversou com Campbell e Ussher por umas três horas sobre os últimos estágios da campanha na França, e prosseguiu recordando seus planos para ultrapassar em construção a esquadra inglesa, manobrar melhor que Nelson, invadir os condados do Sul da Inglaterra e marchar sobre Londres. "Seus pensamentos parecem consistir somente de operações de guerra," comentou Campbell em 26 de maio, após ter ouvido várias narrativas como essa. Todas apontam, disse Campbell, para a preocupante conclusão de que "se oportunidades de guerra em grande escala e por objetivos importantes não surgirem por si mesmas, ele é bem capaz de aproveitar-se de quaisquer outras para satisfazer essa paixão, por pura afoiteza."

Em todas essas reminiscências marciais suscitadas em longas conversas na viagem através da França, no *Undaunted* e durante as andanças por Elba, Campbell sempre sentia a esperança de Napoleão por uma eventual mudança de sorte, o que alimentava sua desconfiança militar do Ogro Corso. "Às vezes" – escreveu ele em seu diário de 27 de maio – Napoleão "se desfaz de qualquer restrição e se externa tão abertamente que não deixa dúvidas quanto a sua expectativa de que as circunstâncias possam ainda convocá-lo ao trono da França;" e citou várias expressões em apoio dessa opinião – "a França está humilhada (...) as ideias do povo estão muito confusas (...) a maioria da população e todo o exército estão do lado dele (...) a família dos Bourbons será alijada em seis meses (...)" Napoleão, concluiu ele, "certamente se arrepende de ter jogado a toalha."

Antes de Napoleão completar uma semana em Elba, Campbell se convenceu de que um homem de temperamento tão enérgico, com tais lembranças de glórias e com tanta habilidade para dissimulação na política e na guerra, certamente acharia aquele reino um palco pequeno demais para seus talentos. E foi essa perturbadora convicção, de fato, que convenceu Campbell de que devia passar por cima das ordens explícitas de Castlereagh, as quais meramente o autorizavam a proteger Bonaparte de "afrontas e ataques," e de que precisava começar a desempenhar um papel diferente. Napoleão, informou ele a Castlereagh na mensagem confidencial que Köller levou na volta para Paris, o havia convidado repetidas vezes para ficar em Portoferraio, pelo menos até os transportes ingleses chegarem da Itália com Cambronne e a Guarda. Ele agora aceitara esse útil convite, visto que sua permanência lhe daria maior oportunidade de "obter informação sobre os contatos que Napoleão ou seus agentes mantêm com a costa da Córsega ali em frente."

Campbell, assim, meteu-se numa posição muito difícil, pois não possuía nem a personalidade nem o treinamento para essas atividades clandestinas, e seu governo despreocupadamente deixara-o ali sem claras responsabilidades ou apoio. Ele era somente um ansioso diletante medindo forças contra um mestre do embuste da dissimulação e criando a ilusão de que Napoleão estava sendo cuidadosamente vigiado. Foi uma decisão compreensível, mas que teria consequências fatídicas.

Napoleão, 1815. Gravura de Sandoz. (The Mansell Collection)

Chegada de Napoleão em Elba. (Caricatura francesa, 1814)

O Robinson Crusoe da Ilha de Elba. (Caricatura francesa, 1814)

Nap chora seu triste destino. (Caricatura inglesa, abril de 1814)

General Drouot. (BBC Hulton Picture Library)

General Cambronne. (BBC Hulton Picture Library)

General Bertrand. (BBC Hulton Picture Library)

Pons de l'Hérault.

Coronel Sir Neil Campbell.

Conde Neipperg. (BBC Hulton Picture Library)

Marie-Louise e o filho, o rei de Roma, uma reprodução de tela de autoria de Isabey. Napoleão levou uma miniatura da obra para Elba. (The Mansell Collection)

Portoferraio: vista do ancoradouro. O Forte Falcone está à esquerda; o Forte Stella, à direita, e a Villa Mulini na elevação central.

Portoferraio: O porto e o muro. O Portão da Cidade está no centro da fotografia.

Portoferraio: Forte Stella. A Villa Mulini pode ser vista à esquerda, abaixo do Forte.

A casa de San Martino, construída por Napoleão com recursos da irmã Pauline.

Esta gravura, reproduzindo a partida de Elba em 26 de fevereiro de 1815, registra com precisão o *Inconstant* e as demais embarcações participantes.

Das muitas telas de Napoleão enfrentando sozinho a tropa monarquista em Laffrey, esta é a que mostra mais corretamente o cenário e as unidades envolvidas.

O Congresso de Viena se dissolveu ainda antes de o “bolo ser cortado”. Caricatura de George Cruikshank, 6 de abril de 1815.

7
Uma ilha muito pequena

Uma semana após desembarcar em Elba, Napoleão foi até o cimo do Monte Orello, no centro da ilha, e de lá descortinou o total de seus domínios. "Bem," disse pesaroso a Campbell enquanto olhava os despenhadeiros, promontórios e praias circundantes, "é sem dúvida uma ilha muito pequena."

Depois tratou de conhecer tudo, e já em 18 de maio saía para a última de suas excursões que eram uma combinação de cortejo real e reconhecimento militar. Juntamente com um ressonante acompanhamento de *gendarmes*, de dignitários da ilha, de oficiais ingleses e de seu próprio pessoal, ele foi primeiro para o lado oeste, passando ao trote pelos arcos do triunfo em Marciana Marina (onde tinham queimado sua efígie havia menos de uma semana) para celebrar um *Te Deum* na igreja. No dia seguinte, subiu a encosta do monte Capanne para alcançar Marciana Alta e Poggio, e depois atravessou a espinha dorsal da ilha para chegar ao pequeno porto de Campo, descansado numa praia de areia em curva voltada para o sul. De Campo, no terceiro dia, velejou com sua comitiva para um piquenique em Pianosa, a pequena ilha plana quase trinta quilômetros a sudeste, que os Aliados não consideraram território de Elba.

Embora tenha sido, em tempos passados, uma florescente colônia romana, com palácio, templos, teatros e banhos, Pianosa era agora desabitada. Elbenses que tentaram instalar-se nela foram massacrados ou levados por corsários, e desde 1806, quando uma guarnição francesa foi forçada a render-se para uma fragata inglesa, os elbenses a usavam como pastagem onde soltar seus cavalos. Para Napoleão, qualquer extensão ao minúsculo reino era bem-vinda, e depois de cavalgar por seus poucos quilômetros quadrados, ele imaginou um futuro para Pianosa. Enviaria tropas para torná-la um posto avançado de defesa, camponeses para utilizar seu solo fértil, e pescadores para retirar bons peixes de suas escuras e limpas águas. "Essa ocupação produzirá rios de tinta fluindo entre as chancelarias da Europa," observou jocosamente quando transmitia para Drouot as indispensáveis ordens. "Dirão que não perdi meu hábito de conquistas!"

Assim que retornou a Portoferraio, Napoleão mudou-se para Villa Mulini, onde às pressas os operários tinham tornado habitável uma parte da casa, enquanto o restante seria modificado para proporcionar-lhe o mais despretensioso dos palácios. A casa em si era agradável, embora longe de qualquer grandiosidade, e mesmo quando os empreiteiros acrescentaram um andar ao bloco central e executaram outras melhorias – agindo sob as características instruções de Napoleão de que o trabalho deveria ser feito "com a menor despesa possível" –, a propriedade era mais adequada para um comandante de guarnição ou um bem-sucedido comerciante do que para um imperador caído. Quando a concluíram no final de agosto, nada mais era senão uma simples estrutura de dois andares com reboco rosa-pálido e venezianas verdes, que se estendia por 36 metros ao longo de uma área que fora desimpedida para o retorno das carruagens – e antes que estas pudessem realmente ser trazidas até a porta de entrada, Napoleão precisou usar as tropas e os mineiros para cavarem um longo túnel pela rocha. Na parte posterior da casa, para o lado do mar, uma ala se estendia para trás em direção ao parapeito na beira do rochedo, onde havia um jardim sem árvores e caminhos de pedregulhos. Contavam-se ao todo trinta aposentos, na maioria pequenos, alguns deles minúsculos; e um pouco mais abaixo, perto da casa ficava o alojamento que acomodava guardas e criados.

O próprio Napoleão habitava o térreo da parte central da Villa Mulini, onde havia um banheiro, um quarto, um estúdio, uma biblioteca, um salão satisfatoriamente grande com janelas francesas abrindo para o jardim e antessalas para os assessores pessoais e oficiais. No mesmo nível, numa ala contígua, ficavam os serviços de cozinha, e depois, uma grande sala localizada num ângulo da casa, na qual instalou-se uma divisória móvel para ser utilizada em jantares ou entretenimentos teatrais e musicais conforme a ocasião requeresse. No andar superior ficavam as dependências preparadas na esperança de Marie-Louise e o rei de Roma virem juntar-se a ele, e que flanqueavam a única peça da edificação de considerável tamanho – o *Grand Salon*, de cerca de doze metros de comprimento, que se estendia por todos os nove metros de largura da casa, de modo a que suas janelas se abrissem de um lado para o mar e do outro para a enseada e as montanhas. Era um aposento cativante, claro, decorado, que contrastava com o conjunto apertado e inexpressivo que Napoleão ocupava embaixo. Nas semanas após sua chegada a Portoferraio ele continuou dormindo na mesma cama de campanha que havia carregado de um lado a outro pela Europa; e quando saía para o refúgio de verão em Mariana Alto ou passava alguns dias em Porto Longone, nada mais fazia do que acampar com um mínimo de conforto doméstico.

Mobiliar a Villa Mulini significava realmente um problema, pois a ilha era um lugar espartano quase sem nenhuma casa bem equipada ou mesmo marceneiros ou tapeceiros que pudessem suprir as deficiências. Prontamente Napoleão olhou para o lado da Toscana, até há pouco governada pela irmã Elisa Bacciochi e o marido, e decidiu despojar o desabitado palácio Piombino de sua mobília, reposteiros e tudo o mais que pudesse ser útil. Algumas semanas depois, como sardonicamente observou, Napoleão teve outra oportunidade "de manter os pertences dentro da família," pois o alienado marido de sua irmã Pauline, o príncipe Borghese, fora obrigado a deixar Turim por Roma, e uma tempestade impeliu para Porto Longone o navio que transportava seus móveis. Esse carregamento também foi requisitado com um meticuloso inventário, e Napoleão concluiu satisfatoriamente suas aquisições gastando alguns milhares de francos na compra de bens pessoais da guarnição francesa que partia. Ao todo, reunira um conjunto de raridades, que iam desde a cama de dossel dourada rodeada de cisnes entalhados, na qual sua irmã Pauline notoriamente entretinha seus amantes, até os desbotados cortinados e os surrados tapetes que Fleury de Chaboulon notou ao visitar a casa no início de 1815. "Lembrei do luxo dos palácios imperiais," escreveu, "e a comparação me fez suspirar."

Napoleão tinha problema semelhante quanto a seus haveres pessoais. Ele conseguira trazer consigo algumas baixelas de prata, mas quase toda a louça, talheres e ornamentos haviam sido colocados no comboio para Blois quando Marie-Louise fugiu de Paris; e ele havia perdido os uniformes de gala, as vestes de estado e roupa branca pessoal dessa mesma forma. Tanto ele quanto sua equipe estavam tão carentes de roupas que, em junho, valeu-se da oportunidade de comprar o carregamento de um navio inglês que fora capturado antes de acabar a guerra. Havia algodão para calças e coletes, tecido verde para librés, sarja azul para os soldados, e até mesmo percal para lençóis. Sua pequena mas interessante biblioteca foi também montada aos poucos. Ele havia trazido uma boa quantidade de livros de Fontainebleau, depois comprado mais alguns ao passar por Lyon e Fréjus, e outros foram encomendados de Roma, Florença, Livorno, Veneza e França – edições-padrão de autores clássicos, coleções de La Fontaine, Montaigne, Rousseau e Voltaire; textos científicos, históricos e militares; um conjunto de quarenta volumes de contos de fadas que ele sempre se comprazia em ler, e uns tantos livros que haviam sido condenados pelos seus censores imperiais no passado e que, no entanto, agora pareciam surpreendentemente inócuos quando ele próprio veio a folheá-los.

Exilados têm de se arranjar com padrões muito diferentes que os de imperadores, e a despretensiosa Villa Mulini compôs o cenário para uma Casa Real tristemente diminuída, tanto em qualidade quanto em quantidade. Era, enfim, uma corte mais apropriada para um palco de ópera do que para vestíbulos de um palácio real, visto que apenas poucos dirigentes experimentados eram necessários para governar uma ilha tão pequena como Elba, e muitos dos papéis menores, embora necessários para as aparências, poderiam ser desempenhados por amadores locais. Campbell comentou sobre a "natureza ridícula" de uma recepção em que estava incluída entre os convidados a costureira que acabara de consertar a jaqueta de seu uniforme.

Havia alguns auxiliares indispensáveis vindos de Fontainebleau. Bertrand, administrador competente e consciencioso, podia lidar com todos os negócios pessoais de Napoleão e igualmente manter controle do governo civil. Drouot havia passado por tantos encargos que podia se responsabilizar pela defesa da ilha e ainda reservar parte do dia livre para seus estudos de filosofia e teologia; e podia contar com a resoluta assistência de Cambronne, de chegada prevista com a Guarda para assumir o comando da guarnição de Portoferraio. Guillaume Peyrusse, o sereno jovem que tinha ido a Orléans e Rambouillet e trazido de volta dinheiro suficiente de Marie-Louise para manter Napoleão temporariamente com reserva financeira, era igualmente fidedigno tesoureiro. Rothery, um dos secretários de Napoleão, também fazia parte do grupo que viera no *Undaunted*; assim também Callin, o *comptroller* da Casa Real; Sostain, mestre de cerimônias; o cozinheiro-chefe, o padeiro-chefe, e uma vintena de mordomos, criados de libré e outros serviçais. Mas havia deficiências mesmo nessa Casa Real andante, visto que muitos dos regulares o haviam abandonado na derrota. O capitão Deschamps, que viera como um dos camareiros reais, era homem de maneiras rústicas embora afável, e começara como gendarme, outro era o capitão Baillou, antigo soldado mais qualificado veterano do que cortesão. Foureau de Beauregard, que se tornou alvo das brincadeiras de todos na Villa Mulini, era o pomposo e boateiro veterinário dos estábulos reais, promovido a médico da corte quando o eminente Corvisart julgou mais agradável acompanhar Marie-Louise a Viena do que seguir com Napoleão para Elba. Seu assistente, o boticário Gatti, era um jovem amável porém inabilitado, que se juntara à comitiva de Napoleão pouco antes da viagem pela França.

Os residentes de Elba que preencheram os postos restantes formavam, igualmente, um grupo heterogêneo. Embora Napoleão desejasse atrair os ilhéus nomeando gente local para cargos públicos e honoríficos, era difícil encontrar candidatos numa povoação tão pequena e empobrecida. É verdade que três dos quatro *chamberlains* da Corte vieram de um pequeno grupo de famílias com alguma reivindicação de origem nobre. Ao Dr. Christian Lapi, homem com mais charme que talento, e ao comandante em meio período das companhias da Guarda Nacional de Elba, foram dadas tarefas adicionais de supervisão das estradas, pontes e florestas. Vincenzo Vantini, que servia como promotor público, era pessoa espirituosa e indiscreta, e alegava uma linhagem aristocrática que contrastava com seus fervorosos princípios republicanos; segundo Pons, ele "esbanjara a fortuna da família cedendo a excessos indesculpáveis." O prefeito Traditi de Portoferraio era um íntegro porta-voz dos mercadores e negociantes. Mas o quarto *chamberlain* era Gualandi, o presunçoso prefeito de Rio. "Ele não era nada," disse Pons, "menos que nada: e jamais deveria ter cruzado a porta do Imperador."

Esses quatro *chamberlains* foram também nomeados para o Conselho de Estado, um colegiado de nome altissonante e de poucas funções, que Napoleão criou para dar uma aparência de procedimentos constitucionais ao seu regime. Além de Bertrand e Drouot, que efetivamente governavam Elba, o Conselho incluía Pons; Giuseppe Balbiani, o toscano com uma grande família, que ficaria feliz continuando como administrador se fosse chamado pelo título de subprefeito da França ou de intendente de Elba; Arrighi, o vigário-geral; Bartolini, o arcipreste de Capoliveri; Baccini, o advogado genovês que exercia a função de presidente do Tribunal; uma dupla de senhores que emprestavam dinheiro e se autodenominavam financistas; e um pequeno proprietário de terras em Marciana chamado Sardi.

Napoleão teve dificuldade para encontrar doze homens razoavelmente competentes para integrar seu Conselho de Estado, e assim que eles foram designados, foi ainda mais difícil preencher os cargos restantes. Teve sorte em encontrar na ilha um antigo conhecido corso chamado Poggi di Talavo, o qual havia servido algum tempo como juiz e que, além de suas qualidades de lealdade e inteligência, tinha o dom de fazer as pessoas confiarem nele – o que o tornou um efetivo chefe da polícia secreta e principal fonte de informações de Napoleão. Poggi seguidamente ficava até tarde na Villa Mulini a conversar com Napoleão, que gostava de ouvir fofocas sobre os companheiros, e desde havia muito adquirira o hábito de usar informantes para ampliar seu poder sobre eles. Mas teve de confiar o comando de sua pequena flotilha ao tenente Taillade, um pedante marinheiro de tempo bom que, deixando a Marinha francesa, tornara-se comandante de uma escuna elbense ao se casar dentro de uma das melhores famílias locais. O capitão Paoli, outro dos corsos que permaneceram em Elba na esperança de melhorar de vida servindo ao famoso conterrâneo, e que foi designado chefe da *gendarmerie*, era tão covardemente bajulador que se Napoleão lhe perguntasse as horas, poderia responder "A hora que agradar à Vossa Majestade;" e Pons comentou que Carlo Perez, um dos cinco moços elbenses recrutados para servir como ajudantes sob as ordens do tempestuoso e briguento major Roule, era tão tolo que "beirava o imbecil." Muitos desses comissionados eram quase comicamente incompetentes, e essas nomeações deixaram claro, ao olhar de um estrangeiro como o coronel Campbell, que o regime elbense era pouco mais que uma fachada, erguida para dar a Napoleão veleidades monárquicas e, esperançosamente, persuadir tanto o povo de Elba quanto o mundo exterior de que ele se acomodara para viver como qualquer outro príncipe italiano insignificante.

Até certo ponto esse esforço foi bem-sucedido. "Os mais importantes habitantes da ilha," escreveu Campbell em 15 de maio, "contagiaram-se com a opinião de que a posse dele sobre a ilha trará extraordinários recursos e vantagens a todos, opinião essa que se estendeu por todas as classes."

Uma profusão de empregados foi usada para o mesmo fim. Quando à assessoria local adicionou-se o pessoal que veio com Napoleão da França, ficaram mais de sessenta pessoas trabalhando dentro e ao redor de Villa Mulini. Treze nas apinhadas cozinhas e outras dezenove na casa; havia um diretor musical vindo de Florença, que dispunha de um pianista francês e dois cantores; um jardineiro-chefe de certa habilidade chamado Claude Hollard, que trabalhara anteriormente para Elisa Bacciochi em Piombino e agora supervisionava dois ajudantes; havia a mestra do guarda-roupa, Signora Squarci, mulher de um dos assistentes do prefeito de Portoferraio; e havia outros 22 homens trabalhando nos estábulos reais, anteriormente um depósito, rapidamente adaptado para acomodar os cavalos favoritos de Napoleão e a extraordinária variedade de veículos que a Guarda trouxera na longa marcha desde Fontainebleau.

A Casa de Napoleão era tão deficiente em itens básicos, tão desequilibrada em gente e recursos, que esses bem abastecidos estábulos pareciam ainda mais incongruentes – especialmente numa ilha que a duras penas dispunha de uma estrada transitável e onde a única povoação de tamanho razoável ficava num axadrezado de caminhos íngremes pavimentados de pedras arredondadas e irregulares. Em Elba andava-se a cavalo ou de mula, ou caminhava-se a pé, e o próprio Napoleão raramente saía de carruagem além de quatro ou cinco quilômetros para o interior. No entanto, no final do verão, depois que sua mãe e sua irmã chegaram, ele importou seis *berlines*, duas carruagens abertas, um *landau*, duas *post-chaises*, um cabriolé amarelo que em Paris pareceria elegante, duas carroças de caça; e várias carroças de bagagens. Para manter todos esses veículos e os cavalos em boas condições, empregou um seleiro-chefe, um veterinário, um ferrador, um palafreneiro e dois ajudantes, um cocheiro, oito postilhões, dez moços de estrebaria, dois polícias montados, dois serralheiros, dois carpinteiros e um alfaiate para as *librés*: eram casacos verdes com cordões dourados e pelerines vermelhas para os cocheiros e jaquetas de cor púrpura e boinas pretas para os batedores de escolta, águias imperiais de bronze e as abelhas elbenses nos arreios. Tudo considerado, as instalações domésticas seriam um aspecto imponente da pequena corte de Napoleão se exibidas apropriadamente num palácio na cidade ou numa propriedade rural, mas a Villa Mulini, apertada contra o Forte Stella, era muito pequena e inadequada para tamanha pompa. O contraste meramente chamava a atenção para o patético de sua tentativa em manter os ornamentos do poder quando a essência se perdera.

Napoleão tinha a reputação de trabalhador infatigável, capaz de combinar agitada atividade física com esforço mental; havia muitas lendas sobre sua capacidade de ditar para dois ou três secretários simultaneamente, em conversar até tarde da noite e levantar-se ao amanhecer. Seus esforços para se estabelecer já nas primeiras semanas em Elba foram certamente uma boa ilustração da maneira como ele podia voltar sua atenção e suas energias para várias diferentes tarefas ao mesmo tempo. É evidente que, quanto mais perto chegava aos hábitos de trabalho que haviam sido necessários para governar um império e comandar um grande exército, mais animado ele ficava, e conforme os dias quentes de verão iam passando, ele parecia totalmente absorvido na tarefa de fazer Elba se amoldar ao seu gosto. "Ele era como o perfeito jogador," disse Sir Walter Scott alguns anos mais tarde, "que, privado dos meios para grandes apostas, prefere entrar em partidas modestas a abandonar a mesa."

O caudal de ordens continuava, como se Napoleão realmente acreditasse que poderia converter sua pobre ilha castigada de sol num reino-modelo.

Lapi recebeu ordens de preservar as florestas e avaliar as terras onde pudesse crescer trigo, pois os agricultores de Elba apenas produziam pequena parte do necessário. Um engenheiro deveria ser empregado com salário de 1.800 francos para supervisionar o trabalho nas estradas e melhorar as desprezadas salinas. Mudas de árvores, especialmente das úteis amoreiras que o pai de Napoleão outrora plantara com bom resultado na Córsega, seriam importadas nos meses de outono e plantadas ao longo da única estrada de Portoferraio até Longone, e havia instruções precisas sobre o suprimento de água e o sistema sanitário. Napoleão pedia relatório semanal sobre o nível das cisternas de água da chuva, uma das quais era reservada para a Villa Mulini e seu jardim; água para os cavalos, insistia ele, seria apenas de um dos poços do quartel de Ponticello; uma bomba d'água seria montada noutro desses poços que forneceria água para lavar as vielas de Portoferraio; limpadores de rua seriam designados para patrulhar os vilarejos e impedir os moradores de jogar lixo e excremento diretamente no lado de fora de suas portas; todos os donos de casas da capital seriam obrigados, sob pena de multa, a providenciar uma latrina que se pudesse esvaziar todas as noites, e um dreno seria estendido do quartel de San Francesco até o mar para carregar os dejetos. Napoleão sempre foi um exigente defensor da limpeza, e os poucos dias que passara no odorífero centro de Portoferraio lhe mostrara a necessidade de medidas drásticas para tornar a cidade razoavelmente agradável e salubre. "A ilha de Elba sofreu muito e por longo tempo," disse Pons, com característica hipérbole, em suas memórias, "e o quadro de prosperidade delineado após a chegada do Imperador a Portoferraio tocou as raias do miraculoso; o rol dos trabalhos, alguns em preparação e outros em vigorosa execução – todos, porém, direcionados para maior Dignidade do Homem –, exibe em luz fulgurante o supremo poder criativo do gênio."

Mas essas reformas – fossem elas levadas a cabo – seriam muito proveitosas para os elbenses e, mais de imediato, proveitosas para Napoleão. Os pormenores – tanto de reconstruir e reequipar de pessoal a Villa Mulini, como de fornecer algumas centenas de colchões de palha para seus soldados, ou de calcular se dez *sous* seriam suficientes como diária para prover os doentes no hospital militar com ovos e outros alimentos nutritivos – eram benéficos para sua mente ativa; "seu prazer," disse Scott, "consistia em constantes mudanças e alterações." Ele parecia necessitar de uma multidão de pequenos problemas para mantê-lo alerta, ou talvez afastar a ansiedade numa época em que, preocupado com problemas mais importantes, via-se impossibilitado de agir de imediato sobre eles. Durante suas primeiras semanas em Elba, por exemplo, ele se ocupou com todo tipo de trivialidade enquanto se afligia com o problema de defender a ilha quando a guarnição francesa fosse repatriada e Ussher levasse o *Undaunted* de volta a seus serviços navais regulares; embora tenha logo começado a fazer planos para um pequeno exército e uma ainda menor esquadra, ele sabia que tudo dependia da chegada da Guarda. Mesmo com seus experimentados e devotados veteranos seria difícil organizar uma defesa efetiva da ilha, e sem eles seria impossível. Se eles fossem retardados, ou se os Aliados mudassem de ideia e encontrassem algum motivo para impedi-los de atravessar para Elba, ele não teria segurança nenhuma.

Campbell procurou tranquilizá-lo, insistindo que os Aliados respeitariam a cláusula do Tratado de Fontainebleau que permitia um batalhão da Guarda juntar-se a ele, arranjando também para que navios ingleses transportassem os homens de Savona para Portoferraio e tentando fazer a chegada deles coincidir com a saída da guarnição francesa. Mas na manhã de 25 de maio, quando Napoleão só sabia que a Guarda havia finalmente alcançado a costa italiana, o capitão de Montcabrie – cujos serviços de escolta Napoleão rejeitara em Fréjus – chegou a Portoferraio vindo de Toulon na fragata *Dryade*, com ordens de embarcar as unidades de Dalesme de volta para a França; e trouxe com ele o brigue *Inconstant*, que seria entregue a Napoleão em lugar de uma corveta bem maior especificada pelo tratado. A chegada de Montcabrie e o descumprimento das obrigações do Tratado, implícito na substituição pela embarcação menor, aumentou a ansiedade de Napoleão. Ele agora temia ser deixado sem tropas para guarnecer os fortes, e ficar somente com o brigue para se proteger das tentativas de aproximação da ilha.

Naquela tarde, porém, o comandante Ussher apareceu com notícias melhores. A pedido de Napoleão ele havia levado o *Undaunted* de volta a Fréjus a fim de apanhar Pauline e trazê-la para Elba, e embora tanto ele quanto o comandante Towers, no *Curaçao*, não tenham conseguido encontrá-la, por ela já ter embarcado numa fragata napolitana enviada por Murat, ele informou que as embarcações inglesas transportando a Guarda haviam sido detidas por uma violenta tempestade e que agora estavam a caminho. Napoleão permaneceu no jardim de Mulini até o escurecer, atento à direção norte na esperança de avistar a flotilha, e mais tarde, depois de Ussher ter jantado com ele, ambos voltaram ao parapeito para uma vigia. Perto da meia-noite, com a ajuda da luneta noturna de Ussher, finalmente vislumbraram os esperados navios, e Napoleão tirou algumas horas de sono até levantar-se ao alvorecer para vê-los entrar no ancoradouro.

A Guarda fizera uma extraordinária marcha de quase 1.600 quilômetros em um mês, orgulhosamente ostentando a tricolor através de cidades enfeitadas com bandeiras dos Bourbons e ocupadas por regimentos austríacos, lembrando aos franceses as vitórias passadas e, aos seus inimigos, suas antigas derrotas. Tinham sido forçados a abandonar seus canhões no desfiladeiro de Mont Cenis bloqueado pela neve, mas resguardaram com o maior carinho os cavalos de Napoleão e cuidaram das carroças de bagagens pelas trilhas da montanha, descendo dos Alpes para a Itália como se trouxessem em suas águias os últimos vestígios da glória francesa.

Bem cedo na manhã seguinte, lembra Ussher, Napoleão postou-se impaciente à espera na área do cais, muito antes de os navios penetrarem na enseada. Então, para passar o tempo, ele subiu a bordo da *Dryade*. Foi uma estranha quebra do protocolo (pois o comandante De Montcabrie não o convidara, e a fragata ostentava a bandeira dos Bourbons) sobre a qual Campbell concluiu que "certamente foi cometida para testar a disposição da Marinha francesa e manter a lembrança dele na França;" e os marinheiros franceses de fato o saudaram com gritos espontâneos de "Vive l'Empereur!" ecoados pelos *grognards* nos navios próximos à espera do desembarque. Às oito horas começaram a desfilar pelo cais, onde Dalesme e uma guarda de honra da guarnição esperavam para saudá-los, e quando Cambronne aproximou-se, Napoleão abraçou-o. "Cambronne," exclamou com evidente alívio, "passei por maus momentos esperando você, mas finalmente estamos juntos de novo, e eles já foram esquecidos." Foi uma cena comovedora quando aquele remanescente do Grande Exército desfilou com as bandeiras drapejando e os tambores rufando para a Piazza d'Armi, e muitos veteranos choraram quando Napoleão lhes dirigiu a palavra. "Vivei em harmonia com os elbenses," disse ele majestosamente, deixando em esquecimento a recente rebelião. "Eles também têm o coração francês."

A seguir a infantaria partiu para ocupar o mosteiro de San Francesco, onde os veteranos fizeram piadas sobre a nova vida na qual Napoleão aparentemente esperava que vivessem como monges. Os granadeiros foram mandados subir para o Forte Stella, onde Cambronne, como comandante da guarnição, mudou-se para um quarto perto dos aposentos de Drouot, com uma janela com vista para o jardim da Villa Mulini dezoito metros abaixo, e as tropas dos lanceiros poloneses, os quais tinham permanecido passionalmente leais a Napoleão, foram enviadas para os altos do Forte Falcone, onde logo se transformaram em artilheiros, por serem de pouca utilidade para uma cavalaria em Elba, exceto nos deveres de escolta formal.

Assim que a cerimônia terminou, Napoleão voltou ao porto, onde passou o dia todo sob sol quente conversando com Cambronne e observando a tripulação do *Undaunted* ajudar no desembarque dos suprimentos, cavalos e bagagens dos cargueiros. O trabalho terminou no final da tarde, quando então Napoleão subiu a bordo para fazer um discurso de despedida e agradecimento à tripulação da fragata, que teria de partir alguns dias depois. "Aqueles sujeitos," disse ele a Ussher, apontando para alguns marujos italianos, "levariam oito dias fazendo o que os seus fizeram em poucas horas; sem falar que teriam quebrado as patas dos meus cavalos, e com vocês nenhum deles teve sequer um arranhão."

O reencontro com a Guarda deixara Napoleão em excelente humor. Enviou para a tripulação do *Undaunted* generosos presentes em dinheiro e vinho, deu a Ussher uma caixa de rapé com seu retrato engastado de diamantes, e foi tão cortês que até mesmo o cauteloso Campbell se impressionou. "Napoleão fala com gratidão a todos pelo que lhe foi concedido pelo governo inglês," Campbell anotou cheio de si em seu diário naquela noite; "e para mim pessoalmente, ele constantemente expressa o sentimento que nutre pelas superiores qualidades que a nação britânica possui sobre qualquer outra."

O comentário de Napoleão, no meio de tantas chegadas e partidas, fez Campbell pensar sobre sua própria posição. Afinal de contas, observou ele, apenas prolongara sua estada mais que os outros representantes a pedido do próprio Napoleão e para conseguir as ajudas navais pelas quais ele acabara de agradecer; e poderia ou ir com Ussher quando o *Undaunted* partisse, ou fazer uma proposta apropriada para isso, mesmo que os interesses da Inglaterra e dos outros aliados fossem mais bem atendidos se ele permanecesse junto a Napoleão, "a fim de avaliar suas intenções."

A atitude de Campbell, pelo menos como ele próprio a deixou registrada, era caracteristicamente insincera. "Hoje," escreveu ele na noite de 26 de maio, quando o desembarque terminou, "informei ao general Bertrand de que caso o próprio Napoleão ou outros atribuírem qualquer tipo de motivo oculto para minha permanência aqui, estou perfeitamente pronto para deixar a ilha de imediato, caso seja esse o desejo deles." A resposta verbal de Bertrand, confirmada por escrito no dia seguinte, foi de que a presença de Campbell em Portoferraio era "indispensável," em parte porque muitos navios ingleses visitavam a ilha, e em parte também porque permanecia ainda o risco de Elba ser atacada pelos corsários berberes, sendo a Royal Navy o único meio de proteção contra tal ataque. Por ambas essas razões, concluía Bertrand, "posso apenas reiterar ao coronel Campbell o quanto sua pessoa e sua presença são agradáveis ao Imperador Napoleão."

As vantagens imediatas, pensava Napoleão, compensavam a inevitável suposição de que Campbell era, ou passaria a ser, um espião. Pois a permanente presença de Campbell, na ausência de qualquer outro reconhecimento diplomático, dava certa posição ao seu governo, implicava uma atitude amistosa da parte dos ingleses e fornecia um vínculo com os demais Aliados assinantes do tratado que o instalou em Elba.

Pelo fim do verão, na verdade, o lento processo de correspondência com Londres finalmente trouxe para Campbell a autorização oficial de sua permanência. Ao receber o pedido formal de Bertrand para ficar em Elba, ele partiu no brigue *Swallow* na expectativa de interceptar Pellew e Bentick, que se supunha fossem passar perto da ilha a caminho da Sicília, acreditando que esses altos funcionários pudessem endossar seus atos ou dar-lhe novas ordens; mas, ao não conseguir entrar em contato com eles, pede a Ussher para levar uma carta a ser entregue a Lord Castlereagh, na qual ele transcreve a nota de Bertrand e repisa o fato de não ter recebido instruções desde que deixara Fontainebleau.

Dois meses depois, Campbell recebeu uma resposta, datada de 15 de julho pelo Foreign Office, dizendo-lhe que seus despachos haviam sido levados ao Príncipe Regente e aludindo à gama de obrigações que se esperava fosse cumprida, sem nada pôr em formas precisas ou de meio-termo. "Desejo que continue a se considerar Residente Britânico em Elba," escreveu Castlereagh, "sem assumir qualquer outro caráter oficial além daquele com que já é recebido, e que prossiga nas mesmas linhas de conduta e de comunicação com este Departamento, as quais, tenho o prazer de informá-lo, já receberam a aprovação de Sua Alteza." Quando essa carta chegou às mãos de Campbell, ele já se resignara a uma longa estada na ilha e ao fato de que instruções tão vagas conferiam-lhe um grau preocupante de liberdade; só ele, como o homem no local da ação com responsabilidade mas não autoridade, poderia decidir o modo de encontrar o equilíbrio entre respeito, supervisão e proteção.

Embora Napoleão estivesse ávido da segurança concreta, ainda que informal, fornecida pelos navios ingleses na enseada de Portoferraio e pelo controle inglês do Mediterrâneo central, ele sabia que precisava também tirar o máximo proveito dos próprios meios. Mais de setecentos soldados tinham chegado de Savona pelos navios ingleses. A maioria era de veteranos membros da Guarda, homens selecionados, pois havia intensa competição por um lugar; cerca de cinquenta lanceiros poloneses, uns poucos mamelucos egípcios; alguns fuzileiros e artilheiros, uma banda de dez músicos e quatorze tambores. Embora essa força permitisse a Cambronne defender Portoferraio contra um ataque repentino, não havia pessoal disponível para servir em outras partes da ilha; havia, inclusive, falta de especialistas. Alguns artilheiros da guarnição de Dalesme foram mantidos até outros serem treinados, e granadeiros da Guarda foram destacados junto a mineiros de Rio para instruí-los nas habilidades de sapador.

Desde o começo, portanto, Napoleão procurou expandir seu exército com recrutamento local. Uma pequena quantidade de oficiais e soldados escolheu deixar as tropas de Dalesme e alistar-se para o serviço em Elba, e Napoleão fez um esforço especial em recrutar os corsos entre eles, pois eram fortes e corajosos, apesar de indisciplinados e propensos à deserção; porém, mesmo com a promessa de um batalhão especial corso, com prêmios pelo recrutamento, conseguiu poucos. Embora os oficiais recrutadores que Napoleão secretamente despachara para a Córsega e a Itália atraíssem numerosos voluntários, eles estavam sempre correndo o risco de prisão pelas autoridades francesas e italianas, que não tinham a intenção de deixar Napoleão aumentar seu poder. Os recrutas que enviaram para Elba nunca foram suficientes para manter um batalhão "estrangeiro" a plena força, e mal podiam compensar as perdas por dispensas e deserções.

O esforço em fazer uma exibição de defesa em torno da ilha e convencer os moradores a se engajarem nessa ação teve ainda menos sucesso. Napoleão conseguiu manter uma pequena guarnição em Longone, onde os espanhóis havia muito tempo tinham construído uma sólida cidadela dominando a enseada, e por algumas semanas teve um grupo de soldados ocupados com seu plano de reforçar Pianosa. Fez reparos em algumas das torres de vigia construídas através dos séculos por defensores italianos, espanhóis, franceses e pelos próprios elbenses, mas eram apenas medidas temporárias – os guardas costeiros existentes eram tão inúteis que Napoleão logo os dispensou, e os canhões estavam tão velhos que a maior parte deles foi vendida na Itália como sucata. O melhor que pôde fazer a título de defesa costeira foi colocar algumas baterias em posições dominantes e alguns soldados regulares para guarnecê-las. Criou também uma pequena e razoavelmente eficiente unidade de *gendarmes* responsável por manter a ordem interna e vigiar de perto idas e vindas do Continente e movimentações pelo território da ilha. Toda essa atividade, no entanto, deu apenas uma contribuição marginal à segurança de Elba, e Napoleão estaria ainda perigosamente mal de soldados se houvesse um desembarque na ilha. Estando a Guarda e a maior parte dos batalhões corsos na defesa dos fortes e do ancoradouro em Portoferraio; com a Guarda Nacional pouco treinada de Christian Lapi, a mostrar duvidosa capacidade para outra coisa, exceto desfiles e serviço de sentinela, Napoleão decidiu trocá-la por um batalhão de elbenses temporários, uma espécie de milícia cujos membros podiam rapidamente ser mobilizados numa emergência. Determinou a Drouot formar quatro companhias, cada uma com três oficiais, dez sargentos, 87 soldados, um tambor, e fazer com que cada companhia fornecesse um pelotão de 25 homens para servir por uma semana cada mês – maneira engenhosa de manter uma reserva ativa pagando apenas por um quarto dos homens em qualquer período. Os habitantes da ilha relutavam em se tornar soldados – Campbell observou que muitos haviam vendido ou perdido "suas armas, acessórios e roupas" – e caricaturas de Napoleão brincando de guerra com soldados de palha e canhões de pau logo apareceram em Paris e Londres. Havia alguma verdade nisso, pois os planos para esses "corpos voluntários" deram tão mau resultado que foram inteiramente abandonados já pelo fim do ano.

Napoleão teve o mesmo tipo de dificuldade quando começou a formar sua pequena esquadra. Ele precisava de uma flotilha para serviços de rotina em Gênova, Livorno, Civita Vecchia e Nápoles, para manter vigilância sobre embarcações comerciais e para alguma proteção contra piratas; mas os elbenses preferiam navegar cuidando dos próprios negócios ou ir pescar, e muito embora Napoleão recrutasse marinheiros de Capraia e Gênova e destacasse alguns fuzileiros da Guarda para implantar disciplina, seus barcos sofriam crônica falta de pessoal.

O *Inconstant*, por exemplo, era um bom brigue de guerra de 300 toneladas e 16 canhões, construído recentemente em Livorno e armado com canhoneiras para bolas de ferro de 18 libras-peso, que necessitava de cerca de cem homens para navegar e combater de modo eficiente; mas o tenente Taillade, que o comandava com a ajuda de um aspirante, raramente podia contar com dois terços da tripulação que precisaria para o *Inconstant* entrar em combate. Havia deficiências similares no *Caroline*, embarcação maltesa de 26 toneladas, dezoito remos, de meio convés e fundo chato, que poderia facilmente entrar na praia; e no *Mouche* e no *Abeille*, duas *feluccas* retiradas do transporte de ferro de Rio para patrulhar contrabandistas e transportar carga ao redor da ilha. O *Étoile*, um rápido e elegante *xebec* de 83 toneladas, três mastros, com seis canhões para bolas de ferro de 14 libras, que Napoleão comprou em Livorno em agosto para apoiar o *Inconstant* no comércio com o continente, sofria da mesma insuficiência de pessoal. Também tinha urgência em encontrar tripulação para três pequenos botes usados em volta da enseada de Portoferraio e em águas costeiras – o *Ussher*, barcaça de dez remos deixada de presente pelo comandante em sua despedida, de uso pessoal de Napoleão; o *Hochard*, de seis remos, de uso repartido entre Bertrand e Drouot; e um barco menor, ocupado nos serviços gerais perto do porto. Era uma enorme diferença com as grandes esquadras em Toulon e em Brest, e da linha de batalha que estivera certa vez frente a frente com Nelson em Trafalgar.

Mesmo tão reduzidos recursos militares eram um encargo expressivo para quem estava também em condições financeiras reduzidas, e quando Napoleão fez sua primeira estimativa do que poderiam custar, disse a Drouot que esperava despender no ano seguinte até 1 milhão de francos em defesa. Isso era metade da pensão anual que o novo governo francês lhe assegurara, e o nível em que ele estava estabelecendo sua Casa Real indicava que havia mentalmente comprometido muito da outra metade dessa prometida pensão. Era uma diretriz temerária, pois até a pensão ser paga, Napoleão dependeria inteiramente da reserva de quase 4 milhões de francos em ouro que Peyrusse trouxera da França e daquilo que coletasse das minas de ferro, da pesca de atum, das salinas, dos impostos locais e direitos aduaneiros e de qualquer outro ativo viável que pudesse reivindicar como parte de seus domínios reais; e a fonte de fundos era uma reserva definhante não mais reabastecida.

A situação financeira de Napoleão era, portanto, complexa e incerta, e refletia sua própria posição ambígua em Elba, em parte Imperador pensionado, em parte Rei, em parte proprietário rural, em parte comandante em chefe e em parte governador civil. A questão ficava ainda mais confusa pelo modo com que ele determinava despesas onde quer que achasse conveniente, transferindo dinheiro de uma conta para outra, usando designações vagas para as transações que ele queria esconder, sem distinção entre receita e capital. Talvez fosse possível para o competente Peyrusse equilibrar os livros, no fim, mesmo se Louis XVIII atrasasse ou negligenciasse o pagamento da pensão, pois a experiência lhe ensinara como o Imperador manejava seu dinheiro; mas sem dúvida muitos meses se passariam antes de Napoleão poder realmente fazer mais do que especular sobre suas perspectivas de futuro.

Na melhor das hipóteses, calculou Campbell somando as prováveis receitas de Napoleão num relatório para Londres, o rei de Elba poderia contar com cerca de 650 mil francos ao ano, e essa estimativa não incluía os efeitos restantes do bloqueio, o inverno rigoroso e a desarticulação causada pela mudança de regime. As minas de ferro eram responsáveis pela maior parte desse total, gerando a receita de 500 mil francos, ao passo que o sal (50 mil), a madeira (30 mil), vinho e azeite (25 mil) e a pesca de atum (24 mil) eram os únicos outros itens significativos. Mesmo que Napoleão fizesse algumas mudanças nos impostos e melhorasse o comércio, a ilha era muito pobre para suportar um ônus mais pesado.

Foi a necessidade urgente de Napoleão por renda local, tanto quanto seu desejo de impor um governo eficiente ao povo da ilha, que o fez agir rápido na coleta dos impostos atrasados desde a última fase da guerra. Justificou o ato como um adiantamento de sua pensão francesa e manteve, ao mesmo tempo, a pressão sobre Pons para que cedesse o dinheiro ainda não liquidado da conta da mineração e concordasse que os futuros lucros das minas de ferro deveriam ser desviados da Legião de Honra para o governo de Elba. Todavia, a tentativa de coletar os impostos atrasados, assinalou Campbell, "ocasionou protestos e petições incomuns" que avançaram pelo mês de agosto; em Capoliveri, comunidade de um alto de morro que sempre gozara de privilégios especiais, a resistência ao coletor de impostos foi tão violenta que Napoleão precisou ameaçar os aldeões de lá, aquartelar uma companhia da Guarda, e Campbell anotou uma série de outros incidentes mostrando uma brusca mudança nas disposições de espírito. "Parece que Napoleão se torna a cada dia mais impopular na ilha," observou no início de junho, dizendo que "todos os procedimentos transparecem guiados pela avareza e por um sentimento de interesse pessoal," insinuando que "os moradores percebem que nenhum de seus planos têm em vista melhorar a situação deles." Uma de suas mais sombrias anotações afirmava que a opressão, a injustiça e o desassossego de Napoleão, "caso não fossem moderados pela prudência, nada impediria, exceto a força militar de suas Guardas, os habitantes de se insurgirem contra ele." Napoleão estava claramente tentando fazer muito e rápido demais. A pequena ilha, afinal, só tinha pequenos recursos, e seu soberano teria eventualmente de se conformar com esse fato.

8
Os frutos da vitória

LONGE DOS OLHOS, LONGE DO CORAÇÃO. Em retrospecto, parece incrível que ninguém em Paris tenha se interessado muito por Napoleão após sua carruagem tê-lo levado rumo ao sul; mas a uma guerra extraordinária e a uma vitória extraordinária seguiu-se também uma extraordinária Conferência de Paz – um rodopio estranho de celebrações em que vencedores e vencidos sentaram às mesmas mesas de jantar e partilharam das mesmas bisbilhotices, sentindo igual dificuldade em pensar seriamente no imperador caído e no caos deixado pelo colapso de seu império. "Esta capital é tão ruim para negociar como qualquer outra grande cidade," escreveu francamente o Príncipe von Wrede ao rei da Baviera em 6 de maio de 1814. "Come-se, bebe-se, olham-se os pontos turísticos e as mulheres, mas os negócios não avançam como seria de desejar."

Os soberanos aliados, felizmente, eram secundados por um bizarro mas talentoso grupo de ministros, que haviam aprendido a se entender quando trabalharam juntos nos últimos estágios da guerra; e sem esse hábito de entendimento, a coalizão ter-se-ia rompido antes mesmo de seus membros começarem a saborear os frutos da vitória. Os conselheiros mais íntimos do Czar eram os mais singulares de todos, pois nenhum deles era russo. O conde Nesselrode, homem prudente bem cônscio das dificuldades criadas pelo ânimo instável de Alexandre e por suas contraditórias ambições, era um diplomata profissional de ascendência alemã que nascera em Lisboa; Carlo Pozzo di Borgo era um corso nacionalista que nutria antiga animosidade por Napoleão, e Giovanni Capo d'Istria era um grego de Corfu, que entrara para o serviço russo e se tornara especialista em relações exteriores. O grupo incluía Karl August Hardenberg, enérgico reformador que muito fizera para modernizar o estado prussiano e se ressentia amargamente do tratamento dado por Napoleão ao seu país; ele persuadira o indeciso Frederick Wilhelm a juntar-se à campanha final contra o Imperador. Klemens Metternich, um refinado diletante em cujas conquistas românticas dizia-se inclusa a irmã de Napoleão, Caroline, era outro profissional expatriado, nascido na Renânia, que se tornara o astuto arquiteto da política austríaca. Lord Castlereagh lá estava por ser figura parlamentar de mérito próprio, e sucessor de Pitt como promotor de grandes alianças contra Napoleão. Depois de assumir grande parte da responsabilidade pela condução da guerra, tinha agora a esperança de criar um novo equilíbrio de poder e garantir paz na Europa por gerações.

Os ministros pouco tinham a fazer quanto ao destino de Napoleão, pois o Czar havia fixado quase todos os termos do Tratado de Fontainebleau antes de terem chegado a Paris. A primeira vera tarefa deles foi delinear o Tratado de Paris que selaria o destino da França. "Os soberanos aliados do Continente permanecem um tanto receosos uns dos outros," escreveu William Cobbett em seu *Political Register*, dia 11 de junho, anotando os conflitos de interesse. "A França mantém, e sempre manterá, o equilíbrio da Europa em suas mãos. Qualquer potência que se junte a ela tem de compensar todo o restante da Europa." O próprio Napoleão usara esse tipo de alavancagem para quebrar alianças de seus inimigos, e os Aliados estavam bem cientes de que o jogo teria nova rodada tão logo começassem a lidar com o destino da Polônia, da Saxônia e da Itália. Se nos meses seguintes Talleyrand levasse a França em direção à Rússia, empurraria a Prússia a uma aliança com a Áustria; se ele cortejasse a Áustria, deixaria Frederick Wilhelm da Prússia ainda mais disposto a colaborar com o czar Alexandre. Os Aliados estavam, portanto, ansiosos por uma paz rápida e desembaraçada enquanto a França ainda estivesse exausta com 1 milhão de vidas perdidas, cidades saqueadas, campos revirados e uma montanha de débitos, a demonstrarem o preço da última campanha de Napoleão; e antes de assinado o Tratado de Paris, eles insistiram numa cláusula secreta que lhes reservava o direito da última palavra no ordenamento da Europa. Bem pouco exequível caso se desentendessem, mas oferecia-lhes alguma segurança para o dia em que Talleyrand voltasse à mesa de negociação em termos iguais e potencialmente desagregadores.

A tarefa mais urgente e difícil era decidir os novos limites da França, assunto sobre o qual Napoleão lutou até o fim, tentando salvar os ganhos da Revolução, insistindo nas fronteiras "naturais" do Reno, dos Alpes e dos Pireneus. Louis XVIII, que fora restaurado no "antigo" trono dos Bourbons, podia ser mais facilmente persuadido a reinar sobre os "antigos" domínios. Ele se empenhou em reivindicar mais na Bélgica, mas esse era um ponto em que os ingleses eram inflexíveis. Já no Natal de 1813, o Gabinete em Londres decidira "a total exclusão da França de qualquer estabelecimento naval no rio Escalda [Scheldt], em especial na Antuérpia," assim como "a restituição à Holanda de seu território de

1792;" e Castlereagh não estava disposto a discutir nem com os franceses nem com os Aliados. "Depois de tudo que fizemos pelo Continente nessa grande guerra," disse a Lord Aberdeen na época, "eles nos devem, e devem a si mesmos, a extinção dessa prolífica fonte de danos para nós ambos." Quando chegou a Paris na primavera de 1814, ele novamente insistiu que a Bélgica tinha sido "a causa de muitas guerras" e que nem as fortalezas da fronteira, nem o estuário do Scheldt podiam ficar em mãos francesas – e não reivindicou mais nada. A França podia inclusive ter de volta a maioria de suas colônias tomadas em troca da promessa de abolir o comércio de escravos dentro dos cinco anos seguintes.

Castlereagh obteve o que queria, e para Louis foram feitas algumas concessões nos Alpes Savoy; já os prussianos foram menos felizes em suas exigências de reparação em dinheiro e em bens. Os outros Aliados julgaram os prussianos rapaces, alegando que eles já haviam se beneficiado o suficiente com as sistemáticas pilhagens praticadas quando iam abrindo caminho pela França e que esse ônus poderia facilmente derrubar Louis antes que conseguisse se firmar num país que pouco lembrava dele, não tinha nenhum razão especial para estimá-lo e estava tomado de tensões beirando uma guerra civil. Os Aliados foram sábios, disse Castlereagh, em deixar a França começar do zero, com "dívidas saldadas," exceto nas reclamações de pessoas que tiveram suas propriedades danificadas ou confiscadas durante a guerra. Foram igualmente sensíveis, no referente às questões políticas, em manter a promessa de que os franceses deveriam decidir a própria forma de governo, entendendo-se com isso que Louis efetuaria alguns gestos em prol de um sistema constitucional, e que encontraria uso para os militares e políticos que haviam feito carreira sob as ordens do Imperador. "Isso é o que chamo de verdadeira paz," Talleyrand escreveu animadamente a Metternich quando o ministro austríaco partiu para Londres. "Não mexa em nada, não altere nada; do contrário, estraga."

Era mais fácil dizer do que fazer. Mesmo essa primeira rodada foi lenta e cansativa nos detalhes, e deu apenas um antegosto das dificuldades muito mais sérias que os Aliados iriam encontrar conforme fossem tentando arrumar os restos do Império de Napoleão numa nova configuração. Pois os três estados que dominavam o centro da Europa estavam todos movidos pela avidez de novas possessões e pela intensa rivalidade que a duras penas os mantivera ligados contra o inimigo comum. O Czar queria expandir sua influência para o Ocidente, restaurando a retalhada Polônia, porém deixando-a claramente subordinada a São Petersburgo. Os austríacos, cujo sinuoso império se estendia do Sul da Polônia e da

Boêmia penetrando os Bálcãs, queriam manter a Rússia à distância; estavam também ansiosos por impedir os prussianos de anexar seus vizinhos saxões e por impedi-los de avançar até o Reno e determinados a fazer da Itália pouco mais que um protetorado austríaco, assumindo o Tirol, consolidando a influência sobre a Lombardia e o Vêneto, e afastando o cunhado de Napoleão, Joachim Murat, do trono de Nápoles. Como poderiam esses ciumentos aliados chegar a um acordo sobre o novo mapa da Europa ou evitar cair em ruinosas e aguerridas querelas nessa tentativa? Essa era a questão a ser encarada agora na Inglaterra.

Na segunda-feira, 9 de junho, às 6h30 da tarde, o *Impregnable* trouxe o Czar, o rei da Prússia, e suas comitivas até o porto de Dover, onde passaram a noite antes de seguirem para Londres. Todo o elenco de vitoriosos levantara acampamento para a Inglaterra, aceitando um convite feito nos últimos dias da guerra, quando Castlereagh presumira, confiante demais, que tudo já estaria arranjado pelo verão, e que os Soberanos aliados estariam livres para se juntar ao Príncipe Regente na celebração da vitória comum a todos.

Havia uma notável omissão. Embora Castlereagh tivesse sido atento, como disse, "em diluir a libação à Rússia" – para que o Czar não se tornasse "a única figura de admiração," o imperador Franz I apresentou escusas e concedeu a Metternich plenos poderes de representação. Nenhuma grande perda. Ele era um homem sem imaginação e intelectualmente limitado, torturado entre devoção religiosa e uma natureza sensual que exauria suas esposas com gestações anuais; era dogmático, espalhafatoso para com trivialidades e pouco interessado nos assuntos de estado, os quais deixava para Metternich. Franz também sabia que os ingleses tinham pouca estima pelo sogro de Napoleão ou por seu exército. "Informado como era dos sentimentos que prevaleciam na Inglaterra," escreveu Lord Aberdeen, "não me surpreendo que ele tenha declinado do risco de mortificação."

O Príncipe Regente arriscou-se também a ser afrontado ao circular por Londres porque seus débitos, sua vaidade e suas brigas com a excêntrica e alienada esposa, princesa Caroline, tornara-o impopular, alvo de vaias e apupos. Rodou alguns quilômetros pelo interior de Kent para dar as boas-vindas a Alexandre e a Frederick Wilhelm, porém uma entrada cerimonial londrina estava fora de questão, e cada um foi por caminhos separados para a cidade, desapontando milhares de pessoas que haviam se postado ao longo da estrada de Dover para saudá-los. O Príncipe

Regente, inclusive, teve de enviar pedido de desculpas a Alexandre, que se instalara no Pulteney Hotel, em Piccadilly, explicando que não podia fazer-lhe uma visita de cortesia no hotel porque "fora ameaçado com importunações nas ruas caso aparecesse, tornando assim impossível a ida para encontrar-se com o Imperador."

Foi um mau começo para uma grande ocasião festiva. Após um inverno cruelmente frio, com o Tâmisa inteiramente congelado, o advento da paz coincidira com uma esplêndida primavera e um cálido verão que encorajavam as multidões a exibir-se pelas ruas decoradas ovacionando dignitários estrangeiros, especialmente o vistoso jovem Czar, que aproveitou toda oportunidade de contrastar sua popularidade com a triste fama de seu real anfitrião. Desde o início da visita, na verdade, tanto o Príncipe Regente quanto o primeiro-ministro, Lord Liverpool, mostraram-se cheios de boa vontade para com ele, porém sua fria insolência e seu flerte com a oposição Whig logo os fez concordar com a opinião de Castlereagh de que a Rússia era uma crescente ameaça aos interesses ingleses e que seria imprudente deixar o Czar dominar os futuros acordos.

Por semanas a fio nos meados do verão Castlereagh afligiu-se enquanto as negociações definhavam e as celebrações continuavam a consumir tempo e dinheiro. Banquetes, bailes, iluminações, fogos de artifício e grandes eventos públicos sucediam-se numa escala que se afigurava realmente grandiosa após vinte anos de guerra, e certamente era um contraste com a medíocre Corte que Napoleão criava em Portoferraio. Um dos grandes salões da Carlton House era o suficiente para conter toda a Villa Mulini; e o banquete para setecentos convivas no Guildhall, em 18 de junho, que se disse "tão suntuoso quanto gastos e arte pudessem torná-lo," custou 20 mil libras, cerca de um quarto de todo o orçamento de Napoleão para um ano. O clímax das rejubilações foi uma grande mostra naval em Portsmouth nos dias 23 e 24 de junho, exibindo aos visitantes estrangeiros, escreveu o *Times*, "aquele imenso armamento que (...) sagrou a Inglaterra no domínio dos mares."

Ninguém duvidava do poderio da Royal Navy ou da riqueza da Inglaterra – tal combinação de recursos ingleses havia levado os Aliados a se reconciliarem para vencer a guerra, mas não era fácil enxergar como essas forças poderiam ser usadas para separá-los em paz e impedir que seus exércitos colidissem enquanto discutiam sobre os espólios. A fomentação de desordem da parte de Alexandre e a maneira como Metternich habilmente torceu-a em proveito da Áustria ao bajular o Príncipe Regente e aplacar o governo Tory havia mostrado a Castlereagh a facilidade com que o equilíbrio entre os antigos aliados poderia ser alterado. Na verdade, tudo que se havia conseguido até 27 de junho, quando o Czar resolveu dar uma chegada até à Rússia antes de o Congresso de Paz ser retomado em Viena, fora a aprovação de uma pausa nos trabalhos durante a qual os Aliados concordaram em manter 75 mil homens em armas até o mapa da Europa ser redesenhado, prometendo que nesse ínterim nenhum deles faria qualquer mudança permanente nas regiões da Europa temporariamente ocupadas. Os assuntos de Polônia, Saxônia e Itália teriam de esperar.

Londres vivia ainda uma disposição festiva quando os soberanos e seus séquitos foram embora, pois em 1º de agosto outra grande celebração marcaria o jubileu da sucessão da casa de Hanover. Mais fogos de artifício, inclusive uma revisão da Batalha do Nilo no lago Serpentine do Hyde Park, em Londres, e por todo o país competições de cervejadas, concertos de bandas, torneios de críquete e danças ao ar livre nas aldeias. Foi a maior das folias populares que a região rural presenciara desde o Ano das Vitórias, em 1759. Entretanto, todas essas festas, como Castlereagh agora percebia, viam-se assombradas pelo espectro de uma nova guerra, tão mortal e confusa como aquelas promovidas pelo exilado Rei de Elba.

Tão logo as celebrações acabaram, Castlereagh partiu para Viena. Ele sabia que ia ficar longe por vários meses, pois não havia previsão de se iniciar o Congresso até 1º de outubro, e estava cônscio de que qualquer reunião em Viena provavelmente duraria mais tempo do que o esperado; teria preferido, disse, fazer essa reunião numa cidade "onde os negócios estariam menos sujeitos à interrupção dos prazeres." De qualquer modo, contava estar de volta à casa pelo Natal.

Vã esperança. Quando os Aliados decidiram buscar um amplo entendimento em Viena, disseram ter o desejo em comum "do bom acordo e compreensão" necessários a uma paz duradoura. Castlereagh empreenderia essa viagem com plena autoridade de buscar o que descreveu a Lord Liverpool como "um justo equilíbrio na Europa" – tanto quanto possível, baseado no princípio da legitimidade. Porém, mesmo antes de o Congresso começar, ficou claro que cada qual mantinha uma ideia diferente do que deveria ser esse equilíbrio e que o andamento do Congresso seria regulado menos pela tradição de acordos passados do que pela perspectiva de futuras tensões. "Enquanto estávamos realmente em guerra" – escreveu Castlereagh impaciente a Lord Liverpool, numa carta com queixas sem-fim dos extravagantes prazeres – "os acontecimentos forçavam até mesmo o mais contemporizador a uma decisão; agora, os irresolutos e os especulativos têm toda chance de cair em seu jogo favorito."

Como poderia acontecer um acordo rápido se havia três grandes exércitos espalhados pelo Continente e seus chefes disputavam enormes extensões de território? Como poderiam princípios vencer conveniências, embora todos os vencedores estivessem firmes a favor da restauração dos governos legítimos, dado que Napoleão tanto desmantelara as casas reais da Europa? E como poderia o Congresso proceder racionalmente, quando os três soberanos que o presidiam eram déspotas, com todos os seus caprichos, antagonismos e ambições misturados aos problemas da pacificação? O Czar, em especial, tornou-se tão excêntrico que os boatos viam em seus erráticos estados mentais os primeiros sinais de insanidade herdada. Num dia, ele lembraria aos Aliados que seus cossacos haviam galopado Paris adentro e poderiam facilmente fazer o mesmo em Viena. Noutro, mostrava malévolo desagrado pelos Bourbons ou traços da mesma honra quixotesca que o levara a instalar Napoleão em Elba sem pensar nas consequências, ou também inveja sexual que certamente apimentava sua relação com Metternich. Indeciso quanto a querer que o povo o temesse ou amasse, Alexandre vacilava, e todos em Viena aguardavam apreensivos. Mais do que qualquer outro, como lembrou-lhe Castlereagh em 12 de outubro, ele podia decidir se o Congresso "seria uma bênção para a humanidade ou apenas um cenário de intriga desarmônica e correria ilegal pelo poder."

Infelizmente, os assuntos mais difíceis teriam de ser decididos primeiro, pois as manobras pela Polônia e pela Saxônia seriam um teste de força, e todas as questões menores dependeriam desse resultado. Somente então os soberanos e seus ministros poderiam decidir o que fazer quanto à Noruega, que o ambicioso Bernadotte pretendia anexar à Suécia com a conivência do Czar; decidir também o status do Papa e do Sultão da Turquia, os direitos dinásticos e as sucessões nos estados menores, a etiqueta diplomática, o futuro do comércio de escravos, o controle de rios internacionais como o Reno e o Danúbio, e a emancipação dos judeus. Todas as partes interessadas da Europa afluíram a Viena – os reis da Dinamarca, da Baviera e de Würtenberg, o enteado de Napoleão, Eugène, e sua irmã Elisa, um apanhado de príncipes e duques, e até representantes de editores alemães preocupados com a lei dos direitos autorais. Todos queriam se fazer ouvir.

Houve poucas oportunidades, pois as Grandes Potências tinham a intenção de tomar, elas mesmas, todas as decisões importantes e apenas promulgá-las para o grupo das pequenas potências que giravam à sua volta. O Congresso teria uma única sessão formal, em junho de 1815, quando então seria convocado para aprovar as barganhas já fechadas em numerosos encontros informais nos sete meses anteriores. A presença de tantos reivindicantes, no entanto, deu a Talleyrand sua grande oportunidade. Por advogar o direito dos pequenos estados de participarem dos processos, e sagazmente explorar as divergências entre os antigos Aliados, ele logo os induziu a permitir a participação da França e da Espanha nas discussões principais e eventualmente admiti-las nas discussões privadas em termos mais ou menos igualitários. Suas táticas brilhantes mudaram assim a equação de poder na Europa antes mesmo de as barganhas terem começado, e ao correr do outono sua influência foi crescendo firmemente. Pelo fim do ano ele já havia convencido Metternich que a nova aliança com a França era o único meio de resistir à pressão russa, afastara Castlereagh de seu apoio original aos prussianos e persuadira-o de que a combinação França e Áustria oferecia a única esperança de preservação da paz.

Pois era uma paz geral e duradoura o que Castlereagh mais desejava em Viena. Seu país achava-se esgotado pelas lutas contra Napoleão e pela guerra ainda inacabada contra os Estados Unidos. A oposição Whig na Câmara dos Comuns era vigorosamente contrária a outro conflito e a aumentos de impostos, desaprovava os Bourbons, era hostil aos austríacos e inclinada a apoiar tanto os prussianos quanto o Czar; e seu governo estava tão frágil que, na procura por amigos fidedignos, se afastou de seus antigos aliados e se voltou para a França. "Quanto mais ouço sobre as diferentes cortes da Europa, mais me convenço de que o Rei da França (...) é o único soberano no qual podemos ter alguma sincera confiança," disse Lord Liverpool ao Duque de Wellington pouco depois do Natal de 1814. "O Imperador da Rússia é pródigo por vaidade e autossuficiência, se não o for por princípio. O Rei da Prússia pode até ser bem-intencionado, mas se deixa enganar pelo Czar da Rússia. Acredito que o Imperador da Áustria seja um homem honesto, mas tem um ministro (Metternich) no qual não se pode confiar, que considera ser a política baseada em finesse e trapaça, e que pôs o governo e a si mesmo, devido aos seus esquemas, em dificuldades maiores do que poderia decorrer de algum simples processo fraudulento normal." Castlereagh era igualmente cético sobre seus colegas. "Peço-lhe não dar no momento dinheiro algum às Potências Continentais," escreveu a Lord Bathurst em 30 de janeiro. "Quanto mais pobres forem mantidas, melhor. Evita que briguem. Dá tempo suficiente para acertar valores quando soubermos quem os merece."

O cenário para essas complexas e prolongadas negociações, nas quais surpreendentemente pouco se pensou na incessante capacidade de Napoleão de influenciar acontecimentos, foi o mais brilhante evento social na história da Europa. O próprio Franz I teve de hospedar outro imperador, quatro reis, uma rainha, duas princesas herdeiras, três príncipes de sangue e três grã-duquesas; e fora do palácio Hofburg foi preciso encontrar acomodações para mais de duzentos titulares de ducados e principados, dentro do mais complicado protocolo jamais visto, e assistidos por multidões de cortesãos e de candidatos reprovados. O Comitê de Festas, formado para organizar a sequência de divertimentos, realizou seu trabalho com grande vontade, e os eminentes visitantes recrearam-se a um grau de frenesi com bailes, banquetes, torneios, representações teatrais, ascensão em balões, piqueniques outonais e diversões hibernais de trenó em Auergarten, e uma performance de *Fidelio* regida pelo próprio Beethoven. Circulava um gracejo por Viena dizendo que o czar amava por todos, o rei da Prússia pensava por todos, o rei da Dinamarca falava, o rei da Baviera bebia, o rei de Württemberg comia e o Imperador da Áustria pagava por todos. Dizia-se que Franz I despendeu perto de 30 milhões de florins em hospitalidade numa época em que não podia pagar sequer o exército; e até mesmo Castlereagh, que era um homem de gostos modestos, gastou 15 mil libras em quatro meses e consumiu de sua reserva pessoal cerca de 10 mil garrafas de vinho.

Foi a última grande reunião de cabeças coroadas da Europa, numa autoafirmação contra a onda populista que avançara por seus países na esteira dos exércitos franceses, e toda a brilhante ocasião faiscava de intrigas. "Todas as cortes e missões estão intensamente engajadas em espionarem-se umas às outras," disse o príncipe Starhemberg, e o espião mais atarefado de todos era o barão Hager, chefe da polícia secreta austríaca, que trazia para o Imperador Franz I um relatório diário sobre o diz que diz da cidade, das cartas privadas abertas no correio, do conteúdo das latas de lixo, dos cestos de papéis e dos despachos oficiais de um lugar para outro entre as delegações estrangeiras, violados por seus agentes. Nesse clima, os segredos medravam para rumor em questão de horas e floresciam para fato aceito em coisa de um ou dois dias; e embora muitos dos rumores fossem triviais ou incorretos, no geral os boateiros captavam as mudanças de humor e a tendência da política.

"Napoleão, na ilha de Elba, tem nesse caso apenas de ser paciente," escreveu o general Sir Robert Wilson em seu diário, logo depois que os Aliados enviaram o Imperador para o exílio: "Os inimigos serão seus melhores paladinos." Antes de acabar o ano, sua previsão se tornaria realidade, e em Viena os Aliados estariam tropeçando em direção a uma nova guerra que nenhum deles queria, que nenhum deles podia manter, para a qual nenhum deles estava preparado e da qual apenas Napoleão poderia beneficiar-se.

9
Assuntos de família

Com o escoar de maio para o calor ardente de junho e um fatigante *sirocco* a soprar da África, o coronel Campbell sentiu a necessidade de "sair daquele sufocante confinamento de Elba," e começou a planejar uma longa licença na Itália. Estava entediado, pois a novidade de sua situação passara, Portoferraio tinha poucas diversões além da pequena corte na Villa Mulini, e se queixava da "sensação exaustiva" causada pelo esforço de fazer seu diário, de rascunhar e copiar os documentos para despacho e de lidar com uma "imensidade de correspondência ostensiva." Sofria ainda com os ferimentos, que o deixaram meio surdo, com a coluna frágil, e esperava beneficiar-se de companhias mais animadas e do tratamento com os banhos termais de Lucca. E achava que podia combinar prazer com dever indo a Florença e a Roma. O "desassossego" de Napoleão, explicou ele, "deixa-me ansioso para comparar minhas suspeitas com qualquer outra informação que eu possa obter no Continente."

Não havia razão visível para as suspeitas de Campbell. Ao contrário, Napoleão continuava a se portar como resignado com a sorte e mais preocupado com os assuntos familiares do que com o destino das nações.

Em 27 de maio, por exemplo, Campbell se perguntava se ele teria ouvido reservadamente que sua mulher e filho o tinham abandonado ou que estavam retidos em Viena. "Não tomou nenhuma providência que indicasse expectativa de Marie-Louise vir juntar-se a ele," escreveu Campbell, "e também nunca a menciona." Foi por essa época, além disso, que o Imperador recebeu a última carta da ex-imperatriz Joséphine, procedente de Malmaison, pouco depois da morte dela por difteria, em 29 de maio. Era-lhe ainda muito afeiçoada e até propôs ficar em Elba, uma vez que a queda de sua dinastia removera a razão do divórcio, alegado pela falta de filhos, e percebera que Marie-Louise o havia de fato abandonado.

"Somente hoje pude calcular toda a extensão do infortúnio de ter nossa união rompida pela lei," escreveu nessa carta não datada. "Não é pela perda de um trono que lamento por vós (...) para isso há consolo, porém estou desolada pela mágoa que deveis ter sentido com a separação dos vossos antigos parceiros na glória (...) Deveis também ter pranteado a ingratidão e deserção de amigos dos quais pensastes poder depender. Ah, *Sire*! Não poder ir até vós para vos dar a certeza de que o exílio só amedronta mentes comuns e que, longe de diminuir um sincero afeto, o Infortúnio empresta-lhe renovadas forças."

No dia em que Joséphine morreu em Paris, o novo rei de Elba promovia a celebração do Dia de San Cristino, santo padroeiro de Portoferraio, conveniente como um apropriado festival para marcar sua acessão ao trono. Rezou-se missa oficial pela manhã, para a qual ele seguiu na carruagem cerimonial por uma estrada enfileirada de homens da Guarda; e à noite houve uma recepção organizada pelo conselho municipal. Dois dias mais tarde, a fragata napolitana *Letizia*, cujo nome fora homenagem à mãe de Napoleão, chegou com sua irmã Pauline a Portoferraio. Tinham-na esperado para as festividades, mas ela detivera a embarcação em Villefranche por onze dias enquanto esperava as condições do tempo para uma travessia mais agradável. Não gostou da casa Vantini que estava sendo reformada para ela e ficou na Villa Mulini; lá, entregou a Napoleão um colar de diamantes para adquirir alguma pequena propriedade rural uns cinco quilômetros mais para o interior de San Martino. A herdade seria dela, embora ele a pudesse usar como útil refúgio do calor desagradável e dos odores de Portoferraio, e ela talvez esperasse ocupar a casa como residência quando voltasse de uma prolongada estada com sua irmã Carolina, em Nápoles.

Mas nessa sua primeira visita Pauline estava visivelmente apressada e em dois dias partiu de volta a Nápoles; apesar do seu amor por festas, nem sequer esperou por uma *impromptu fête* oferecida pelos oficiais da fragata *Curaçao* e do brigue *Swallow* para assinalar o aniversário de George III em 4 de junho. Certamente não foi nenhum bom senso de protocolo que a fez partir, pois os oficiais ingleses esforçaram-se para não ofender ninguém. Hastearam o estandarte real no mastro principal, a bandeira branca dos Bourbons no mastro de proa, e a nova insígnia elbense de Napoleão no mastro de mezena, enquanto no *Dryade* e no *Inconstant* drapejavam as cores britânicas. Todos os moradores apresentáveis de Portoferraio foram convidados; o general Dalesme e os oficiais da guarnição francesa que se retirava compareceram em companhia de Drouot, Bertrand, Cambronne e dos oficiais da Guarda; por volta das nove horas da noite, para surpresa de todos, o próprio Napoleão chegou em seu escaler e esteve encantador para com os notáveis no tombadilho superior.

Superficialmente, tudo parecia estar indo bem. No entanto, Campbell achava-se em tão suspeitoso estado mental que via possibilidade de perigo em tudo – na partida das fragatas francesas e inglesas, na substituição da guarnição francesa pela leal Guarda de Napoleão, na passageira visita de Pauline – estava convencido de que ela trouxera relatórios secretos dos agentes bonapartistas da França e da Itália e se apressara em voltar a Nápoles com mensagens conspiratórias de Napoleão para seu cunhado Murat. Suspeitava até mesmo que o peculiar episódio do *lazaretto* da quarentena, supostamente causado pelo mal-entendido de Napoleão com as autoridades sanitárias de Livorno, pudesse estar sendo encenado a fim de dar-lhe uma desculpa para suspender o movimento de entrada e saída no porto de Elba no preparo de uma repentina incursão na Itália.

Esse caso começou quando Napoleão inesperadamente decidiu afirmar seus direitos de soberania criando sua própria estação de quarentena na enseada de Portoferraio, exigindo depois que todas as embarcações vindas para Elba deveriam usá-la em vez de esperar a costumeira autorização na estação de quarentena do *lazaretto* de Livorno. As autoridades do porto da Toscana retaliaram aplicando uma interdição de 25 dias para todos os navios que fizessem escala em Portoferraio, e logo os outros portos do Mediterrâneo seguiram o exemplo. Essa danosa decisão aborreceu muitíssimo Napoleão, convencido de que ela resultava "da inveja pelos seus projetos e de intrigas comerciais" da parte de negociantes de Livorno; "ele persiste em recusar aquiescência a uma prática existente de longa data," anotou Campbell, "embora isso interrompa a comunicação com outras partes do mundo, exceto por meios clandestinos, e lhe traga prejuízo e inconveniências."

Tais dificuldades retardaram mas não impediram a partida de Campbell – ele havia, disse enigmaticamente, "ganho uma oportunidade de escapar da quarentena;" e suas suspeitas de que tudo pudesse estar conectado a alguma conspiração revolucionária na Itália deixou-o ainda mais ansioso para encetar de imediato sua viagem a Livorno (e como delicadamente expressou) "para segurança de minha correspondência e para informação," depois ir a Lucca e Florença. Sentiu-se meio perdido por não haver nenhum diplomata inglês credenciado na Itália nessa época e teve de apelar a pessoas da zona nebulosa onde era difícil distinguir entre comércio, serviço de informações e diplomacia. Em Livorno, encontrou-se com Grant, que outrora trabalhara com uma rede de agentes baseados em Gênova e mais recentemente fora vice-cônsul no porto toscano; também avistou-se com Felton, que sucedera a Grant; e em Roma conversou com Robert Fagan, que cumprira numerosas missões para Castlereagh. Os austríacos também se mostraram úteis. Quando Campbell chegou a Florença, foi recebido pelo conde von Starhemberg, comandante austríaco na Toscana, que foi "extremamente franco" e concordou em passar toda informação que recebesse de seus espiões em Elba.

Campbell felicitava-se por qualquer ajuda desse tipo. Além de contratar um tal de Ricci, vice-cônsul temporário em Portoferraio, que lhe passaria os boatos da cidade, não parece que haja tomado outras providências para vigiar Napoleão enquanto estivesse fora da ilha. Mas seu diário e seus despachos para Londres mostram que não soube muita coisa pelos homens de Ricci ou de Starhemberg. Napoleão "mantém a mesma vida de sempre," concluiu a partir dos fragmentários informes deles, "em incessante atividade, ocupado com projetos de construção, que, no entanto, não se executam." Mais preocupante, segundo Starhemberg, era o fato de Bonaparte manter uma constante troca de cartas com seus parentes. Mas tal não seria tão excitante novidade como parecia. Quando as autoridades austríacas abriam as cartas, eram um desapontamento, "totalmente inocentes," e Campbell não tinha o que relatar senão a convicção do Conde de que "eram enviadas apenas para encobrir outras cartas dele, que transitavam por canais mais diretos e clandestinos."

Campbell claramente deleitava-se com a mudança de cenário e a elegante companhia que encontrou em Florença. Entre suas novas relações, além disso, havia uma dama cujos notáveis encantos faziam a cidade parecer muito mais atraente que Portoferraio, e ele estava tão desejoso de continuar ali que, no início de junho, escreveu a Castlereagh pedindo um cargo diplomático na Toscana e permissão para restringir seus deveres em Elba a uma ocasional breve visita. Entretanto, os prazeres da vida na Itália não lhe turvaram inteiramente certa intranquilidade, embora satisfeito por ter uma desculpa para continuar a vigilância de Napoleão do lado do canal de Piombino que lhe era mais agradável. "Visto que seus projetos começam a se conectar abertamente com o Continente vizinho, e as informações vindas de Elba são tão detalhadas e corretas," escreveu ele como para persuadir a si mesmo, "acho que o entusiasmo com meus deveres será mais pleno se eu não me fechar em quarentena." Depois foi a Roma por um par de semanas e teve duas audiências com o Papa, que mostrou "grande preocupação por Bonaparte estar tão perto da Itália" fazendo-o sentir-se ainda mais em dúvida quanto às intenções de Murat.

Itália era um nome, e italiano era uma língua, mas o povo que vivia na península se dividira desde a queda do Império Romano. Os italianos, disse Lord William Bentinck, têm sido "desprezíveis escravos de um punhado de miseráveis príncipes insignificantes" – e durante toda a parte final da guerra, ele planejou criar uma Itália unida sob proteção inglesa e torná-la "uma forte barreira contra a Áustria e a França." Inclusive organizou tropas sob seu comando para ocupar Livorno e restaurar a república genovesa. Mas seu próprio governo foi contra. "Não é uma insurreição o que queremos na Itália," escreveu Castlereagh em 3 de abril de 1814. "Queremos forças disciplinadas sob as ordens de soberanos em que possamos confiar."

A Sicília era governada por Ferdinand, o Bourbon espanhol disposto a recuperar a outra metade de seu reino ainda ocupada por Murat e por Caroline, irmã de Napoleão – e sabia-se que a posição de Murat era precária. A Inglaterra nunca o reconhecera; os austríacos duvidavam dele, embora tivessem feito um acordo, ainda não ratificado, quando ele abandonou Napoleão já no fim da guerra; e os Bourbons em Paris estavam desesperadamente ansiosos por vê-lo pelas costas. Os Estados Papais no centro do país tinham se desorganizado devido à sucessão de ocupações, e o próprio Papa – que estivera preso em Fontainebleau pelos últimos cinco anos – voltara na penúria. Quando Bentinck o encontrou no seu caminho de regresso a Roma, sabendo que o guarda-roupa do pobre homem se reduzira a quatro camisas, emprestou-lhe 4 mil coroas do serviço secreto inglês, dinheiro que o ajudou a instalar-se novamente na Santa Sé. No Norte, porém, onde o sentimento nacional era mais forte, os austríacos haviam ocupado a Venécia, a Lombardia, o Piemonte e a Toscana, e cláusulas secretas do Tratado de Paris permitiam-lhes anexar Veneza e Milão. A singular relação entre Napoleão e Joachim Murat era uma complicação adicional; quer estivessem em bons ou maus termos, quer mantivessem um acordo secreto ou fossem rivais políticos, eram cunhados, eram vizinhos próximos, seus reinos eram as derradeiras relíquias da dinastia Bonaparte, e no fim eles resistiriam ou cairiam juntos.

Os dois percebiam isso, e nenhum deles gostava do fato. Murat havia muito se ressentia da maneira com que Napoleão o tratava, como mero vassalo, governando Nápoles para a conveniência da França – e quando o momento de decisão chegou, ele já estava predisposto a abandonar o Imperador para salvar o próprio trono. Assim também sua mulher, que não tinha a intenção de se arruinar porque o irmão teimava em continuar lutando até o amargo fim. "Qual é o nosso objetivo?" – perguntou

Caroline a Murat ainda em 1811. "É o de nos manter onde estamos e conservar o reino." Ela era uma mulher inteligente e de grande força de vontade, que desde então se esforçou em manter boas relações com os austríacos – especialmente com Metternich, que tinha sido seu amante – mas não era fácil manejar seu marido. Como Napoleão sabia muito bem, ele era um brilhante comandante de cavalaria, tal qual Ney; e como Ney, suscetível à lisonja, politicamente incapaz e movido por uma ambição instável. "Ele é mais fraco que uma mulher ou um monge quando não está cara a cara com o inimigo," disse certa vez Napoleão. "Falta-lhe coragem moral."

Tais diferenças de temperamento podiam ser superadas. Napoleão poderia mesmo julgar conveniente perdoar a deserção de Murat. Mas no outono de 1814 cada um deles tinha boas razões para fazer o próprio jogo e manter distância formal. Mesmo a correspondência familiar foi reduzida a um mínimo, e Murat estava tão ansioso por mostrar a dissolução dos laços com Napoleão, que recusou embarcar trigo e gado para Elba. Ele sabia que sua sobrevivência dependia da boa vontade dos Aliados e da especial proteção dos austríacos. Era de conhecimento geral que o imperador Franz I não gostava dele. "Tenho esperança de que o rei de Nápoles seja o arquiteto de sua própria ruína," disse a um diplomata francês em julho de 1814. Suspeitava também que, estivesse a Áustria algum dia em dificuldades, Murat aproveitaria a chance para expulsá-los da Itália e para se fazer rei de todo o país. Mas viu-se obrigado a concordar com o tratado de 1814 que reconhecia o vira-casaca como rei de Nápoles, pelo menos até sentir para que lado sopraria o vento no Congresso em Viena, ou até o próprio Murat fazer uma tolice; entrementes, Murat manteria os Bourbons fora da península italiana e proporcionaria uma útil moeda de troca para Metternich usar na barganha com os franceses.

Napoleão estava igualmente desejoso de evitar tudo que parecesse coalizão entre Elba e Nápoles. Não só temia que os Aliados aproveitassem qualquer pretexto para deportá-lo para algum local de exílio mais distante e seguro, ou que Murat pudesse fazer algo precipitado que os comprometesse a ambos, como também relutava em deixar seu instável cunhado pôr-se à testa do movimento pela unidade italiana.

Este último assunto era o problema mais premente de todos, em razão da dividida e movediça situação da Itália. O país parecia à beira de uma insurreição, no entanto o movimento nacionalista precisava de um líder popular e militarmente experiente se quisesse ter a mínima chance de sucesso. Murat era um candidato. Eugène era outro, embora tivesse desistido de seu comando e deixado a Itália pela Baviera naquele último abril. Napoleão era o mais atraente de todos. Sua família vinha originalmente da Itália. Falava italiano. Por duas vezes havia expulsado os austríacos da Itália numa campanha espetacular e entrado em Milão como libertador; e mesmo que mais tarde tivesse desapontado os liberais italianos, ele pelo menos fez seu filho rei de Roma e seu enteado Eugène vice-rei da Itália.

Em meio às muitas mensagens clandestinas que transitaram entre a Itália e Elba naquele verão, houve um nervoso apelo de um grupo de revolucionários, do qual se dizia incluir homens de projeção de Córsega, Gênova, Piemonte, Milão, Estados Papais e Reino das Duas Sicílias, e ter a cobertura de ricos banqueiros de Gênova. "Mostrastes a um mundo exausto o que podeis fazer com vossa espada," escreveram numa carta supostamente trazida de Savona por Cambronne. "Completai o que vosso gênio pode realizar como legislador e rei cidadão (...) colocai-vos à frente da civilização europeia." Essa proposta certamente devia tentar Napoleão, pois o plano deles de expulsar os austríacos da Itália era muito semelhante aos esquemas que ele mesmo cogitara nos últimos desesperados dias em Fontainebleau, quando propôs movimentar o remanescente de seu exército para o sul, ultrapassar os Alpes para se reunir a Eugène e então oferecer à Áustria a escolha entre uma nova guerra ou um acordo que o faria senhor da Itália e aliado de seu sogro pela terceira vez. Mas sabia muito bem que era mais fácil planejar conspirações do que ter sucesso com elas, e as complicações e riscos de uma súbita incursão à Itália eram tão grandes que – a despeito dos temores que Campbell continuava a reportar para Londres – Napoleão claramente preferia o jogo de espera. No entanto, os conspiradores, involuntariamente, haviam tocado um ponto revelador. "Assim que chegar o momento para o Imperador Napoleão deixar sua ilha," escreveram com extraordinária previsão, "ele deverá fazer a travessia pela rota mais curta possível, a fim de evitar que a notícia da partida preceda à da chegada. É essencial que seu retorno produza nos inimigos o efeito de uma cabeça de Medusa, e que ele apareça aos soldados como o deus da vitória que desceu entre eles vindo do céu. Quanto maior a surpresa, maior a magia do entusiasmo."

Campbell realmente não sabia o que seu governo esperava dele nessa situação confusa e queria compreensivelmente manter todas as transações inglesas com Napoleão nas próprias mãos. Porém a falta de uma autorização clara e as comunicações deficientes contribuíam para desanimá-lo. Ele não tinha controle sobre os navios de guerra ingleses ainda operantes na costa italiana e incomodou-se ao descobrir que comandantes de fragatas como Ussher e Tower tomassem a si a função de leva e traz de Napoleão sem sua específica permissão ou qualquer menção a ele. Em Florença, por exemplo, ficou surpreso ao ver dois oficiais do *Undaunted*, enviados para inquirir sobre a chegada de Marie-Louise, e ao descobrir que Ussher aportara em Livorno na expectativa de encontrá-la e levá-la para Portoferraio. Logo depois, Towers chegou repentinamente a Civita Vecchia no *Curaçao*, com um convite de Napoleão a sua mãe em Roma e oferecendo-se, após uma breve visita social a Murat e Caroline em Nápoles, a levar Madame Mère e sua Casa para junto do filho.

Todo esse convívio social com os Bonapartes perturbava Campbell, embora o fato se devesse mais a uma confusão do que a um *foul*. Tanto Ussher quanto Towers haviam recebido uma vaga mensagem retardatária do general Köller, solicitando o uso de navio inglês caso Marie-Louise aparecesse em Livorno a caminho de Elba. Como esse pedido viera transmitido pelo almirante Pellew, ambos os comandantes claramente supuseram que ninguém objetaria a que eles fossem úteis como transporte curto para os familiares de Napoleão. Era cortesia comum entre gente da alta sociedade e mais ainda da realeza.

Mas Campbell objetava. Enviou a Towers uma áspera repreensão e escreveu formalmente a Castlereagh insistindo que qualquer aproximação com Napoleão e membros de sua família fosse feita por intermédio dele. Ele próprio também cuidou da mudança da mãe de Napoleão. O *Curaçao* partira para outros serviços, porém as cartas de seu comandante davam a entender que ele fora advertido mas não estava arrependido, e como havia notícias de corsários para os lados de Civita Vecchia, parecia mais seguro ir por terra para Livorno e dali terminar a travessia. O próprio Campbell partiu de Civita Vecchia no *Swallow* em 23 de julho, passando por Elba para dizer a Bertrand que Madame Mère estava a caminho, e vendo-se impedido de desembarcar porque o edital da quarentena permanecia em vigor até o fim daquele mês, foi para Livorno esperar pela chegada dela em 29 de julho.

Madame Mère, registrou Campbell, era "muito amável e natural," e foi uma travessia agradável que tiveram no brigue *Grasshopper*, que substituiu o *Swallow*, Madame falando livremente para o comandante Battersby sobre seu famoso filho. Quando o brigue chegou a Elba, porém, foram recebidos apenas por um valete comunicando que Napoleão havia esperado pela mãe no dia anterior e que ele tinha ido para o campo. Com essa notícia, observou Campbell, "ela pareceu extremamente agitada e desgostosa," recusando-se a desembarcar até Drouot e Bertrand terem às pressas organizado uma guarda de honra, ocupado as ruas com cidadãos a aplaudi-la, e de modo geral apaziguado seu desagrado. Naquela noite ela foi instalada na casa Vantini, originalmente planejada para Pauline e agora transformada numa espécie de legado da viúva de família nobre perto da Villa Mulini.

Ela estava com 64 anos. Embora de estatura pequena, tinha maneiras imperiosas. "Vi pessoas eminentes mais intimidadas diante dela que do Imperador," observou Pons de l'Hérault, e o próprio Napoleão habitualmente a tratava com respeitosa deferência. "Minha mãe pode governar um reino," disse ele certa vez; "ela possui excelente discernimento, e nunca se engana." Era a única pessoa – lembrou um dos seus conhecidos da Córsega – que podia fazê-lo ouvir, ou "forçá-lo a prestar contas de algum eventual comportamento bizarro ou extravagantemente original." Eles tinham lá suas rixas, geralmente sobre dinheiro ou sobre o *status* devido a ela como mãe do Imperador, mas tais desentendimentos eram banais na família Bonaparte, todos eles vorazes por riqueza e posição; mas pelo menos Madame Mère não era tão perdulária quanto os filhos. Na época do colapso, em 1814, ela havia economizado cerca de 3 milhões de francos da sua parte da verba designada à família imperial, e suas joias e outras propriedades podiam estar valendo mais da metade desse valor. Ela percorrera um longo caminho desde sua fuga da Córsega, viúva sem dinheiro e com oito filhos, para se refugiar na França revolucionária – e no entanto havia mudado muito pouco. "Madame tinha o feitio corso no mais puro sentido da palavra," disse Pons. "A fala, as maneiras, as lembranças – tudo evocava seus primeiros anos, fazendo todos se perguntarem se ela jamais deixara a Córsega." Desde o momento de sua chegada a Elba, na verdade, ela se devotou aos conterrâneos corsos na ilha, solicitando cargos e outros favores para eles de forma tão impudente que Napoleão por fim declarou não poder arcar com a generosidade de sua mãe para com os compatriotas e mandou Bertrand dar um fim àquilo. Tinha sempre o cuidado de conduzir tais assuntos por intermediários, tornava-se curiosamente hesitante quando precisava reprovar algum membro de sua família face a face, e era particularmente suscetível à combinação de orgulho ríspido e sentimento de posse com que sua mãe o tratava desde criança.

Ainda assim, ele parecia genuinamente contente com sua companhia, e a presença da mãe certamente ajudava a criar a desejada impressão de sólido ambiente doméstico. A residência dela era minúscula comparada com a residência de Paris, que foi grande o suficiente para ser convertida no Ministério da Guerra quando ela a vendeu. Sua Casa era de pouca gente – seu *chamberlain* Collona d'Istria, um general francês reformado, um par de damas de companhia, e uma leitora; e ela vivia de forma simples, aparentemente satisfeita em voltar a algo parecido com o estilo de vida que conhecera quando era uma jovem de boa família em Ajaccio. Além disso, Napoleão era-lhe agora mais zelosamente atento do que havia sido em Paris. Ia vê-la diariamente, convidava-a para passar os serões na Villa Mulini escutando música ou jogando *écarté* e *reversi*, e esperava que os convidados em seu *lévée* matinal dos domingos fizessem--lhe cortesia antes que todo o séquito se dirigisse à missa na igreja da cidade. Mesmo que os Bonapartes tivessem perdido posição no mundo, à mãe deles dava-se o lugar que lhe era devido.

Campbell até então gozara de livre acesso ao Imperador e tinha sido seu companheiro em muitas cavalgadas pela ilha, mas assim que regressou a Elba no começo de agosto notou significativa mudança na atitude de Napoleão para com ele. Na noite de 3 de agosto, mencionou irritadamente em seu diário que ele e o comandante Battersby foram chamados à Villa Mulini, interrompidos pela Guarda, e deixados a aguardar na antessala enquanto Napoleão terminava um jogo de cartas com sua mãe e Bertrand. Após uma espera suficientemente longa para provocar o temperamento melindroso de Campbell, levantaram-se para sair e diante desse sinal de ressentimento foram imediatamente conduzidos ao salão, onde o Imperador "se aproximou a passos rápidos, sorridente" e cheio de perguntas como sempre. Campbell havia visto o Papa? O que estava acontecendo na Sicília? Era verdade que a filha do Príncipe Regente havia fugido em carruagem de aluguel para escapar do pai? Quando as perguntas diminuíram, Campbell comunicou ter agora a permissão do Príncipe Regente para ficar em Elba e notou que Napoleão, anteriormente parecendo ansioso por sua estada em Elba, "apenas aquiesceu com a cabeça dizendo 'Ah... ah'." Claramente, Campbell sentiu-se mal acolhido, e num rasgo petulante, sem dar nenhuma outra razão senão seu desejo de discutir o assunto com o almirante Hallowell que assumira o comando no Mediterrâneo, decidiu voltar para Livorno no *Grasshopper*, que partiria no dia seguinte. Quando o almirante Hallowell chegou em Livorno em 20 de agosto, Campbell ainda remoía suas queixas do comandante Towers e objetava a que outros navios aportassem em Elba só pelo desejo de seus comandantes de ver o Imperador. Ele teria sido bem mais inteligente deixando que essas visitas casuais reforçassem sua própria ocasional observação de Napoleão, já que tanto seu diário quanto seus despachos dessa época nada continham melhor que fragmentos de boatos – no entanto, ele impôs seu ponto de vista protocolar. Como não tinha instruções do almirantado para manter uma vigilância naval mais rigorosa sobre Elba, Hallowell então cedeu, criticando "vários casos de oficiais da Marinha que rendiam homenagem voluntária e que faziam desnecessárias visitas a Portoferraio," e prometendo continuar com a política de Pellew de "deixar um navio de guerra estacionado para o caso de ocorrências extraordinárias." O navio colocado assim à disposição de Campbell não tinha permissão de patrulhar o canal de Piombino, ou de procurar por sinais de atividades clandestinas – no entanto parecia um navio de guarda, e sua presença só intensificava a errônea impressão de que a Royal Navy mantinha o rei de Elba a salvo em sua ilha.

Essa ambiguidade seria tão prejudicial quanto a indefinida situação de Campbell na corte do Imperador, e se originava da recusa de Castlereagh em assumir responsabilidade formal por Napoleão enquanto permitia que oficiais ingleses se envolvessem com os assuntos dele. Castlereagh, na verdade, também tentava economizar dinheiro nos detalhes. Numa carta que chegou a Livorno em 29 de agosto, pedia o envio de duplicatas dos relatórios de Campbell para Viena, onde ele participava do Congresso de Paz, e lembrava a Campbell que só fizesse despesas de correio se "requeriam imediata expedição." Campbell podia estar preocupado com tramas de Napoleão, porém, passando a maior parte de agosto e setembro na Itália, era óbvio não sentir necessidade de observá-las de primeira mão ou de incomodar Castlereagh com mensageiros especiais. Os primeiros oito dias de setembro foram cobertos por apenas um único lacônico registro em seu diário. "Florença e Banhos de Lucca."

Durante todo o verão Napoleão esteve exposto aos olhos públicos e ocupado com os melhoramentos para seu país insular. Seu aniversário, por exemplo, foi celebrado com feriado, e as festividades não só deixaram o município de Portoferraio endividado como causaram tensões adicionais aos cidadãos que faziam parte do círculo da pequena corte. "Não havia nem seis famílias em Portoferraio que podiam arcar com os vestidos incomumente suntuosos que as esposas requeriam para a ocasião," recordou Pons, e forneceu um delicioso relato dos bailes no salão de madeira erguido na Piazza d'Armi para os oficiais e os membros da classe alta; da primeira corrida de cavalos em Elba com animais embarcados da Itália; das salvas reais dos fortes; de uma *levée* para Napoleão e outra para sua mãe; da missa oficial, fogos de artifício e iluminações. Embora Pons estivesse ainda na sua prolongada disputa com o Imperador sobre os fundos acumulados das minas de ferro, ele fez um grande esforço para a ocasião e, para seu grande prazer, recebeu o prêmio da mais bonita decoração em Portoferraio. Cada uma das seis janelas de sua casa mostrava uma letra, encimada por uma estrela, formando o nome Napoleão, e havia no centro uma Âncora da Esperança de seis metros de altura, o desenho todo feito com lampiões vermelhos, brancos e azuis. Campbell, mais tarde, queixou-se de que essa alegoria era alarmantemente explícita, mas Pons reiterou que nada significava além de uma inocente saudação. "Não sabia dos projetos do Imperador," afirmou; "na verdade, não creio que o Imperador tivesse algum projeto na época."

Sem dúvida, a julgar pelas aparências, Napoleão nada tinha em mente no momento exceto a modernização de Elba. Ele copiou os métodos e regulamentos franceses até em detalhes, como a duração da temporada de caça. Falou a Balbiani para intensificar a coleta de impostos e, de modo geral, elevar o padrão da administração da ilha; e quase diariamente expedia alguma nova ordem para Bertrand ou Drouot: providenciar suprimento de água fresca e melhor saneamento, impedir animais de vaguearem abandonados pelas vielas de Portoferraio, atormentar os vendedores que atiravam peixes e vegetais podres nos esgotos, limitar a prostituição, garantir que os soldados tivessem uma dieta reforçada contra o escorbuto, organizar um hospital eficiente, melhorar a condição das estradas que ligavam as aldeias, e encorajar a população a plantar árvores em vez de cortá-las. Todas ordens aparentemente sensatas; mas até mesmo Bertrand concluiu que aquela agitada atividade no verão de 1814 era um meio de liberar a energia que outrora movera o governo da Europa inteira. "Sua Majestade," Bertrand mais tarde recorda, "ditava cartas sobre aves domésticas, patos, carnes e comestíveis como se estivesse lidando em Paris com assuntos de grande importância."

Havia outras razões para iniciar e abandonar os projetos. Algumas eram razões táticas. Nos primeiros dias em Elba era do interesse de Napoleão dar a entender que ele estava transformando a ilha num principado modelar e pacífico; e no outono, quando quis expor Louis ao ridículo por deixar de pagar sua pensão, começou a alegar pobreza como desculpa para cortar os gastos. Outras razões foram devidas ao seu temperamento. De natural desassossego e sujeito a caprichos, facilmente Napoleão se entediava com um programa quando a novidade passava ou se mostrava muito difícil ou dispendiosa.

O projeto Pianosa foi um desses casos. Logo depois de ter visitado a ilha em maio, Napoleão decidiu transformá-la numa colônia utópica para elbenses merecedores, projeto que iniciou com entusiasmo característico. Pretendia assentar cada família em sua própria gleba, com duas vacas e dez ovelhas, e amoreiras para marcar os limites entre os lotes. Plantaria bolotas de carvalho da Floresta Negra, pinheiros nas terras mais pobres, árvores frutíferas, vinhedos, cultivaria grande parte do trigo que Elba no momento tinha de importar da Itália, e dar início a um haras para criação de cavalos de qualidade. Até designou o padre da paróquia de Campo como cura das almas ainda perturbadas e entrou em negociações com um homem de Gênova para administrar todo o projeto sob contrato.

Enquanto esses planos ambiciosos se traçavam, Napoleão mandou, de Longone, o major Gottman com um pequeno destacamento com ordens de pôr o local em condição de defesa e construir um quartel. Era um dever desagradável, pois os homens tinham de viver numa caverna; eles deveriam começar, disse-lhes Napoleão com sua habitual paixão pelo detalhe, "fazendo uma fogueira para expulsar os insetos." Estavam proibidos de caçar e de cortar lenha; alimentavam-se de uma ração naval que consistia de carne salgada, biscoito, arroz e vinho; e eram submetidos a um trabalho árduo, pois Napoleão estava ansioso para ver pronta sua cidade-modelo. Em 16 de junho ele já perguntava pelos desenhos das plantas para ver onde ficariam a igreja, o armazém e a casa do comandante.

Mas nada dava certo na ilha, e essa casa tornou-se uma fonte particular de problemas. Gottman era um homem grosseiro e presunçoso e insistia que sua casa deveria ser construída antes do quartel, e isso levou a uma briga tão violenta com seu tenente que, no final, o próprio Napoleão teve de intervir para exonerar Gottman e evitar que os dois homens se batessem em duelo. Já então seu entusiasmo definhara. Não só tivera dificuldades com seu empreiteiro em Gênova, como havia rumores de conluios para sequestrá-lo durante uma visita à ilha, e após três visitas ele parou de ir lá. Todo o ambicioso esquema foi abandonado; a ilha ficou sendo utilizada apenas como pastagem para os cavalos dos lanceiros poloneses e como uma espécie de colônia penal para infratores militares.

Quando esteve em Longone em setembro, Napoleão deu início a uma nova série de projetos que pouco ou nada progrediram. Começou a converter uma parte da velha fortaleza espanhola em residência real, embora logo mudasse de ideia e decidisse em vez disso aumentar a casa que Pons ocupava como diretor de minas em Rio; imaginou um novo porto para proteger os navios carregados de minério; e então teve a ideia de evitar o dispendioso carregamento de minério construindo fornalhas para fundição em Rio, embora não houvesse carvão mineral na ilha, nem madeira para carvão vegetal, nem ninguém com a necessária experiência. Em algumas semanas também esses projetos foram esquecidos.

Mas a construção da casa em San Martino foi o mais notável exemplo de um súbito interesse seguido de indiferença. Quando Pauline comprou a propriedade, ela era apenas uma simples quinta de poucos hectares no declive arborizado de um morro com esplêndida vista para Portoferraio e para o mar, e Napoleão imediatamente disse ao escultor Paolo Bargigli, originalmente trazido de Carrara para fundar uma escola de arte, para converter-se em arquiteto e tornar o prédio uma cópia rural da Villa Mulini com paredes simples em rosa-pálido, venezianas verdes e telhado vermelho. Embora Napoleão acrescentasse um pavimento superior para aproveitar a vantagem do declive, deixando o piso de baixo para um banheiro e para as acomodações dos empregados, as próprias dependências pessoais dele eram ainda mais apertadas do que as de Portoferraio. Seu quarto de dormir, com uma aprazível vista para o vale, tinha pouco mais de quatro metros por três, e as paredes pintadas para dar a ilusão de uma tenda. O estúdio, do outro lado da suíte, tinha as mesmas medidas e, entre essas duas peças, no lado da casa voltado para o mar, havia um salão de cerca de nove metros de comprimento por cinco de largura, com dois pombos pintados no teto – supostamente representando o Imperador e a Imperatriz. Atrás do quarto de dormir havia uma dependência para um criado e uma antessala; na parte posterior do estúdio havia dois outros pequenos aposentos que poderiam ser usados por Bertrand e Drouot. Nos fundos, correspondendo ao grande salão do andar superior da Villa Mulini, estava a sala egípcia, de quase nove metros quadrados assoalhada de mármore com uma bacia escavada para compor uma fonte que seria abastecida da nascente que brotava do terreno mais acima da casa. As paredes dessa extraordinária peça eram decoradas com pinturas de camelos, palmeiras, minaretes, cavalaria mameluca, com frisos de hieróglifos, e com um enorme zodíaco no teto.

Assim que Napoleão aprovou o projeto para essa casa de campo, mandou buscar vinte pedreiros e alguns homens de sua Guarda para trabalhar nela, e todos os dias ia observá-los e encorajá-los conforme modificavam a casa, construíam uma nova estrada, cuidavam da colheita na gleba adicional de terra cultivada que comprara e de um modo geral punham o lugar em condição habitável. Mas o trabalho ia devagar, e muito embora ele pressionasse Bertrand para ter o quarto, o salão e o estúdio terminados no final de julho, precisou dormir numa tenda quando passou alguns dias ali no começo de agosto. Então pareceu perder o interesse, embora tenha deixado os artífices terminarem a casa; e durante sua permanência em Elba ele raramente ia lá, exceto para aproveitar a estrada para carruagens em sua cavalgada diária. Nem mesmo Pauline optou por ocupá-la quando retornou a Elba. A casa simplesmente permaneceu vazia, relíquia de um plano abandonado. Numa das colunas da sala egípcia, alguém – dizem que foi o próprio Imperador – rabiscou as palavras *Ubicumque Felix Napoleo*: "Napoleão pode ser feliz em qualquer lugar." Mas parece que não em San Martino.

10
Duas formas de amor

Poucos dias antes do fim de julho, Napoleão de repente anunciou querer instalar-se numa casa de veraneio nas montanhas. Deu boas desculpas para a mudança – o tempo quente, o barulho e a inconveniência do trabalho de reforma na Mulini, como também o crescente número de turistas em Portoferraio, dizendo irritado que "eles vêm me olhar como se eu fosse um bicho selvagem." Mas havia outra razão, oculta. Esperava uma visita em agosto, e precisava de um lugar isolado para esse encontro.

Sem demora, achou o que queria no extremo oeste da ilha, onde havia uma pequena capela dedicada à Madonna del Monte e um mosteiro sem uso, com quatro celas. O local tinha muitas atrações. Era fresco, sombreado por castanheiras, o ar impregnado do cheiro de alecrim e tomilho que lembrava a Napoleão sua infância corsa, e oferecia o bônus de uma esplêndida vista para a própria Córsega. Num dia claro, com binóculos, podia-se ver o lampejo das casas brancas em volta do porto de Bastia a quase sessenta quilômetros de distância. O lugar era também bastante afastado, só podia ser alcançado por um caminho acidentado que subia abruptamente a partir de Marciana Alta e conduzia o peregrino pelas beiras de um precipício. Nenhum outro local em Elba oferecia tanta privacidade.

Enquanto planejava seu retiro, Napoleão aludia a que sua mulher e o filho poderiam chegar enquanto estivesse nas montanhas e que certamente esperava vê-los instalados em breve nos novos aposentos da Villa Mulini. Em 9 de agosto, de fato, ele enviou a Aix-les-Bains um coronel polonês de nome Téodor Lacynski, ostensivamente para entregar uma carta a Marie-Louise. Ao mesmo tempo diz a Bertrand para escrever a Méneval que "espero a vinda da Imperatriz no fim de agosto; e que traga o meu filho; e que é muito estranho eu não ter recebido nenhuma outra notícia. Que essa ridícula interferência provavelmente seja obra de algum funcionário subordinado e não venha de seu pai."

Toda essa conversa de uma próxima reunião familiar nada era na verdade senão um engodo, e os rústicos preparativos para a casa de veraneio eram prova disso. Napoleão dissera a Bertrand para gastar algumas centenas de francos pondo portas e janelas na casa abandonada e para renová-la, mas se ele estivesse realmente esperando pela mulher e o filho, não planejaria recebê-los a meio caminho do topo de uma montanha, com apenas alguns criados de confiança e com sua mãe instalada numa casa dos arredores de Marciana Alta a fim de dar um ar de respeitabilidade a toda aquela bizarra aventura. O coronel Lacynski não foi a Aix-les-Bains buscar a Imperatriz; ele ia retornar com sua irmã, Maria Walewska, que desde muito era conhecida como a "esposa polonesa" do Imperador e mãe de seu filho ilegítimo Alexander Waleswki – e Napoleão fazia todo o possível para manter essa visita em segredo.

Napoleão conhecera Maria Walewska em Varsóvia em janeiro de 1807, ele no auge do sucesso, e ela uma romântica jovem patriótica, que se casara com a idade de dezesseis anos com o rico septuagenário conde Walewski e se convencera de que poderia persuadir o grande homem a apoiar a luta de seu país pela liberdade. Napoleão flertou com ela e com a ideia da independência da Polônia, que ele tratou com o mesmo cinismo que sempre mostrou em relação à causa da unificação italiana. Logo ela foi para Paris como sua amante reconhecida, com casa própria perto das Tulherias.

Napoleão fora-lhe sem dúvida muito apegado durante certo tempo, mas ele tinha pouco respeito pelas mulheres. Certa vez, disse achar o poder "o maior de todos os afrodisíacos," e contribuía muito pouco para a relação além de levar consigo sua fama, seu estilo – que era ao mesmo tempo condescendente, adulador e *gauche* – e uma personalidade em todos os sentidos mal equipada para o jogo do amor. Ele era emocionalmente imaturo, receoso de impotência e calculista quanto às suas afeições. "Sim, eu amo, mas sempre subordinado à minha política," disse ao irmão Joseph no outono de 1809, quando considerava seu divórcio da Imperatriz Joséphine a fim de casar-se com uma mulher que pudesse dar-lhe um filho, e Maria Walewska já estava grávida. "Embora desejasse coroar minha amante, devo procurar meios de promover os interesses da França." Isso significou uma aliança dinástica com a Áustria e casamento com Marie-Louise.

Maria Walewska voltou à Polônia depois do nascimento do filho em maio de 1810. Viu Napoleão brevemente no caminho quando ele saiu de Moscou de volta para casa, e em 1814 voltou à França, esperando vê-lo novamente e mesmo compartilhar seu exílio. Vã esperança: na época da abdicação, ela provavelmente passou uma penosa noite numa antessala de Fontainebleau e foi mandada embora sem uma palavra de adeus. Mas o desapontamento não abalou sua lealdade, e quando esteve a negócios em Nápoles – onde Murat ameaçava confiscar as terras que Napoleão havia estipulado para seu filho natural Alexander – ela decidiu visitar Elba e repetir o oferecimento de juntar-se ao Imperador. Na verdade, foi a carta enviada por ela de Florença que levou Napoleão a planejar o encontro na ermida em 27 de junho, e quando Téodor Lacynski deixou Portoferraio em 9 de agosto com cartas para Marie-Louise, levava também a resposta de Napoleão para Maria Walewska. "Eu a terei aqui com o mesmo prazer de sempre, ou agora, ou no seu retorno de Nápoles," escreveu cautelosamente, "Ficarei muito feliz em ver o pequeno, de quem ouvi muitas coisas boas."

♛

Napoleão só foi para a ermida na última semana de agosto, e mesmo então teve de esperar vários dias, mantendo-se entretido com pequenas caçadas e com a usual torrente de instruções para Bertrand e Drouot. Algumas sobre negócios – um contrato para a venda de minério de ferro na Ligúria; outras eram de teor doméstico – detalhes exatos sobre o trabalho da construção na Mulini, preparativos de um aposento para ele na fortaleza de Longone onde ele se propunha a ficar para a festa da cidade em 9 de Setembro e a avaliação dos vinhedos de São Martino; havia assuntos militares também – inquietação entre as tropas e uma sucessão de deserções entre os corsos, que o fez ameaçar de morte os líderes.

Mas às cinco horas da tarde de 1º de setembro, quando Napoleão avistou um brigue vindo em direção ao ancoradouro de Portoferraio, a espera acabara. Instruíra-se o brigue para manter-se afastado do porto e desembarcar os passageiros em terra firme discretamente em San Giovani, onde Bertrand os aguardava com uma carruagem, mas o incomum desembarque mais atraiu do que distraiu atenção, e logo estavam dizendo que o brigue finalmente trouxera Marie-Louise para Elba. Bertrand, na verdade, ficou tão ocupado tentando acabar com aquela inconveniente especulação que se atrasou, e passava das nove horas quando acendeu a fogueira na praia como sinal para o escaler trazer o coronel Lacynski e suas irmãs Emília e Maria com o filho desta, Alexander. Em poucas horas os boatos converteram os quatro visitantes no príncipe Eugène, numa dama de companhia, na Imperatriz e no rei de Roma.

Os viajantes encaminharam-se sob a luz débil de uma lua minguante para Marciana, onde Napoleão os esperava com cavalos para levá-los pela trilha a pique até a casa de veraneio. Era um estranho lugar secreto e uma estranha ocasião. Um relato descreve Maria bem vestida e adornada com joias, jantando a sós com o Imperador já bem tarde da noite. Outro relato afirma que Fanny Bertrand estava lá como convidada e que ela e o coronel Lacynski desceram para Marciana para passar a noite, deixando as duas irmãs nas celas toscamente preparadas do eremitério, e Napoleão e Bertrand dormindo perto dali em tendas. Teria Napoleão levado sua ex-amante para o eremitério para um romântico encontro amoroso? Seu camareiro, por exemplo, foi bastante explícito. "Causa surpresa que ele, que tanto gosta de discrição, tenha procedido de uma maneira que a mim me pareceu muito incauta," escreveu St. Denis muito tempo depois. "Nas duas noites da visita de Maria Walewska, ele saiu de sua tenda usando um robe e foi para o quarto dela, onde ficou até o romper do dia. Era óbvio para todos o que estava acontecendo (...) Mesmo o mais humilde de seus súditos teria sido mais hábil do que o Imperador na condução de um romance secreto."

Embora St. Denis e outros fofoqueiros estivessem certamente escrevendo de olho nos leitores que esperavam encontrar esse tipo de revelação em suas memórias, Maria pode ter ido a Elba com a esperança de uma reconciliação. Ainda gostava de Napoleão, estivera em Aix, e lá teria tomado conhecimento de haver poucas chances de Marie-Louise vir para junto dele – e estava livre, pois seu marido morrera em junho. Certamente, ela passou uma tarde de ternas emoções na casa de veraneio, passeando pelos bosques de castanheiras com Napoleão, que se entretinha afavelmente com o filho; e à noite, os oficiais poloneses que o acompanharam a Elba vieram visitar os Lacynskis e entreter o grupo com canções e danças nacionais. Mas ela também tinha ido ver Napoleão para tratar do específico assunto concernente às propriedades de seu filho, e possivelmente para levar mensagens clandestinas. Como Pauline, ela era uma mensageira fidedigna, que passara pela França e Itália e estava indo ver Murat. Caso ela estivesse mais tarde contando a verdade, e não simplesmente se fazendo de informada depois do fato já ocorrido, parece que Napoleão fez-lhe uma rara alusão sobre suas intenções: "ele considera seu exílio coisa temporária," anotaria mais tarde, "e a informação que pede é aquela necessária para ele escolher o momento mais propício de pôr-lhe um fim."

A visita deve ter tido algum valor para Napoleão, ou ele não a teria sancionado; e sem dúvida estava comovido pela lealdade de Maria, embora seu comportamento indicasse ser ele bem menos o pretendente do que o pretendido. Estava também ansioso por evitar se comprometer com a presença dela. Certamente não queria tornar-se objeto de assunto escandaloso em Elba, onde tinha mostrado até aquele momento tão grande consideração pelas normas do decoro, que os oficiais que viviam com suas amantes não eram recebidos em Villa Mulini. Não queria tornar-se alvo de riso das cortes da Europa. Já achava muito ruim estar forçosamente separado de sua mulher sem ser escarnecido como falso Imperador, cônjuge de uma falsa Imperatriz, no mais minúsculo dos reinos. Não que tenha abandonado as esperanças de Marie-Louise poder de alguma forma ir ter com ele, e que alguma mudança nos acontecimentos ainda pudesse possibilitar outra aliança com o pai dela. No entanto, ele pusera tudo isso em risco com seu encontro furtivo, e na manhã do segundo dia ficou bastante transtornado com a longa carta de Drouot relatando a boataria em Portoferraio e com chegada do prefeito de Marciana, que havia subido até a casa para apresentar seus respeitos à suposta Imperatriz. Napoleão sentiu-se embaraçado e furioso, e deixou claro que Maria devia partir naquela noite.

Suportou bem a situação durante o jantar, mas estava evidentemente ansioso para que os Lacynskis partissem antes que o vento aumentasse e impedisse o brigue de levá-los para fora de Marciana. A visita acabara no que lhe dizia respeito, e ele apenas os acompanhou até o meio do caminho do porto antes de despedir-se. Quando o grupo chegou a Marciana, no entanto, uma *burrasca* soprava do oeste, com o mar encapelado demais para se remar até o ancoradouro, e o brigue recebeu ordens de contornar para às águas mais protegidas de Longone; Maria, o filho e a irmã seguiram então de carruagem por um percurso através da escuridão de quase trinta quilômetros de estrada ruim, iluminada apenas pela chama das tochas conduzidas pela escolta. Ao chegarem em Longone, as condições do tempo ainda estavam tão ruins que somente por insistência de Maria foi que um barco de pesca dispôs-se a levá-los para bordo do navio. Ela viera e partira como uma aparição do passado de Napoleão.

As tentativas de Napoleão de descobrir o que houvera com sua mulher e o que ela queria fazer tinham falhado por todo o verão pelo atraso normal dos correios, a incerteza quanto ao endereço dela e a interferência da polícia austríaca que retinha e até mesmo confiscava as cartas que eles trocavam. A única linha confiável de comunicação era a correspondência entre Bertrand e Méneval, mas essa era mais formal que informativa, por saberem ambos que cada palavra seria esmiuçada pelos censores. Era início de julho quando três cartas de Marie-Louise alcançaram Elba, e quatro outras enviadas de Viena nunca chegaram. Era evidente que ela ainda queria ir a Aix, e quando Bertrand escreveu em 3 de julho para dizer que as termas medicinais da Toscana eram igualmente boas e as cidades muito mais perto de Elba, ela estava havia quatro dias na estrada, viajando incógnita sob o nome de Duquesa de Colorno. Seu pai, parece, regozijava-se por tê-la fora enquanto os príncipes e potentados se reuniam na sua capital dispondo do império de seu marido, contanto que ela deixasse o filho como garantia; ela também feliz por ter a liberdade de volta, depois da rigorosa vigilância por três meses.

Marie-Louise viajava sem pressa, fazendo questão de visitar os parentes de Napoleão – o príncipe Eugène em Munique, Jérome em Payerne, Joseph em Prangins, no lago de Gênova – e só chegou a Aix em 17 de julho. Duas paradas de troca antes do balneário ela encontrou o conde Adam von Neipperg, um austríaco bem-apessoado que perdera um olho, uns vinte anos mais velho que ela, com vasta reputação como soldado, diplomata, e homem de grande sedução com as mulheres. Casara-se recentemente com a amante que tivera seus cinco filhos. Fino conversador, encantador ou apaixonado conforme a ocasião pedisse, admirável dançarino e pianista, muitíssimo inteligente e aparentemente destituído de escrúpulos, fora escolhido por Metternich para servir Marie-Louise como acompanhante pessoal em termos que lhe proporcionavam muita liberdade de ação. "Com todo o necessário tato," escreveu Metternich em suas instruções, "o conde von Neipperg deve afastar da Duquesa de Colorno todas as ideias de uma viagem a Elba, viagem que muito poderia perturbar os sentimentos paternais de Sua Majestade, o qual nutre os mais ternos anseios pelo conforto de sua bem-amada filha. Portanto, ele não deve falhar na tentativa com todos os meios que preciso forem para dissuadi-la de tal projeto (...) e, se o pior vier a acontecer, mostrando que seus esforços foram em vão, ele acompanhará a Duquesa à ilha de Elba."

Neipperg desdobrou-se para agradar e ser útil, e a saída de Méneval em visita à sua mulher grávida em Paris tornou mais fácil para esse talentoso cortesão tomar conta dos assuntos domésticos de Marie-Louise. Na verdade, tinham lhe entregado o papel tanto de espião quanto de custódio, ainda mais ambíguo do que o desempenhado por Campbell em Elba, pois a frase "por todos os meios possíveis" fora claramente escrita tendo em mente sua atração física. O untuoso Franz I se dispunha, ao que parece, à conivência com a sedução da filha caso fosse a única maneira de mantê-la longe de seu indesejável marido. Mas, de início, Marie-Louise não teve consciência do propósito de Neipperg.

"Estou muito satisfeita com o general Neipperg, a quem meu pai me confiou," escreveu a Napoleão ingenuamente. "Ele fala sobre você de forma lisonjeira, tal como meu coração deseja, pois tenho necessidade de conversar sobre você durante esta cruel separação; quando finalmente poderei vê-lo, abraçá-lo? Esse é o meu maior desejo."

Marie-Louise ainda esperava poder ir à Itália em setembro, pois disse a Méneval em 4 de agosto, "continuo esperando uma resposta de meu pai para saber da viagem a Parma" cinco dias depois, se queixa de estar "ainda na mais dolorosa incerteza" sobre seu futuro. Se Franz I lhe recusar permissão de ir a Parma, escreveu ela, sem saber que os franceses estavam pondo grandes dificuldades na substituição do pretendente Bourbon no ducado de Parma em favor da consorte de Bonaparte, "*eu jamais* consentirei em voltar a Viena até a saída dos soberanos do ducado, e tentarei ter meu filho de volta comigo." Encontrava-se, disse então a Méneval, "numa condição muito crítica e infeliz (...) meu coração está tão sofrido que o melhor para mim seria morrer." Em 15 de agosto, na manhã do aniversário de Napoleão, ela queixou-se a Méneval de estar "numa de suas ondas de tristeza (...) Como posso ser feliz (...) sou agora obrigada a passar este dia festivo, sagrado para mim, tão longe das duas pessoas que mais quero no mundo." De fato, mais tarde naquele mesmo dia, quando recebeu uma mensagem de Metternich dizendo-lhe que devia partir para Viena no início de setembro, ela declarou que estava "muito triste com a ideia de ser forçada a voltar (...) mais ainda por não me darem nenhuma boa razão para isso."

Havia na verdade duas fortes razões para Metternich desejar remover Marie-Louise de Aix no momento em que a temporada chegasse ao fim e a partida dela parecesse do curso normal dos acontecimentos. A primeira era a crescente ansiedade das autoridades francesas quanto à sua presença na fronteira da França, onde ela certamente criava um ponto de atração de sentimentos bonapartistas e de possibilidades conspiratórias. Viajava em carruagem que ostentava o brasão imperial; seus criados usavam a libré imperial; entre seus visitantes incluía-se o famoso ator Talma, o pintor Isabey e outros que haviam feito parte do círculo imperial em Paris, assim como oficiais de Grenoble e de várias guarnições militares da região. "Não posso crer que sejam apenas razões de saúde que a trazem à França," reporta um espião policial para Paris, notando que ela não bebia nem se banhava nas águas. "Quem está mal de saúde não passa o dia andando, saindo a passeio de carruagem ou a cavalo." E o prefeito local repassava os boatos da *villa* – que a maioria do pessoal da casa era simpática a Napoleão, que os criados esperavam a volta dele, que havia mensageiros secretos vindos de Viena a fim de planejar ações austríacas contra a França, e mesmo que Marie-Louise, ela própria, era parte de algum tipo de conspiração. Certamente, Talleyrand estava tão ansioso para ver Marie-Louise longe dessas tentações que em 9 de agosto escreveu uma nota para Metternich, em que concluía "ser conveniente para ambos que a estada dela em Aix não se prolongue."

A proximidade com a França era um risco. Outro era Marie-Louise escolher ir para a Itália, ou mesmo ser induzida a fazê-lo. As instruções a Neipperg certamente cobriam essa possibilidade, e logo ficou claro para Napoleão que, a menos que sua mulher partisse logo para a Itália, seria pouco provável lá chegar um dia. Em 18 de agosto ele escreveu outra carta, instando para que ela se pusesse a caminho. "Seus aposentos estão prontos e já a estou esperando em setembro para a colheita das uvas. Ninguém tem o direito de se opor à sua vinda. Já lhe escrevi sobre isso. Venha, então. Espero por você com impaciência."

Quando essa carta chegou, e Neipperg informou confidencialmente a Metternich que "a mensagem provocou profunda impressão na Imperatriz e de imediato afetou sua saúde," já parecia, na verdade, que suas agradáveis atenções e a insistência de Metternich de que uma visita à Itália estava "fora de questão" começavam a fazer efeito. Pode ter havido alguma verdade neste comentário final de Neipperg: "A ideia da viagem," escreveu ele a Metternich, "parece mais inspirar-lhe medo do que desejo de se reconciliar com o marido."

Napoleão, naturalmente, não estava a par dessa mudança na atitude de sua mulher; mas de qualquer modo era-lhe conveniente fingir que apenas o "comportamento vil" do pai a impedia de reunir-se a ele. Oportunista, ele sempre investia em mágoas, e pelo fim do verão tinha preparado uma lista desses pesares que poderiam ser de utilidade em alguma ocasião futura. Em 20 de agosto, enviou um oficial a Gênova pelo *Inconstant*, ostensivamente para comprar mobiliário para sua mãe e uniformes para suas tropas, mas também "a fim de aproveitar toda e qualquer ocasião" de escrever a Méneval (que já voltara para Aix) e usar pelo menos quatro diferentes rotas para passar as cartas livres da triagem dos censores. Ao mesmo tempo, deu um mês de licença para o capitão Hurault de Sorbée, cuja esposa austríaca era *lectrice* de Marie-Louise e poderia assim apresentá-lo a ela diretamente. Esta era uma séria tentativa de entrar em contato, pois Hurault tinha instruções especiais sobre os meios de evitar a vigilância e entregar uma carta secreta na qual Napoleão dizia a Marie-Louise que o *Inconstant* esperaria por ela em Gênova no dia 10 de setembro; se ela concordasse em fugir de Aix, então Hurault faria os necessários arranjos.

Hurault viajou rápido, alcançando Aix na noite de 26 de agosto, e entregou a carta. Porém Marie-Louise tinha agora encontrado um motivo para mudar de ideia, pois Neipperg tornara-se seu íntimo confidente; quando ela mostrou-lhe a carta, Hurault foi ameaçado com prisão por intenção de rapto e despachado a Paris para ser interrogado. Na mesma noite em que Maria Walewska chegou a Elba, a Imperatriz escreveu uma carta submissa ao pai. "Estejais seguro," disse ela, "de que agora estou menos que nunca desejosa de empreender essa viagem e dou-vos minha palavra de honra que nunca o farei sem primeiro pedir-vos permissão." Uma semana mais tarde fez-se ainda mais franca, dizendo à duquesa de Montebello que a ideia de "uma escapadela" até Elba era ridícula. Os sucessivos pedidos de Napoleão para que fosse juntar-se a ele, escreveu ela, "não tiveram influência na corte em Viena, exceto a de fazê-los manter-me ainda mais longe de Parma. Darei aos ministros minha mais sagrada palavra de honra de que não irei para a ilha de Elba neste momento, de que *jamais* irei (pois você sabe melhor do que ninguém que não tenho nenhum desejo disso)."

Neipperg evidentemente fizera o que lhe haviam mandado, pois Marie-Louise mostrava um humor alegremente afável quando juntos deixaram Aix, em 5 de setembro, partindo para uma turnê pela Suíça que logo se tornaria antes uma lua de mel do que um obediente retorno a Viena. Ao tempo em que alcançaram o Bernese Oberland, livrando-se de seus acompanhantes ao longo do caminho, eles estavam claramente em termos muito íntimos; e na noite de 25 de setembro, hospedados no Soleil d'Or, no sopé do Rigi, Marie-Louise retirou o habitual criado que ficava à porta de seu quarto. Logo depois de chegar a Viena, o relacionamento dela com seu *escort* estava tão evidente que nos mexericos chamavam-na abertamente de "Madame Neipperg," e o próprio Neipperg foi formalmente designado seu *chamberlain*, a fim de fornecer um motivo público para sua constante presença ao lado dela.

Certamente Napoleão sabia desde algum tempo que não podia esperar ver sua mulher e o filho novamente, pelo menos não em Elba; mas ainda mantinha a aparência de expectativa. Numa longa audiência que deu a

Campbell em Longone, em 16 de setembro, perguntou se havia alguma notícia deles, falando "com veemência, e em linguagem forte, sobre a interdição à reunião familiar," chamando o fato de "um caso de barbarismo e injustiça" sem paralelo recente, insistindo que Marie-Louise estava sendo retida contra a vontade. "Ela é agora uma verdadeira prisioneira," Campbell registrou as palavras de Napoleão, "pois há um oficial austríaco que a acompanha a fim de impedi-la de escapar para Elba," e perguntou sem rodeios se Lord Castlereagh aprovava essa coação.

Mas nem Campbell, nem Castlereagh, nem qualquer outro intermediário podiam salvar o casamento de Napoleão ou sua dinastia. Exceto por um limitado contato com Méneval, na verdade ele não pôde sequer manter contato com sua mulher, uma vez ela de volta a Viena. Em 10 de outubro, num gesto final, ele enviou uma carta suplicante ao tio de Marie-Louise, o grão-duque de Toscana, que fora recentemente restaurado aos domínios até então regidos pela irmã de Napoleão, Elisa. Dizendo que nada soubera de sua mulher por dois meses, ou de seu filho por quase seis meses, ele perguntava se "me seria permitido endereçar a vós, todas as semanas, uma carta para a Imperatriz, e se podereis enviar-me notícias dela, em retorno?" O Duque nem sequer acusou o recebimento da mensagem daquele que de forma régia o tratara de "Meu Irmão e Mui Querido Tio," mas enviou-a para o imperador Franz I. Este apenas mostrou a carta à filha, com instruções de não respondê-la. E ela nunca respondeu. Jamais escreveu a Napoleão nenhuma outra palavra.

11
Homem de talentos comuns

"Numa ilhazinha, uma vez posta em movimento a máquina da civilização," disse Napoleão lamentosamente alguns anos depois de deixar Elba, "nada mais há a fazer senão morrer de puro tédio – ou escapar dele com alguma aventura heroica." A frase resumia bem sua disposição enquanto o ano de 1814 se escoava. Durante os primeiros meses de exílio, comportou-se mais como um homem rico passando férias em sua recém-adquirida propriedade rural do que um governante derrotado coagido a um humilhante isolamento. Em 13 de setembro, mandou Bertrand adquirir a península na costa sul chamada Capo Stella e destiná-la a reserva de caça. Mas esse foi praticamente o último dos planos de melhorias – as frustrantes realidades da vida em seu diminuto reino estavam se fechando em torno dele. Consciente da ociosidade de seus talentos, de sua compulsão por trabalho (Pons dizia que ele trabalhava duramente "como se o tempo não totalmente preenchido fosse de fato um tempo perdido"), de seu incomparável conhecimento de política e invulgar experiência de guerra, achava-se sujeito ao papel de comandante de guarnição em um ambiente inculto e grosseiro, onde desperdiçava suas energias em trivialidades.

Geralmente, levantava antes do amanhecer, tratando de seus papéis, ditando notas ou ordens, examinando jornais e cartas interceptadas. Tal como a seu sogro, o imperador Franz I, apeteciam-lhe os relatos policiais, sempre pronto a pôr outras ocupações de lado para ouvir algum de seus informantes, mesmo que nada além de mexericos de quartel e cozinha. "Divertia-se com os detalhes vulgares dos bate-papos," recordou Pons, "com todo tipo de disparate." Depois do café da manhã às sete horas, tirava um cochilo antes de sair a cavalo para inspecionar tropas, examinar depósitos e fortificações, ou acompanhar o trabalho na casa e nas terras em San Martino. Ao retornar, dava audiências, em especial a visitantes do Continente, fazia um leve almoço com Drouot e se retirava para uma curta sesta ou leitura. À tarde, antes de jantar pontualmente às seis, saía para o campo ou percorria a enseada levado por remadores no barco que o comandante Ussher lhe dera como presente de despedida.

Toda essa atividade ajudava a quebrar o tédio dos dias sem propósito ou consequência, mas as noites de outono eram em geral muito enfadonhas, pois não havia ninguém na Casa Real ou no pequeno grupo de funcionários elbenses com que se contava para jantar regularmente na Villa Mulini que tivesse a vivacidade para animá-las. O próprio Napoleão seguidamente se mostrava taciturno no fim do dia. Na maioria das vezes, sentaria quieto por uma hora ou duas, jogando cartas ou dominó com sua mãe, chamando Drouot para uma partida de xadrez ou conversando de modo erradio com um dos *chamberlains* da Corte, e por volta das nove horas daria o costumeiro sinal de que estava para se retirar, dedilhando no piano as primeiras notas da sinfonia *Surprise*, de Haydn. Melancólica rotina diária para um homem que vivera em alto grau de tensão, tendo toda a Europa como palco e com reis atentos às suas palavras – porém ele havia, já de muito tempo, aprendido o valor de simular paciência quando indeciso quanto ao que fazer a seguir. Teria de suportar o aborrecimento do seu exílio até que os Aliados mudassem de ideia ou que ele pudesse mudar sua sorte.

Não era homem de discutir esses sentimentos, mesmo com os mais íntimos, e as pessoas à sua volta não tinham nenhuma ideia se permaneceriam em Elba ou se estariam apenas fingindo instalar-se enquanto o Imperador esperava para ver o que aconteceria. Os três generais, por exemplo, tinham opiniões bastante diferentes. Drouot acalentara a esperança de retirar-se para uma vida de leitura e reflexão e, até saber que sua mãe na França desaprovava o casamento, pretendia unir-se com a jovem e atraente Henriette Vantini, que lhe havia ensinado italiano. Cambronne, pelo contrário, achava Elba um lugar frustrante. Ficava mais à vontade no campo de batalha e compartilhava a esperança da Guarda por qualquer coisa que lá os levasse de volta.

Bertrand era mais ambivalente. Não era do seu gosto a vida cansativa e maçante que levava em Elba. Por ser o *grand maréchal* – um lugar que, naquelas modestas condições, juntava a responsabilidade pela Casa Real com as funções de primeiro-ministro e chefe de estado-maior –, Napoleão esperava que ele estivesse constantemente à mão, pronto para lidar com visitantes, controlar a equipe, fornecer informações, registrar ordens ou fazer as coisas funcionarem. Seu trabalho nunca terminava, e era sempre difícil para ele sair de Villa Mulini e voltar para a família, que morava nas acomodações mal equipadas da prefeitura onde Napoleão tinha, de início, passado algum tempo. Sua mulher Fanny, ademais, estava deprimida e infeliz depois de uma cansativa viagem através da França e da morte do bebê logo após a chegada a Portoferraio; relutava em tomar parte na pequena corte do alto da colina e estava convencida de que Bertrand cometera um sério erro ao acompanhar seu senhor a Elba. Ambos os Bertrands, por conseguinte, tinham boas razões para ver a ilha apenas como um retiro temporário. No entanto, os dois receavam que qualquer mudança pudesse ser para pior.

A vida se tornara tediosa para Napoleão e sua equipe, mas ficara muito mais animada para seus súditos, pois havia sempre uma novidade para distraí-los; e a presença do Imperador trazia gente a Elba em tão grande número que o *Inconstant* às vezes chegava apinhado até as amuradas, e mesmo os mais respeitáveis visitantes tinham que se ajeitar com um beliche ou uma cama de emergência em um dos quartos públicos do Albergue Bouroux. Havia corsos que vinham pedir favores a Letizia Bonaparte, oficiais de meio-soldo que vinham tentando obter funções, um francês que afirmava querer fundar um jornal, e um personagem que propunha instalar cabanas pré-fabricadas em Pianosa, comerciantes, mendigos e velhos admiradores de Napoleão que simplesmente queriam apresentar-lhe cumprimentos.

Entre os recém-chegados havia algumas mulheres, e também homens, bastante estranhos, que eram investigados por Cambronne e pela *gendarmerie*. O que deveriam eles relatar da dúbia Condessa de Polignac e da genuína Condessa de Jersey; da misteriosa Mme Theologos, uma bela grega que se tornou amante de Peyrusse enquanto o marido – possivelmente um agente secreto – se atarefava compilando um dicionário às expensas de Napoleão? E o que relatar sobre a Signora Filippi, procedente de Lucca, que vestida de homem servira no exército da Itália antes de seguir o Imperador até Elba; e de Madame Giroux, uma brava patriota de sessenta anos que viera de Versalhes para mostrar sua simpatia por seu ídolo caído; sobre Madame Darcy, uma atraente mulher de 25 anos que montou um cerco a Napoleão; e sobre a mais estranha delas todas, a Condessa de Rohan-Mignac?

Essa roliça aventureira de seus quarenta anos tinha sido dona de bordel em Paris, e adquirira seu título honorífico ao casar com um aristocrata que ela escondera durante o Terror. Veio de Malta com o filho de doze anos e instalou-se com alguma elegância, ocupando um duplo apartamento, rodando em seu próprio landó, fazendo visitas a Villa Mulini, à mãe de Napoleão, a Madame Bertrand, a Madame Pons e a outras senhoras do pequeno círculo social de Portoferraio, atraindo oficiais da Guarda para suas próprias recepções. Napoleão não a tinha em boa conta: "Não passa de *vapt-vupt*," disse depreciativamente. Mesmo assim conseguiu ser convidada para a recepção que ele ofereceu para celebrar o retorno de Pauline de Nápoles, e assegurar um lugar bem perto dele, chamando o filho para a mesa de um jeito tal, notou Pons, que dava a entender ser o menino filho natural do Imperador. "Ela ousava demais e bebia demais," disse Pons. Quando deixou Elba, acompanhou-a até Livorno o boato de que tinha sido desmascarada como agente dupla.

Os viajantes ingleses que começaram a aparecer em Elba no verão de 1814 eram muito diferentes desse grupo mal-afamado. A maioria era de homens de posição e influência – aristocratas *whigs*, políticos, oficiais em licença ou *gentlemen* abastados fazendo o grande circuito turístico em que esperavam incluir a vista de Bonaparte entre outras curiosidades; e Napoleão dava as boas-vindas a todos. Na verdade, parecia mais fácil para alguns ingleses falarem com o ex-inimigo do que para os próprios compatriotas – Pons queixava-se do tempo que perdia mostrando a ingleses pretensiosos as minas de ferro e notava com o olho sardônico de velho jacobino que eles não falavam uns com os outros enquanto não fossem apresentados formalmente. Napoleão, pelo contrário, fazia-se agradavelmente acessível. Mesmo que um visitante não fosse suficientemente importante para justificar uma audiência formal ou um jantar na Villa Mulini, ele sempre se dispunha a uma conversa eventualmente à beira da estrada quando saía em suas cavalgadas.

"Poderá ser este o grande Napoleão?" – indagou-se um jovem turista chamado J. B. Scott, quando o rei de Elba parou para prosear com ele e mais quatro oficiais ingleses perto de Longone, em 19 de setembro. "Essa figura sem graça – canhestra e deselegante – será quem intimidou imperadores e reis? E o semblante, totalmente sem expressão, parece até indicar estupidez! É impossível. Foi essa a *primeira* impressão, e muito embora eu logo visse motivo para mudar minha opinião quanto ao seu semblante, ainda continuo a achar a figura de Napoleão bem pouco marcial." Como muitas pessoas que o viram nessa época, Scott achou-o barrigudo e tão viciado em rapé que suas roupas eram manchadas do pó e de aparência gasta – tez fosca, cabelo "muito comprido, com pontas de pavio de vela," um chapéu tricórnio cuja "cor amarronzada indicava ter resistido a muitas campanhas," enfeites sem lustro, túnica velha, botas gastas, e "rédeas e freios sujos" no cavalo. No entanto, quando Napoleão pôs-se a falar "rápida e incessantemente," perguntando por vez a cada oficial sobre seu serviço no exército, Scott começou a mudar de opinião, decidindo que "o olhar e a voz dele inspiram respeito, e suas maneiras indicavam grande talento (...) o sorriso passa confiança àqueles que o escutam."

Esse modo franco de falar surpreendia os que supunham ser Napoleão reservado e paternalista e os deixava tão lisonjeados que logo se viam perdoando seus erros e esquecendo seus crimes. O comandante Ussher foi um dos primeiros ingleses a sucumbir a esse charme mágico, mas logo outros oficiais da Marinha se mostrariam igualmente tão suscetíveis que Campbell proibiu a entrada deles na ilha, e um monarquista francês taxou-os de bajuladores imbecis. "Se você tivesse invocado o fantasma de César ou de Hanibal," comentou um visitante inglês após uma longa entrevista em novembro, "poderia esperar ouvi-los falar no mesmo estilo." E acrescentou que o Imperador mostrou-se tão à vontade que fiquei com a sensação de ter falado "com uma pessoa comum." O efeito se intensificava com a aparente franqueza. "Ele responde a todos os assuntos sem a menor hesitação, e com uma rapidez de entendimento e clareza de expressão muito além do que eu jamais vi em qualquer outro," concluiu Lord Ebrington. "Nem sequer traiu, no decurso de toda a conversa, por expressão ou maneiras, uma única emoção de ressentimento ou pesar." Lord John Russel, o futuro primeiro-ministro whig, foi ao "deplorável palácio" em Portoferraio para uma audiência, uma semana depois de Ebrington ter jantado lá, e saiu com a mesma impressão. Napoleão, disse ele, estava "muito gordo, mostrava pouca majestade no porte e menos ainda aspecto amedrontador;" afável, e tão aberto nas maneiras que "durante as duas horas em que estivemos sozinhos, ele falou e me encorajou a falar sobre todos os assuntos."

Napoleão estava longe de ser tão franco quanto Ebrington e Russel acreditaram. Ele era, na verdade, um homem muitíssimo calculista, que tinha a habilidade de ser loquaz sem ser indiscreto, e aquelas aparentemente cândidas conversas, tal como suas longas argumentações com Campbell em 3 de agosto, 16 de setembro, 31 de outubro, 4 e 21 de dezembro, serviam a vários propósitos úteis,

Obviamente, convinha a Napoleão uma série de ingleses bem relacionados a visitar Elba. Sem qualquer tipo de reconhecimento diplomático, exceto a ambígua designação de Campbell, julgava que a atenção deles melhorava sua reputação no geral e em particular na Inglaterra. Desde o momento em que pediu a Castlereagh asilo na Inglaterra, na verdade, ele havia se apegado à bizarra noção de que os ingleses poderiam dispor-se a oferecer-lhe um lar mais adequado que Elba. Estando na Inglaterra, disse esperançosamente a Campbell em outubro, "ele teria convívio social e oportunidade de explicar as circunstâncias de sua vida, eliminando muitos preconceitos," e quando recebeu Lord Ebrington, perguntou especificamente o que poderia lhe acontecer se fosse a Londres e se o povo o apedrejaria. "Respondi-lhe," escreveu Ebrington, "que estaria perfeitamente a salvo lá, pois os violentos sentimentos despertados contra ele dia a dia diminuíam, agora que não estávamos mais em guerra."

Napoleão também queria que os ingleses acreditassem em suas intenções pacíficas. "Quero desfazer quaisquer enganos. Não penso em nada fora da minha pequena ilha," disse a Campbell em 16 de setembro, praticamente usando os mesmos termos ao falar com outro visitante inglês que o procurou durante o outono. "Não existo mais para o mundo, sou um homem morto. Ocupo-me apenas de minha família e de meu retiro, minhas vacas e mulas." Essa falsa modéstia era tão persuasiva que fez algum efeito até mesmo sobre o cético Campbell. "Começo a achar que ele está totalmente resignado com sua retirada e razoavelmente feliz," escreveu em 20 de setembro; outros ingleses estavam ainda mais crédulos. A guerra os havia deixado politicamente divididos a tal ponto que os *whigs* quase preferiam Bonaparte ao Príncipe Regente, e as notícias parlamentares, assim como os jornais de oposição, estavam cheios de queixas de ele ter sido tratado muito severamente, e que os vitoriosos, mais do que o vencido, mereciam ser responsabilizados pelo caótico estado da Europa. Em 20 de agosto, por exemplo, William Cobbett concluía uma série de comentários simpáticos em seu *Political Register*, sustentando que Napoleão estava fazendo em Portoferraio o mesmo que em Paris – embelezando a cidade, redigindo uma constituição, apresentando leis sensatas, promovendo as artes e as ciências e desembolsando "grandes somas de dinheiro em empreendimentos úteis, em vez de gastá-lo com alcoviteiros e parasitas."

Certamente Napoleão confiava que informações como essas, dadas pelos seus visitantes, ajudariam a acalmar os temores de que ele estaria prestes a irromper de Elba tal como a endemoniada figura de uma caixinha de surpresa; mas também ansiava por extrair deles informações que pudessem ser úteis se, e quando, decidisse deixar Elba. Esse era seu propósito imediato nas conversas com seus visitantes ingleses. Cuidadosamente ele os questionava sobre a situação política na Inglaterra, ou a impressão que tiveram ao viajarem pela França e pela Itália, e quando expressava sua própria opinião ele os observava atentamente para ver como reagiam.

A longa discussão com Campbell em 16 de setembro foi um bom exemplo de sua técnica. "Ele caminhava sem cessar de um lado a outro da sala," anotou Campbell, "fazendo inúmeras perguntas e intercalando-as com grande variedade de assuntos." Visto que Campbell recém-viera do Continente, Napoleão naturalmente começou a perguntar-lhe sobre as condições na Itália, a política aliada quanto a Murat, à Espanha, e o futuro de Corfu. Quis saber se Campbell tivera notícias de Marie-Louise e o porquê de os austríacos terem tanto medo de seus modestos esforços para recrutar mais soldados na Itália e na Córsega, já que sua tropa "não era suficiente para proteger todos os povoados e fortificações," e sobre o que estava acontecendo na França. Campbell respondeu que os Bourbons agiram bem sob certo ponto de vista, embora os demitidos de seus postos pelo novo governo, assim como os prisioneiros retornados e os escalões inferiores do exército, "fossem afeiçoados a ele." Esse, é claro, era um tópico bastante delicado, mas Napoleão sempre o tratava praticamente do mesmo modo e o finalizava com praticamente a mesma advertência. Louis XVIII, afirmou ele nessa ocasião, estaria perdido se virasse "um vice-rei inglês" e deixasse os Aliados despojarem a França da Bélgica e da fronteira natural do Reno, pois o povo francês não toleraria indefinidamente tal humilhação. "Os principais pontos fracos do povo são o brio e o amor à glória," disse a Campbell, "e será impossível para eles olharem à frente com satisfação e sentimento de tranquilidade – tal como afirmado ser o sincero desejo de todos os Aliados – nessas circunstâncias." Em meados de novembro, quando recebeu Mr. Fazakerley e seu amigo Mr. G.W. Vernon, um membro *whig* do Parlamento e primo de Lord Holland, foi ainda mais explícito sobre as probabilidades de distúrbios na França. Depois de uma conversa de quatro horas "sobre imperadores e reis, revoluções, perda e aquisição de reinos," ele chegou às realidades de seu próprio país. "Os senhores irão ver," disse. "Atualmente, sopra das aldeias um vento de liberdade que subverterá tudo." Foi uma observação agourenta, e seu efeito nem um pouco abrandado pela maneira com que ele desconsiderou qualquer responsabilidade pelo que pudesse acontecer. "Não me diz respeito," disse a Fazakerley e Vernon. "Sou como um homem morto; meu papel acabou."

Apesar de renegar, Napoleão tinha um vívido e bem informado interesse em tudo o que acontecia no Continente. Em sua entrevista com Campbell de 31 de outubro, ele começou falando sobre a força do nacionalismo italiano e criticando a maligna influência do "Papa e seus padres." Depois, assuntos mais sérios. O Congresso começara em Viena. Quanto tempo Campbell achava que ia durar? Sua própria resposta a isso, da qual dependiam tantas outras escolhas e ajustes de tempo, era de que o encontro teria breve duração e nenhum outro resultado além da ratificação dos acordos que os soberanos já haviam acertado entre eles secretamente. Haveria "terríveis eventos" na Polônia, na Itália e na França se os vitoriosos voltassem para casa "sem nenhum acordo final de ajuste da Europa."

Até então se mostrara mais como velho estadista do que parte interessada em dois dos três tópicos tão obviamente ligados em sua mente – a Itália, a capacidade de os Aliados decidirem questões que, irresolvidas, causariam uma nova guerra, e a posição da França. Mais uma vez, não era tanto a capacidade dos Bourbons de governar que parecia interessá-lo como tema que ele pertinazmente considerava como o mais sensível de todos: ele falou iradamente com Campbell sobre "o estado de humilhação ao qual a França está agora reduzida devido às desproporcionais cessões e ampliações desiguais cometidas pelas outras principais potências!" A designação do Duque de Wellington como embaixador inglês em Paris foi "outro insulto e injúria aos sentimentos do povo francês," porém a causa real de seu "total desgosto" era a fronteira belga, para ele ponto saliente de discórdia em todas as negociações de paz durante o último inverno da guerra. A França precisava da linha de fortalezas para proteger Paris. Precisava de Antuérpia mais ainda, pois a capacidade do porto para o transporte de mercadorias e para a construção de uma esquadra que pudesse rivalizar com a Royal Navy era vital para qualquer futuro confronto com a Inglaterra. Não havia, portanto, nenhuma perspectiva de "um prolongado estado de tranquilidade" se Antuérpia fosse entregue à Holanda a fim de satisfazer a exigência inglesa de segurança.

Nessa fascinante conversa, Napoleão, na verdade, revelou como funcionava sua mente no outono de 1814 – mantinha os nacionalistas italianos no jogo para distrair; esperava para ver em que os Aliados concordariam e discordariam em Viena; deixava os descontentes com os Bourbons a ponto de explodir nos quartéis e nas aldeias; e se firmava sobre a Bélgica, para qualquer ameaça aos Bourbons poder ser feita em nome da glória e das fronteiras naturais. Nenhum plano definido por trás disso, nenhum sinal de transação secreta e nada que sugerisse a intenção de algum ataque em um específico momento ou lugar. Mesmo assim, era um plano coerente, e Campbell falhou em não lhe entender a lógica.

Uma razão para essa falha foi a convicção de Campbell de que havia maior probabilidade de Napoleão causar problemas na Itália do que na França. A outra razão foi sua incompetência profissional. Embora fosse um zeloso repórter, faltava-lhe capacidade para avaliar o que ouvia e via, e quanto mais ele se entediava com sua vida na ilha, mais ficava propenso a ignorar os sinais de perigo e a persuadir-se de que podia, livre de riscos, sair em viagem e negligenciar seus deveres. A mais importante razão, no entanto, era uma deficiência no caráter de Campbell. Enquanto a maioria se enredava no charme tático de Napoleão, ele deixava que a antipatia tingisse seu julgamento. "Campbell considera Bonaparte um homem de talentos comuns, que teve *foi* muita sorte," observou J. B. Scott durante sua visita a Elba em setembro; e afirmações infantis como essa pontilhavam todo o diário de Campbell e seus relatórios a Castlereagh. Qualquer outra coisa que explicasse o extraordinário sucesso de Napoleão não foram nem sorte nem talentos comuns que haviam feito dele o senhor da Europa antes dos quarenta anos de idade.

Houve muita especulação em Elba a respeito de um interesse especial dos ingleses em seu rei. Afinal de contas, ele chegara numa fragata inglesa; o coronel Campbell, com outro navio de guerra inglês a seu dispor e acesso direto à Villa Mulini, era o único representante aliado na ilha; davam-se sempre boas-vindas aos visitantes ingleses – mesmo quando ocorreu um repentino aumento na segurança em setembro, e outras estadias no porto foram recusadas, os ingleses eram admitidos; e em várias ocasiões um dos ajudantes de Napoleão mencionou boatos de que um mensageiro havia chegado de Londres com documentos secretos. Na verdade, os ingleses eram tão favorecidos, que surgiram rumores de que teriam provavelmente chegado a um acordo com seu antigo inimigo, e o estariam protegendo por algum propósito misterioso. "Em toda a Itália é amplamente admitido, e publicamente declarado," escreveu Campbell queixoso no final de dezembro, "que a Inglaterra é responsável perante as outras Potências pela detenção da pessoa de Napoleão e que eu sou o agente executor para esse fim."

Ambas essas noções eram perigosamente enganosas, e Castlereagh, o responsável pela confusão. Em abril, ele havia formalmente recusado assumir qualquer responsabilidade pelo destino do homem a quem reconhecia apenas como general Bonaparte. Havia declinado de assinar o tratado que fazia de Napoleão o rei de Elba, e expressamente rejeitado a ideia de que Campbell fosse, em qualquer sentido, seu carcereiro; e deixara claro que a Inglaterra não estava disposta nem capacitada a impor um bloqueio de paz numa ilha corretamente cedida a um novo governante. Ao mesmo tempo, Castlereagh havia assumido a responsabilidade por todos os arranjos informais, sem fornecer nenhuma clara instrução ou apropriado apoio a respeito deles e, aparentemente, sem mais do que um ocasional pensamento quanto a suas implicações.

O que começara como um erro, cometido sob a pressão do trabalho quando a guerra acabou, tornava-se agora um engano cada vez mais sério conforme os meses passavam, e pelo fim do ano já havia evoluído para o mais intrincado aspecto da política dos Aliados relativa a Napoleão. Os ingleses não teriam direitos legais no assunto enquanto ele se abstivesse de causar algum dano. Era inclusive questionável se um comandante inglês poderia adequadamente fazer algo se de fato encontrasse Napoleão em alto-mar no *Inconstant*. No entanto o envolvimento improvisado deles em Elba os apaziguara, e a todos os demais, numa falsa sensação de segurança. Desde que Campbell permanecesse na ilha, ou perto dela, com uma chalupa à mão e outras unidades navais à disposição em Palermo e Gênova, pareceu que os delegados em Viena não precisavam ter pressa para resolver suas diferenças.

Talvez Castlereagh simplesmente supusesse que, antes que o Imperador derrubado do poder pudesse erguer-se novamente, Campbell fosse capaz de soar um alarme.

12
O jogo de segredos

As notícias de Elba moviam-se tão devagar e eram tão pouco confiáveis, que a maior parte da informação que chegou aos Aliados no decurso de 1814 era tardia, sabida de todos, enganosa, contraditória ou simplesmente falsa. Embora Campbell tivesse suas falhas – passava muito tempo ausente, era obtuso e era um amador jogando contra um profissional no jogo de segredos –, ele ao menos enviava a Castlereagh relatos tediosos porém razoáveis do que Napoleão dizia, e do que parecia estar fazendo. Quase todos os outros agentes utilizados para espionar o rei de Elba eram passadores de boatos, ou pior, varejistas de todo tipo de asneira que lhes chegasse. Relatava-se, a todo instante e matiz, que Campbell vira a princesa Pauline andando por Livorno vestida de marinheiro, que um judeu caolho tinha sido enviado para assassinar o rei de Elba, que o general Köller, o príncipe Eugène, Lord William Bentinck, e até mesmo Marie-Louise haviam feito visitas clandestinas à ilha, e que Napoleão esperava fugir para os Estados Unidos com a ajuda de um corsário berbere. Não é de surpreender que os crédulos logo começassem a acreditar em tudo que fosse noticiado de Elba; os céticos não acreditavam em nada.

O fracasso em estabelecer um sistema coerente de vigilância sobre Napoleão foi um erro sério e no entanto compreensível, visto que os Aliados estavam, quanto a ele, tão desnorteados e tão superocupados pelo definitivo colapso de seu Império, que se viam totalmente incapazes de uma ação conjunta. Havia agentes de diferentes países espionando o Imperador e também uns aos outros, havia tramas bisonhas para sequestrar Napoleão, conspirações políticas largamente compostas de provocadores e de tolos, com amplas oportunidades para aventureiros, patranheiros e impostores.

Nada era feito adequadamente. Soberanos que gastavam uma fortuna em jantares e bailes, em presentes para suas amantes e em suborno de estadistas estrangeiros, eram sovinas quando se tratava de pagar seus espiões. Um dos mais eficazes agentes franceses queixou-se no fim do ano de que não lhe tinham ressarcido nem sequer os gastos extras. Poucos entre os responsáveis sabiam recrutar agentes de confiança, supervisionar-lhes o trabalho ou avaliar seus relatórios. Sem dúvida, alguns desses agentes trabalhavam agora zelosamente contra Napoleão, tanto quanto zelosamente o haviam servido no passado, porém nas confusas circunstâncias de 1814, não era possível dizer com segurança se alguém levava uma roseta tricolor no bolso ou ainda tinha a *Marseillaise* nos ouvidos.

Além disso, mesmo que os Aliados tivessem empregado dinheiro abundante e homens capazes, não resolveriam os problemas práticos criados pela presença de Napoleão numa pequena ilha tão próxima ao Continente. Era difícil transpor suas defesas, já que ele tinha poucas praias para vigiar, vivia numa fortaleza murada, e um em cada cinco homens na ilha era soldado ou *gendarme* sob suas ordens. "Lidamos com um inimigo que conhece todos os truques do ofício," declarou o chefe da polícia francesa em 18 de agosto, "e não adianta querer competir com ele usando medidas policiais rotineiras: ele próprio as empregou durante muito tempo para que sejam tão facilmente engolidas." Era ainda mais difícil impedi-lo de se comunicar com quem quer que desejasse, pois os longos e mal patrulhados litorais da França e da Itália lhe estavam abertos, e havia tantos meios de fazer contato através da curta travessia marítima que ele não precisava entregar aos cuidados dos correios suas mensagens sigilosas. O diretor-geral monarquista da polícia, Jacques-Claude Beugnot, percebeu, já em 5 de julho, que era inútil examinar toda a correspondência com Elba. "A experiência demonstrou centenas de vezes," ele escreveu, "que mesmo sob o despotismo inquisitorial de Bonaparte, qualquer um que esteja realmente determinado a esconder suas cartas pode escapar a todas as revistas das autoridades." De qualquer modo, poucos dos agentes Aliados dentro de Elba, ou em suas vizinhanças, parecem ter tido exato conhecimento do que seus senhores desejavam que descobrissem ou fizessem a respeito de Napoleão. Do mesmo modo que Campbell, eles eram normalmente deixados por conta própria, num estado de suspeita generalizada, tentando formar algum sentido a partir de fragmentos de informação. Na verdade, a situação era tão insatisfatória, que mesmo perguntas sensatas soavam como charadas. A atividade clandestina nunca será o melhor dos campos para aliados mostrarem senso comum ou criarem uma política comum.

♛

A polícia secreta austríaca era uma burocracia bem organizada que investia pesadamente em buscas locais, em escuta, em violação de cartas, em decodificação de criptogramas e na captura de mensageiros. Porém esses métodos, conforme o barão Hager reconheceu numa queixosa carta ao imperador Franz I, eram bem menos eficazes contra Napoleão em Elba. Os austríacos descobriam muito pouco das cartas que abriam, ou dos informes que seus cônsules em Livorno e Civita Vecchia mandavam sobre viajantes para Elba, ou ocasionais detenções. Os oficiais recrutadores que foram detidos em julho nada disseram, e a única apreensão substancial dos austríacos foi Dominico Ettori, um frade que deixara a batina, originalmente enviado a Elba pelo marechal Bellegarde e que se imbuiu de um tal ar de mistério ao retornar, que presumiram estar lidando com um agente duplo e o enviaram a Viena para interrogatório. Saberiam bem mais, na verdade, pelos seus embaixadores – Lebezeltern no Vaticano, e De Miers em Nápoles – que obtinham fragmentos de notícias sobre Napoleão por meio de seus parentes. Em 1º de agosto, por exemplo, Lebezeltern enviou a Metternich um informe de rumores que circulavam entre os simpatizantes de Napoleão na Itália e "indicam janeiro vindouro como a época em que mudanças ocorrerão em favor da causa deles e de seu antigo líder." Mas mesmo essa presciente observação pode não ter sido nada mais do que um acerto de sorte entre muitos erros.

A polícia da Toscana, anteriormente controlada pela irmã de Napoleão, Elisa, e agora entregue ao grão-duque Ferdinand III, irmão do imperador Franz I, pouco podia adicionar aos esforços dos austríacos que haviam ocupado seu pequeno ducado. O general Spannochi Piccolomini, governador de Livorno, fora preso por Napoleão muitos anos antes, e seu antigo ressentimento bem pode ter instigado novas suspeitas. "Temos um mau vizinho," escreveu ele ao chefe de polícia de Florença em 25 de maio de 1814, "e acredito que o governo pode e deve obter relatórios confiáveis sobre o que Napoleão faz, diz e pensa." Em outubro, Lord Burghersh chegou a Florença como enviado inglês junto ao governo toscano, e logo estava a queixar-se de que a polícia em Livorno e em Piombino era tão imprestável que a quantidade de gente "que atravessa daqui para Elba e volta sem conhecimento do governo é muito grande." Embora Galli, o inspetor da polícia de Livorno, compilasse listas diárias de pessoas que faziam a passagem, elas eram quase inúteis para qualquer outra finalidade, exceto a de mostrar serviço. Galli só deteve um mensageiro chamado Lorenzo Piachi, de Longone, preso em 28 de junho de 1814 e que parece ter sido igualmente incapaz de preocupar muito os agentes de Napoleão em Livorno e de encontrar-se com informantes em Elba que pudessem contar-lhe mais do que mexericos de cais do porto.

Mais abaixo na costa italiana ficava Civita Vecchia, porto que servia Roma, diretamente governado pelo Papa. Generoso com os parentes de Napoleão que buscavam asilo na Santa Sé, especialmente com o irmão dele, Lucien, sua mãe e o meio-irmão dela, o Cardeal Fesch, o Papa era firme contra o próprio Napoleão, pois o nome Bonaparte permanecia ainda um brado de convocação a todos os anticlericais da Itália. Ele era igualmente hostil a Murat, fervoroso maçom e comandante do exército que era uma permanente ameaça aos Estados Papais. No entanto, a verba de que Sua Santidade dispunha para a espionagem era sempre tão curta – lamentou-se Lebezeltern a Metternich – que ele pouco fazia para tolher tanto o Imperador quanto Murat, exceto observar os viajantes entre Elba e Nápoles que passavam por seus domínios. Felizmente, o administrador de Civita Vecchia era Tibério Pacca, sobrinho do secretário de Estado do Papa e homem ativamente alerta.

Em dezembro, o Pacca mais moço conseguiu dois bons resultados. O primeiro foi a encenação de uma barulhenta briga na doca do *Inconstant*, durante a qual um dos seus homens fugiu com a valise do tenente Taillade. Quando a abriram, descobriu-se uma carta de Bertrand a Lucien na qual ele elogiava um corso chamado Ramolino como portador fidedigno de uma mensagem verbal, e também duas folhas de papel em branco, uma assinada por Bertrand e outra pelo próprio Napoleão. Ramolino era parente de Letizia Bonaparte e ex-diretor de impostos na Córsega antes de juntar-se ao Imperador no outono de 1814 e logo tornar-se um dos mensageiros regulares de Napoleão. O segundo sucesso foi a interceptação de uma carta do cardeal Fesch dizendo a Bertrand para ler o volume 127 de uma remessa de livros enviada para Napoleão. Quando o pacote foi aberto, esse volume continha duas cartas de Murat, uma para Napoleão e a outra para Pauline, e algumas notas de Fesch e de Lucien. Nada muito comprometedor, pois Murat tratava de assuntos familiares, e a carta de Fesch era conversa fiada sobre a atitude de Murat com o Papa e o boato de que o Congresso de Viena pudesse acabar dividindo a Itália. Mas essa prova de correspondência clandestina entre Murat e Napoleão, a despeito de suas públicas negativas de qualquer contato entre eles, foi suficiente para inquietar os que de algum modo acreditavam que os cunhados estariam em algum tipo de conspiração.

Havia um funcionário na costa toscana convencido de que Napoleão continuava uma ameaça à paz da Europa e que era uma loucura deixá-lo imperturbável em seu pequeno reino. Era o Chevalier Mariotti, que Talleyrand enviara a Livorno em agosto de 1814 para reabrir o consulado francês como um posto de escuta no mar toscano. Mariotti foi uma boa escolha. Corso lutara bravamente nas guerras e seria um dos primeiros oficiais a receber a Legião de Honra. Puseram-no adido a Elisa Bonaparte como chefe de sua polícia quando ela e o marido governavam a Toscana. Ofendido por algum menosprezo, ou desapontado em sua esperança de promoções, Mariotti aparentemente se desiludiu com os Bonapartes e, próximo ao fim da guerra, tornou-se ativo agente monarquista, e ajudou a sublevar as guarnições toscanas.

Visto que Mariotti falava italiano, possuía excelentes contatos locais, experiência e conhecimento das ramificações da família Bonaparte e da maneira como Napoleão operava sua polícia secreta, logo conseguiu criar a própria rede de agentes e cotejar e organizar informações de outras fontes. Tinha contato regular com autoridades francesas na Córsega, sendo Livorno um dos principais portos para as embarcações que vinham dessa ilha. Mantinha relações com o conde de Bouthilliers, prefeito de Var, e com o marquês d'Albertus, prefeito de Bouches-du-Rhône, os quais se preocupavam com os viajantes franceses que faziam a travessia para Elba – e ambos, pelo menos temporariamente, puseram agentes na área. E no final de novembro começou a receber, quase que diariamente, mensagens de um novo agente, comumente apelidado "Mercador de Azeite de Oliva," que estava na primeira de suas duas longas visitas a Portoferraio.

O Mercador de Azeite deve ter sido um experiente espião, pois conhecia códigos e tintas invisíveis, era cauteloso em transmitir mexericos e rumores e suficientemente eficaz em formar uma boa ideia do que Napoleão planejava fazer um pouco antes que fizesse. Também foi bem escolhido para sua tarefa, pois parece que era italiano de Lucca, que servira no exército da Itália, e vários velhos camaradas e compatriotas em Elba se responsabilizavam pessoalmente por ele; havia chegado em boa companhia, pois seus primeiros relatórios mostram que fizera a travessia marítima do Continente com o conde Litta, um líder nacionalista italiano que viera em busca do apoio de Napoleão à sua causa. Esses dois fatos indicam que provavelmente o homem era Alessandro Forli, que desembarcou em Portoferraio no início da manhã de 30 de novembro e se registrou no escritório de Cambronne antes de procurar acomodações. O Mercador de Azeite logo fez clientela e encontrou compradores o suficiente para resguardar a aparência de uma atividade comercial. Pouco tempo depois já vendia óleo de oliva para a casa de Letizia Bonaparte, para a família Vantini e outras próximas ao círculo da corte, e parece que ninguém suspeitou dele. Pelo contrário, conversavam com ele do jeito casual de tagarelice que lhe permitia aproximar-se muito mais do que seria possível para o empertigado Campbell.

Seus relatórios eram redigidos mais como um diário; ele tirava o máximo proveito de sua amizade com os oficiais da guarnição. Uma de suas antigas freguesas era a *belle amie* de um oficial superior da Guarda; a mulher de outro, que trabalhava na Casa Real de Villa Mulini, deu a informação de que Napoleão estaria pensando em fuga. "O que você acha?" – teria ele perguntado a Drouot. "Seria cedo demais deixar a ilha na época do Carnaval?" Apesar de que uma observação dessas possa ter sido nada mais do que um característico ardil para inquietar e confundir seus inimigos, o Mercador de Azeite nota que seus companheiros militares de bar no café Buono Gusto são da mesma disposição de espírito. Segundo eles, "se seus amigos no Continente estivessem prontos, poderiam rapidamente devolver Sua Majestade a seu trono." Um ardoroso velho amigo de Milão expressou quase a mesma ideia quando o Mercador de Azeite contou-lhe que alguns conhecidos comuns em Milão estavam desempregados. "Mas isso logo vai mudar," afirmou o amigo categoricamente.

O Mercador de Azeite era boa testemunha, porque relatava o que via sem exageros e sem tentar adaptar suas impressões a alguma ideia preconcebida. Três dias depois de sua chegada, alguns oficiais amistosos conseguiram permissão para levá-lo em uma visita pelas fortificações. "Não eram o que se diga fortalezas em condições de defesa," reparou, "mas depósitos de armas e munições" – e ainda que um agente mais excitável pudesse ter concluído de tais indícios que Napoleão planejava uma fuga bem mais do que um cerco, ele se precaveu igualmente de dizer que percebera lanceiros poloneses em treinamento de artilheiros, usando projéteis incandescentes que poderiam ser mortais caso navios hostis tentassem forçar caminho pela enseada de Portoferraio. Possuía também um bom ouvido para disse me disse sem se deixar impressionar muito com eles. "Os oficiais franceses têm ciúme dos italianos," relata ele, "e ambos não gostam dos corsos. O major Colombani, cuja bonita esposa é uma das damas de companhia de Pauline, é enfático em dizer que 'há um total entendimento entre Napoleão e Murat,' e outro informante diz que oficiais desempregados que vieram a Elba pedir um lugar foram aconselhados por Drouot a se alistarem em Nápoles, "pois quem serve a seu soberano também serve ao Imperador." Um dia o Mercador conta a Mariotti a conversa com um oficial que estava para partir numa missão clandestina em Milão, e dá uma descrição para que esse oficial pudesse ser vigiado; e noutro dia a *belle amie* do comandante Lamoretti comenta que todos os oficiais da Guarda estão falando sobre o dia "quando chegarmos a Milão."

No entanto, o Mercador de Azeite não levava em conta esses vagos comentários de uma incursão na Itália. "No geral," menciona em 6 de dezembro, "dizem que o Imperador não vai dar sinal de vida até acabar o Congresso." Ele relata que um antigo camarada queixou-se de Napoleão nada fazer para ajudar os italianos a se livrarem do jugo austríaco e de estar "tudo perdido" se ele não agir rapidamente; e escreve que outro colega, que havia conhecido em Florença cinco anos antes, está totalmente convencido de que Napoleão seguirá direção diferente. "Assim que ele puser o pé no Continente," assegura esse informante, "você verá a França se revoltar – na França, sopra-se o fogo para fazê-lo arder." Nenhum desses relatórios contém algum segredo específico, mas seu efeito cumulativo impressiona. Com a citação de um comentário aqui, uma perspicaz observação acolá, o Mercador de Azeite captura os ânimos em Elba tão bem que confirma de modo notável a alegação de Campbell de que Napoleão e seus seguidores estão "perigosamente indóceis."

Napoleão era tão ávido quanto seus inimigos por informações confiáveis e, até certo ponto, tinha melhores condições de obtê-las. Quer se tratasse de sua segurança pessoal, quer da situação política e militar da Europa, ele poderia ter variedade de fontes. Havia quem no passado servira a seus propósitos secretos, especialmente na França; havia sua família e respectivos serventes, assim como simpatizantes que queriam vê-lo retornar ao poder; e além de livros e jornais, sempre tinha visitantes para dar-lhe as últimas notícias.

Obviamente, os agentes confidenciais desempenhavam algum papel nesse improvisado sistema. Havia vislumbres deles operando em Paris e Viena, ou dirigindo-se a Elba como mensageiros, e grande quantidade de cartas ocultas e portadores de recados em que todos os Bonapartes estavam envolvidos. Em meados de agosto, um dos valetes de Napoleão retornou de Elba aparentemente com inócuas mensagens para Hortense e Caulaincourt, e o famoso ator Talma era quase certamente uma espécie de intermediário, pois no decurso do verão ele visitou Marie-Louise em Aix, Joseph Bonaparte na Suíça, e a rainha Hortense no balneário de Plombières nos Vosges. Mesmo que Murat e Caroline fossem cautelosos, Pauline encontrou muita gente e ouviu muitas notícias enquanto esteve em Nápoles de junho a outubro, e Murat jamais pareceu ter dificultado as coisas para informantes e mensageiros de Napoleão. Letizia Bonaparte esteve em Roma a maior parte do verão, e quando ela partiu para se juntar a Napoleão em Elba, ele pôde contar com o cardeal Fesch e Lucien para mantê-lo inteirado dos acontecimentos na Cidade Eterna. Elisa, irmã de Napoleão, era vigiada de perto na Áustria, onde estivera detida certo tempo quando foi defender seu caso no Congresso, mas Jérome parece ter mantido contato durante o ano todo, e Joseph transformou sua residência à beira do lago Geneva num centro tão grande de conspiração bonapartista que os Aliados por fim exigiram sua expulsão da Suíça. Hortense, a um só tempo sua enteada e separada de Louis, seu irmão, estava livre em Paris, e com alguns amigos formou um ativo grupo de conspiradores bonapartistas, enquanto o príncipe Eugène, seu enteado, foi para Viena e lá passou a conviver cada vez mais cordialmente com o Czar. Nas primeiras semanas de 1815, o barão Hager muitas vezes notou que o Czar e Eugène haviam jantado juntos – e juntos passeado e participado de bailes; e em 23 de janeiro reportou ao imperador Franz I que sua polícia secreta havia interceptado uma mensagem, escondida no cabo de uma escova de cabelos enviada por Hortense a Eugène, a qual se dizia conter uma lista dos marechais simpatizantes na França e o número de soldados sob comando deles.

Marie-Louise não estava nesses amadorísticos procedimentos. Ela havia cortado todo contato com Napoleão e, de acordo com o espião do barão Hager no palácio de Schönbrunn, estava tão apaixonada pelo conde Neipperg que passava a maior parte de seu tempo com ele; mas pelo menos um dos membros franceses de seu círculo conseguia contato com o Imperador. "Apesar da rigorosa vigilância que é mantida à minha volta," seu secretário Méneval escreveu posteriormente, "enviei-lhe notícias por meio de todos os canais possíveis. Encontrei facilidades no trânsito comercial com Viena. Comerciantes amigos cujo coração não fora endurecido pela política, prontamente encarregavam-se de levar minhas cartas para o general Bertrand. (...) Por toda a França e Itália, idênticos pretextos comerciais permitiram a correspondência com a ilha de Elba."

Napoleão podia também contar com as conexões familiares de seus subordinados e com seus amigos. O irmão do general Bertrand, por exemplo, esteve brevemente em Portoferraio no que passaria por ser uma viagem de férias à Itália. "Nossas relações com a França e com nossas famílias nunca foram interrompidas," admitiu Peyrusse francamente anos mais tarde; e o mesmo ocorria com os soldados em Elba. Eles escreviam para os camaradas nas guarnições e aldeias da França, as cartas eram respondidas, e os homens iam em casa de licença.

Os ingleses que conversaram com Napoleão sobre Elba podiam relatar, em geral minuciosamente, o que ele dizia na época, porém muitos desses visitantes vinham por motivos mais confidenciais. Em 28 de setembro, por exemplo, um rapaz, Jean-Baptiste Dumoulin, filho de próspero fabricante de luvas em Grenoble, chegou secretamente a Portoferraio com um amigo médico chamado Emery. Ao se encontrar com Napoleão no dia seguinte, ele descreveu uma rota difícil e pouco vigiada através dos Alpes Marítimos para o coração da França, e apesar de ser pouco provável que Napoleão nessa ocasião tenha lhe dado qualquer instrução específica ou possivelmente comprometedora, Dumoulin foi tão calorosamente recebido que voltou para casa a fim de organizar um grupo de conspiradores bonapartistas em sua cidade natal e, juntamente com o Dr. Emery, desempenhar pequeno papel no desimpedimento da estrada para Paris em março de 1815.

Outro visitante vindo da França foi um velho militar que se encontrou com Napoleão em novembro e fez-lhe um encorajador resumo da opinião francesa. Disse que esteve um mês na estrada, viajando por Lyon, Grenoble, Avignon, Toulon e Gênova, parando em cafés e salões de bilhar pelo caminho. "Eles o esperam," disse a Napoleão. "O atual estado de coisas não pode durar outros seis meses." Todos se queixavam de algo; ninguém estava satisfeito com alguma coisa. Até o povo da Provença, que tinha se oposto a Napoleão e imaginara "que aves cairiam no prato já assadas" com o retorno dos Bourbons, mudou de opinião. Napoleão respondeu que estava ficando velho e precisava de sossego. Seja como for, menciona-se que acrescentou: "Tenho apenas um batalhão e uma corveta." "Soldado nenhum vai atirar contra o senhor," declarou o *grognard*, "e caso algum assassino se infiltrasse nas tropas, seria feito em pedaços." Mas e quanto ao perigo de uma guerra civil? – perguntou Napoleão, lembrando ao seu visitante que ele havia preferido a abdicação ao fratricídio. Ninguém lutaria, insistiu o homem; apenas a nobreza e o clero teriam a perder com a volta do Imperador, e eles eram "um bando de covardes que não ousariam aparecer."

Outros emissários parecem ter sido mais ambivalentes ou menos confiáveis. Houve, por exemplo, um mensageiro não identificado que chegou a Portoferraio em 6 de dezembro. Enquanto o Mercador de Azeite observou que "muitos oficiais dizem que os membros da família imperial ficaram bastante satisfeitos com as notícias" trazidas pelo homem, a impressão de Peyrusse foi bem menos animadora. "A partir desse dia," anotou no diário, "o humor de Sua Majestade mudou. Fala pouco e parece sombrio, distraído." Nesse mesmo período, Napoleão enviou o *Inconstant* à Itália para comprar cereais, reforçou as fortalezas, desobstruiu novos campos de tiro para os canhões, treinou energicamente seus artilheiros e manteve patrulhas dia e noite. Esse informante, cogitou Peyrusse, era "um oficial estrangeiro que estivera a serviço dele e veio de Viena" avisá-lo de ameaças à sua liberdade e segurança.

Durante todos esses meses em Elba, além disso, é certo que Napoleão foi pressionado por patriotas italianos que o instavam a liderar uma insurreição popular – e ele temia justificadamente serem indiscretos e o movimento ser infiltrado por informantes da polícia austríaca. Sempre que um deles vinha vê-lo, escutava-o atentamente, pois toda informação política era valiosa, porém tinha igualmente o cuidado de evitar envolver-se em alguma trama inútil. O caso do conde Litta mostra a necessidade dessa prudência. Litta era um próspero milanês nacionalista descrito por Lord Burghersh como "o chefe dos descontentes na Itália," e chegou a Portoferraio em 30 de novembro esperando o apoio de Napoleão a uma conspiração que ia bastante avançada, e também para engendrar uma reconciliação entre o Imperador e Murat. Parece então que Napoleão perguntou quantos soldados estrangeiros havia no país e onde estavam, se os prisioneiros de guerra italianos já haviam voltado para casa e como o povo de um modo geral estava reagindo à ocupação austríaca. Mas teve a sensatez de não ir muito além, pois Litta havia feito a travessia marítima em companhia do Mercador de Azeite, a quem tomara por um confrade patriota, e em 30 de dezembro contou ao agente de Mariotti exatamente o que Napoleão disse. Em poucos dias, Mariotti passou a Campbell um completo relato dos comentários de Litta, e duas semanas mais tarde Lord Burghersh mandou um comunicado oficial de Florença baseado na mesma informação.

Obviamente, Napoleão teria de correr algum risco dessa natureza, em especial quando conspiradores diletantes e entusiastas surgiam em Elba, mas os resultados valiam a pena. De seus espiões, parentes, correspondentes, simpatizantes e visitantes, como também de jornais de todas as principais cidades da Europa, ele tinha uma boa ideia do curso dos acontecimentos. Na verdade, com esse fluxo de informações, com tão amplo conhecimento da política europeia e com tanta experiência pessoal das personalidades com as quais lidava, ele estava a cavaleiro para decidir se, e quando, chegara o momento de apostar novamente na roda da Fortuna.

13
Amigos confidenciais

Em abril de 1814, quando o Czar tão irresponsavelmente instalou Napoleão como rei de Elba, ele apenas resolveu o mais urgente problema criado pela vitória aliada, e em questão de seis meses ficaria claro para os Aliados e para o próprio Napoleão que esse ato de caridade havia deixado seu destino final incerto.

Formalmente, a situação não havia mudado entre a primavera e o outono. Nada havia no Tratado de Fontainebleau indicando que sua estada em Elba pudesse ser breve, ou que permitisse qualquer modificação nos termos que o haviam posto ali. Quaisquer que fossem os receios que tivessem sobre sua proximidade com o Continente, os soberanos aliados acreditavam que nada poderia ser feito para alterar sua posição, a menos que ele fizesse alguma idiotice, ou pudesse ser persuadido, no quadro de um acordo geral resultante do Congresso de Viena, a concordar em mudar-se de imediato das margens da Europa. Em outubro, por exemplo, Castlereagh aventou que os Aliados poderiam comprar dos portugueses uma ilha nos Açores e oferecê-la a Napoleão como residência permanente, adoçando a proposta com uma generosa compensação pela perda de Elba, e o Czar deu várias vezes a entender que ele podia ter um confortável retiro na Rússia. Mas não era segredo que os monarquistas franceses nunca se contentaram com a ideia do Czar. Talleyrand havia objetado com o tratado ainda em esboço, e em 28 de agosto, o duque de Wellington escreveu de Paris a Lord Liverpool que Louis XVIII "desejava enviar Bonaparte para algum outro lugar que não fosse a ilha de Elba."

Aquele desejo se tornava cada vez mais forte conforme os meses se passavam. Louis escreveu a Talleyrand em 21 de outubro para dizer que ele estaria disposto a ir além das cláusulas do Tratado de Fontainebleau "se a excelente ideia dos Açores fosse posta em prática;" e no decorrer do outono, Talleyrand aproveitou cada chance que se apresentou para propor uma nova residência para o Imperador, fazendo campanha tanto por Trinidad e Santa Lúcia quanto por lugares adequados para os quais ele poderia ser deslocado, com ou sem seu consentimento, e mencionando os especiais atrativos de Santa Helena, perdida nos remotos ermos do Atlântico Sul.

Em 9 de novembro, segundo o delegado de Genebra Jean Gabriel Eynard, o assunto parecia resolvido. O rei da Baviera, anotou Eynard em seu diário, contou-lhe com deleite que Napoleão seria enviado para Santa Helena, com as palavras: "Nunca ficaria tranquilo enquanto soubesse desse demônio tão perto do Continente;" e dez dias mais tarde o *Journal des Débats* em Paris também anunciou que haviam chegado a uma decisão.

Os rumores não eram verdadeiros, mas logo alcançaram Napoleão. Bem pouco do que Talleyrand dizia em Viena não chegava aos ouvidos de um dos seus agentes ou simpatizantes na delegação francesa, e Lady Holland enviou-lhe uma cópia da reportagem do jornal assim que a viu; perturbaram-no essas conversas de lhe encontrarem uma nova residência, apesar do Tratado. Ele esperava que os soberanos aliados o deixassem tranquilo em Elba, pelo menos enquanto o Congresso durasse ou fosse de sua conveniência. Até ali supunha correr bem menos perigo ante seus ex-inimigos, que o haviam tratado com o respeito devido a um imperador decaído, do que ante seus compatriotas, que o viam como um tirano derrubado.

Uma ameaça real, certamente, provinha da França. Louis XVIII já dera prova de má-fé ao deixar de pagar as pensões prometidas a Napoleão e sua família, e vários ministros não faziam segredo de sua hostilidade. Porém a situação não estava tão ruim quanto parecia, pois Louis tentava governar a França por meio de um curioso sistema não totalmente autocrático, não suficientemente constitucional, nem realmente eficaz. Seu principal conselheiro, o presunçoso e reacionário conde de Blacas, foi uma escolha desastrosa, sendo Blacas completamente incapaz de impor uma linha de ação comum a seus subordinados. Estes dirigiam seus departamentos com ciúme, sem consultar nem a ele, nem uns aos outros. Embora o próprio Rei não fosse um tolo, deixou as coisas correrem soltas enquanto a situação na França ia se deteriorando. Muito antes do fim de 1814, sua política quanto a Napoleão havia degenerado em pouco mais que uma confusão maldosa.

Alguns ministros estavam bem cientes do sentimento bonapartista no país e da inquietação de Napoleão em Elba. No verão todo, os agentes de polícia de Beugnot mandaram-lhes uma torrente de informes. Boa parte era de tolices, mas havia alguns preocupantes. Em 24 de julho, por exemplo, um informante em Nancy citou o que alguns habitantes da cidade estavam dizendo sobre o ex-imperador. "Falam dele como um homem traído", escreveu o agente num comentário de visão. "Parece que seus reveses e erros serviram apenas para suavizar a condenação pública dele. Suas loucuras, suas explosões de destempero e o lado ridículo de seu comportamento haviam apenas enfraquecido ligeiramente a confiança cega que o povo e os soldados tinham em sua capacidade. Ninguém exatamente conspira por ele, mas essa absurda obsessão é em si mesma um tipo de conspiração que merece cuidados, porque ele pode julgar possível aproveitá-la." "É difícil de acreditar que Bonaparte tenha de fato renunciado a qualquer futuro para si," escreveu de Estrasburgo outro agente, em 6 de agosto. "Teme-se que ele esteja simplesmente dando tempo ao tempo até que a França e a Áustria se envolvam em guerras das quais ele possa tirar proveito. (...) Se o governo se tornar mais reacionário, um dia Bonaparte voltará para a França à frente de um exército de descontentes que subverterá tudo."

Tais comentários eram comuns, principalmente de informantes no exército, e combinavam com informações de Elba que deveriam ter sido levadas mais a sério. Em 9 de setembro, o prefeito do Var transmitiu um informe de um agente em Livorno: "Todos a serviço de Bonaparte, civis ou militares," escreveu o agente após uma breve visita a Elba, "estão convencidos de que ele não ficará lá por muito tempo e que as coisas logo mudarão a seu favor." Dez dias depois um coronel da *gendarmerie* que havia estado em Livorno também saiu de lá com igual impressão. "Bonaparte está muito inquieto, muito nervoso, não se atreve a dormir no mesmo quarto duas noites seguidas," escreveu o coronel. "Ele expressa abertamente sua esperança de retornar ao palco político. As narrativas que o retratam mostrando indiferença, resignação e desejo de tranquilidade não parecem sinceras, sendo antes uma política de sua parte, já que, por toda a duração do Congresso, ele deve manter um faz de conta que não perturbe as potências das quais depende seu destino."

Beugnot conhecia os Bonapartes e seu trabalho. Tinha sido amigo de Lucien, ministro das Finanças de Jérome na Vestfália, e prefeito do Nord em 1813. No entanto, ele parece ter sido ambivalente sobre essas advertências de futuros problemas. Em 18 de novembro, a polícia de Saint-Tropez deteve uma mulher chamada Berluc que viera de Elba num grupo de empregados despedidos da Villa Mulini por razões de economia. Ela admitiu que era amante de um capitão da Guarda, alegou ser uma das damas de companhia de Pauline, e vaticinou que Napoleão e seus soldados logo deixariam Elba. "Estou convencido de que um longo período de repouso seja impossível para Bonaparte," observou Beugnot ao relatar esse incidente a Louis, "e que tão logo ele deixe de temer o Congresso, montará algum plano para escapar da ilha e uma vez mais perturbar o mundo." Ao mesmo tempo, ele se nega a levar o vaticínio de Mme Berluc a sério. "Ela fala em *exército dele*," escreveu sarcasticamente. "Como se alguém pudesse desembarcar na França com setecentos ou oitocentos homens, a maioria dos quais desertaria tão logo pudesse!" Não é de surpreender que um dos conhecidos de Beugnot estivesse "atônito pela pouca importância que ele atribui ao que está acontecendo em Elba e como são escassos os seus meios para manter vigilância sobre a ilha," e embora Beugnot enviasse duas fragatas para patrulhar o mar Toscano quando saiu do departamento de polícia para se tornar ministro da Marinha, deixou quatro navios de linha de combate, oito fragatas e doze corvetas ociosas em Toulon.

Parece que Beugnot teve medo de ser enganado por rumores sensacionalistas ou de provocar alarmes desnecessários. Mas alguns dos seus colegas eram irresponsavelmente despreocupados. O ministro do Interior, homem inteligente mas inconsequente chamado Montesquiou, era tão descontraído que não se dava o trabalho de abrir alguns dos relatórios recebidos do prefeito de Var, cuja crescente preocupação era a de que num belo dia Napoleão pudesse de repente surgir no Sul da França. O conde d'André de Bellevue, que sucedeu Beugnot como diretor-geral da polícia, era um velhote encantador que havia perdido totalmente o contato com as condições da França nos vinte anos que passara no exílio e, como Beugnot, nada fez para se livrar dos funcionários que haviam servido Napoleão e estavam, em alguns casos, ainda em contato com Fouché. Ele era de fato tão ingênuo que, quando quis um assistente pessoal, consultou Maret – que havia sido um dos mais íntimos confidentes do Imperador – e depois concordou em nomear um policial chamado Monier, ex-secretário do próprio Maret. Assim que Monier assumiu seu cargo na polícia, suas atividades eram como um livro aberto para Maret e para o grupo dos conspiradores bonapartistas que o viam como líder. O mesmo ocorreu na direção-geral dos correios, onde o conde Ferrand estava cercado por gente de lealdade duvidosa que dificultava de tal maneira seus esforços para censurar a correspondência que muitos bonapartistas consideravam tomar apenas precauções mínimas quando enviavam cartas pelo correio. O general Evain, por exemplo, era um velho amigo do general Drouot, que havia permanecido num cargo elevado do Ministério da Guerra e regularmente enviava mensagens para Elba por meio de sua irmã, empregada da agência dos correios de Angers. O serviço público inteiro, na verdade, estava cheio de *attentistes*, esperando para ver o que aconteceria. Mesmo que não dessem a Napoleão um apoio ativo no ponto mais baixo de suas carreiras, tinham-lhe devido, um dia, seus cargos, e bem poderiam voltar ao serviço dele novamente; nesse meio-tempo eram coniventes com as atividades de seus amigos e atrapalhavam as intrigas de seus inimigos.

Obstáculos ocultos desse tipo tornavam difíceis para os Bourbons, de maneira geral, governar a França, e ofereciam dificuldades especiais no trato com Napoleão e seus defensores. Talleyrand, é claro, ficaria encantado em ouvir que seu antigo soberano tinha sido deportado ou morto. Seu representante, o conde de Jaucourt, pode não ter sido conivente com nenhum específico esquema para sequestrar ou matar Napoleão, mas no começo de 1815 iniciou negociações secretas com Metternich sobre formas de descartar tanto Murat quanto Napoleão com o apoio de seus monarcas. O general Dupont, ministro da Guerra, nunca perdoou Napoleão por desacreditá-lo após a rendição de Baylen durante a campanha espanhola, e poderia contar com o endosso do conde d'Artois cujos agentes estavam metidos no caso Maubreuil e tentaram molestar Napoleão em seu percurso pela França. O irmão mais moço de Louis XVI e de Louis XVIII era o mais amargo inimigo do Imperador, escolado nos métodos brutais pelas exigências do movimento de resistência monarquista no qual teve papel de liderança, e pessoa mais próxima ao Rei, era o mais desejoso em ver Napoleão removido de Elba, por quaisquer que fossem os meios empregados.

Entretanto, apesar da intenção de prejudicá-lo desses homens bem colocados, havia algo curiosamente ineficaz na sucessão de complôs franceses contra Napoleão no decurso de 1814. As ordens eram muito vagas ou chegavam muito tarde. Os agentes eram indignos de confiança, incompetentes ou simplesmente azarados. Não havia dinheiro suficiente para realizar a tarefa. Tudo o que fizeram, no fim das contas, foi alarmar Napoleão e persuadi-lo de que seria eventualmente retirado ou sequestrado de Elba, caso não caísse antes vítima de algum corso descontente, algum monarquista vingativo, de um desertor rancoroso ou de um agente francês agindo por ordem de Paris ou Viena.

A Córsega era a base óbvia para aventureiros mal-intencionados. Enquanto muitos corsos dariam alegremente a vida pelo mais famoso filho de sua ilha, muitos mais ficariam igualmente felizes em se descartar dele. A maior parte dos corsos tomara partido do grande patriota Paoli e dos ingleses contra a Revolução Francesa, ou se tornaram fervorosos monarquistas, e ambas as facções odiavam os Bonapartes com a veemência de uma *vendetta*. Um dos mais influentes desses inimigos era Pozzo di Borgo, com conexão familiar e meninice em Ajaccio, que havia construído carreira como conselheiro do Czar e fazia o possível para contrabalançar a inclinação de Alexander de ser leniente com Napoleão. Além disso, entre as tropas francesas que retornavam para a Córsega quando acabou a ocupação inglesa em 1815, havia certo número de oficiais monarquistas para os quais nada seria melhor do que acertar contas com o Ogro Corso. O conde Chauvigny de Blot, por exemplo, era o assistente do general que assumiu temporariamente o comando da ilha e mantinha estreito contato com o conde d'Artois. "Pela paz do mundo," comentou ele sobre Napoleão no verão de 1814, "esse monstro deveria deixar de existir," e em seguida fez todo o esforço para transformar essas palavras agressivas em ação. Sabendo que havia uma dúzia de oficiais corsos no 35º Regimento de Infantaria que guarnecera Elba sob o comando do general Dalesme, e que havia outros corsos morando nas cercanias e em Portoferraio, Chauvigny tentou infiltrar agentes entre eles antes de Dalesme levar suas tropas de volta à França. Tentou também captar espiões e possíveis assassinos entre os corsos que saíam para junto de Napoleão em Elba. Quando nada resultou desses esquemas amadoristas, Chauvigny foi chamado de volta, mas o promoveram e lhe deram outro cargo.

No fim de julho, entretanto, o general Dupont nomeou Louis Guérin de Bruslart governador militar da Córsega. O momento era significativo, pois Talleyrand acabara de enviar o monarquista corso Mariotti para servir como seu cônsul e agente confidencial em Livorno, e os dois ministros podem ter maquinado um plano de ação conjunta contra Napoleão, a partir da Córsega e da Toscana. Seguramente, Bruslart possuía tanto a experiência quanto a motivação para operações clandestinas contra Elba. Ele havia lutado desde as primeiras batalhas da guerra revolucionária. Fora ativo *maquis* monarquista – era um homem, disse Napoleão apreensivamente a Campbell, "que foi usado por muitos anos quando estava na Inglaterra, em conluios e conspirações" e era capaz de "qualquer ato de hostilidade pessoal e opressão, mesmo com risco de perder a vida." E ele tinha um motivo pessoal para vingança. Dez anos antes, durante o Consulado, Bruslart persuadira outro oficial monarquista a confiar na oferta de Napoleão de um salvo-conduto, mas no retorno à França o homem foi preso e executado, e Bruslart havia então jurado matar Napoleão por essa quebra de confiança.

Uma vez na Córsega, ele estaria em boas condições de cumprir com sua ameaça de longa data. Tinha um grande número de assistentes, que incluíam homens que partilhavam de seu conhecimento de guerra irregular, três regimentos, uma poderosa força policial, duas fragatas, uma corveta e um brigue. Embora essa força não fosse suficiente para um ataque a Portoferraio, era forte o bastante para defender a Córsega, caso Napoleão algum dia fizesse uma repentina arremetida sobre sua terra natal, para patrulhamentos navais pelas ilhas vizinhas e para dar cobertura a qualquer lance secreto que Bruslart pudesse armar contra o rei de Elba. Mas não era tão forte como parecia. Enquanto os oficiais superiores do Exército se apressaram em fazer seus juramentos aos Bourbons, a maioria dos praças e um bom número de oficiais subalternos ainda eram leais a Napoleão. Bruslart não podia persuadir, subornar ou chantagear ninguém próximo ao Imperador para participar de uma conspiração, nem podia contar com ninguém, exceto com os monarquistas fanáticos entre seus próprios homens, para alguma desesperada aventura. Inclusive teve dificuldade em manter razoável segurança sobre suas próprias intrigas, pois sempre havia um constante gotejar de desertores e agentes bonapartistas atravessando para Elba, e a tripulação dos navios de guerra à sua disposição também não parecia de confiança. Em janeiro de 1815, Napoleão, ao falar com Campbell sobre duas fragatas que tinham recentemente começado a patrulhar próximo a Elba, fez a surpreendente afirmação de que "a tripulação desses navios era ligada a ele e lhe passava informações de tudo que ocorria na esquadra."

Mesmo assim Bruslart continuava tentando, e rumores de suas maquinações eram tão comuns em Elba que se tornou quase impossível distinguir fantasias de fatos. Houve sem dúvida um forte sinal de perigo nas primeiras semanas de setembro. A polícia repentinamente se tornou mais vigilante, e Mariotti relatou que estava difícil para qualquer pessoa, exceto para visitantes ingleses, obter permissão para ficar em Elba por mais de três dias. Em 9 de setembro, além disso, o *Inconstant* teve sua tripulação integralmente completada sem aviso prévio e foi mandado para o mar com um reforço de homens da Guarda. Napoleão fechou-se por duas semanas na fortaleza de Longone, onde conservava um aposento esparsamente mobiliado, e mantinha os visitantes afastados dele. Depois dessa ocasião, reparou Campbell, ele não saía para se exercitar, "exceto com quatro soldados armados a acompanhá-lo." Mas não há nada a indicar se houve pressão causada por um dos planos de Bruslart, por um dos homens de Mariotti, ou por uma das frequentes ameaças dos corsários berberes. O próprio Napoleão foi vago contando a Campbell em 16 de setembro que "uma pessoa de outro país viera a

Elba como assassino" e dizendo como justificativa que aquela fora a razão de "algumas dificuldades" para viajantes ingleses nas mãos do belicoso Cambronne e da polícia de Portoferraio.

Rumores de tais maquinações eram comuns na atmosfera quente do Congresso de Viena, mas uma operação clandestina contra Napoleão certamente chegou ao conhecimento da polícia secreta austríaca na terceira semana de outubro. Interceptaram uma série de cartas em tinta invisível que Mariotti enviara de Livorno a Talleyrand, ao conde Dalberg, que era membro da delegação francesa em Viena, e ao general Dupont em Paris. Na primeira dessas cartas, datada de 28 de setembro, Mariotti pesarosamente explica que "não há muita chance de capturar Napoleão" devido às "extraordinárias precauções que ele tomou contra todos os estrangeiros, em especial os que chegam da França e de Livorno, às contínuas trocas de domicílio, e à esperança entre seus soldados de uma mudança para melhor quando o Congresso acabar." Portanto, ele havia tramado um engenhoso plano para pegar o Imperador num momento em que estivesse separado de seus leais guardas. Observando que Napoleão já havia feito duas vezes a travessia para Pianosa no *Inconstant*, Mariotti também relatou que o tenente Taillade, que comandava o brigue, estava com excesso de trabalho, mal pago e descontente com sua sorte. Se pudesse ser encontrado o homem certo para agir como intermediário, sugeria Mariotti, Taillade poderia ser persuadido a fazer de Napoleão prisioneiro numa dessas visitas a Pianosa e partir com ele para uma ilha presídio perto de Toulon.

A carta seguinte, a Dalberg, escrita em 3 de outubro, era codificada. "Não esqueci a comissão dos vinhos espanhóis," escreveu Mariotti. "Assim que alguns bem envelhecidos chegarem, conseguirei pipas e enviarei a você em tonéis duplos por Marselha." Dois dias mais tarde, numa carta em que informava ter mandado mais dois agentes para Elba e que estava ocupado com outras formas de vigilância, Mariotti fez uma reclamação bastante comum entre agentes secretos. "Faço todo o possível para ter êxito," escreveu sombrio, "mas tive muitas despesas e ainda não recebi um tostão sequer."

O projeto Pianosa "para abduzir o vizinho," como Mariotti o descreveu, foi criado demasiado tarde. Em 20 de setembro, mais de uma semana antes de Mariotti ter escrito para Viena dizendo o que tinha em mente, Napoleão havia deixado seu protegido retiro em Longone embarcado no

Inconstant e saído para Pianosa para resolver o problema com o major Gottmann. É possível que naquela hora ele tenha decidido não haver mais nenhum motivo para ir à ilha, já que não via futuro em seus planos de colonizá-la. Também pode ter sabido da possibilidade de ser sequestrado numa dessas visitas. A verdade é que nunca mais foi lá.

De um modo ou de outro, setembro foi um mês de muita ansiedade para Napoleão. Numa ocasião em que Bruslart e Mariotti estavam ativamente conspirando contra ele e um bando de agentes menos importantes estava tentando prejudicá-lo e descobrir seus segredos, ele se viu, de forma inesperada, defrontado com uma ameaça dos corsários berberes. Esses piratas, que partiam de Trípoli, de Túnis, de Argel e de pequenos portos da costa norte da África, desde muito eram uma ameaça e haviam se tornado mais ousados durante a recente guerra – enquanto as naves francesas e inglesas ocupavam-se alhures – vagando por todo o Mediterrâneo central para assaltar navios mercantes e levar seus tripulantes para a escravidão. Eventualmente, era óbvio que as potências marítimas teriam de varrê-los do mar. No final do verão de 1814, no entanto, os piratas ainda saqueavam a costa da Itália e pareciam ser uma ameaça direta a Napoleão. Um ataque corsário seria um modo inteligente de capturá-lo ou matá-lo; ou uma operação naval aliada para eliminar os piratas poderia ser boa cobertura para um desembarque em Elba.

A primeira dessas preocupações provavelmente explica por que Napoleão fez o *Inconstant* ao mar em 9 de setembro. Com duas embarcações piratas avistadas perto de Elba, achou prudente uma demonstração de força, e talvez tenha sabido das notícias que Campbell enviou de Florença a Bertrand no dia seguinte. Pois Campbell havia pouco ouvira do almirante Hallowell que o bei de Túnis declarara guerra a Nápoles e Gênova, e que os "cruzadores de Argel e de Trípoli estavam ao mar com ordens similares." Má notícia, pois Elba dependia muito do movimento comercial de navios desses dois portos italianos. No entanto, a última frase do comunicado de Hallowell, escrito de Palermo em 31 de agosto, era ainda mais perturbadora. O bei de Argel, disse ele, fora ainda mais categórico, ordenando aos seus navios que se apoderassem de todas as embarcações navegando sob a bandeira de Elba "e do soberano dessa ilha também, caso alguma feliz oportunidade se apresente de pôr as mãos nele." A reação de Campbell a esses termos ominosos foi extraordinária. Simplesmente os suprimiu, e quando transcreveu a carta de Hallowell em seu diário, sublinhou as palavras finais e deu uma peculiar desculpa nada convincente por não transmitir o alerta. "A última parte, marcada em destaque," escreveu, "não a enviei ao general Bertrand por ser pessoalmente ofensiva a Napoleão."

A polidez não deve ter sido o motivo para ocultar de Napoleão uma informação tão vital, especialmente porque Campbell estava bem cônscio de que ele temia esse destino mais do que qualquer outro. É mais provável que a carta de Hallowell tenha chegado como um embaraço num momento complicado para a trama de Mariotti de pegar o Imperador com a ajuda de Taillade. Se Campbell discutira o sequestro com Mariotti – e ele havia transitado por Livorno justamente quando o plano se delineava –, ele estaria compreensivelmente relutante em passar qualquer sinal de perigo que pudesse deter Napoleão de embarcar no *Inconstant* ou navegar nas vizinhanças de Pianosa no fim do mês. Ele ainda nada diria sobre o assunto quatro dias mais tarde, quando se encontrou com Bertrand em Portoferraio; apenas mostrou uma carta contendo uma notificação formal da declaração argelina de guerra e observou que Bertrand "pareceu muito agitado" ao saber que o governo inglês não dera nenhuma garantia de proteger Napoleão em tal caso. O sobressalto de Bertrand era compreensível, especialmente caso Napoleão já soubesse por outras fontes da ameaça pessoal que Campbell deliberadamente ocultara, e esse episódio pode ter induzido Napoleão a procurar pelo menos a ajuda indireta de seu cunhado. Campbell certamente tinha essa impressão. "A esquadra de Murat dispõe-se frequentemente ao sul desta ilha," anotou em 22 de outubro, "navegando entre ela e a baía de Nápoles, a fim de proteger seu transporte de mercadorias contra as potências berberes, mas não é do meu conhecimento que tenham mantido qualquer tipo de comunicação com este lugar."

Campbell claramente achou difícil decidir-se quanto aos corsários. Em setembro, deduziu que eram hostis a Napoleão. Em 24 de outubro, porém, quando um *xebec* tunisiano ancorou ao largo de Longone, ele julgou que pudesse ser "um truque de Napoleão para perturbar essa região." Houve um incidente cômico quando o corsário desembarcou e pediu uma audiência com "o Grande Senhor da Terra," e ainda que esse pedido tenha sido negado como cautela contra alguma traição, Napoleão deteve-se o suficiente em uma de suas caminhadas para o comandante prostrar-se ante ele em saudação. Esse gesto, o hastear da bandeira elbense, uma salva de tiros, uma troca de presentes e a prolongada estada do navio pirata, que permaneceu em Longone por quase duas semanas, tudo isso fez o desconfiado Campbell imaginar alguma ligação secreta entre Elba e Túnis ou entre Elba e Toulon. "Parece certo," concluiu ele num longo e confuso memorando em 12 de setembro, "que Napoleão tenha feito boas relações com esse governo, ou subornado o comandante do navio com a vantagem do abrigo em seus portos para poder, talvez, se comunicar com a França." Achando-se incapaz de decifrar seus próprios enigmas, Campbell partiu novamente para Livorno e Florença, alegando que precisava consultar a polícia toscana e também precisava comparar notas com Lord Burghersh, por intermédio do qual ele agora enviava seus despachos para Viena e Londres. Parece ter se agitado de forma desproporcional com a chegada do corsário berbere a Longone. O rebuliço que fez não foi menor do que faria caso tivesse suspeitado que Napoleão planejava uma fuga antecipada nesse mesmo navio, ou – como ele igualmente insinuou – o corsário tivesse vindo de Toulon com notícias de uma conspiração bonapartista para apoderar-se "daquele importante porto e da esquadra."

Campbell estava aflito, pesava-lhe a incômoda sensação de que dando algo errado o culpariam. No entanto a jornada a Florença assinalou uma clara mudança de atitude quanto à sua missão em Elba. Ele havia sido, até então, consciencioso. Agora, começava a esquivar-se e mesmo a descuidar de seus deveres; e a diferença aparece nas entradas de seu diário e em seus comunicados oficiais. Afora o conjunto de relatórios sobre suas conversas com Napoleão em 31 de outubro, 4 e 21 de dezembro, suas informações consistiam de pouco mais que mexericos recolhidos pelo seu agente Ricci e os relatos do Mercador de Azeite que Mariotti passava para ele. Por volta de janeiro, na verdade, ele mal se incomodava em manter-se em dia com os acontecimentos, pois resumiu o mês todo num único lançamento do diário de menos de mil palavras, e essas poucas páginas, como as surpreendentemente breves mensagens para Castlereagh, tiveram de cobrir uma visita a Gênova, o desmascaramento da conspiração italiana pela polícia secreta austríaca e uma significativa conversa com Napoleão, na qual o Imperador falou de seus medos de uma deportação e de sua determinação em resistir pela força.

Não havia dúvida de que Campbell veio a achar a vida em Elba tediosa. "Napoleão," escreveu irritado numa nota em fins de dezembro, "tem aos poucos se indisposto contra mim, e vários expedientes são usados para me mostrar que minha presença é desagradável (...) com o propósito de me induzir a abandonar Elba de vez." Ele achava esses calculados menosprezos ofensivos e quase deixou Napoleão levá-lo à renúncia antes de decidir que deveria manter seu compromisso até o fim do Congresso de Viena.

"Resolvi sacrificar meus próprios sentimentos," Campbell escreveu, acrescentando o insincero comentário de que, por razões de saúde e recreação, iria "ocasionalmente" visitar Livorno, os banhos de Lucca, e Florença. Isso era o oposto da verdade. Embora Campbell tenha pedido e lhe tenha sido recusada permissão para morar na Toscana durante os meses de inverno, mesmo assim ele agiu como se Lord Burghersh lhe tivesse dado licença para restringir seus deveres em Elba a curtas visitas rotineiras. Raramente aparecia em Portoferraio, e, mesmo quando passava lá por poucos dias, partia tão logo tivesse visto e falado com Napoleão. Esse novo arranjo servia muito bem a Napoleão. Quanto mais Campbell estivesse fora, mais o Imperador ficava livre para ver quem lhe agradasse e fazer o que quisesse. Servia também a Campbell, que preferia muito mais a elegantemente adequada companhia que encontrou em Florença, especialmente a atraente Contessa Miniacci.

"Ninguém sabia muito sobre suas origens, ou mesmo sua nacionalidade," escreveu o agente francês Hyde de Neuville após encontrá-la em novembro de 1814: "Falando todas as línguas, conhecendo todo o mundo político, ninguém pode afirmar a que causa ela serve por trás de sua máscara de indiferença. Campbell era um de seus constantes acompanhantes, e toda vez que ele chegava de Elba trazia-lhe notícias do que lá acontece." Hyde dá a entender que ela pode ter sido informante de Napoleão na Itália – e das mais úteis, se assim fosse, porque ela podia dizer o que Campbell estava pensando e possivelmente influenciar seus movimentos entre Elba e a Toscana. Mas ela pode ter trabalhado para a polícia austríaca, ou para a inglesa, ou ter sido uma agente dupla ou simplesmente uma mulher que gostava de dar-se ares de mistério. Qualquer que tenha sido o papel que ela desempenhava, parece que seus encantos eram um dos motivos por que Campbell agora passava tão pouco tempo em seu posto.

Hyde de Neuville, escreveu Campbell em novembro, depois de Mariotti tê-lo apresentado a esse notável agente francês, "foi enviado para a Itália pelos amigos confidenciais do rei da França, para colher informações a respeito da situação e conduta de Napoleão em Elba," e Campbell aproveitou a oportunidade para contar o que sabia sobre a ilha e repetir sua persistente preocupação quanto aos planos e intenções de Napoleão.

Apesar de todo forte desejo pessoal de Campbell de deixar o posto de Elba, seu instinto profissional dizia-lhe que algum dia, em breve, de alguma forma que ele não podia predizer, Napoleão traria novamente transtornos a seus velhos inimigos, e recapitulava as razões do desconforto que ele expressara repetidas vezes em seus relatórios a Castlereagh. O rei de Elba, dizia Campbell, "gozava de ilimitada liberdade pessoal e de comunicação com o Continente (...) não era suficientemente vigiado (...) ainda mostrava a mais intranquila das disposições," e era perfeitamente capaz de ir embora de Elba se assim decidisse. Ficou encantado com o efeito desses sombrios avisos, comentando que "Hyde tomou nota por escrito (...) e partiu no dia seguinte, em urgência para Paris." Campbell e Mariotti, de certo modo desmoralizados pelo isolamento e a visível indiferença de seus chefes à ameaça proveniente de Elba, tinham ao menos uma vez encontrado um ouvinte solidário e influente. Campbell falou "com a máxima franqueza," escreveu Hyde posteriormente, e não podia ter sido "mais zeloso," enquanto Mariotti era "um ativo e inteligente homem de espírito que inspira confiança."

A possibilidade de uma fuga preocupava Hyde desde que os Aliados haviam mandado o Imperador para um local tão sem segurança. "Você não acha que, antes de sair de Fontainebleau, Napoleão olhou o mapa?" – perguntou-lhe um velho conhecido, o almirante Sir Sidney Smith, quando passou por Londres em julho a caminho de casa, vindo do exílio nos Estados Unidos. "Tem a distância entre Elba e a costa sul da França alguma importância para um homem que marchou de uma ponta à outra da Europa? Não seriam suficientes algumas poucas horas para ele juntar-se a suas tropas?" As perguntas de Smith importunaram Hyde durante o verão todo; ele não podia se convencer de que os antigos partidários de Napoleão haviam realmente abandonado "o homem que possuía tamanho poder mágico sobre eles." Enquanto Napoleão estivesse tão perto da França e da Itália, escreveu ele, "devemos compreender que intrigas, ambições, espírito partidário e entusiasmo, tudo trabalhará em prol dele, mesmo sem ele (...) conspiração ou não conspiração, esteja pesaroso ou não pela sua situação, ele é e continuará sendo um imenso perigo." Em 20 de agosto, Hyde estava de volta a Londres. "Minha missão concernia nominalmente à supressão dos piratas berberes no Mediterrâneo," disse ele depois, "mas a razão secreta era frustrar tentativas de fuga de Bonaparte." A ideia de combinar ataques nos portos dos corsários com uma invasão a Elba certamente contava com o apoio de Smith, que havia sido outrora muito ativo em operações clandestinas ao longo da costa do canal e realizara, ele próprio, uma sensacional fuga quando Napoleão o prendera na prisão do Templo em Paris – mas nada parece ter dado certo nesse plano para descarte do incômodo Bonaparte. "Os ingleses farão muito pouco, ou mesmo nada, para mantê-lo em sua ilha," escreveu Hyde desconsoladamente a Louis XVIII quando voltou de Londres. "Se ele sair de lá poderá novamente sublevar a Itália ou desencadear uma guerra civil na França. (...) Continuo acreditando ser necessário pôr o oceano entre ele e a Europa."

Quando Hyde partiu para a Itália em outubro, usava ainda as pilhagens dos piratas berberes como desculpa para sua missão, mas na verdade sua preocupação era com a perspectiva de uma revolução italiana, com Napoleão e Murat agindo de comum acordo e tirando proveito dos erros de seus inimigos. Caso a França desse a Bonaparte o dinheiro prometido pelo tratado de Fontainebleau, os Aliados deixassem Marie-Louise com os ducados de Parma e lhe permitissem retornar da Áustria, as tropas estrangeiras recuassem de Gênova e Murat fosse deixado sossegado, porém insatisfeito, no trono de Nápoles, "em dezoito meses a Itália estará em chamas." Hyde visitou o rei do Piemonte, o duque de Modena e o grão-duque da Toscana, e em cada lugar ouviu a mesma história. O país inteiro, reportou ele para Paris, era "um vulcão," e Napoleão logo retornaria: "seus espiões e seus defensores estavam por toda parte." Na opinião de Hyde havia somente uma maneira de evitar esse desastre. Napoleão precisava ser separado de Murat. Ele acreditava que uma combinação de pressão e persuasão poderia convencer Bonaparte a sair de Elba – um novo começo nas Américas bem poderia ser uma perspectiva mais atraente do que a arriscada aventura de um renovado conflito na França e na Itália, e estava convencido de que Murat se encontrava de tal maneira desejoso de permanecer no trono de Nápoles que concordaria com quaisquer termos que o deixassem ali ficar.

Era uma ideia engenhosa. Metternich já havia começado a pensar nessa direção, pois esse tipo de acordo seria um meio conveniente de estabilizar a situação no Mediterrâneo caso a Áustria e a França viessem a ser aliadas numa guerra contra a Rússia e a Prússia. O duque de Orléans (ou alguns de seus amigos) pode também ter se interessado. Era o único membro da família real aceitável tanto pelos antigos jacobinos quanto pelos bonapartistas. Ele seria o legatário restante se o regime Bourbon ruísse e Napoleão estivesse muito distante para aproveitar da oportunidade; e, não sendo amigo de Ferdinand, poderia aceitar Murat e Caroline como governantes de Nápoles. Porém, antes de ir em frente com esse plano, Hyde precisava de um sinal de interesse de Napoleão, mas apesar de ter feito várias tentativas para contatar o Imperador, não houve resposta de Portoferraio.

No início de novembro, depois da desconcertante conversa com Campbell e munido de novas provas com as quais esperava "destruir a falsa segurança" do governo francês, Hyde voltou para a França, onde recomendou a ambos, Blacas e a Beugnot, vigilância mais rigorosa sobre Elba. Enviar duas fragatas e um navio-correio de Toulon, escreveu ele numa carta postada urgente, no caminho para Paris; substituir a guarnição de Toulon, certificar-se de que as tropas nas províncias do Sul da França pertençam a unidades confiáveis, substituir oficiais de fidelidade duvidosa na Córsega, assegurar-se de que os representantes franceses na Itália sejam leais, censurar todas as cartas entre Elba e França.

Sensatas todas as recomendações; e algo foi feito. As duas fragatas prontamente chegaram de Toulon, escreveu Campbell depois, "mas elas não puderam impedir a desgraça e não tiveram nenhuma utilidade." Como Bruslart, Mariotti e Hyde constataram, os monarquistas franceses tinham sido tanto hostis quanto indecisos em relação a Napoleão, e agora o tempo começava a se esgotar.

14
Ameaça de descumprimento

Para os monarquistas franceses, a maneira mais fácil de acossar Napoleão era falhar no pagamento das pensões prometidas a ele e à sua família, quando ele concordara em viver na ilha de Elba. Após vinte anos de exílio, os Bourbons relutavam em subsidiar os Bonapartes, e Louis XVIII podia justificadamente alegar que ele mesmo estava em grandes dificuldades financeiras. No seu regresso a Paris, ele verificou que o Tesouro estava quase vazio, que Napoleão o havia sobrecarregado com pesada dívida pública, que ele próprio tinha de reembolsar os empréstimos feitos pelos Aliados durante sua longa emigração inglesa, e que seus financiadores esperavam por alguma recompensa tangível pela lealdade. Porém seu *default* em pagar um franco sequer do contrato da pensão foi um ato bobo de rancor. Deveria ser óbvio para o rei Louis que, se faltassem os fundos para manter-se em Elba, Napoleão seria, mais dia, menos dia, forçado a escolher entre a falência e uma desesperada tentativa de restaurar seus haveres – e não havia dúvida de qual seria a escolha de um homem com seu temperamento. Os Aliados certamente viam o risco que corria Louis XVIII. Não só achavam desonrosa aquela recusa em cumprir compromissos; acreditavam também que era taticamente de grande imprudência dar a Napoleão a desculpa para alegar que a França rompia o Tratado de Fontainebleau. Castlereagh e seus colegas em Viena já haviam feito várias severas indagações sobre a pensão antes de Talleyrand escrever a Louis em 3 de outubro para dizer que o Czar fazia "desagradáveis" perguntas a respeito do "silêncio do orçamento sobre o assunto."

Cumprimento estrito era uma questão de princípio para Castlereagh, ele também preocupado com a sucessão de despachos em que Sir Neil Campbell (agora era cavaleiro) descrevia Napoleão cada vez mais frustrado, conforme passavam as semanas sem receber nenhuma referência à pensão. "Fui informado por segura autoridade que seus atuais fundos estão quase exauridos," reportou Campbell em 22 de outubro; e em novembro ele vinculou a necessidade de fundos por Napoleão a uma advertência sobre suas irrequietas intenções. "Se as dificuldades pecuniárias o pressionarem por muito mais tempo, a ponto de impedir que sua vaidade se satisfaça com a ridícula formação de uma Corte que até aqui ele manteve em Elba, e se suas dúvidas não forem afastadas," escreveu Campbell, "acho que é capaz de atravessar para Piombino com suas tropas ou de qualquer outra excentricidade. Porém se sua residência de Elba e sua renda lhe forem asseguradas, penso que ele passará o resto da vida em tranquilidade." No despacho seguinte, em 6 de dezembro, embora ainda dissesse que um imediato pagamento pontual poderia apaziguar Napoleão, Campbell agourentamente opinava que mesmo um pagamento poderia não ser suficiente, caso "alguma grande oportunidade se apresente na Itália ou na França." Apenas dois dias antes, acrescentou ele, Napoleão lhe havia falado sobre "a efervescência que há na França" e dado a entender que se os descontentes irromperem numa nova revolução, "os soberanos da Europa vão achar necessário, para tranquilidade própria, recorrer a ele" para pacificar o país.

Por diversos motivos convinha a Napoleão alegar pobreza. O primeiro era temperamental. Sua personalidade incomodamente combinava a natural parcimônia de um corso pobre, mercenário soldado da fortuna, com a liberalidade adquirida por um Imperador que dominara o maior Império desde os Césares e era sovina como um auditor, enquanto ao mesmo tempo criava ducados para seus marechais e esboçava planos para fazer de Paris a mais bela cidade do mundo. Fazia exatamente o mesmo no exílio. Tanto sua mãe quanto sua irmã Pauline fizeram-lhe consideráveis contribuições financeiras quando viviam em Portoferraio; no entanto, ele se debruçaria sobre suas contas domésticas para ver o que elas gastavam, e sempre que descobria algum item que parecesse extravagante – até mesmo a pintura da sala de estar de Letizia ou as cortinas no quarto de Pauline – repreendia a transgressora e recuperava o montante do gasto. Tudo que lhe causasse temor de ficar sem dinheiro intensificava sua peculiar mesquinharia.

O segundo motivo estava mais perto da verdadeira situação, embora não fosse tão premente quanto Napoleão alegava. Mesmo que ele descontasse definitivamente os gastos feitos no primeiro ano – quando reformava Villa Mulini e San Martino – com as despesas de inúmeros outros melhoramentos, do estoque de suprimentos e de pôr seu pequeno exército em condições operacionais, ele perceberia, com o tempo, que não podia mais acertar as contas só com a renda dos impostos, da extração de sal, da pesca de atum e das minas de ferro, especialmente se quisesse manter uma organização militar que custaria muito acima de 1 milhão de francos por ano, ou seja, mais que o dobro de seus dispêndios públicos e domésticos. Em bases anuais ele teria de suplementar sua renda com algo muito próximo da prometida pensão.

Em terceiro lugar, ele esperava um capital político à custa de suas dificuldades financeiras. Quanto mais pudesse demonstrar as finanças realmente precárias devido a seus direitos lhe serem negados, mais provocaria compaixão para si e desprezo pelo governo Bourbon que faltava com a palavra e tentava arruiná-lo. Essa não era apenas uma questão de opinião pública, muito embora ele fosse também um hábil propagandista para negligenciar tão grande oportunidade. Havia uma pequena chance, no confuso jogo que os Aliados faziam em Viena, de que o fato pudesse servir a um ou outro deles para usar a inobservância dos Bourbons como justificativa de uma possível reabilitação dos Bonapartes. Num mundo governado principalmente por déspotas, essas chances ocorriam, e Napoleão presenciara estranhos giros do destino nos últimos quinze anos.

O quarto motivo para a ansiedade de Napoleão sobre a pensão não paga era o mais importante e mais urgente – e ajuda a explicar a razão por que ele relutava em sentar pacientemente e olhar seus recursos se esvaírem. Para ele, assim como para Louis XVI, o dinheiro prometido aos Bonapartes se tornara um símbolo. Se fosse pago, ele poderia se considerar solvente e seguro, pois o pagamento seria um sinal de reconhecimento da parte dos Bourbons e dos Aliados. Se não fosse pago, apesar da asseveração dos Aliados, ele teria algum dia de fazer frente à insolvência, à deportação, ou algo pior. Era uma conclusão simples e no entanto arrasadora. Se Louis julgasse que podia ignorar cláusulas financeiras do Tratado de Fontainebleau e que as críticas feitas pelo Czar ou por Castlereagh em Viena não teriam efeitos práticos em Paris, obviamente pouco restaria, afora sua própria consciência, para impedir o rei da França de desconsiderar todas as outras estipulações e tratar Napoleão como proscrito. Essa sinistra possibilidade parecia cada vez mais possível após 18 de dezembro, quando Louis sancionou um decreto do governo francês confiscando todos os imóveis e outros bens da família Bonaparte.

Se Louis podia arrestar as posses de Napoleão impunemente, por que respeitaria a pessoa dele?

Napoleão começou a economizar no fim de setembro, quando fazia seu orçamento para o ano seguinte. Pelo nível do que os soberanos aliados e seus acólitos estavam gastando em Viena, as economias que ele propunha eram insignificantes, porém nas restritas circunstâncias de Elba elas eram suficientes para convencer Campbell de que ele estava realmente em dificuldades financeiras.

Para equilibrar suas contas, alegava Napoleão, ele teria de reduzir o número de empregados da Villa Mulini, pagar metade do salário de cada funcionário em notas promissórias, reduzir a ajuda de custo para refeição de seus oficiais, restringir os suprimentos para seus soldados, alienar canhões obsoletos e outros equipamentos militares, cortar o programa de construção de estradas e outros melhoramentos, e até mesmo vender alguns prédios públicos, inclusive uma igreja, um quartel e a prefeitura de Portoferraio. "Tantas pessoas do seu *entourage* foram demitidas," reportou mordazmente um dos espiões de Beugnot em 15 de novembro, "que ele próprio faz quase tudo, exceto ir ao mercado com seu cozinheiro;" e foi mostrada a John Cam Hobhouse, quando visitava Florença, uma carta de Campbell dizendo que Bertrand tinha tão poucos fundos para administrar a Casa Real que havia recentemente substituído o Chambertin favorito de Napoleão pelo rascante vinho local.

Tais medidas, é claro, também fariam sentido caso Napoleão tivesse chegado à conclusão de que deixaria Elba dentro em pouco e que não havia necessidade de desperdiçar dinheiro nesse ínterim. Outro dos agentes de Beugnot, na verdade, comentara sobre essa possibilidade ainda em 8 de outubro. Napoleão, disse ele, estava "se restringindo à condição de um rico burguês, talvez porque lhe falte dinheiro para adequar as despesas, talvez porque ele esteja inquieto quanto ao resultado do Congresso e queira mascarar uma alteração em seus planos secretos simulando uma simplicidade enganosa."

É verdade que havia um grave déficit na conta-corrente, e tanto o orçamento para 1815 quanto o balanço que Peyrusse redigiu após Waterloo deixam claro que Napoleão viveu acima de sua renda durante o tempo em Elba. Mas ele ainda não estava vivendo acima de seus recursos. Poucos daqueles que ouviam suas queixas de iminente penúria tinham ideia de que o rei de Elba ainda possuía haveres substanciais. É difícil ter certeza de quão extensos eram, porque Napoleão era adepto de manipular os números para servir aos seus propósitos imediatos, e Peyrusse desde muito aprendera a equilibrar as contas do balanço em alguns francos sem revelar subvenções, empréstimos e desembolsos que seu chefe desejasse ocultar. Arredondando, parece que Napoleão podia ainda contar com 5 ou 6 milhões de francos, possivelmente mais. Dos 4 milhões de francos que Peyrusse recolhera em Fontainebleau, Orléans e Rambouillet antes de partir para Elba, cerca de um terço fora usado para fazer face a despesas extraordinárias até o final de 1814. Isso deixava mais de 2,5 milhões para fundos de guerra. As reservas das minas de ferro – causa das rixas com Pons –, os pagamentos não cobrados pelo minério de ferro e os depósitos em inúmeros bancos europeus chegavam ao montante de algo em torno de outro milhão de francos (e banqueiros em Gênova e Genebra estariam dispostos a oferecer mais crédito tendo as minas como garantia). Lavallete, que fora íntimo companheiro de Napoleão, assim como diretor-geral dos Correios, disse em suas memórias que desde a campanha russa ele amealhara 1,6 milhão de francos em ouro, acondicionados em pacotes feitos para se assemelhar aos 55 volumes de *Ancient and Modern History* e escondidos sob tábuas do assoalho de sua casa perto de Versailles; o príncipe Eugène e algumas poucas outras pessoas de confiança aparentemente tinham dinheiro à disposição de Napoleão; e sua mãe havia preservado grandes somas de seus subsídios públicos durante o Império e, com toda sua frugalidade corsa, estava disposta a pô-los à disposição de Napoleão pelo bem da família. Ainda que Napoleão continuasse a acumular déficit na mesma proporção que em 1814, ele seria capaz de manter-se e a seu reino e seu exército pelo menos até o fim de 1817. Não havia nenhuma crise financeira imediata. Havia, no entanto, uma situação política deteriorada que fizera do pagamento da pensão de Napoleão o símbolo de todas as suas perspectivas.

Napoleão havia esperado durante semanas que sua irmã resolvesse se estaria bem o suficiente para retornar da villa de verão que Murat e Caroline providenciaram para ela em Portici, à sombra do Vesúvio. Pela maior parte de outubro ele inclusive se privara do uso do *Inconstant*, mantido ancorado na baía de Nápoles até que Pauline parasse de mudar de ideia sobre a data de partida. Ela achava que podia seguir por via de Roma – ou tratar-se com as águas da ilha de Ischia, ou esperar para saber a quantia que o duque de Wellington havia pago para transformar em embaixada britânica a mansão dela em Paris. Por fim, Murat e Caroline viram-na partir em 29 de outubro, e dois dias mais tarde o brigue deslizou sob a proteção dos fortes de Portoferraio e foi acolhido com uma salva real. Pauline possuía forte senso teatral assim como uma boa dose de egoísmo, e sabia como efetuar a entrada em cena. Embora Napoleão e sua mãe estivessem no cais para recebê-la, com uma caleche para levá-la pela trilha de carruagens para Villa Mulini, ela insistiu em esperar os marinheiros desembarcarem sua própria *berline* e os cavalos; enquanto isso, tratou de impressionar a multidão andando a pé e distribuindo doces para a criançada que se espremia à volta dela. Naquela noite o povo da cidade iluminou as janelas em sua homenagem.

Tanto Pons quanto Peyrusse notaram uma imediata modificação que a chegada de Pauline produziu no rei de Elba assim como em seus súditos. Apesar de todas as teimosias de Pauline, de sua extravagância, sua hipocondria e sua instabilidade amorosa, que a tornavam mais semelhante a uma adolescente mimada do que a uma mulher já bem acima dos trinta, ela possuía uma ardilosa sedução que arrastava todos a cederem aos seus caprichos. "A princesa Pauline tinha todas as qualidades de um anjo," disse Pons com seu jeito efusivo. "Era doce, afetuosa, gentil, e seu temperamento alegre trazia vida a tudo ao seu redor." Peyrusse dizia quase o mesmo. "Sua presença era uma fonte de prazer e alegria para a corte do Imperador," escreveu mais tarde, "para as mulheres da cidade e para a guarnição."

Pouco havia a fazer para compensar os franceses em Elba por tudo que abandonaram a fim de seguir o Imperador no exílio. Cada dia que passava, mais soldados resmungavam saudosos de casa, pedindo licença ou baixa, e Campbell era apenas um de vários que notavam o baixo moral do exército de Napoleão e como a tropa diminuía de semana a semana. "Estamos morrendo de tédio," disse um oficial a um visitante da França pouco antes da chegada de Pauline. Para tais pessoas, a presença de Pauline representava a esperança. Tal como a tentativa de Napoleão de transplantar a corte imperial para Elba, o esforço dela para instilar a vitalidade parisiense na insípida pequena sociedade de Portoferraio era em grande parte um faz de conta, mas serviu para os maçantes meses de inverno quando tudo se achava instável e nada de definitivo podia ser feito.

Pauline certamente animou a rotina de Villa Mulini, mesmo à custa de briguinhas com o irmão, que se irritava com suas extravagâncias, com seu gosto por vestidos ostentosos e imodestos, e sua contumácia em caçoar de qualquer um – inclusive dele – que se mostrasse pomposo. Contava sempre com um caudal de visitantes, que normalmente eram recebidos como se ela fosse uma lânguida inválida, e quando saía para retribuir as visitas, fazia-se carregar para todos os lugares numa liteira. Contudo, ela sempre conseguia encontrar energia para os entretimentos que adorava. Houve um baile para dar-lhe as boas-vindas, no qual ela dançou metade da noite e ao qual deu seguimento com um turbilhão de sociabilidade. "Vesperais" para as senhoras elbenses, tardes musicais em que os presentes ouviam cantores napolitanos e um pianista que ela trouxera de Nápoles, jantares na Villa Mulini para visitantes e notáveis locais, em que a conversa se mostrava muito mais animada do que a rotineira combinação de trivialidade doméstica e nostalgia militar de Napoleão, *soirées dansantes*, com rodas de jogo de que algumas vezes Napoleão participava, para divertir os oficiais e as damas de companhia que formavam o grupo jovem que Pauline atraía para seu redor, e encenações amadoras no diminuto palco armado no depósito que Napoleão havia transformado em sala de reunião.

Além disso, menos de três meses após a chegada de Pauline em Portoferraio, Napoleão levou em frente seu plano de fazer um teatro mais amplo na capela carmelita desconsagrada, que vinha sendo utilizada como depósito de armamento, custeando reformas com a venda de camarotes para os mais prósperos cidadãos e fazendo o empreendimento parecer socialmente desejável ao inscrever os assinantes numa sociedade com o lema *A noi la sorte!* [Sorte nossa]. Afora os próprios divertimentos teatrais de Pauline, o Teatro Academia seria utilizado por companhias itinerantes, e no início de fevereiro de 1815 Napoleão havia inclusive começado a estimar os custos de encenar uma temporada de ópera; se pudesse usar músicos militares, calculou num memorando privado, ele poderia manter os custos baixos, e quando levou suas contas ao último franco, concluiu que na verdade ele até poderia obter um pequeno lucro anual.

Essas frivolidades eram uma bem-vinda mudança para todos do círculo da corte, e também distraíam a atenção quanto aos preparativos de Napoleão para assuntos mais sérios. Levou Campbell a reportar para Castlereagh que "a decrepitude do Imperador avança rapidamente," e quando os relatos dessa repentina rodada de prazeres alcançaram Paris e Viena, eles tinham sido exagerados com insinuações de que Napoleão estava precocemente declinando para a senilidade, disputando jogos e pregando peças nos convidados das festas de Pauline. Havia mais mexericos também sobre suas inclinações amorosas, pois Pauline tinha várias atraentes damas de companhia, e especulava-se que ela havia introduzido mais de uma delas nos aposentos do irmão tal como fizera com outras mulheres no passado. Mas Napoleão era essencialmente austero quanto a mulheres, menos buscador do que buscado, e não há evidências de algum sério relacionamento durante aqueles meses em Elba.

Seus negócios pessoais eram assuntos privados, enquanto as festividades eram públicas e dispendiosas. Mesmo aquelas modestas celebrações tinham um custo numa época em que Napoleão se queixava de pobreza e reduzia o orçamento do ano seguinte; e com a época do Carnaval se aproximando, ele foi obrigado a restringir o que poderia ser gasto. Em 3 de janeiro de 1815 deu a Bertrand instruções sobre uma série de bailes de máscara que poderiam ser realizados ou no salão de festas da Villa Mulini ou no Teatro Academia, onde o grupo amador de Pauline representaria duas curtas peças teatrais denominadas *Les Fausses Infidélités* e *Les Folies Amoureuses*. O número de peças teria de ser limitado e haveria rígido controle dos gastos. "Bebidas não serão servidas com gelo por causa da dificuldade de obtê-lo," disse Napoleão a Bertrand. "Teremos uma ceia que será servida à meia-noite. O total dos custos não deverá ultrapassar mil francos."

O dinheiro dado de má vontade do pecúlio pessoal de Napoleão era insignificante. Não pagaria nem o traje de Pauline na festa de Ano-Novo nas Tulherias por volta de um ano antes. No entanto, mesmo o modesto estilo provinciano dessas ocasiões sociais mostrava-se uma sobrecarga para os convidados elbenses, que tinham de comprar roupas de baile e vestidos finos, e fazer frente a despesas suplementares que Napoleão não iria pagar. Pons observou que eram "o caminho da ruína para as finanças gerais da cidade e para as finanças particulares dos mais eminentes cidadãos," e disse que se Napoleão não tivesse deixado Elba, "os agiotas de Portoferraio acabariam engolindo o patrimônio das classes proprietárias." Ainda assim, os súditos poliglotas de Napoleão disputavam os convites – havia elbenses e corsos, franceses, italianos, poloneses e até mesmo alguns ingleses nas listas que Bertrand preparava.

Um inglês, no entanto, era feito de mais duro estofo. O capitão John Adye, da chalupa *Partridge*, que transportava Campbell ida e volta do continente e mantinha um tipo de vigilância casual sobre Napoleão, ao aportar em Portoferraio uma vez por semana quando Campbell estava fora, declinou do convite para a abertura de gala do novo teatro em 22 de janeiro, para a qual Napoleão trouxera uma companhia de atores de Livorno. "Direi que estou indisposto," ele escreveu à sua mulher naquela manhã. "Na verdade, não tenho vontade de ir e ser insultado por algum oficial francês, como é do hábito deles." Seja como for, Adye tinha assuntos mais sérios em mente. "Até que decidam se Murat permanecerá no trono de Nápoles e se Napoleão permanecerá na ilha de Elba," dissera para sua mulher apenas dois dias antes, "Sir Neil Campbell e eu passaremos tempos inquietantes."

15
Intrigas e perfídia

SE NAPOLEÃO PARECIA PRESSIONADO POR FALTA DE FUNDOS até mesmo para adicionar algum brilho festivo em suas apequenadas recepções, assim também estava seu sogro, em muito maior escala. Para cada franco que o Rei de Elba gastava, o Imperador da Áustria desfazia-se de quinhentos e, pelo fim de 1814, Franz I havia acumulado tamanhos débitos no entretimento da multidão de sibaritas em Viena que lhe faltou dinheiro para pagar as tropas. Se seus soldados fossem obrigados a marchar contra os russos em pleno inverno, a maioria seguiria em frente sem sequer uma moeda no bolso. No mesmo dia em que Napoleão inaugurou o Teatro Academia, Franz I organizou uma extravagante festa de Carnaval em Schönbrunn com trenós dourados, bandas de música, escolta de cavalaria e centenas de archoteiros para iluminar através da nevada o caminho de casa dos convidados, após terem sido regalados com um suntuoso banquete e uma representação de *Cinderella*. Consta que só esse evento lhe tenha custado mais de meio milhão de francos. E a um esbanjamento seguia-se logo outro, servindo a efêmera alegria promovida pelo Comitê dos Festivais para disfarçar as dissensões que quase levaram a uma nova guerra e causaram tantos adiamentos a um acordo geral que o próprio Congresso ainda nem fora formalmente convocado.Marie-Louise assistiu ao suntuoso desfile dos trenós em Schönbrunn da janela de seus aposentos, mas – como observou o ministro francês em Viena – "nunca estava presente em nenhuma das *fêtes* nem nas reuniões diárias." Algumas vezes ia ao Hofburg, o palácio imperial em Viena, para assistir ao baile de um lugar discreto do balcão, ou participar de alguma atividade relativamente privada, mas na maior parte do tempo permanecia em Schönbrunn, onde sua rotina era tão desinteressante que o inspetor de polícia designado para vigiá-la por fim pediu para ser dispensado de tão tediosa tarefa. Ela tocava violão, e traduziu *Ondine*. "Minha estada aqui em Schönbrunn e meus infortúnios me ensinaram a reconhecer os verdadeiros amigos," escreveu em 30 de janeiro; e o conde Neipperg havia agora se tornado o mais chegado de todos. Ela esperava a vinda diária dele e retinha-o ao seu lado o maior tempo possível.

Franz I esmerou-se em afastar Marie-Louise do marido. Ela era mencionada apenas como arquiduquesa austríaca, e seu filho cresceu quase como um membro ilegítimo da família real. Essa atitude, na verdade, acentuou-se com uma posição do Vaticano, em novembro, de que seu casamento com Napoleão podia ter sido tecnicamente inválido. Nesse caso, ela teria sido meramente e nada além de uma concubina, e seu filho, um bastardo: lamentável situação que o Vaticano propôs retificar – já que Joséphine estava morta – por um novo casamento religioso com o Imperador. Isso era agora a última coisa que tanto Franz I quanto Marie-Louise desejavam, e a ideia de que a desastrosa aliança com Bonaparte tinha sido nula durante todo o tempo apresentava óbvio atrativo a ambos.

Disseram que esses problemas maritais foram o motivo pelo qual o general Köller foi enviado numa misteriosa visita à Itália em dezembro. Segundo um dos agentes do barão Hager, ele partiu com o fito de obter o acordo de Napoleão com uma anulação. Mas ainda não está claro aonde Köller foi ou o que fez na Itália. Segundo outro rumor, ele foi discutir, instigado por Metternich, a remoção voluntária de Napoleão para um local mais seguro. Uma terceira versão afirmava que ele tinha sido incumbido de uma conciliação com Napoleão, talvez oferecer-lhe um comando se houvesse uma guerra com a Rússia. Napoleão certamente ficou intrigado ao ouvir que Köller se achava nas vizinhanças. "Pareceu-me que ele considerou a informação mais com esperança e curiosidade ávida do que apreensão," reporta Campbell a Castlereagh em 21 de dezembro. O próprio Campbell estava tão convencido de que o general austríaco estava a caminho de Elba que embarcou no *Partridge* para Gênova na vã tentativa de encontrar-se com ele; e corria um boato em Elba de que Köller havia aportado em Portoferraio e assegurado a Napoleão de que em certas circunstâncias ele poderia contar com o apoio da Áustria e da Inglaterra. Tenha ou não a viagem de Köller algo a ver com o casamento de Marie-Louise, foi por essa época que ela removeu o escudo de armas de Napoleão dos painéis de sua carruagem e deixou claro aos membros franceses de seu círculo que (como Méneval colocou) "perdera o interesse em seu marido."

Com tanta atenção pública em seus assuntos, Marie-Louise sentia-se compreensivelmente desconfortável de estar entre reis e príncipes em Viena, e ansiosa por obter seus novos direitos e título de Duquesa de Parma. Porém, mesmo essa solicitação lhe foi por muito tempo negada, com a conivência de seu pai. Ninguém em Viena queria vê-la instalada nessa posição tão estratégica, perto de Elba, no caminho de Veneza e

Viena, e com o rei de Roma servindo como possível ponto de referência para nacionalistas italianos. Havia objeções específicas da parte dos franceses e espanhóis, pressionando pela causa de restaurar os Bourbons nos ducados de Parma, Piacenza e Guastalla entregando-os à princesa espanhola a quem Napoleão desalojara para dar lugar a sua irmã Elisa; e uma crescente relutância em implementar essa e todas as outras cláusulas do Tratado de Fontainebleau. A única pessoa que intercedeu por Marie-Louise, ou parecia ter uma boa palavra em favor de Napoleão, foi o Czar. "O tratado não está sendo cumprido," disse ele rispidamente a Talleyrand já em 15 de fevereiro, "e estamos determinados a exigir sua execução; para nós é caso de honra; de modo nenhum podemos nos afastar do que foi estipulado." O comentário do Czar visava principalmente à omissão francesa no pagamento das prometidas pensões, mas a antipatia de longa data que tinha pelos Bourbons o levava a empenhar-se no apoio às reivindicações de Marie-Louise.

Seu encorajamento reforçou a resolução dela, e durante todo o inverno ela se manteve altiva em Schönbrunn. Quando em troca lhe ofereceram Lucca, ela insistiu em seu lema "Parma ou nada!" e apresentou um longo memorial ao Congresso sobre sua reivindicação. "Meus assuntos ainda não se resolveram," escreveu à duquesa de Montebello. "Estou tão transtornada, triste, aflita e insociável, que meus tios me comparam a uma freira." Comparação pouco apropriada. Foi com a ajuda de Neipperg que ela obteve o que queria. Concederam-lhe finalmente Parma, sob a condição de que renunciasse ao dinheiro e aos títulos prometidos no Tratado de Fontainebleau, e que seu filho permanecesse em Viena – um príncipe deserdado e refém, pelo qual ambos os pais pareciam ter perdido o interesse quando as derradeiras esperanças de uma dinastia Bonaparte foram riscadas.

"Devemos apressar a queda de Murat," escreveu Talleyrand a Louis XVIII em 7 de dezembro, "caso contrário nada ainda teremos conseguido em fevereiro." Talleyrand estava cada vez mais preocupado com a estabilidade do regime Bourbon na França e ansiava por se livrar dos Bonapartes o mais cedo possível. Mas falhou em criar um sentimento forte em Viena, visto que poucos estadistas aliados se importavam com os Bourbons. Exceto os ingleses, que deram asilo a Louis, rei destronado, eles todos tinham sido, numa ocasião ou noutra, aliados de Napoleão, e sabiam bem que no caso de outra guerra ele se constituiria no mais valioso recurso de que se dispor para qualquer soberano que pudesse atraí-lo, tanto como o mais brilhante comandante supremo na Europa como, pelo menos, uma influência política para atrapalhar o inimigo; e muito embora Murat fosse obviamente menos temível, ele também poderia ser levado a similar consideração numa crise. Havia mesmo suspeita de que os ingleses já estivessem fazendo jogo duplo. Um dos agentes de Beugnot aventou que eles estariam mantendo Napoleão como refém a fim de conseguir o que queriam em Viena, e apesar de essas noções serem contrárias aos óbvios interesses ingleses, persistia a ideia de que *la perfide Albion* era capaz de intrigas contraditórias, e foi reforçada pelo estímulo de Lord William Bentinck aos nacionalistas italianos.

Não há sinal de que o governo inglês alguma vez tenha considerado qualquer entendimento com Napoleão ou a permanência de Murat no trono. O Czar, no entanto, vacilara tanto em sua atitude para com Napoleão que poderia facilmente mudar novamente de ideia, caso a crise levasse a uma nova guerra; pois a presença de Napoleão em Elba bem poderia ser um desvio de concentração para os franceses e uma ameaça à retaguarda austríaca na Itália. Seu ostensivo apoio ao príncipe Eugène era um indício dessa possibilidade, e Talleyrand transmitiu uma observação ainda mais explícita quando escreveu ao rei Louis em 12 de novembro. "A Áustria acha que a Itália está garantida," teria dito o Czar, "mas existe um Napoleão ali perto que pode vir a ser útil." Louis XVIII impressionou-se e mostrou temor. "Acredito no que escreve," respondeu a Talleyrand dez dias mais tarde.

Murat poderia também se mobilizar contra os austríacos – e até mesmo ser ajudado contra eles se a necessidade surgisse, pois os russos possuíam a base de Corfu bastante próxima. Só esse perigo, tendo em vista a disposição rebelde dos italianos e a incapacidade da Áustria em reforçar o exército na Itália enquanto houvesse risco de guerra a respeito da Polônia, era suficiente para deixar Metternich relutante em entrar em brigas com o rei de Nápoles. Metternich temia, inclusive, que Murat pudesse causar problemas mesmo sem o incitamento russo ou sem ser provocado pelo propalado plano francês de mandar uma expedição naval para destroná-lo e restaurar o rei Bourbon em Nápoles. Pois Murat estava inquieto e assustado. "Pedi à Rainha para acalmá-lo, convencê-lo a manter-se tranquilo, não arruinar seus negócios com algum *faux pas* e esperar a decisão sobre seu futuro," escreveu de Nápoles o embaixador austríaco de Mier para Metternich em 12 de novembro. Se os Aliados finalmente decidirem expulsá-lo, acrescentou de Mier com compreensível ansiedade, "podemos esperar que ele recorra a todos os meios imagináveis para manter a posição, e que sua insurreição armada traga incalculáveis desgraças."

No momento, de fato, era mutuamente vantajoso para Metternich e Murat respeitarem o pacto que haviam negociado em 1814, embora nenhum lado confiasse no outro e o tratado ainda não estivesse formalmente ratificado. Por um lado, esse trato dava a Metternich alguma garantia de que o esquentado vira-casaca não sublevasse a Itália toda com o grito de unidade nacional e de libertação dos impopulares austríacos. Por outro lado, dava a Murat alguma certeza de ter a proteção austríaca enquanto ele não fornecesse a Metternich uma desculpa para repudiar o acordo. Metternich também contava com a astuta rainha Caroline, a qual (como Talleyrand lembrou a Louis em 25 de setembro) tinha sido amante de Metternich quando ele era o enviado diplomático austríaco em Paris, e sempre se mantivera em contato com ele. Metternich tinha certeza de que ela sabia o valor da conexão austríaca e faria tudo que pudesse para evitar que o marido arriscasse o trono e o pescoço em alguma impulsiva aventura.

Homem de muito charme, com uma natureza que combinava paixão e inteligência, Metternich muitas vezes revertia seus relacionamentos com as mulheres em vantagem, mas o desastroso efeito de sua obsessão pela bela duquesa de Sagan tinha sido o boato de Viena durante as críticas semanas anteriores ao Natal. "De tal maneira seu frustrado caso amoroso com a duquesa de Sagan o tem absorvido, que ele não esteve com a cabeça no lugar nessas últimas semanas," consta que Friedrich von Gentz tenha dito ao rei da Prússia; e quando o ministro do Exterior dinamarquês anotou esse fragmento de mexerico em seu diário, ele acrescentou que Gentz acreditava "ter sido por esse motivo que os assuntos não avançaram e foram tão mal conduzidos."

De repente, os ventos mudaram a favor de Metternich, pelo menos politicamente. A demanda prussiana pela Saxônia tornou impossível para Castlereagh juntar os estados alemães contra a Rússia, e assim forçar o Czar a ceder na Polônia. No fim de 1814 sua diretriz política havia efetivamente se invertido, com a Prússia e a Rússia numa causa comum contra a Áustria. Mas essa ameaça produziu novo alinhamento, levando Castlereagh a um entendimento com Metternich e Talleyrand. O perigo da guerra foi tão grande nos últimos dias do ano que os três tiveram uma sucessão de encontros secretos durante o Natal, e em 3 de janeiro fizeram uma aliança sigilosa. Nas poucas semanas desde o primeiro encontro dos estadistas em Viena, a situação mudara tanto que a França se viu totalmente reabilitada. Um país derrotado e ocupado tornara-se um importante aliado, cujas tropas poderiam ser convocadas para restaurar o equilíbrio de poder na Europa Central. A aliança foi assim um alívio para Metternich, uma vitória diplomática para Talleyrand e um *pis aller* para Castlereagh.

Ao mesmo tempo, sendo a guerra possível de um dia para outro, Castlereagh inesperadamente viu-se numa posição de barganha mais vantajosa. No dia de Ano-Novo, um mensageiro saiu de Ghent para noticiar que, após quase um ano de regateio, a Inglaterra e os Estados Unidos finalmente haviam assinado um tratado de paz, e o longo desvio de atenção para a guerra americana acabara. Esse foi, escreveu Castlereagh ao primeiro-ministro em Londres, "o mais notável e oportuno evento, que produziu a maior das comoções aqui," e em uma semana, dois dias depois de haver rubricado a aliança secreta, ele pôde com satisfação acrescentar que "o alarme de uma guerra passou."

Napoleão e Murat estavam relativamente seguros antes da crise, quando tudo se mostrava incerto, porém as boas-novas de Viena foram má notícia para ambos. O Czar, por exemplo, agora perdia o interesse neles como potencial fonte de dificuldade para a Áustria; ao mesmo tempo, Metternich não mais precisava manter Napoleão à mão para o caso de precisar expulsar os cossacos dos portões de Viena ou de precisar aplacar o rei de Nápoles caso este iniciasse uma guerra por impetuosidade. Pelo contrário, à medida que a pressão russa começava a empurrá-lo para uma aliança secreta com a França, Metternich percebeu que a remoção derradeira de Napoleão e de Murat era parte do preço que teria de pagar aos Bourbons pelo apoio deles contra o Czar.

No entanto, o problema de Nápoles se tornara tão delicado e complexo que Metternich não desejava discuti-lo em detalhe com Talleyrand. Ele absolutamente não confiava num homem com passado tão dúbio e convencera-se da existência de informantes na delegação francesa que se comunicavam com Napoleão. Por isso, entrou em negociações diretas com Paris, usando o conde Bombelles (um exilado francês a serviço da Áustria) e Blacas como conexões entre ele próprio e Louis XVIII.

Os primeiros contatos foram feitos em novembro. Então, no dia 21 de dezembro, Bombelles encontrou-se com Blacas e admitiu "um vivo interesse austríaco" no problema de Nápoles. Blacas, por seu turno, declarou que a situação na Itália era "o único obstáculo" ao estreitamento das relações entre a França e a Áustria, e que Louis nunca se sentiria seguro em seu trono "enquanto Murat oferece asilo a todos os descontentes do país, e tem a possibilidade de pôr, em 48 horas, seu cunhado à frente deles." O Rei, acrescentou Blacas enfaticamente, "com satisfação aceitaria qualquer sacrifício para se ver livre de Joachim em Nápoles." O que ele queria, na verdade, era um acordo austríaco para descartar-se do tratado com Murat caso os Bourbons franceses e espanhóis juntassem suas forças para atacá-lo. Na véspera do Natal de 1814, Bombelles mandou essa vital mensagem para Viena, usando seu valete como correio. Metternich não respondeu até 13 de janeiro, quando expediu dois despachos para Paris, um deles tão confidencial que foi recomendado a Bombelles que o lesse para Blacas sem deixar nenhuma cópia – no qual ele assegurava a Louis que o Imperador da Áustria compreendia seu desejo de ver um Bourbon de volta ao trono de Nápoles, porém insistia para que o francês não fosse precipitado. "Uma vez restaurada a estabilidade da Europa," disse ele, "o destino do rei Joachim não será um problema."

Metternich não se apressaria, especialmente agora quando o fim da crise removera uma das principais razões de urgência. Ele era um mediador natural, que preferia muito mais a diplomacia às duras arbitragens da guerra, e seu primeiro impulso foi induzir Napoleão e Murat a se mudarem pacificamente, e com adequadas doações, para domínios mais distantes. A ele também desagradava a ideia de uma intervenção francesa na Itália, pois considerava que a península toda fazia parte da esfera de influência da Áustria, e estava longe de ansioso por ver os Bourbons retomarem o controle de Nápoles. Acima de tudo, temia que os franceses pudessem agir de forma precipitada e ineficaz. Se algum tipo de força precisasse ser usado, então que o fosse pelos austríacos, pois a polícia secreta do barão Heger possuía muitos relatórios dizendo que o exército francês estava tão mal-humorado e desorganizado que seria por demais arriscado para Louis XVIII pôr suas tropas em pé de guerra, quanto mais movê-las para Elba contra Murat. Lord William Bentinck chegara à mesma conclusão. Devido ao vigente estado do exército francês, disse ele a Castlereagh no fim de dezembro, "seria perigoso mobilizá-lo seja onde for a qualquer propósito." Se essas unidades descontentes fossem movimentadas por territórios dos austríacos para chegarem a Murat, como o rei Louis estava então propondo em lugar de seu plano original de um ataque combinado entre franceses e espanhóis por mar, havia a possibilidade de causarem uma revolução italiana e juntar-se a ela. "E que papel Napoleão teria nesse cenário?" – perguntava Metternich, preocupado por ver tudo isso proporcionando ao rei de Elba uma bela oportunidade de causar problemas. Se as divisões francesas porventura alcançassem o Piemonte ou a Lombardia, ele poderia perfeitamente atravessar e assumir-lhes o controle, expulsar os austríacos da Itália – tal como fizera no início de sua carreira e depois de Marengo – e chegar a Viena para exigir a restituição de sua mulher e filho.

Ao tempo em que essas secretas negociações prosseguiam, Metternich também não estava disposto a deixar Talleyrand pôr em perigo outros interesses vitais austríacos levantando questões embaraçosas sobre o futuro de Murat. "Não é assunto para o Congresso," disse firmemente, pedindo a Blacas para instruir Talleyrand nesse sentido. Os franceses precisam compreender as restrições que o tratado com Murat impôs à Áustria e avaliar os perigos de um ataque mal preparado contra ele. Se esperarem pacientemente pelo término do Congresso, concluía ele, "os problemas se resolverão por si mesmos," e a Áustria então terá prazer em remover os últimos vestígios do império de Bonaparte.

Os franceses não se achavam satisfeitos com essa velada proposta de conluio com os austríacos na derrubada de Murat, que deixava incertos o momento e o modo para isso, e estavam ansiosos para obter da Áustria as melhores condições possíveis enquanto as assinaturas mal estivessem totalmente secas sobre o novo tratado de aliança. Portanto, Blacas aumentou sua pressão sobre Metternich. Blacas, em duas entrevistas com o marechal Vincent, o embaixador austríaco em Paris – que, sem saber da correspondência clandestina, confessou a Metternich estar pasmo com algumas coisas que lhe foram ditas –, insistiu que Murat devia ser destronado no mais breve tempo possível, e a ordem ser restaurada em toda a Itália. "Se nada for feito," disse Blacas a Vincent, "um dia veremos o homem da ilha de Elba aparecer na Itália ameaçando a segurança e acabando com a tranquilidade da França e da Europa."

Itália! Existia uma certeza errada em quase toda previsão de perigo. "É de esperar, no caso de Murat sumir," escreveu o agente inglês Fagan a Lord William Bentinck por essa época, "que logo vejamos o Imperador de Elba à frente do exército de Murat;" e convinha a Blacas explorar esses temores mesmo que significasse descuidar da ameaça à França. Ele primeiro fez Vincent sentir-se constrangido. A seguir, tentou atrair os austríacos para um plano definitivo para destruir Murat. Num encontro com Bombelles, em 31 de janeiro, disse estar agora disposto, tal como Metternich solicitara, a dizer a Talleyrand que parasse de falar sobre Murat nas reuniões em Viena; e também disposto a moderar suas exigências de uma ação imediata – mas somente sob uma condição. O Imperador da Áustria deveria assinar um pacto secreto reconhecendo os direitos de Ferdinand IV ao trono de Nápoles, prometer ajuda na sua retomada para os Bourbons e concordar em concluir a operação em menos de seis meses depois do término do Congresso.

Esse assentimento era essencial. Daria a Metternich tempo de resolver outros assuntos que considerava mais prementes do que o futuro de Murat. Permitiria uma consulta aos russos e aos ingleses, que tendiam a ter firmes pontos de vista sobre quaisquer mudanças no Sul da Itália, e sobre quaisquer "ajustes" a favor da Áustria no restante do país; e o aliviaria da contínua pressão francesa por uma operação punitiva que beneficiaria principalmente os Bourbons e bem poderia ser muito prejudicial aos Habsburgos. Ainda assim, ele teria de pagar um excessivo preço pelo assentimento, de vez que Blacas estava bem cônscio do poder de barganha que a França havia agora obtido devido à ameaça russa de guerra pela Polônia e a Saxônia. A França esperaria, disse ele, mas somente se o imperador da Áustria aceitasse o princípio imediatamente e o reconhecesse num acordo, mesmo que secreto.

Louis XVIII agora queria tão intensamente agir contra Elba e Nápoles, que perdera de vista a possibilidade de seu governo não sobreviver para qualquer ação que fosse.

16
Preparativos necessários

O PALCO AGORA ESTAVA ARMADO para o desenrolar do drama. Quando Napoleão fez seu balanço de riscos e oportunidades no começo de 1815, chegou a uma só conclusão. De um modo ou de outro, seu destino se definiria antes de ele ter sido rei de Elba por doze meses.

No começo de janeiro, naturalmente, ele ainda não sabia que o risco de guerra acabara, que os Aliados começavam a cuidar de seus assuntos pendentes, e que Blacas e Metternich agora conspiravam ativamente contra ele e seu cunhado em Nápoles. Mas a pressão sobre ele crescera no outono: o tédio e a insignificância de seu cotidiano tornaram-se mais insuportáveis; a uma maquinação seguia-se outra; viu que Louis XVIII não tinha intenção de pagar sua pensão; soube das intrigas hostis de Talleyrand em Viena; percebeu que o Tratado de Fontainebleau – o qual nenhum dos signatários, exceto o quixotesco Czar, parecia levar muito a sério – era sua única garantia de proteção afora a ambígua presença de Campbell e a lealdade da Guarda. Se ficasse em Elba, mesmo por alguns meses mais, estaria acabado. Na melhor das hipóteses, poderia ser-lhe oferecido suborno para que se retirasse a algum outro lugar final de exílio, e na pior, seria levado, encarcerado numa fortaleza ou morto ao se defender.

Seu pensamento girava entre essas sombrias possibilidades quando conversou com Campbell em 14 de janeiro sobre o recente reforço na defesa dos acessos a Portoferraio, mostrando-se "muito agitado" pelo surgimento de duas fragatas francesas que Beugnot havia recentemente enviado para percorrer a rota entre a Toscana e a Córsega. Beugnot pretendia que a *Melpomène* e a *Fleur de Lys* agissem como dissuasivos a uma fuga. Napoleão via diferente. Como os navios franceses ostentavam a bandeira Bourbon ao largo de seu litoral norte, ele reclamou indignado que ali estacionavam para dar cobertura a alguma tentativa de assassinato ou sequestro. "Não pelos ingleses," disse a John Macnamara numa longa conversa em San Martino no dia anterior, "eles não são assassinos. Sou forçado a ter cautela no que diz respeito a outros, especialmente os corsos, alguns dos quais guardam fortes sentimentos contra mim."

O restante das quatro horas de conversa com Macnamara, no entanto, foi muito semelhante a todas as outras com visitantes ingleses. Napoleão falou sobre a sua derrota na Rússia, sua projetada invasão da Inglaterra, o efeito desastroso da deserção de Marmont, e até mesmo assuntos pessoais, como sua saúde, a falada tentativa de suicídio em Fontainebleau e a separação de sua mulher e filho. "Quê? Matar-me?" – perguntou Napoleão. "Não teria eu nada melhor a fazer – qual um miserável falido que ao perder seus bens decide perder a vida? Napoleão sempre é Napoleão, e sempre saberá suportar e se contentar com qualquer fado. Devo admitir que estou agora em condição melhor do que estava quando era tenente de artilharia." O único sinal de que pudesse estar pensando em alguma mudança da sorte ocorreu quando ele perguntou a Macnamara sobre a situação na França. "Tivemos uma tempestade ontem à noite," Macnamara respondeu; "agora não há vento, mas o mar está agitado." Napoleão gostou da comparação. "Boa resposta," disse.

As restrições e ameaças dos últimos meses acentuaram sua natural inquietude, e sua ainda insatisfeita ambição sem dúvida fazia-o procurar o modo de ter algum novo papel nos assuntos da Europa. Ele podia ver perspectivas abertas com a ebulição na Itália, com a crescente impopularidade dos Bourbons entre as classes que mais se beneficiaram com a revolução e o Império, e com a óbvia insatisfação no exército francês; e muito embora a chance de tirar proveito dos desacordos entre os Aliados estivesse lhe escapando mais rapidamente do que poderia imaginar a tão grande distância de Viena, havia sempre a esperança de que eles pudessem deixá-lo retornar em paz ou de derrotá-los caso preferissem lutar. Se ele deixasse Elba, com sua sorte e a vantagem da surpresa, poderia ao menos ter de volta seu dinheiro e conseguir muito mais que isso.

Alguns, na verdade, achavam que Napoleão já estava decidido. "Todos acreditam que a revolução vai irromper em março," escreveu de Portoferraio o Mercador de Azeite, em 6 de janeiro de 1815, "e que os preparativos necessários estão concluídos." Ele não tinha nenhuma evidência concreta para sustentar essa opinião. Ouvia esses mesmos boatos desde seu primeiro desembarque em Elba e sabia que seus amigos da guarnição desejavam tão ardentemente que Napoleão os liderasse de volta à Itália ou à França que, possivelmente, o desejo gerasse o pensamento. Entretanto, quando retornou depois de três semanas de visita ao Continente, sentiu uma definida mudança de ânimo. Ela se originava em parte da inquietação dos *grognards*, veteranos que primeiro farejariam indícios de uma nova campanha. Também os oficiais pareciam pensar que finalmente havia algo no ar, e quem ia regularmente à Villa Mulini notava no Imperador a atitude de quem sabia o que se propunha a fazer e estava simplesmente esperando o momento certo para fazê-lo.

No entanto, em meados de janeiro, nada estava efetivamente definido – seguramente não uma data específica, um modo, uma destinação. Napoleão era um improvisador nato, e tanta coisa dependia de eventos além de seu conhecimento e controle, que ele nada mais podia fazer senão preparar-se para agir rapidamente quando recebesse um aviso decisivo de fugir ou quando visse alguma ofuscante oportunidade de atacar. Ele podia acumular suprimentos e munições, concentrar suas tropas em torno do porto e exercitar seus artilheiros sob o pretexto de que poderia ser atacado. "As tropas de Portoferraio receberam ordem de ficarem prontas para marchar a um toque," informou Bruslart a Paris em 8 de janeiro, e dois dias mais tarde acrescentou: "Disseram-me que existe um quadro de defesa muito ativa em Portoferraio e que há patrulhamentos dia e noite." Napoleão, inclusive, podia manter seus navios em boas condições de navegação, já que ninguém saberia se ele planejava repelir um esquadrão hostil ou zarpar com sua própria flotilha. Na sua incerta situação, prontidão era tudo.

♛

De repente a sorte se volta contra ele. Na madrugada de 13 de janeiro, o *Inconstant* encalha no lado mais distante do ancoradouro de Portoferraio. O brigue era peça essencial, quer para permanecer em Elba, quer para deixar a ilha. Por oito meses ele tinha sido seu principal e mais confiável elo com o mundo exterior. Era uma visão tão familiar, na verdade, que os navios de guerra franceses e ingleses patrulhando ao largo de Elba consideravam normais suas erráticas viagens. O *Inconstant*, aliás, não era exatamente um navio de guerra, pois a mal treinada tripulação e seus incompetentes oficiais mal podiam manobrá-lo adequadamente, e ele não aguentaria mais do que uma rajada de artilharia de uma fragata. Mas suas condições de navegação eram boas o suficiente para arriscar uma viagem à América, caso Napoleão decidisse buscar asilo nos Estados Unidos, e era grande o suficiente para transportar um batalhão da Guarda numa travessia relativamente pequena para a Itália e o Sul da França. Num momento assim crítico, familiaridade com a embarcação seria de grande ajuda, dando a Napoleão pelo menos alguma chance de escapar sem ser detido e revistado. Ele havia usado esse truque antes, quando driblou Nelson e singrou incontestado de volta do Egito, o que bem poderia fazer de novo. Afinal, eram menos de duzentas milhas de Portoferraio àquela conhecida praia em Fréjus.

O encalhe do *Inconstant* foi um caso curioso. Em 3 de janeiro, o brigue fez escala em Civita Vecchia para apanhar Ramolino em seu caminho de volta de uma viagem secreta a Roma e Nápoles. O tempo já estava ruim e, no dia seguinte, quando o comandante, tenente Taillade, partiu em retorno à sua base, o vento leste estava tão forte que ele foi impelido para além de Elba, rodeando a ponta da Córsega rumo ao ancoradouro seguro em Saint Florent. Era uma proximidade inoportuna, pois Taillade não tinha nada de arriscar o único navio considerável de Napoleão em águas corsas, especialmente com Ramolino a bordo e sujeito à detenção se fosse descoberto. Por já haver dúvidas quanto à lealdade de Taillade, melhor teria sido manter-se longe da ilha governada pelo vingativo Bruslart.

No entanto, Taillade parecia estranhamente à vontade e ali permaneceu por vários dias, alegando atraso por ventos contrários e pela necessidade de reparar cordames e correntes avariados. Durante esse tempo, conversou abertamente com o assistente de Bruslart, o coronel Perrin, com o comandante da fragata *Uranie* – que tinha sido trazida à área para manter vigilância sobre o *Inconstant* – e até mesmo com o coronel Pivet de Boessulan, ardoroso monarquista do qual se suspeitava ter desembarcado em Elba para atentar contra a vida de Napoleão. Era companhia comprometedora, e falou-se depois que algumas das conversas foram em inglês (Perrin estivera na Inglaterra como exilado, e Taillade, como prisioneiro de guerra), para que o tenente Sarris, o subcomandante de Taillade, não os pudesse entender; e que Taillade recebeu a oferta de uma comissão se desertasse para o lado dos Bourbons. No entanto, se ficou tentado e se foi indiscreto, Taillade não era do tipo de ações arrojadas, e em 10 de fevereiro aproveitou um vento oeste e disparou para Elba, onde Napoleão esperava ansiosamente notícias de seu navio desaparecido.

As condições de tempo ainda eram ruins. O comandante Adye anotou no diário de bordo do *Partridge* que sua chalupa passara ultimamente por "fortes ventanias, nevadas e granizos" e, em Portoferraio, o Mercador de Azeite tentou em vão obter uma passagem para o Continente. "O tempo borrascoso me impediu de zarpar," registrou em 10 de janeiro. "O vento forte nos soprou de volta para o porto," escreveu no dia seguinte, mas algum barco deve ter evidentemente alcançado Elba, pois ele acrescentou que "um mensageiro chegou da França com notícias de agitação." Tarde da noite seguinte, fortes ventos do norte atingiram o *Inconstant*, e Taillade desceu de Capraia em mar escuro e violento. Com mais sorte do que bom senso, conseguiu de algum modo atravessar a estreita e perigosa passagem entre o farol de Portoferraio e o rochedo Scoglietto, tentou dar a volta protegido dos ventos pelo Fort Stella, mas ficou de vento pela proa. Com a ventania empurrando-o para trás e para o outro lado da enseada, ele baixou duas âncoras, mas elas logo foram arrastadas; e ao amanhecer de 13 de janeiro o *Inconstant* estava à deriva em direção à prainha arenosa entre os dois morros rochosos de Bagnaia, disparando os canhões como sinal de situação perigosa. Até Napoleão ser acordado e contornar a baía a cavalo, o *Inconstant* havia encalhado, as ondas batendo nele e na mastreação posta em terrível emaranhado. Por algumas horas o brigue pareceu totalmente perdido, mas quando a tempestade amainou, foi possível pô-lo mais leve, tirando canhões e cargas, e então foi puxado da praia e rebocado para o porto principal.

O encalhe do *Inconstant* foi intencional ou um acaso? Campbell logo ouviu boatos de que Taillade agira deliberadamente. "Alguns dizem," escreveu um mês depois, "que Napoleão suspeita de um acordo secreto com o atual governo francês e que ele teve o propósito de destruir o brigue." Quando Drouot conduziu a investigação sobre o desastre, no entanto, Taillade foi apenas incriminado por "imperícia e negligência;" e muito embora ele tenha sido obrigado a passar seu comando para um recém-chegado de Toulon chamado Chautard, foi mantido no serviço do Imperador. Peyrusse posteriormente levantou uma teoria bem mais caridosa, porém bizarra, de que o *Inconstant* na verdade fora avariado por ordem de Napoleão, de forma que o brigue pudesse ser secretamente reaparelhado e reabastecido enquanto estivesse, para todos os efeitos, em reparo. Porém, ambas as teorias foram por demais lisonjeiras às habilidades de Taillade como marujo. Mesmo que os homens de Bruslart o tenham subornado durante sua visita à Córsega, ou que Napoleão tenha posteriormente tirado vantagem do trabalho de reparação contrabandeando provisões militares para bordo, Taillade obviamente perdeu o controle de seu navio ao se dirigir para o ancoradouro de Portoferraio naquela noite e teve, assim como todos os seus homens, muita sorte em sobreviver.

Qualquer que fosse a causa do acidente, as consequências poderiam ter sido graves para Napoleão. Tivesse o *Inconstant* sofrido perda total, ele ficaria privado de um meio certo de fuga e, em todo caso, o dano poderia ter tornado o brigue inutilizável justamente quando lhe seria mais necessário. Sem o navio, sua única chance de saída numa emergência seria uma desesperada fuga num barco pequeno, como o *Caroline* ou o *Mouche*, apenas com um reduzido grupo da Guarda comandado por um cabo para protegê-lo. Mas Napoleão teve sorte. Como não levou mais do que duas ou três semanas para deixar o *Inconstant* pronto para o mar novamente, ele já podia contar com o brigue disponível em meados de fevereiro.

Esse infausto acidente ajuda muito a datar o momento em que Napoleão finalmente decidiu-se a deixar Elba. Jamais planejaria sair em janeiro, quando as condições do mar e da Europa eram más; quando recém-preparava tão arriscada empresa; e quando a situação em Viena e Paris permanecia tão confusa que ele não podia ter chegado a nenhuma conclusão sobre seu futuro. De qualquer modo, se tivesse considerado seriamente uma fuga em algum momento de janeiro, jamais enviaria o *Inconstant* a Civita Vecchia: ia querer tê-lo à mão. Se tivesse pensado em sair da ilha no início de fevereiro, e tencionava levar tropa, precisaria ter feito os necessários preparativos em meados de janeiro, pois seriam necessárias cerca de três semanas para formar sua pequena expedição, e por essa época ele sabia que o *Inconstant* estava fora do serviço ativo. Porém, uma decisão tomada no início de fevereiro encaixa todos os fatos conhecidos, inclusive a observação mais recente de Bertrand de não ser viável nenhum plano de fuga até três semanas antes de Napoleão navegar para a França. Tudo e todos precisavam estar prontos no fim de fevereiro. O *Inconstant* restaurado, provisões embaladas, soldados em prontidão; e haveria uma sucessão de noites escuras nas quais Napoleão melhor poderia esquivar-se do *Partridge* e do patrulhamento das fragatas francesas.

O desastre fora um transtorno preocupante. Mas fazer Napoleão perceber o quanto dependia de uma embarcação para sua sobrevivência ou fuga bem pode ter sido adicionado à lista de razões para ele sair de Elba com tudo favorável.

Janeiro virou fevereiro sem nenhuma visível mudança no estilo de vida de Portoferraio. A sucessão de bailes prosseguiu, culminando com o desfile de fantasias que marcava o fim do carnaval na Quarta-Feira de Cinzas. Napoleão mesmo parecia preocupado, mas Pauline dava algum brilho aos eventos, e continuava ainda um fluxo constante de gente fazendo a travessia para Elba, como disse Campbell, "por motivo de curiosidade e especulação." Napoleão fazia um bem-sucedido esforço para manter a aparência de normalidade, e felizmente para ele, o Mercador de Azeite e Campbell – os dois agentes dos quais mais dependia a vigilância – estiveram fora a maior parte do tempo. O Mercador de Azeite, que viajou no dia seguinte ao desastre do *Inconstant*, esteve fora quase cinco semanas, e nada indica por que e aonde ele foi; quanto a Campbell, no momento punha em prática seu plano de passar a maior parte do tempo no Continente e fazer breves visitas a Elba a cada quinze dias. Ele apenas se encontrou com Napoleão em 14 de janeiro e 2 de fevereiro; em 14 de fevereiro, teve de satisfazer-se com um longo e desagradável encontro com Bertrand. Entre essas curtas visitas, devia confiar no comandante Adye para algum controle da enseada de Portoferraio e no seu informante Ricci para colher os mexericos da cidade. Vigilância ocasional quase inútil.

Campbell claramente de nada suspeitava quando se encontrou com Napoleão em 2 de fevereiro, pois ele descreveu o Imperador como "insolitamente taciturno e enfastiado" e nada tinha de interessante a dizer sobre o encontro. Havia bom motivo para o humor sombrio de Napoleão. Três dias mais tarde, quando o conserto do *Inconstant* terminou, ele enviou a Pons uma mensagem confidencial pedindo atualização "sobre os meios para formar uma flotilha expedicionária" e, no dia seguinte, ao falar pessoalmente com Pons, explicou esse intrigante pedido com uma pergunta reveladora. "Devo dar ouvidos aos desejos do exército e da nação, que odeiam e desconfiam dos Bourbons?" Pons diplomaticamente respondeu que o retorno do Imperador à França seria causa de grande alegria, desde que não levasse a uma guerra, mas nessa hora percebeu que Napoleão havia decidido fugir e ficou encantado por ser o primeiro a saber. Essa confidência, vangloriou-se em suas memórias, era "uma honrosa distinção," e Napoleão confirmou o fato. "Somente Pons sabia da verdade," disse ele posteriormente; "nem Bertrand nem Drouot sabiam do segredo do meu retorno; confiei apenas em Pons porque sua cooperação era essencial à preparação dos navios necessários." No entanto, Peyrusse também deduziu. "No início de fevereiro," escreveu ele, "Sua Majestade solicitou-me 500 mil francos, e no mesmo dia me ordenou que fosse ao Fort Stella e guardasse lá o meu caixa. Eu sabia o suficiente para ter uma ideia da razão dessa providência. Assim, em total segredo separei por minha conta alguma farinha, vinho, batatas, carne salgada, e esperei para ver o que aconteceria."

O que induziu Napoleão a dar essas ordens preliminares a Pons e Peyrusse no começo de fevereiro, quando nada fizera para alertar seus subordinados militares? Em anos posteriores ele alegou que Murat o havia induzido em erro ao enviar Colonna d'Istria de Nápoles para dizer que as Potências haviam terminado seu trabalho em Viena e que o Czar estava retornando para a Rússia. "Deixei a ilha de Elba cedo demais," disse Napoleão ao coronel Gourgaud em Santa Helena. "Acreditei que já haviam dissolvido o Congresso."

Seria cômodo culpar Murat depois do fato, quando ele estava morto, e Napoleão tinha boas razões para se arrepender da ajuda intempestiva e mesmo indesejada de seu cunhado, porém essa específica desculpa pela má escolha do momento para a fuga não se ajusta às datas. Colonna não partiu de Elba para Nápoles senão em 7 de fevereiro, dois dias depois de Pons ter recebido a incumbência de resolver como a Guarda poderia ser transportada para a França, e não há dúvida de que Napoleão enviou o *chamberlain* de sua mãe para dar a Murat e Caroline alguma noção do que decidira. "Colonna lhes dirá muitas coisas sérias," escreveu Napoleão em carta explicativa, a qual mostra que ele tinha já em mente uma data de partida. "Conto com vocês, e acima de tudo com uma grande rapidez – o tempo é curto." É possível, evidentemente, que Colonna tenha apresentado uma falsa informação sobre o Congresso quando retornou para Portoferraio em 11 de fevereiro; mas por essa época Napoleão já estava trabalhando no cronograma, e qualquer mensagem de Murat iria apenas confirmar sua intenção de partir.

Se houve alguma informação específica sobre o Congresso que levasse Napoleão ao ponto de decisão na primeira semana de fevereiro, é mais provável que essa notícia tenha vindo diretamente de simpatizantes em Viena do que de Nápoles. Corria na época, por exemplo, um persistente rumor de que dois aristocratas ingleses haviam feito uma viagem especial, vindos da Áustria, a fim de avisá-lo de que ele seria logo transferido, e o Mercador de Azeite passou adiante uma história similar quando voltou a espionar em Portoferraio. "Cerca de doze dias atrás," mencionou ele em 20 de fevereiro, "dois ingleses chegaram à ilha, e assim que desembarcaram pediram para ver o Imperador (...). Entregaram dois pacotes (...) no dia seguinte ele se encontrou de novo com os estrangeiros, e eles viajaram imediatamente depois."

Nessa ocasião, o Mercador de Azeite estava repassando um boato surrado de quase quinze dias antes, de modo que não há como saber se os dois eram apenas turistas normais e se estiveram em Elba antes ou depois da data crítica quando Pons primeiro recebera suas instruções. O Mercador de Azeite, no entanto, tinha uma explicação diferente para as idas e vindas dos misteriosos ingleses; ele se convencera de que os ingleses estavam oficialmente coniventes com o projeto de fuga de Napoleão. Em 17 de fevereiro, na verdade, ele anotou (erradamente) que Campbell tivera longa conversa com Napoleão antes de embarcar para Livorno, e que Adye supostamente havia trazido uma substancial soma de dinheiro para o Imperador. Em 22 de fevereiro ele foi além, propalando um rumor que logo atravessaria a Europa e deixaria embaraços para Campbell e seu governo. Um oficial do Estado-Maior, disse ele, contara-lhe que os ingleses concordavam que Napoleão deixasse Elba pela França porque haviam feito reivindicações não atendidas por Louis XVIII, e Napoleão, por sua vez, prometera aceitar as condições dos ingleses se lhe fosse permitido voltar a Paris.

O Mercador de Azeite foi tristemente enganado por suas suspeitas. "O fundamental da minha política é a preservação dos Bourbons no trono," escreveu Lord Liverpool a Castlereagh em 20 de fevereiro; "todos os outros perigos podem ser considerados desprezíveis comparados àqueles que podem surgir de outra revolução na França." E muito embora o governo em Londres estivesse ansioso para se livrar de Murat o mais cedo possível, o primeiro-ministro já havia dito a Wellington em 11 de janeiro que as operações militares com esse propósito eram uma "absoluta impossibilidade" na presente situação da opinião pública e das finanças. O único traço de verdade na suspeita do Mercador de Azeite era a crença de Castlereagh de que seria melhor transferir tanto Murat quanto Napoleão mais por meio de um acordo que pela força, e que isso poderia ser facilitado por uma "proposta liberal" na forma de dinheiro e de compensação territorial. Após vinte exaustivos e ruinosamente dispendiosos anos de guerra, e com uma abrangente paz agora à vista em Viena, a última coisa que Liverpool e Castlereagh queriam ver era Napoleão livre novamente e fazendo uma nova tentativa pelo poder na Europa.

No entanto, a ambiguidade da posição de Campbell, que o preocupara por meses a fio, estava prestes a levar a um equívoco fatídico e final. O Mercador de Azeite tinha uma clara ideia dos acontecimentos naquelas últimas semanas de fevereiro, porém tanto falso alarme houvera que ele dificilmente poderia esperar que alguém no Continente considerasse seriamente suas últimas notícias e, de qualquer modo, como o passo dos eventos acelerou, ele não pôde fazer suas advertências a ninguém com capacidade de agir a tempo. Os únicos que poderiam agir de modo efetivo eram Campbell e Adye. Se o agente de Mariotti tivesse sido capaz de confiar e entrar em contato com eles, a história das duas semanas seguintes seria bem diferente.

Em 14 de fevereiro, exatamente antes de Campbell partir e de o Mercador de Azeite retornar, tudo parecia tranquilo em Elba. "Napoleão permanece fechado em seus aposentos sem ver ninguém", escreveu Mariotti naquele dia para Paris, "e dizem que ele teme assassinos enviados da França e da Itália." Essa também foi uma data crítica, pois marca a decisiva mudança de ritmo que, sem dúvida, se deveu ao inesperado aparecimento de um emissário da França. "Uma pessoa dizendo chamar-se Pietro St. Ernest chegou aqui passando por ser um marinheiro vindo da baía de Spezia," anotou Campbell no dia seguinte; e em 18 de fevereiro, quando o Mercador de Azeite fez uma visita de cortesia a Madame Colombani, também ele soube do forasteiro. "Há poucos dias," disse-lhe ela, "um ilustre personagem disfarçado de marinheiro veio de Lerici numa *felucca*," acrescentando que o tal senhor partira logo após algumas conversas sigilosas com Napoleão, que evidentemente animaram o Imperador. Houve tantos relatos vagos desse tipo que tanto Campbell quanto o Mercador de Azeite os ouviam sem maiores entusiasmos, mas ao menos daquela vez os mexericos palacianos foram verdadeiros: esse visitante era realmente digno de nota.

Fleury de Chaboulon era um funcionário desempregado de 36 anos que fora vice-prefeito na Borgonha durante os últimos meses do Império e recebera a Legião de Honra por sua vigorosa participação na defesa de Reims. Antes de sair em sua difícil jornada para Elba ele se encontrou com Maret, ex-ministro do Exterior de Napoleão com longa experiência em diplomacia confidencial; e parece que trouxe informações úteis num momento crítico, mesmo que sua vaidade e seu romântico pendor por conspiração o tenham levado mais tarde a exagerar o próprio papel nos eventos. "Com uma simples palavra minha Napoleão estaria perdido," escreveu grandiloquente nas memórias que publicou quatro anos depois para provar ter sido o árbitro do Destino. "Com uma palavra eu poderia ter salvo o rei Louis." E para sublinhar esse pensamento de autoimportância, atribuiu a Napoleão a mais inverossímil fala entre todas: "Se não fosse por você," ele fez Napoleão dizer, "eu não saberia que a hora tinha chegado." Não é de surpreender que Napoleão tenha rabiscado comentários sarcásticos por todo o exemplar do livro de Fleury que eventualmente chegou às suas mãos em Santa Helena.

Fleury foi vago sobre datas. Pons disse que ele deixou Paris antes do Natal e afirmou ter-se deparado com todo tipo de obstáculos em sua tortuosa jornada para Elba, inclusive uma febre em La Spezia e uma aventurosa travessia a partir de Lerici com um bando de contrabandistas. Seguramente levou pelo menos um mês a caminho, e a maior parte das antigas notícias que trouxe já estava ultrapassada quando chegou. Mesmo assim Napoleão o ouviu atentamente enquanto ele desfiava o familiar rol de aflições, confirmando relatos de viajantes anteriores vindos da França. O país estava em mísera e instável situação, sobrecarregado com dívidas de guerra, penando sob uma paz humilhante. Os impostos eram altos, o valor das propriedades depreciado pela ameaça de restituição que pairava sobre quem havia comprado terras expropriadas, e os padres tentavam restaurar práticas religiosas mais os impopulares dízimos do antigo regime. Os industriais perdiam seus negócios pelo fim da produção de guerra e pela competição estrangeira; dezenas de milhares estavam desempregados; e havia tumultos e assaltos em alguns portos contra a exportação de cereais para a Inglaterra. Todos pareciam ter alguma mágoa, e a vida política ia degenerando em queixas e recriminações e em tíbios conluios. Os liberais que haviam esperado por um novo sistema constitucional estavam desiludidos; os antigos revolucionários, revivendo os gritos de guerra jacobinos, cogitavam uma nova chamada às ruas; e, muitíssimo agourento para os Bourbons, tanto os homens que foram mantidos no exército quanto a massa de soldados exonerados, todos descontentes, suspirando pelas passadas glórias, ansiosos pelo retorno do Imperador. Até mesmo os ministros viam o governo próximo ao colapso. "Estamos realmente indo muito mal," Jaucourt escreve a Talleyrand em 25 de janeiro, "e precisamos melhorar se não quisermos ser destruídos completamente."

Napoleão já sabia que tais melhorias eram improváveis e que, se bem escolhesse o seu momento, poderia retornar à França e expulsar os Bourbons do país sem muita dificuldade. Porém o momento certo era vital, e ele estava cônscio do grande o risco de perder sua chance. Poderia desembarcar cedo demais, quando Louis ainda pudesse reunir ajuda suficiente para derrotá-lo, ou pelo menos forçá-lo à guerra civil que tinha sido evitada por sua abdicação em abril de 1814. Se esperasse muito, no entanto, poderia ser ultrapassado, visto que Paris fervilhava em conspirações, com os políticos à procura da maneira de se livrar do "porco gordo," como os soldados chamavam Louis XVIII, sem ter de pôr o Ogro Corso no lugar dele. Por exemplo, corriam rumores de outra república, de queixas entre os marechais ambiciosos que se ressentiam do trato desdenhoso que eles e suas esposas sofreram na corte dos Bourbons, de uma facção que cogitava chamar de volta o marechal Bernadotte, o qual deixara o serviço de Napoleão para se tornar Príncipe Herdeiro da Suécia. Mesmo que alguns dos próprios defensores de Napoleão no exército encenassem uma revolta bem-sucedida, não havia nenhuma certeza de que eles chamariam o Imperador de volta; e caso o fizessem, havia todos os perigos de atraso, confusão e intervenção estrangeira enquanto ele estivesse sendo retirado de Elba. De fato, a partir de uma frase que Napoleão certa vez deixou escapar, parece que ele havia recebido e rejeitado algo nesse sentido antes do fim de 1814. Seria muito mais seguro e sensato tomar o assunto nas próprias mãos, e não confiar em ninguém mais.

Nessa confusa situação, Napoleão certamente ficou satisfeito em ter palavras diretas vindas do confiável Murat, que mantinha estreito contato com o marechal Davout, com Thibaudeau, com Lavallate e outros subordinados que o haviam servido lealmente e nunca aceitaram a mão ou o dinheiro do Rei; com Hortense, agora Duquesa de St. Leu, que reunia um salão bonapartista com outras senhoras que lamentavam a perda da influência que haviam usufruído na época do Império; e até mesmo com Fouché, cuja tentativa de manipular a situação e juntar os bonapartistas na França sem envolver o próprio Bonaparte foi sem dúvida um fator que levou Napoleão a tomar a iniciativa. E assim Maret, por intermédio de Fleury, podia comunicar a Napoleão o que seus amigos estavam pensando, sem nada dizer que os comprometesse muito, caso ocorresse de Fleury ser preso ou, por outro lado, ser indiscreto. Ele também podia dizer, já que era de conhecimento geral, que a maior parte do exército contava os dias para o retorno do Imperador. Não havia grande perigo nisso, porque os agentes de polícia relatavam esse mesmo ânimo rebelde em cada guarnição da França. E também podia transmitir os boatos sobre planos e maquinações de outros, pois não trazia risco para a facção bonapartista contar histórias sobre seus rivais.

Parece que alguns desses mexericos foram as novidades mais importantes que Fleury levou para Elba. Maret estava sem dúvida preocupado com alguns generais mais moços de temperamento arrebatado que tentavam envolver tanto Davout como ele próprio num esquema de rebelião militar – homens como o general Flahaut, filho ilegítimo de Talleyrand; o amante da rainha Hortense, general Drouet d'Erlon, o general Sebastiani e o general Excelmans. Houvera rumores durante todo o outono sobre uma trama militar. "A estreita vigilância que mantenho sobre os generais descontentes mostra que eles trocam muitas visitas entre si," reporta Beugnot ao rei Louis em 25 de novembro; "resmungam, murmuram, temem ser suplantados por rivais favorecidos pela Corte; mas até agora não vi sinal de composição, nem de tentativa de incitar o povo das ruas, dos subúrbios." Evidencia-se que o diretor-geral da polícia não estava propenso a levar os dissidentes a sério naquela ocasião: "entre tanto temor exagerado e irracional, e acusações inspiradas por antipatias e espírito partidário," disse ele a Louis no dia seguinte, "não consigo ver nenhum tipo de preparativo, nenhum plano, nenhum sistema, nenhuma estocagem de armas, nenhuma cumplicidade com o Exército ou com a Guarda Nacional." Ainda que a conspiração militar tenha começado a tomar uma forma mais definida pelo fim do ano, Fleury não teria como saber de nada significativo. Primeiro, porque Maret relutaria muito em confiar num estranho, mesmo que este possuísse boas credenciais: os íntimos de Napoleão eram todos treinados em evitar conversas descuidadas. Depois, porque Fleury já tinha partido antes de os conspiradores terem decidido o que fazer.

Isso fica bastante claro nas recordações de Lavalette, um dos mais sensatos e fidedignos de todos os bonapartistas em Paris. Ele relata que certa vez, no Ano-Novo, foi abordado pelo general Lallemand, um dos dois irmãos que estavam entre os líderes da conspiração. "O general queria que eu tomasse parte ativa no esquema," recorda Lavalette, "em especial, que eu me incumbisse de levar o assunto ao conhecimento do Imperador." Não haveria necessidade desse pedido se Fleury já tivesse sido encarregado da tarefa. Lavalette deu uma resposta cautelosa e crítica. Disse a Lallemand que os conspiradores estavam tomando "uma grande liberdade" ao envolver o Imperador sem seu consentimento; que poderiam deixá-lo em perigo ou, no mínimo, fornecer aos Aliados uma desculpa para enviá-lo "para o outro lado do mundo," se eles fossem apanhados; e que em todo caso, era bem possível que Napoleão tivesse planos próprios ignorados de todos em Paris, os quais, com suas intrigas, eles poderiam "impedir ou arruinar." Quando Lallemand respondeu bruscamente "as coisas já foram longe demais para adiamentos," Lavallete se apressou em se encontrar ele próprio com Maret. E Maret disse então explicitamente que Fleury, que partido "há mais de quinze dias," não poderia ter levado nenhum aviso para Napoleão. "Na ocasião de sua partida," confidenciou a Lavalette, "a trama dos militares ainda não existia, ou pelo menos eu não tinha conhecimento dela."

Pela mesma razão é improvável que Fleury soubesse algo das conversas que Fouché teve com Maret e outros bonapartistas, pois também esses encontros aparentemente ocorreram no fim de janeiro ou no início de fevereiro, quando Fleury já estava em sua lenta viagem para Elba. E eles pareciam estar ligados em parte aos conluios militares (já que esse foi o contexto em que Maret os apresentou a Lavalette); e em parte, segundo a própria narrativa de Fouché, ligados à sua ideia favorita de estabelecer Marie-Louise como regente do infante Rei de Roma. Porém é possível que Maret tenha contado a Fleury sobre outras maquinações de Fouché. Pois esse infatigável oportunista tentava também insinuar-se nos meios monarquistas e constitucionalistas; escrevia em segredo a Metternich; e era, sem dúvida, sabedor da proposta costurada por alguns dos marechais mais descontentes de levarem o duque de Orléans ao trono em lugar de Louis XVIII. Tenha Fleury obtido a informação sobre essa intriga por meio de Maret ou de Davout, ou a tenha apanhado de outras fontes, é quase certo que foram essas as notícias que perturbaram Napoleão e o persuadiram de que devia agir o mais cedo possível.

Não era, na verdade, uma conspiração muito séria, pois o duque era por demais cauteloso para ser arrastado para assuntos que eram pouco mais que um chá das cinco movimentado, mas nem Fleury nem Napoleão estavam em posição de saber disso e, no que dizia respeito a Napoleão, seria indescritivelmente vexatório apostar tudo num retorno à França para no fim constatar ter sido em vão – descobrir que o filho do velho Bourbon libertino e revolucionário que chamavam de Philippe Égalité já estava instalado como Rei de França, e que as molas do descontentamento que poderiam ter impulsionado uma acessão bonapartista tinham perdido a força. O próprio Napoleão tocou nesse ponto. "Fleury de Chaboulon," escreveu ele anos mais tarde em Santa Helena, "trouxe-me em Elba notícias da conspiração em favor do duque d'Orléans." A referência a seguir sobre Davout parece estranha em vista da insistência de Maret de que Fleury não era o portador de nenhum pedido para Napoleão voltar à França. Isso, disse Maret, era assunto para o próprio Imperador decidir. Mas Napoleão parecia lembrar de forma diferente. "Davout," acrescentou ele, "foi particularmente insistente pelo meu imediato retorno. Ele estava certo, pois a coroação do duque d'Orléans teria sido para muitos, em particular para as potências estrangeiras, uma espécie de meio-termo entre a Revolução e a Restauração."

Assim, todos os indícios mostram que Napoleão já preparava sua saída quando Fleury chegou a Elba, e que a notícia trazida por Fleury apenas o deixou mais ansioso para partir antes que lhe tomassem a dianteira. Ele nunca foi de confiar em seus subordinados, e naquela hora era-lhe mais necessário surpreender os inimigos do que notificar os amigos. John Cam Hobhouse, que foi a Paris assim que Napoleão retornou, esteve com várias pessoas próximas ao Imperador e concluiu que "não havia esquema correspondente preparado em Paris para a restauração." Ao escrever uma carta para a Inglaterra em 27 de abril ele disse que "a visão e a execução, por inteiro, devem ser atribuídas unicamente à ousada determinação do próprio Napoleão em recuperar sua coroa, muito auspiciosamente coincidindo com as atuais condições e o sentimento geral da França", e anotou várias histórias de mexericos que pareciam confirmar essa opinião. Um informante disse que o Imperador havia declarado que seu único mérito foi ter feito "uma boa adivinhação do quadro atual;" outro relatou ter ele dito a Fouché que "o espírito revolucionário na França, levado prematuramente a um ponto de inflexão, obrigou-o a aproveitar o sentimento geral três meses mais cedo do que desejava, embora os exércitos dos Aliados estivessem ainda em posição de retomar as operações contra a França."

♛

Em meio a todos os altos e baixos da vida em seu reino insular, Napoleão talvez nunca tenha abandonado a esperança, de alguma forma, de que ainda faria o caminho de volta a Paris. Houve tempos de desalento, em que tal reviravolta do destino parecia improvável, ou impossível – quando ele pensou que sua última oportunidade de uma ocupação útil seria no comando de um exército austríaco defendendo Viena contra os cossacos; ou quando a única perspectiva de alguma mudança estava em sua remoção para um lugar de exílio mais distante. No entanto, sempre se sentiu atraído pela ideia de desforrar-se dos Bourbons, de apagar a vergonha de sua fuga através da França. "Em todo o caso," diria ele mais tarde, "meu retorno de Elba mostra que não sou um parvo." O que o aguilhoava, declarou noutra ocasião, "foi a acusação de covardia; em todas as maledicências disseram que eu tive medo da morte, que nunca passei por nenhum risco pessoal. Por fim, não pude mais suportar isso."

Um repentino ataque à França, além do mais, estava em total acordo com a forma de Napoleão fazer a guerra. Conforme lembrou ao coronel Gourgaud em Santa Helena, quando rememorava sua carreira militar, ele havia vencido numerosas batalhas mais por meios simples do que por sutilezas, apostando na surpresa, num movimento rápido que atinja a principal força do inimigo e o esmague, enquanto os defensores estão ainda cambaleantes pelo susto. Nas condições de 1815, os imperativos políticos e militares combinavam-se para fazer de uma marcha direta sobre Paris a única política sensata.

Isso teria sido óbvio a qualquer um que estudasse as táticas de Napoleão e feito um pensamento sério sobre a situação na França; no entanto, mesmo quem se achava tão próximo aos eventos como Campbell e Mariotti partilhava a convicção comum difundida de que, fugindo de Elba, ele iria encontrar-se com Murat em Nápoles ou iniciar o que Campbell singularmente chamou de "alguma excentricidade" em outra parte da Itália. Essa obsessão com a Itália baseava-se em duas conjecturas: que

Napoleão precisava de Murat porque não dispunha de outro aliado potencial, e que seria fácil para ele desembarcar na Toscana e liderar uma insurreição italiana contra os austríacos. Ambas erradas.

O primeiro erro foi pensar que Napoleão tinha algo a ganhar unindo forças com seu instável cunhado, na parte de baixo da península italiana, distante dos centros do poder e dos campos de batalha clássicos da Europa. Pelo contrário, ele estava bem ciente de que essa trajetória de fuga confirmaria as suspeitas de conluio e levaria de imediato a uma guerra com a Áustria, a França e, possivelmente, a Inglaterra. O segundo erro foi o de ver em Napoleão um entusiasta da libertação da Itália quando toda a sua carreira mostrava que ele iria cinicamente encorajar ou trair os patriotas italianos, conforme sua conveniência. Todas as ligações secretas com eles, assim como seu aberto interesse nos assuntos italianos, correspondiam a pouco mais que um calculado diversionismo que geralmente distraía a atenção de seu ininterrupto elo com a França e serviria pelo menos a um fim particular, o de pôr Campbell na pista errada na hora decisiva.

O próprio Napoleão era bastante sincero sobre a inutilidade de uma aventura italiana. Escrevendo em Santa Helena, declarou ter recusado várias propostas revolucionárias da Itália. "Vocês nada podem fazer sem a França," consta que disse aos emissários nacionalistas, "serão varridos pelos austríacos; vocês não têm nem algo como um exército, nem armas suficientes, nem uma única fortaleza. (...) Se amam a pátria, permaneçam calmos e contidos, deixem as coisas tomarem rumo na França; esperem até haver mudanças na própria França." Mesmo que o enunciado fosse apócrifo, a ideia era sensata, e explica por que Napoleão nunca realmente considerou liderar uma revolução italiana.

Ele nem sequer pensava na Itália como uma via aproveitável para outras destinações. Assim que desembarcasse na França, Napoleão estaria pisando seu próprio chão, com seu próprio povo e com boas chances de que seu batalhão de Guarda pudesse ser rapidamente reforçado conforme fosse encontrando regimentos bem treinados maduros para desertar. Em poucos dias poderia formar um verdadeiro exército, e em poucas semanas, tendo sorte, poderia estar com seu Império novamente. A Itália, no entanto, era um país desorganizado, ocupado por soldados austríacos, e Napoleão sabia que os austríacos poderiam rapidamente reunir seu pequeno número de homens e esmagar qualquer revolução em Milão e em Turim tão facilmente como já haviam feito anos antes. Ele não tinha nenhuma esperança de formar de imediato um exército capaz de sobreviver, muito menos de lançar-se em direção a Viena, como fizera em 1796, ou de marchar pelos Alpes bloqueados de neve para a Savoia e para Paris.

Napoleão conquistara sua reputação na Itália, quase vinte anos antes. A única coisa que poderia fazer lá agora era perdê-la. Apesar de todos os riscos, a Provença era o único lugar possível para um desembarque.

17
Chega de Elba!

Campbell devia ausentar-se de Elba dia 16 de fevereiro, no que chamou uma "curta excursão ao Continente para cuidar da saúde," e Napoleão passou a Bertrand o encargo da despedida formal. Foi uma curiosa conversa que deixou Campbell perplexo – pois Bertrand gastou a maior parte do tempo questionando o *status* de Ricci, a quem Campbell ultimamente vinha utilizando como algo entre informante e despachante marítimo. "Não consigo ver com precisão o motivo desse súbito e visivelmente desnecessário alvoroço a respeito da influência de Mr. Ricci," escreveu Campbell, apreensivo. "Deve ser para intimidá-lo por me dar informações do que ocorre na ilha." Era um pensamento confortante. Visto que pretendia apoiar-se em Ricci para informá-lo "caso algo de extraordinário ocorresse" durante sua ausência, Campbell obviamente cogitou se devia tomar esse súbito interesse nas atividades de Ricci como "prova de algo condenável ou impróprio" que Napoleão e Bertrand queriam esconder. Também viu na discussão "uma falta de delicadeza e de polidez proposital, no desejo de me aborrecer e de induzir-me a não permanecer aqui."

Mais uma vez Campbell sentiu que "continuava a ser, em Elba, uma pessoa odiosa por quem tinham alguma tolerância," mas mantinha-se firme em seu dever: "Por mais desconfortável que possa ser o prolongamento de minha estada nessas circunstâncias," anotou em seu diário, "resolvi permanecer, e aqui fico na expectativa diária de que termine o Congresso de Viena." Tão zelosas intenções, porém, eram para o futuro. Apesar de externar suas suspeitas num despacho ansioso a Castlereagh em 15 de fevereiro, Campbell não deixou tais sentimentos interferirem em seus planos imediatos. Após uma "sonora e acalorada" troca de ideias com Bertrand sobre Ricci e sobre a recente construção de uma plataforma para canhão na ilhota rochosa de Palmaiola no canal de Piombino, ele embarcou para Livorno a caminho de Florença.

Era exatamente o que Napoleão queria. Quanto mais cedo Campbell deixasse Elba e quanto mais tempo ficasse fora, melhor – era arriscado tratar de seus preparativos finais tendo Campbell livre para perambular pela ilha, e o *Partridge* em posição de barrar qualquer navio que quisesse deixá-la. Napoleão, evidentemente, poderia prender Campbell e ameaçar ou afundar o *Partridge* com os canhões da fortaleza. Mas isso em último recurso, pois a mais brilhante característica do plano de Napoleão para a fuga era a ideia de lidar com a situação toda de forma pacífica. "Não se preocupe," disse a Drouot antes de partirem. "Chegaremos a Paris sem um só tiro disparado." A oportuna viagem de Campbell para Florença forneceu então a data final no calendário provisório de Napoleão. Como ela levaria pelo menos dez dias, o Imperador precisava deixar Elba na noite, ou pouco antes da noite, de 26 de fevereiro de 1815.

Napoleão mandou o pequeno *Étoile* seguir o *Partridge* para fora do porto, assegurando-se de que Campbell havia realmente ido para Livorno, e então redigiu uma ordem muito reveladora para Drouot. O *Inconstant* seria trazido para o porto imediatamente e "pintado como um brigue mercante inglês." Ele seria carregado com víveres suficientes para a manutenção de 120 homens por três meses (ou, se os números forem recalculados, para mil homens por cerca de dez dias), seria equipado o máximo possível com pequenos botes e, entre 24 e 25 de fevereiro, deveria estar "perfeitamente pronto para o mar."

Poucos dias depois, quando Napoleão disse a Drouot explicitamente que logo estariam partindo para a França – "a França toda aflige-se por mim e me quer de volta" –, o sóbrio porém leal general reagiu fortemente. "Apanhado de surpresa, expressei minha oposição," disse ele um ano depois, diante da corte marcial por sua participação na fuga, "mas estava comprometido com Napoleão por juramento." Tal como Bertrand, que igualmente se preocupou pela perspectiva de uma nova aventura militar que poderia acabar em um exílio mais distante ou em morte para todos eles, Drouot possuía um rigoroso sentido de dever e, apesar de todos os seus pressentimentos, daria o melhor de si para assegurar que os planos do Imperador tivessem sucesso. Em 22 de fevereiro ele disse ao seleiro para preparar suas bolsas de campanha e estojo de mapas. No mesmo dia, Napoleão chamou Peyrusse e disse-lhe que se preparasse para partir. Ele teria de carregar as reservas de ouro em caixas para viagem e cobrir o dinheiro com livros da biblioteca da Villa Mulini. "Você pode levar sua bagagem empacotada assim também," disse Napoleão bem-disposto e de forma despreocupada, como se a fuga de Elba não passasse de uma viagem direta para a França. Mas quando Peyrusse correu a discutir essa enigmática conversa com Drouot, ele sentiu no general "um ar solene e pensativo."

Pons, Peyrusse e Drouot eram os altos funcionários a quem o segredo tinha de ser confiado, agora que a decisão fora finalmente tomada, mas a fim de evitar que outras pessoas chegassem facilmente à correta conclusão,

Napoleão manteve um fluxo de instruções visando desviar a atenção na direção de assuntos elbenses. Em 16 de fevereiro, doou terras a seus soldados como loteamento e estimulou-os a iniciarem a semeadura da primavera; por sugestão de sua mãe, contratou gente para plantar amoreiras ao longo da estrada de San Martino; pintores foram acionados para trabalhos na Villa Mulini; e Bertrand foi instruído a começar as providências para Napoleão, Letizia e Pauline passarem o período mais quente do verão em Marciana. O Mercador de Azeite, recém de volta a Portoferraio, disse que os soldados "trabalhando em seus lotes mais parecia terem acabado de chegar do que se aprontando para sair" – pelo menos ele não foi enganado.

Em 19 de fevereiro, quando reportou a chegada de Marselha de um comerciante chamado Charles Albert, que suspeitava ser um mensageiro bonapartista, o Mercador de Azeite citou o comentário do forasteiro de que "ver o chapéu de Napoleão numa praia francesa seria suficiente para pôr todo francês ao seu lado;" e nos dias seguintes teve ampla evidência de que a visão de Albert logo poderia ser testada. Em 21 de fevereiro, notou que estavam trazendo e empacotando provisões, e que um parque de artilharia fora montado junto ao porto. Em 22 de fevereiro, ele ouviu que três companhias da Guarda tinham sido equipadas com capotes novos e dois pares de botinas para cada homem, que os cavalos dos lanceiros poloneses foram trazidos de volta dos pastos de Pianosa, e que sessenta engradados de cartuchos e outros suprimentos tinham sido levados para o *Inconstant* durante a noite.

Ricci também teve a atenção despertada pelo bulício de atividades militares. Ele não era um espião ponderado e talentoso como o Mercador de Azeite, mas tinha visto o suficiente para fazê-lo comunicar-se com Campbell, em 18 de fevereiro, por uma carta com "assuntos de natureza tal que despertam a mais grave das suspeitas." Assim como o Mercador de Azeite, ele tinha ouvido boataria de caserna. "Os soldados," disse a Campbell, "estão na expectativa de algum grande evento." Ouvira também que o *Inconstant* recebia "provisões militares;" foi corretamente informado de que Pons enviara de Rio para Portoferraio dois *feluccas* de transporte de minério vazios, e que tentava fretar ou comprar pelo menos mais um navio mercante; e apanhou o perturbador informe de que Colonna passara novamente por Longone a caminho de Nápoles.

Os acontecimentos agora moviam-se rapidamente. Colonna levava uma "importante e urgente" comunicação para Murat. "Rogo que acrediteis em tudo que este mensageiro disser," escreveu Napoleão ao cunhado. "Ele está autorizado a assinar todo acordo que Vossa Majestade possa desejar relativo aos nossos assuntos." Colonna visivelmente retardou sua travessia até ouvir que Napoleão havia decididamente zarpado de Portoferraio – só chegando a Nápoles nos primeiros dias de março. Visto ter ele sido enviado como embaixador para restaurar os contatos formais rompidos quando Murat desertara para o lado dos Aliados, não havia sentido em sua missão, a menos que pudesse dizer que Napoleão já estava a caminho de Paris para recuperar o trono. Deveria também dizer a Murat que o Imperador o perdoara por "todos os enganos;" insistir que Murat fosse cauteloso, pois Napoleão tinha consciência de que a notícia de sua fuga poderia levar o rei Joachim a um ato de loucura; e pedir a Murat para fazer o que pudesse para neutralizar os austríacos – ou persuadindo-os de que Napoleão desejava a paz ou, se não os convencesse disso, pondo o exército napolitano em estado de alerta, impedindo assim Franz I de mandar tropas da Itália para ajudar os Bourbons a resistirem a Napoleão na França.

Mensagem sensata mas que não foi entregue a um homem sensato. O rei de Nápoles, escreveu Napoleão depois, "pareceu atônito com tanta moderação," e ao mesmo tempo em que impulsivamente oferecia a Colonna navios, tropa e dinheiro para apoiar a expedição do Imperador, começou a fazer planos desvairados – e afinal fatais – de sublevar a Itália em interesse próprio. Napoleão não queria nada tão dramático, tão comprometedor. Seu único pedido específico a Murat de uma ajuda militar foi levado por Pietro Santa, nominalmente pessoa da casa de Pauline mas na verdade mensageiro de confiança, que ultrapassou Colonna no caminho. A missão de Santa era secreta porém direta. Simplesmente pedir a Murat para enviar sua esquadra para águas elbenses nos dias críticos de fim de fevereiro e início de março, como fazia quando aparecia uma ameaça dos piratas berberes. Napoleão não queria ser transportado ou escoltado para a França pelos navios de guerra de Murat. Estava determinado, disse ele, em retornar à França num navio francês com a bandeira tricolor francesa. Mas se tivesse problemas com as fragatas monarquistas ou com o *Partridge* e tivesse de pôr-se a salvo, dois navios com 74 canhões dariam uma boa manobra diversionista ou cobertura em sua retirada para Nápoles. Não havia nenhum outro lugar para ir.

Murat hesitava, Caroline argumentava que ele seria um tolo em arriscar o trono de Nápoles apoiando a fuga de seu irmão. E navios napolitanos vistos perto de Elba no início de março estavam atrasados demais para fazer alguma diferença. O Imperador já havia conseguido sem eles.

"Não se pode dar um passo sem ser notado," queixou-se o Mercador de Azeite na quinta-feira, 23 de fevereiro. Havia agora tantos guardas e agentes da polícia patrulhando Portoferraio que ele concluiu não poder mais agir em segurança e, se quisesse chegar ao Continente a tempo, seria prudente pedir seus documentos e partir na manhã seguinte. "Todos hoje falando de maneira bastante aberta sobre uma partida," escreveu. "Começo a me convencer de que isso seja provável." No decurso do dia, além disso, o Imperador foi ao porto inspecionar o *Inconstant* e o *Étoile* em carregamento com alimentos e água antes de serem levados para o fundeadouro, parte mais externa do ancoradouro seguro; e subiu também a bordo do *Saint Esprit*, mercante de umas duzentas toneladas que viera de Gênova e fora requisitado para fazer parte da flotilha que zarparia para a França. Com o *Caroline* e os dois *feluccas* que Pons mandaria de Rio, e um navio elbense chamado *Saint Joseph* fretado de um comerciante local, Napoleão teria apenas sete lentos navios para sua expedição. Em termos navais o empreendimento era temerário, se não ridículo.

Mais tarde naquela noite, todo o esquema pareceu de repente em perigo, pois o *Partridge* inesperadamente chegou sob uma lua clara e ancorou apenas a poucas amarras do *Inconstant*. Mas Napoleão concluiu que o comandante Adye não tinha motivo especial para suspeitas ou não colocaria sua embarcação ao alcance dos canhões dos fortes, mas era possível ele perguntar por que o *Inconstant* fora pintado como um brigue inglês e o porquê de tanta atividade no porto. Então, antes do amanhecer, Napoleão mandou o comandante Chautard ao mar com o *Inconstant* até o *Partridge* zarpar novamente. Suspendeu o carregamento de material bélico e mantimentos, e de novo pôs pelotões de soldados a trabalhar nos canteiros de horta dos lotes perto dos quartéis. Adye desembarcou por volta das nove horas na manhã de 24 de fevereiro acompanhado por meia dúzia de turistas que havia trazido para a ilha. Depois de notificado pelo capitão dos portos que o *Inconstant* estava fora, em Livorno, para reparos, subiu até a Villa Mulini para obter de Bertrand a garantia "de que Napoleão Bonaparte estava ainda na ilha," observou membros da Guarda "ocupados carregando terra e plantando árvores," e partiu logo após as duas horas para examinar a nova fortificação em Palmaiola, a qual tinha causado queixas de Campbell ao se despedir. Napoleão podia relaxar novamente.

Adye deve ter sido um oficial naval ingênuo e surpreendentemente desatento, pois o ansioso Campbell o havia mandado de volta a Elba especificamente para descobrir se Napoleão "ainda estava na ilha." Ele tinha ordens gerais do Almirantado para interferir caso encontrasse o Imperador em ato de fuga com evidentes intenções bélicas. Permanecera várias horas num pequeno porto onde homens e navios eram preparados para partida imediata, no entanto nada viu que o preocupasse. O único sinal de suspeita em seu relatório foi uma observação de que no fim da tarde de 24 de fevereiro ficara "um tanto surpreso" de ver o *Inconstant* retornar a Portoferraio em companhia do *Étoile* e do *Caroline* – os barcos menores enviados para buscar o brigue após o êxito de ludibriar Adye. A sorte, como tantas outras vezes, ficou do lado de Napoleão. Ricci não conseguiu passar uma mensagem a Adye enquanto ele esteve em terra, e o Mercador de Azeite estava tão convencido de que os ingleses eram coniventes com Napoleão que deixou Adye chegar e sair sem fazer nenhum esforço para se comunicar com o *Partridge*. Em vez disso, passou um dia infrutífero tentando obter permissão para sair num barco de pesca. "Eu supliquei, ofereci suborno, fiz promessas," anotou ele, "mas sem nenhum efeito." Naquela noite o carregamento continuou normalmente.

Porém o *Partridge* era ainda uma ameaça. O navio inglês cruzou com os dois *feluccas* que Pons trazia de Rio, causa de suspeitas; Pons, assustado mas com presença de espírito, enviou pelo *Partridge* a Campbell um convite para jantar na semana seguinte, o que parece ter convencido Adye de que tudo estava bem. E então o *Partridge* permaneceu no canal de Piombino a noite toda, esperando uma brisa levá-lo até Palmaiola. Mais tarde no sábado, depois de lhe ter sido negada a permissão para desembarcar no rochedo fortificado, Adye deu a volta passando pela entrada de Portoferraio, em seu curso para o norte. Novamente os artilheiros correm para seus postos nos fortes e dá-se o alarme geral. Novamente Adye perde a chance de surpreender o Imperador em seu momento de partida. Apenas reportou que às seis horas havia visto claramente os mastros do *Inconstant* no porto quando navegava em direção a Livorno. Com ventos tão fracos, preocupava-se com o encontro marcado por Campbell na tarde seguinte.

O sábado foi atarefado em Elba. Embora o próprio Napoleão nada houvesse falado, todos pareciam saber que as tropas partiriam logo, e era grande o alvoroço dos preparativos de última hora, das bebedeiras, das despedidas. "Sinto-me numa Torre de Babel," comentou o Mercador de Azeite, imensamente frustrado por não conseguir sair dali. A polícia pegara de volta seu passaporte, havia patrulhas militares por todo lado e tão estritas interdições de qualquer saída da ilha que até os pescadores só podiam zanzar juntos ao redor das embarcações lotadas da flotilha. Tentou vários barqueiros: "recusam passageiros para o Continente qualquer que seja o pagamento."

Napoleão fez saber que se achava indisposto e permaneceu na Villa Mulini o dia todo. Havia muito trabalho a fazer. Tinha de rascunhar três manifestos que desejava distribuir quando chegasse à França, e Broglia, o impressor, estava de prontidão para imprimi-los naquela mesma noite. Tinha de acertar com Drouot e Bertrand as providências do carregamento dos navios, e dizer-lhes, pela primeira vez em detalhes, o que se propunha fazer ao desembarcar na Provença. Terminando essas tarefas, ia passar umas horas tranquilas com a mãe e a irmã, jantar cedo e jogar cartas, tal como haviam feito tantas vezes no inverno.

Foi uma ocasião inteiramente emocional, pois Letizia e Pauline eram as únicas pessoas da família a quem ele se sentia profundamente ligado. Porém, como em todos os dramáticos momentos da lenda napoleônica, tudo foi mais tarde adornado para efeito teatral. Letizia descreveu como Napoleão saiu a caminhar pelo terraço tendo no céu uma lua minguante, como ela o seguiu e ficou sabendo que ele partiria para a França na noite seguinte, como ele pediu sua opinião e como, com um sentimento de fatalidade, ela lhe desejou um destino heroico. "Se for desejo da Divina Providência que você deva morrer, meu filho, e o poupou neste tempo de ignominioso exílio, espero que seu fim não seja por veneno, mas com a espada na mão!" Foi uma cena tocante, assim como o presente de despedida de Pauline, que ofereceu seus preciosos diamantes para reforço dos fundos de guerra de Napoleão – diamantes descobertos pelos cavaleiros prussianos que saquearam sua carruagem após Waterloo. Mesmo nesses últimos instantes domésticos, no entanto, Napoleão parece ter representado seu papel de homem que sacrifica tudo ao seu destino, cônscio de que Clio, assim como Melpomene, o estavam observando. As musas da história e da tragédia jamais estiveram longe de seus pensamentos.

Em Florença, nessa semana, o ansioso Campbell teve uma recepção ambígua. Entregou os últimos despachos dirigidos a Castlereagh e aprestou-se a compartilhar com Lord Burghersh suas crescentes preocupações, mas em vez de simpatia e apoio foi recebido com reprimendas pela "maneira imprópria" como ultimamente conduzira seus deveres, sendo solicitado a permanecer "com mais regularidade no seu posto." Burghersh falou asperamente com Campbell, e posteriormente apresentaria a Castlereagh queixa formal sobre ele em carta enviada em março. "Suas ausências de Elba," disse Burghersh, "têm sido constantes e algumas vezes de grande duração." Por outro lado, Campbell ouviu palavras tranquilizadoras nas suas conversas com Edward Cooke, subsecretário do Foreign Office de considerável experiência em missões confidenciais, que havia estado com Castlereagh em Viena e recém-chegado à Itália de licença. "O senhor pode dizer a Bonaparte que tudo foi amigavelmente acertado em Viena," respondeu Cooke complacentemente quando Campbell lhe perguntou se havia alguma novidade sobre a pensão e sobre a mulher e o filho de Napoleão, "e que ele não tem nenhuma chance, os soberanos não entrarão em disputa. *Ninguém pensa nele. Está praticamente esquecido – é como se nunca tenha existido.*" Não foi ironia, mas alívio o que levou Campbell a sublinhar as duas últimas frases quando as escreveu no diário. Elas o fizeram sentir, disse ele, que sua "visão próxima" de Napoleão o levara a exagerar o perigo. Porém, assim que retornou a Livorno no sábado, 25 de fevereiro, Campbell alarmou-se com o informe que, de alguma forma, chegara aos ouvidos de Mariotti. Agora era evidente, anotou, "que Napoleão estava a ponto de embarcar uma força militar com estoques de suprimentos," e imediatamente enviou novos despachos a Burghersh e Castlereagh. Presumiu que Murat e Napoleão sabiam ambos "da decisão do Congresso" e concluíram que as Potências a seguir destronariam o rei de Nápoles. "Julgo," escreveu ele, "quase certo que Napoleão esteja se preparando para juntar-se a Murat, no caso de este último jogar a luva em desafio aos soberanos da Europa." Era uma conclusão razoável perturbadora, e totalmente errada.

♛

A manhã de domingo, 26 de fevereiro, despontou calma e clara, com uma leve brisa. Napoleão já estava de pé às seis horas e, nesse dia, preparou-se com esmero incomum, com meias de seda brancas, calções curtos presos no joelho, colete de casimira branca, gravata alta e larga de seda preta, casaco azul-marinho de lapelas brancas e punhos escarlates usado pelos oficiais granadeiros da Guarda. Cingiu a espada que usara em Austerlitz, prendeu a Legião de Honra e a Coroa de Ferro da Itália sobre o coração e verificou se o camareiro Marchand tinha a roseta tricolor à mão para substituir o emblema elbense em seu celebrado chapéu de feltro preto. Após dez meses de exílio, o Imperador estava para ser dono de si mesmo novamente.

Com certeza ele deu essa impressão régia quando apareceu no costumeira *levée* de domingo, apinhada de elbenses importantes e de seu próprio séquito. Também o povo da cidade, que subira as vielas íngremes para se postar do lado de fora da Villa Mulini e bradar "Viva o Imperador!" Já haviam pressentido que aquela podia ser a última de tais ocasiões. Os rumores se espalhavam rapidamente nesses dias, em Portoferraio. Mas

Napoleão foi cauteloso até o fim, e muito embora continuasse com seus gracejos introdutórios habituais para anunciar que logo estaria deixando Elba, ele não tinha nada a ganhar e muito a perder se por acaso revelasse seu destino para aquele grupo de boateiros palacianos, ou para qualquer um daqueles de quem ele se despediu no decurso do dia. Pons, que foi testemunha ocular, disse explicitamente que o Imperador "encobriu seus planos com um véu de mistério" durante a reunião; e todos os relatos de discursos sobre as misérias da França e os crimes dos Bourbons parecem ser acréscimos subsequentes aos fatos. Sigilo era prática militar normal de Napoleão. Por vários dias, seus soldados estiveram a especular tal qual apostadores de uma grande corrida, cada um achando que tem o nome do vencedor. Mas partiram naquela noite sem saber com certeza se estavam indo para Nápoles, Gênova, Toulon ou Marselha, ou até mesmo para Alexandria ou Túnis.

Cada hora tinha suas obrigações. Às nove, Napoleão foi à missa na igreja da cidade. Às dez, caminhou até a praça e passou em revista a Guarda Nacional antes de os soldados saírem de forma para tomar o lugar dos efetivos que haviam anteriormente guarnecido os portos e os fortes. E às onze, um pequeno bote chegou à praia abaixo da Villa Mulini com a notícia de costa livre. Ao meio-dia os tambores rufaram chamando para reunir, e quando os soldados retornavam aos seus quartéis, foram avisados para se prepararem em uniforme de combate e estarem prontos para partir às quatro horas.

O Mercador de Azeite quase foi levado com eles. Cedo naquela manhã, ele havia por fim persuadido um barqueiro a fazer a travessia para Piombino, embora o homem quisesse a exorbitante quantia de sessenta libras pela arriscada aventura. Mas não foram longe. Quando tentavam passar pelo *Inconstant*, ancorado na foz do fundeadouro, foram interceptados e receberam ordens de retornar sob pena de prisão. Ele então foi a cavalo até Rio na esperança de achar um barqueiro subornável naquele porto menor. Dessa vez ele foi vigiado tão de perto que achou mais prudente voltar para Portoferraio, onde chegou pouco antes de os portões da cidade fecharem e as tropas começarem a embarcar. No cais, encontrou Cambronne, o qual lhe disse bruscamente que, sendo ex-oficial, ele deveria partir com a flotilha, e havia um lugar para ele entre os voluntários elbenses em uma das pequenas embarcações. "Defrontado com essa inesperada ordem," disse o Mercador de Azeite, "foi difícil encontrar um motivo para não poder partir." Só apelando para seu velho camarada Colombani, e prometendo seguir o Imperador tão logo tivesse resolvido seus negócios, é que conseguiu evitar um imediato alistamento na aventura que havia previsto e fora incapaz de evitar.

Muita azáfama e confusão em Portoferraio naquela tarde, quando multidões se agruparam para ver os navios aprestados para a viagem. O próprio Napoleão tratou de assuntos de última hora. Passou algum tempo queimando papéis, e quando se retirou, havia pedaços de papel rasgados e amassados pelo chão, inclusive rascunhos de suas memórias. Saiu para uma inspeção final. Chamou Pons, que esperava ser nomeado governador de Elba, e disse-lhe que estava partindo naquela noite e não teria oportunidade para se despedir da família dele em Rio. Também convocou o Dr. Lapi, comandante da Guarda Nacional, promoveu-o a general, deu-lhe o cargo de Drouot de governador e o instruiu para continuar administrando Elba com uma junta de notáveis locais. O rei de Elba deixaria seus súditos à própria sorte tão repentinamente quanto antes viera para ao meio deles e partiria, ele com todos os que o acompanharam em seu reinado temporário, assim que a noite caísse. Às sete da noite, após um jantar reservado com a mãe e a irmã, e uma despedida chorosa do pessoal doméstico, só restava vestir o famoso casacão cinza de viagem, entrar na pequena *berline* de Pauline e seguir para o portão de entrada da cidade. Bertrand ia a seu lado, e atrás seguiam Drouot, Peyrusse, Pons e os outros membros da equipe que iriam com ele.

Cambronne já havia reunido seus homens a bordo da flotilha. Com bandas tocando e bandeiras tremulando, os soldados marcharam à luz do crepúsculo, passando pelas janelas iluminadas em honra a Napoleão, e sob os lampiões coloridos da praça atravessaram a multidão que aplaudia exaltada. Os granadeiros da Guarda vinham na frente, eles iriam no *Inconstant* com o Imperador e seu estado-maior pessoal. Isso perfazia mais ou menos quinhentos homens. O restante da Guarda, os lanceiros poloneses e os empregados civis seriam transportados no *Saint Esprit*; o batalhão corso, os gendarmes, os artilheiros, os ferradores e outros pequenos grupos de especialistas foram divididos entre as embarcações menores, e o *Caroline* levaria os fuzileiros navais da Guarda. Ao todo, pouco mais de 1.100 homens, quarenta cavalos, a *berline* de Pauline e quatro canhões. Já era uma força pequena para arriscar contra a França, que dirá contra as Potências da Europa.

A cerimônia de despedida foi uma imagem idêntica à das boas-vindas que Traditi e os outros notáveis haviam conseguido organizar, em prazo igualmente curto, dez meses antes. Quando o mesmo pequeno aglomerado colocou-se novamente no píer em frente ao portão de entrada da cidade, a multidão silenciou, mas ninguém conseguiu ouvir o que Traditi tentava dizer entre soluços. Napoleão pronunciou então algumas simples frases de agradecimento. "Sempre serei grato," disse ele. "Vocês podem contar com minha lembrança (...) Tomem conta de minha irmã e de minha mãe." Pons estava tão comovido como todos. "Foram lágrimas, lágrimas, lágrimas," escreveu ele depois.

Cantavam a *Marseillaise* quando Napoleão desceu os degraus para o *Caroline*, que o levaria para o *Inconstant*. Havia tão pouco vento que tiveram de remar por todo o trajeto, e conforme a pequena embarcação passava pelas naves da flotilha, sucediam-se exclamações de regozijo. Foi a derradeira manifestação de Elba. Quando o Imperador subiu a bordo do *Inconstant*, somente um canhão sinalizou que a fuga havia começado.

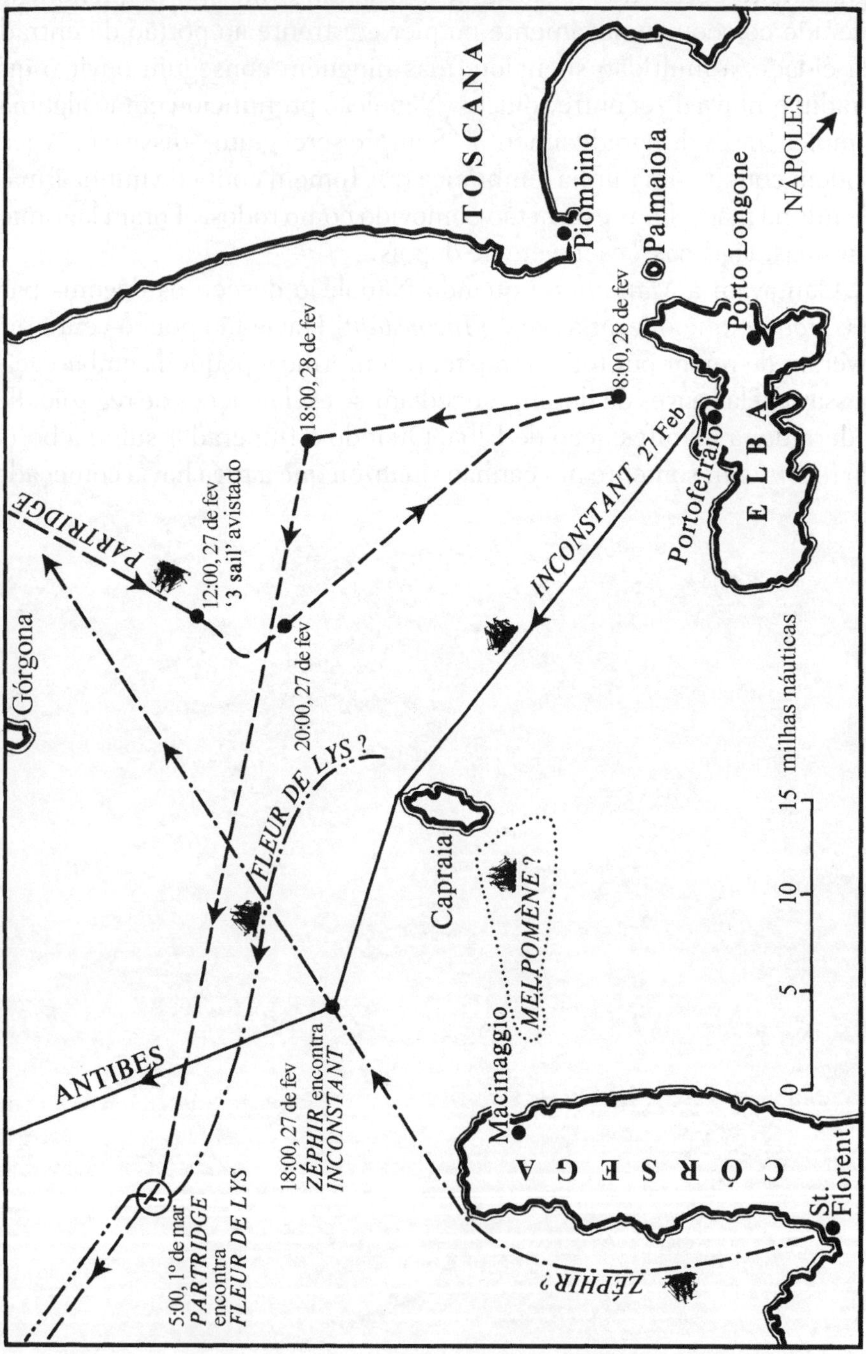

A fuga de Elba, 26 de fevereiro a 1º de março de 1815

18
O voo da águia

Quase foi um fiasco. No momento em que decidiu partir, Napoleão teve de apostar nas condições atmosféricas. Se não houvesse vento, ou soprasse um forte nordeste do tipo bastante comum nessa época do ano, ele nunca teria conseguido levar seus navios para fora da enseada, e ficariam eles à mercê do *Partridge* quando este voltasse de Livorno a favor do vento? Ele precisava era de uma constante brisa do sul para deixá-lo sem problemas bem longe de Elba enquanto ainda estivesse escuro; em parte porque não queria que ninguém, olhando da ilha, soubesse se ele se dirigia para a França ou Nápoles, e em parte porque esperava proteger seu pequeno comboio ao passar pela costumeira linha de patrulha das fragatas francesas antes do nascer do sol. E o domingo, 26 de fevereiro, parecia promissor, após uma semana de calmaria incomum, pois um vento favorável soprara das montanhas pela enseada durante toda a tarde. Porém, quando os navios estavam prontos para zarpar, o vento cessou completamente, e eles ficaram imóveis. O único modo de sair do abrigo dos ventos que era a ilha, e de pegar os fracos ventos que ondulavam o mar aberto, seria levá-los a remo. Já dera meia-noite quando todos terminaram de passar pelo farol do promontório de Portoferraio; no amanhecer da segunda-feira, estavam apenas a pouco mais de seis milhas de distância, lentamente rumando a oeste com norte em direção a Capraia, e a profusão de gente que foi para os fortes a fim de ter uma visão melhor do cenário pôde acompanhar a retardada linha de velas durante grande parte da tarde.

Aparentemente Napoleão navegava rumo a uma armadilha. Ao meio-dia de segunda-feira, quando seus navios estavam perto de Capraia, executando uma difícil manobra *back and fill* de marinharia de vento e leme em águas restritas, no esforço para passar para o norte da ilha, a fragata monarquista *Melpomène* foi avistada a sudoeste na passagem entre Capraia e a Córsega. A segunda das fragatas de patrulha, a *Fleur de Lys*, estava também em posição de interceptar o comboio, pois navegava pelo norte em algum ponto entre entre Capraia e Gorgona – distante, porém perto o suficiente, disse seu comandante, para avistar o *Melpomène* no decurso do dia. Assim, por desígnio ou por falta de sorte, havia uma fragata hostil em cada um dos dois canais que se estendiam de Elba à costa da França. E acolá de Capraia, o brigue *Zéphir* da Marinha francesa ia em direção a Livorno num curso que o faria encontrar o *Inconstant* ao anoitecer. No início da tarde de segunda-feira, portanto, o *Inconstant* estava no ângulo sudeste de um losango que tinha Capraia ao centro e três navios de guerra franceses nos outros ângulos. Mesmo naquelas condições de calmaria eles estavam perto demais para dar tranquilidade.

Naquele momento, a armadilha quase fechava. Minutos depois que o *Inconstant* registrou ter avistado o *Melpomène*, os vigias anunciaram outro estranho veleiro vindo de Livorno. Era Adye no *Partridge*, em difícil e vagarosa volta para Portoferraio, prestes a perder sua oportunidade pela terceira vez.

Adye chegara a Livorno ao meio-dia de domingo. O vento esteve tão calmo que ele levou dezoito horas para completar o trajeto subindo de Elba, e quando ia chegando, o vento cessou tão completamente que o nervoso Campbell teve de assistir ao *Partridge* paralisado fora da enseada. Eram oito horas da noite antes de Campbell ir a bordo, e amanhecia antes de o *Partridge* enfunar com a leve brisa do leste que o levaria, e ao *Inconstant*, em direção a Capraia naquela tarde.

Enquanto esperava durante essas horas perdidas e vitais, Campbell leu o perturbador relatório de Ricci em 18 de fevereiro, questionou Adye com "rude ansiedade," conversou longamente com Mariotti e escreveu extenso trecho no diário recapitulando sua conduta em Elba. Já preparava sua defesa contra as contraditórias acusações de negligência e conluio que o perseguiriam pelo resto de sua carreira.

Semanas mais tarde, quando a fuga de Napoleão foi debatida no Parlamento e pelos jornais londrinos, nada mais foi dito sobre a reprimenda de Burghersh, porque isso teria solapado a alegação de Campbell de que fizera tudo o que sua missão exigira dele. Teria também constrangido Castlereagh, que sustentava ter mantido Campbell em Elba "com o propósito de ocasionalmente comunicar-se com nosso governo sobre casos que pudessem ocorrer sob sua vista" e que "nada além disso foi jamais considerado." Sustentou que quando os soberanos enviaram Napoleão para Elba, "nunca esteve na cogitação dos partícipes que ele seria um prisioneiro dentro daquele povoamento," e que "a Marinha inglesa inteira seria insuficiente" para impedi-lo de sair, caso ele quisesse, e que Adye e outros oficiais navais tinham um "entendimento com o Almirantado de que se houvesse qualquer suspeita de Bonaparte estar considerando uma incursão às margens opostas, eles adotariam de imediato medidas cabíveis para frustrar a tentativa." Porém, quanto mais esses vagos arranjos eram discutidos após o acontecimento, mais se evidenciava que Campbell e Adye ficavam numa situação impossível.

A posteriori, estava claro que os Aliados haviam sido extraordinariamente negligentes fazendo Napoleão rei de Elba: como disse o marquês de Wellesley em 12 de abril, deveria ter havido "as devidas provisões contra sua volta ao poder." E assim Castlereagh e o primeiro-ministro continuavam mudando de pontos de vista e de argumentos. Em 6 de abril, Castlereagh disse à Câmara dos Comuns que "havia um entendimento com nosso oficial destacado para Elba de que Napoleão deveria ficar confinado dentro de certos limites, e que não lhe seria permitido ultrapassá-los." No dia seguinte, porém, Lord Liverpool disse na Câmara dos Lordes que Napoleão "não era, de modo nenhum, considerado um prisioneiro em Elba." Com tais contradições em Westminster, não é de surpreender que dois oficiais subordinados ficassem incertos quanto aos seus deveres. Mesmo que Campbell tivesse sido mais consciencioso, e Adye mais observador, o "entendimento" sob o qual agiam era tão ambíguo que eles nada podiam fazer afora capturar Napoleão e sua Guarda no mar.

Isso foi o que Campbell agora esperou conseguir. Aflito e furioso, preparou uma vigorosa declaração de intenções. "No caso de Napoleão deixar Elba, e quaisquer de seus navios serem descobertos transportando tropas, equipamentos militares e provisões, solicitarei ao comandante Adye (...) interceptá-los e, no caso de oferecerem a mais mínima resistência, destruí-los." E então ele acrescenta duas frases com o propósito claro de que fossem lidas, tivesse Adye sucesso ou não. "Confio que ambos, eu e ele, estaremos justificados perante nosso Soberano, nosso país e o mundo, de ir a qualquer extremo de nossa própria responsabilidade nesse caso de tão extraordinária natureza. Entenderei que, no cumprimento de nosso dever e com os recursos militares que eu puder reunir, a vida desse homem turbulento e de seus desencaminhados seguidores não deve entrar em competição com o destino de milhares e com a tranquilidade do mundo."

Cinquenta milhas ao sul, enquanto Campbell escrevia essas fogosas palavras, as primeiras companhias da Guarda embarcavam no *Inconstant*, e o comandante Chautard olhava as velas frouxas tão ansiosamente quanto Adye esperava por um sopro de vento para levar o *Partridge* a sair da rota entre Livorno e Elba. Nessas últimas horas, a diferença entre fuga e captura estaria pouco além de algumas boas lufadas de vento.

Napoleão estava ciente de quão perto Adye esteve de alcançá-lo. Quando o vigia do *Inconstant* viu as velas do *Partridge* ao meio-dia de segunda-feira, os dois navios estavam cerca de quinze milhas um do outro, e a distância iria lentamente diminuindo conforme a chalupa inglesa captasse os ventos variáveis. Às duas horas, Napoleão chegou à conclusão de que Adye o havia reconhecido e que seria melhor procurar ajuda do *Melpomène*, que ele avistara mais ou menos ao mesmo tempo na direção do vento, do que arriscar sozinho um combate com o *Partridge*.

Foi uma decisão compreensível, especialmente tendo Napoleão certeza de que o comandante Collet da fragata francesa o ignoraria caso ele conseguisse passar pelo norte de Capraia, e iria até mesmo ajudá-lo caso ele se visse em algum sério perigo. "O *Melpomène* estava cerca de doze milhas," disse Napoleão posteriormente em termos que davam exatamente essa impressão, "e não dava maior atenção à nossa flotilha." Ele então descreve, conforme o *Partridge* se aproximava, como decidiu que sua embarcação bem mais pequena se dirigisse para o *Melpomène*. "Conhecíamos suficientemente o sentimento dos oficiais desses navios, sem falar de suas tripulações, para ter certeza de que eles hasteariam a bandeira tricolor e defenderiam o Imperador contra o barco inglês." Uma hora mais tarde, com a flotilha ainda presa num trecho de calmaria, essas reveladoras precauções se mostraram desnecessárias. Embora o *Partridge* "tivesse chegado bem mais perto, podendo ser perfeitamente reconhecido," acrescentou Napoleão, "não pareceu preocupado conosco e tomou o rumo de Portoferraio."

Foi um erro espantoso de Adye, especialmente porque a visibilidade era boa e ele teve muito tempo para se decidir. O diário de bordo do *Partridge* registra que, ainda às onze horas daquela manhã, o vigia viu "um três mastros." Isso também prova que, antes de a brisa mover-se para nordeste e de ele voltar-se para Elba, Adye chegou a doze milhas do comboio. O que eram os "três mastros"? E por que Adye não conseguiu identificar o *Inconstant* quando o pessoal de Napoleão havia tão facilmente identificado o *Partridge*?

O "três mastros" podia ser uma embarcação inglesa ou sueca que tivesse deixado Livorno na manhã de domingo, ou Adye podia ter tomado o *Inconstant* e dois dos acompanhantes por navios mercantes dessa classe. Ambas são hipóteses plausíveis. Mas há uma terceira e intrigante possibilidade. Os três podiam ter sido o *Inconstant*, o *Melpomène* e o *Fleur de Lys*, separados após um encontro secreto ao norte de Elba no domingo à noite. Era o que Ricci achava. Em 2 de março, quando foi interrogado em Florença por Lord Burghersh, ele declarou que "os navios franceses estavam com a frota de Bonaparte na segunda-feira, e todos navegaram juntos;" Burghersh reportou a Londres que, quando Ricci foi advertido "a não se enganar nem enganar o mundo num assunto de tamanha relevância," ele insistiu ter visto claramente três navios do ponto mais alto de Portoferraio. Um turista inglês em Elba, Nicolson Stewart, que assistiu à evasão, também dá a entender que houve algum conluio entre as fragatas. Quando chegou a Livorno em 3 de março, ele se referiu a "uma embarcação francesa de menor porte que apareceu nas proximidades de Elba no último sábado e sinalizou algo que determinou o embarque de Napoleão." E em poucos dias o próprio Campbell chegaria à conclusão de que as fragatas ou estavam estranhamente ignorantes da fuga "ou estavam acumpliciadas e fingiam desconhecê-la."

Pode ser tão leviano acusar os comandantes franceses de cumplicidade na fuga quanto insinuar que Campbell a tenha encorajado, ou que Adye se afastara deliberadamente quando viu o *Inconstant*. Mas o mistério fica bem mais denso pela ausência de registro nos diários das fragatas, pela subsequente incapacidade dos comandantes de explicar exatamente onde estavam ou o que faziam durante aquele crítico fim de semana, e pelo comentário do próprio Napoleão sobre a simpatia que podia esperar da tripulação do *Melpomène*. Talvez os comandantes tenham tido azar ou sido descuidados, talvez estivessem simplesmente escondendo os próprios erros ao não perceberem que o *Inconstant* se metera em assuntos mais sérios do que os usuais. Talvez tenham presumido o que acontecia e julgado muito arriscado pedir às suas tripulações que capturassem o Imperador – ou tenham chegado a algum secreto entendimento com ele. Ninguém sabe. O fato é que as fragatas que Beugnot enviara para evitar que Napoleão retornasse à França mostraram não ter sido absolutamente nenhum estorvo.

A falha de Adye em identificar o *Inconstant*, no momento em que a sorte havia posto o Imperador à sua mercê, foi uma questão bem mais simples que podia ser explicada por uma única frase do diário de Campbell. "No decurso do dia," escreveu, "avistamos o brigue francês *Zéphir*." É quase certo que viram o *Inconstant* e não se deram conta disso. A uma distância de mais de doze milhas, os dois brigues, construídos no mesmo estaleiro, se pareceriam muito um com o outro. Adye e Campbell, além disso, estavam esperando ver o *Zéphir*, que Mariotti acabara de contar que tinha zarpado de Toulon para reforçar a vigilância em Elba, e estavam em parte convencidos de que Napoleão, caso já tivesse partido no *Inconstant*, estaria se dirigindo para Nápoles em vez da França.

A sorte de Napoleão e seu discernimento o ajudaram na mais apertada das fugas.

Antes de Napoleão ultrapassar as ilhas, no entanto, ocorreria outro encontro enigmático com um navio de guerra francês. A história do comandante Andrieux e do *Zéphir*, na verdade, é ainda mais curiosa do que a falha das fragatas em interceptar o comboio, pois Andrieux – que ia receber "instruções particulares" de Mariotti sobre "um cruzeiro de observação" em águas elbenses – na verdade chegou tão perto do *Inconstant* que pôde ter uma conversa de viva voz. Segundo Napoleão, ele estava somente "a meia distância de um tiro de pistola."

O restante da narrativa de Napoleão foi muito confuso. Sua afirmação de que o encontro teve lugar na noite de terça-feira quando a flotilha já tinha havia muito passado a ponta da Córsega, foi talvez um lapso de memória, pois Andrieux encontrou-se com Mariotti em Livorno na terça-feira de manhã relatando que falara com o *Inconstant* "perto de Capraia" no dia anterior. Pode ter muito de verdade no que Napoleão disse quando relembrou que, ao avistarem o *Zéphir*, seus oficiais navais quiseram abordar o brigue e dar ao seu comandante a oportunidade de juntar-se à expedição, e que ele rejeitou a proposta porque tão pequeno seria o ganho, caso tivessem êxito, que não valia o risco de um insucesso passível de estragar todo o empreendimento. O resto de sua história, entretanto, oscilava obscuramente entre a afirmação de ter enganado Andrieux e a admissão de que o comandante francês fazia uma boa ideia do que ocorria e, cautelosamente, evitou ser envolvido nos acontecimentos. Pois Napoleão começou dizendo que Andrieux havia inocentemente saudado o *Inconstant* e pedido notícias de Elba, e não atinara para os granadeiros no convés porque "eles receberam ordem de tirar as barretinas de pele e amarrar lenços na cabeça para parecerem marinheiros," e que depois Andrieux prosseguiu rumo a Livorno – uma história improvável que outros enfeitaram com uma romântica descrição de Napoleão escondido atrás da casa do leme, soprando para Chautard respostas tranquilizantes. Já que Andrieux se aproximara o suficiente para falar e ouvir, com certeza ele veria o *Inconstant* carregado até as bordas e apinhado de gente – e no parágrafo final, sem nenhum senso de contradição, Napoleão cita a admissão de Andrieux do fato. Andrieux disse posteriormente que a vista de tantos homens e tantos botes pequenos despertou suas suspeitas; que elas se confirmaram quando viu a outra embarcação lotada de tropa; que suspeitou de o Imperador estar a bordo dirigindo-se para a Itália; e que se soubesse que a flotilha ia para a França, teria içado imediatamente a bandeira tricolor e se juntado a ela.

O comentário mais revelador na narrativa de Napoleão, que se ajusta com o que disse antes sobre a tripulação do *Melpomène*, foi a declaração de que Andrieux era "um dos oficiais da Marinha francesa com quem o Imperador mais poderia contar;" e Andrieux seria promovido após o retorno de Napoleão a Paris. Qualquer que tenha sido a razão para Andrieux não reagir, foi certamente um bom augúrio do que podia acontecer após o desembarque na França. Mariotti, como outros monarquistas, poderia espernear. "Se o *Zéphir* tivesse chegado aqui 48 horas mais cedo," escreveu ele a Dalberg, assistente de Talleyrand em Viena, "eu teria dado instruções tais que o *Inconstant* ou seria capturado ou afundado com toda sua carga." Quando chegou o momento decisivo, no entanto, Napoleão mostrou a capacidade fantasmagórica de se fazer invisível e passar pela linha de vigilância que os Bourbons tentaram estender em seu caminho.

Campbell e Adye estavam ainda sem sorte, pois o *Partridge* perdera inteiramente o vento, e às oito da manhã de terça-feira ainda jazia em maçante calmaria cerca de quatro milhas ao norte de Portoferraio. Dessa posição eles não podiam ver se o *Inconstant* estava lá, porque o paredão dos fortes ficava entre eles e o ancoradouro. Mas estavam agora tão convencidos de haver algo errado, que Adye achou melhor manter o *Partridge* longe dos canhões dos fortes enquanto Campbell ia para terra de barco a remo ver o que se passava. Se ele não retornasse ao navio em duas horas, Adye saberia que fora preso e providenciaria uma mensagem a Burghersh em Florença o mais rápido possível.

Eram dez horas quando Campbell entrou no porto e viu de pronto que as sentinelas eram homens da Guarda Nacional, que todas as embarcações de Napoleão tinham sumido, e que a cidade estava estranhamente vazia. Logo após seu desembarque encontrou-se com Henry Grattan, um turista inglês que tinha visto a flotilha zarpar na noite de sábado, embora não fizesse ideia para onde ela ia. "Alguns falavam em Nápoles e Milão," disse a Campbell, "outros em Antibes e França." Campbell então foi ver Fanny Bertrand, que disse nada saber, mas se mostrava em tal estado de preocupação que Campbell tentou arrancar dela alguma indiscrição dizendo que a trama fora descoberta e que os fugitivos certamente seriam capturados pelo esquadrão inglês que "os procurava" entre Elba e Nápoles. "Ao ouvir isso, ela pareceu mais aliviada e recomposta," observou Campbell, "e então concluí que sua opinião sobre o rumo deles era o norte, e não o sul, como primeiramente pensei." Naquele momento, na verdade, Napoleão já estava a sudoeste de Savona, na costa da Ligúria.

Campbell depois tentou blefar com o Dr. Lapi – que corajosamente declarou que governava a ilha em nome do Imperador – exigindo a rendição "para os ingleses, para o Grão-duque da Toscana, ou para os soberanos aliados," e quando Lapi calmamente ignorou a exigência, Campbell, de forma desabrida, anunciou que "a ilha seria agora considerada em estado de bloqueio." Foi uma temerária ameaça para ele fazer por responsabilidade própria, pois equivalia a uma declaração de guerra muito antes de saberem para onde Napoleão tinha ido ou o que tencionava fazer. Só se explica pelo fato de Campbell estar fora de si de raiva, ou por algum encoberto conhecimento de que os Aliados tratariam qualquer fuga como sinal para nova guerra.

Quando passava pela casa Vantini a caminho do cais, Campbell parou para perguntar se haveria algum préstimo que pudesse oferecer à mãe e à irmã de Napoleão. Para sua surpresa, foi convidado a entrar para uma antecâmara, onde Pauline aproveitou a entrevista como uma estranha chance de flertar com o intuito de causar atraso e confusão. "Ela então apareceu e me fez sentar numa cadeira ao lado da dela," descreveu Campbell, "que aos poucos puxou para mais perto, como se me esperasse ter alguma iniciativa mais *discreta*." Falou sobre o marido e de seu desejo de ir para Roma. Afirmou que não tivera nenhum conhecimento dos planos de Napoleão; e, acrescentou Campbell, "tomou minha mão e premeu-a contra o coração para que eu pudesse sentir o quanto ela estava agitada" por sua partida. Campbell concluiu que ela caçoava dele e que ele poderia proveitosamente tentar outro dos seus truques psicológicos para descobrir para onde ia Napoleão. "Durante nossa conversa, ela deixou escapar casualmente que acreditava ser para a França," escreveu ele, "quando então sorri e disse, *O non! Ce n'est pas si loin, c'ést a Naples*, pois achei (no momento) que ela mencionara a França propositalmente para me enganar."

Campbell pelo menos soube o suficiente para mudar de ideia e ficar ansioso para partir. Reunindo Grattan e Ricci e requisitando dois barcos de pesca para levá-los ao Continente, voltou ao *Partridge* para fazer um conselho de guerra e escrever mensagens urgentes. Grattan deveria ir para Livorno, levando relatórios para Castlereagh, o exército inglês e o comando naval em Gênova, e para os embaixadores em Viena e Paris. Ricci seguiria para Piombino levando cópias para Burghersh em Florença. E o *Partridge* deveria navegar para Antibes.

Foi uma decisão difícil, e os quatro levaram muito tempo a discuti-la. Grattan e Ricci pareciam partilhar da opinião geral em Portoferraio de que o Imperador partira para a França: um dia antes, o Mercador de Azeite havia escutado na cidade que "a expedição rumara para Fréjus." Adye, no entanto, continuava certo de que Bonaparte tinha ido juntar-se a Murat, e no final Campbell teve de insistir para que o *Partridge* navegasse para o norte. "Existe sempre a probabilidade de alcançar Napoleão e sua flotilha, se ele tiver ido naquela direção," escreveu Campbell, "e nenhuma chance se ele seguiu para Nápoles." Havia também outra prova circunstancial. Se Napoleão fosse juntar forças com seu cunhado, não teria necessidade de levar cavalos, artilharia, tão grande quantidade de mantimentos e munição, tantos partidários civis e todos os corsos. E havia a declaração de Grattan de ter visto a pequena frota navegando em direção norte até a tardinha de segunda-feira. "Cada minuto sendo da máxima importância," concluiu Campbell, Napoleão não gastaria uma noite e todo um dia movendo-se lentamente para o norte se tivesse a intenção de retornar sobre seu próprio rastro.

"Acho que seu destino é a fronteira do Piemonte com a França," anotou Campbell, "e que se instalará em algum local seguro e vantajoso perto de Nice, ou entre Nice e Turim, distribuindo imediatamente seus adeptos civis pelo Norte da Itália, da qual proclamará a independência, sublevando os descontentes de lá, enquanto Murat faz o mesmo no Sul." Mesmo concluindo acertadamente que Napoleão rumava para o Norte, a obsessão de Campbell com a Itália era tão forte que ele não pesou com cuidado os atrativos de um retorno à França em relação à impulsiva aloucada intervenção na Itália. A despeito de sua longa estada em Elba, ele se enganava de tal forma quanto ao ânimo das tropas de Napoleão que achou que eles considerariam um desembarque na Itália "menos arriscado do que levantar a bandeira da rebelião na França, onde seriam considerados traidores."

Passava das duas horas de terça-feira quando o *Partridge* deixou Portoferraio e seguiu para a França. Embora Napoleão tivesse uma dianteira de quarenta horas, os ventos estavam tão incertos que havia ainda uma chance de alcançar o comboio, e em doze horas a chalupa se achava quase quinze milhas ao norte da ponta corsa, atingindo uns bons oito nós por hora. De repente, foi avistada uma luz. "Corremos para as posições de combate," escreveu Campbell, "pois fomos avisados de que eram várias velas." Desapontaram-se. O *Partridge* encontrara o *Fleur de Lys*.

Adye e Campbell foram falar com o comandante de Garat. "Ele não sabia da fuga de Napoleão até o informarmos," escreveu Campbell depreciativamente, "embora seu único dever fosse evitá-la, e devia estar em Elba como sentinela, a não ser que estivesse acumpliciado." Sem dúvida, de Garat contou a Campbell praticamente a mesma história que contaria na investigação oficial em agosto. Parte dela era uma intensa defesa de sua lealdade aos Bourbons. Outra parte, uma escusa. O *Fleur de Lys*, disse de Garat, estivera ao mar com mau tempo por seis semanas, e nessas condições nada, exceto "um golpe de sorte," teria permitido à fragata "deter ou mesmo avistar o brigue de Bonaparte." E outra parte ainda foi uma impetuosa e falaz alegação de que o *Inconstant* e o restante da flotilha não podiam ter passado de Capraia, pois permaneceram parados a noroeste da ilha toda a noite da segunda-feira e a manhã de terça. Visto que Napoleão indubitavelmente navegou pelo norte de Capraia na segunda-feira de tarde, de Garat não dizia a verdade. Ou tinha estado fora de sua posição e por negligência deixara o comboio passar, ou estivera onde afirmara estar e deixou-o passar intencionalmente. Porém, qualquer que fosse o motivo para enganar Campbell, a história dele teve graves consequências .

Das cinco horas da manhã de quarta-feira até sete da noite, o *Fleur de Lys* e o *Partridge* navegaram juntos em direção à França, enquanto Campbell tentava "conciliar a informação do Chevalier de Garat com a de Mr. Grattan" e decidir onde procurar Napoleão a seguir. Pequenos eventos podem mudar o curso da história. Foi esse encontro com o *Fleur de Lys*, escreveu Campbell uma semana mais tarde, "que por si só impediu o *Partridge* de chegar a Antibes quase ao mesmo tempo que Napoleão e nos privou da gloriosa chance, tão próxima de nós, de destruí-lo." Campbell agora concluiu que Napoleão "pode ter se escondido por alguns dias em Capraia ou Gorgona, a fim de desencaminhar o *Partridge* e poder, à noite, tomar Livorno de surpresa." Consequentemente, mandou o *Partridge* voltar para ver as ilhas de novo, deixando o *Fleur de Lys* seguir para a França com as mensagens para Paris e para Castlereagh. O medo de "uma pronta comunicação com Murat" serviu assim a Napoleão como diversionismo até o último momento, pois foi isso que fez Campbell abandonar a caça quando ainda dava tempo para o *Partridge* capturar o *Inconstant* e a flotilha, ou pelo menos alcançar Antibes antes de a coluna marchar para o interior. Conforme a chalupa lentamente fazia seu percurso em direção à Toscana, aumentava nele o temor de constatar que Napoleão já teria se juntado ao exército de Murat a caminho de Florença, ou que a esquadra de Murat estivesse entre Portoferraio e Piombino.

A realidade era muito diferente. Na ocasião em que o *Partridge* se encontrou com o *Fleur de Lys*, o Imperador e seu comboio estavam ao largo de Mônaco, a menos de noventa milhas e apenas a algumas horas de Antibes.

Na tarde de terça-feira, com o sol batendo nos cumes nevados dos Alpes Marítimos, cada homem pôde ver por si para onde a flotilha se dirigia. "A água do Sena logo vai curá-lo," disse Napoleão jovialmente ao mareado Peyrusse, prometendo que estariam em Paris no aniversário do rei de Roma, em 20 de março. Concedeu a Legião de Honra ao comandante Chautard e ao tenente Taillade como recompensa pela segura travessia desde Elba, e recortou tiras de estamenha vermelha criando a mesma condecoração para o punhado de *grognards* que ainda não a possuíam depois de anos de campanhas. Ele falava em tom de otimismo com seus oficiais. "Não há precedentes na história do que estou para fazer," disse ao coronel Mallet da Guarda, "mas posso contar com a grande surpresa popular, a disposição da opinião pública, o ressentimento contra os Aliados, a afeição dos meus soldados e a vinculação com o Império que permanece por toda parte na França." Ele brincava com o melancólico Drouot. "Eu sei que se tivesse ouvido nosso estimado sabichão, nunca teria nem começado" – disse ele – "mas havia perigos ainda bem maiores em Portoferraio." E quando alguns do seu pessoal pareciam partilhar da preocupação de Drouot com esse "arrojado e inesperado lance," ele descartava tais receios. "Chegarei sem encontrar nenhuma resistência organizada," insistia, repetindo a afirmação que fizera a Drouot ao falar-lhe pela primeira vez dos planos de fuga; "chegarei a Paris sem dar um só tiro."

O mesmo tom de elevada confiança perpassava as proclamações que Napoleão imprimira antes de deixar Elba. A primeira foi seu apelo ao povo da França. Trilhava terreno familiar, clamando estar Napoleão ainda invicto ao ser traído por Augereau e Marmont um ano antes, que os Aliados haviam aproveitado a oportunidade para impor uma paz humilhante, que os Bourbons – que nada tinham aprendido e nada esquecido – tentavam restaurar os privilégios do antigo regime, e que ele estava voltando para promover a paz na Europa e um futuro mais feliz para seus compatriotas. Apesar do caráter familiar, os manifestos captavam de forma exata o espírito do momento. "Franceses," proclamava Napoleão, numa característica mistura de pomposidade imperial e retórica republicana, "vossas queixas e vossos desejos chegaram a mim em meu exílio. Pedistes um governo de vossa escolha, o qual é o único legítimo governo. Atravessei o mar e aqui estou para retomar meus direitos que são, eles próprios, vossos direitos também." Refinamentos constitucionais nunca tinham sido o ponto forte de Napoleão, quando almejava um trono.

O segundo manifesto, endereçado aos veteranos do Grande Exército, tratava do mesmo assunto, em linguagem mais estimulante para os homens que o haviam seguido de batalha em batalha, pelos últimos vinte anos. "Soldados!"– clamava Napoleão – "Uni-vos em torno da bandeira do vosso chefe. Ele vive somente por vós, os direitos dele são os direitos do povo e de todos vós. Nossa vitória avança como uma linha de ataque! A águia conduzirá a tricolor de campanário em campanário até as espiras de Notre-Dame!"

O terceiro documento devia ser um apelo dos homens da Guarda que acompanharam o Imperador no exílio; e para dar uma aparência de espontaneidade, Napoleão produziu uma minuta manuscrita em vez de uma versão impressa, e ele pôs todos os homens que sabiam escrever para fazer cópias ditadas. "Amigos e camaradas de armas, retornem ao dever," enunciava, "pisem no distintivo branco, insígnia da vergonha!" No alvorecer da manhã de quarta-feira, com a França à vista, Napoleão hasteou a bandeira tricolor, e os *grognards* seguiram seu exemplo, retirando suas preciosas fitas vermelho, azul e branco de suas tralhas e orgulhosamente pregando os descorados emblemas em seus chapéus novamente.

Era uma hora da primeira tarde de março quando a flotilha passou por Antibes, contornou a pequena península de Juan-les-Pins e ancorou no golfo Juan, na estrada para Cannes. Napoleão imediatamente mandou o capitão Lamouret para terra com vinte homens para neutralizar o forte Gabelle que dominava a praia e dizer a todos que encontrassem que as tropas eram simplesmente uma grande parte da Guarda retornando de Elba em licença. A primeira precaução foi desnecessária, pois o forte estava desocupado. A segunda foi convincente por algum tempo, pois vários grupos de soldados de licença haviam desembarcado em Antibes nas últimas semanas, e essa confusa informação chegava à frente da notícia de que dessa vez o Imperador viera com eles.

Embora Lamouret tenha sido rapidamente seguido por Cambronne, com uma centena de granadeiros escolhidos que deveriam proteger a praia e depois formar uma vanguarda para a marcha, o desembarque em si foi uma lenta e improvisada faina, e a banda divertia os fatigados homens tocando repetidamente a popular e apropriada canção "Onde se pode estar melhor do que entre a própria família?"

A manhã de quarta-feira surgiu antes que a tropa, os mantimentos, o tesouro, o canhão, os cavalos e a carruagem tivessem desembarcado em segurança. Teria sido um trabalho dos mais perigosos se o *Partridge* ou o *Fleur de Lys* tivessem chegado a tempo ou se ocorresse alguma resistência em terra. Duas confiáveis companhias do 106º Regimento, que se exercitavam fora de Antibes naquela tarde, teriam sido suficientes para impedir os barcos de alcançarem a praia. Mas nada se fez. Quando o zeloso Lamouret levou seus homens a Antibes para exigir rendição ou adesão da praça, o major que estava no comando agiu com cautela. Talvez achasse que seus homens não fossem confiáveis. Contentou-se em prender o pequeno pelotão de Lamouret, enviar uma mensagem ao general Corsin que estava fora em visita a Sainte Marguerite, uma ilha próxima, e fechar os portões da cidade. Nessa mesma hora, Cambronne cortava caminho na direção oeste de Antibes dirigindo-se para Cannes, sem encontrar nenhuma resistência.

Logo depois das quatro horas, o próprio Napoleão, conduzido a remo, deixou o *Inconstant*. Caminhou pela praia até o pomar de oliveiras onde sua tropa estava acampada para a noite e sentou-se perto de uma fogueira a conversar com os soldados e alguns camponios que vieram saber o que estava acontecendo. A águia pousara novamente na França, e com o raiar do dia começaria a voar para o norte.

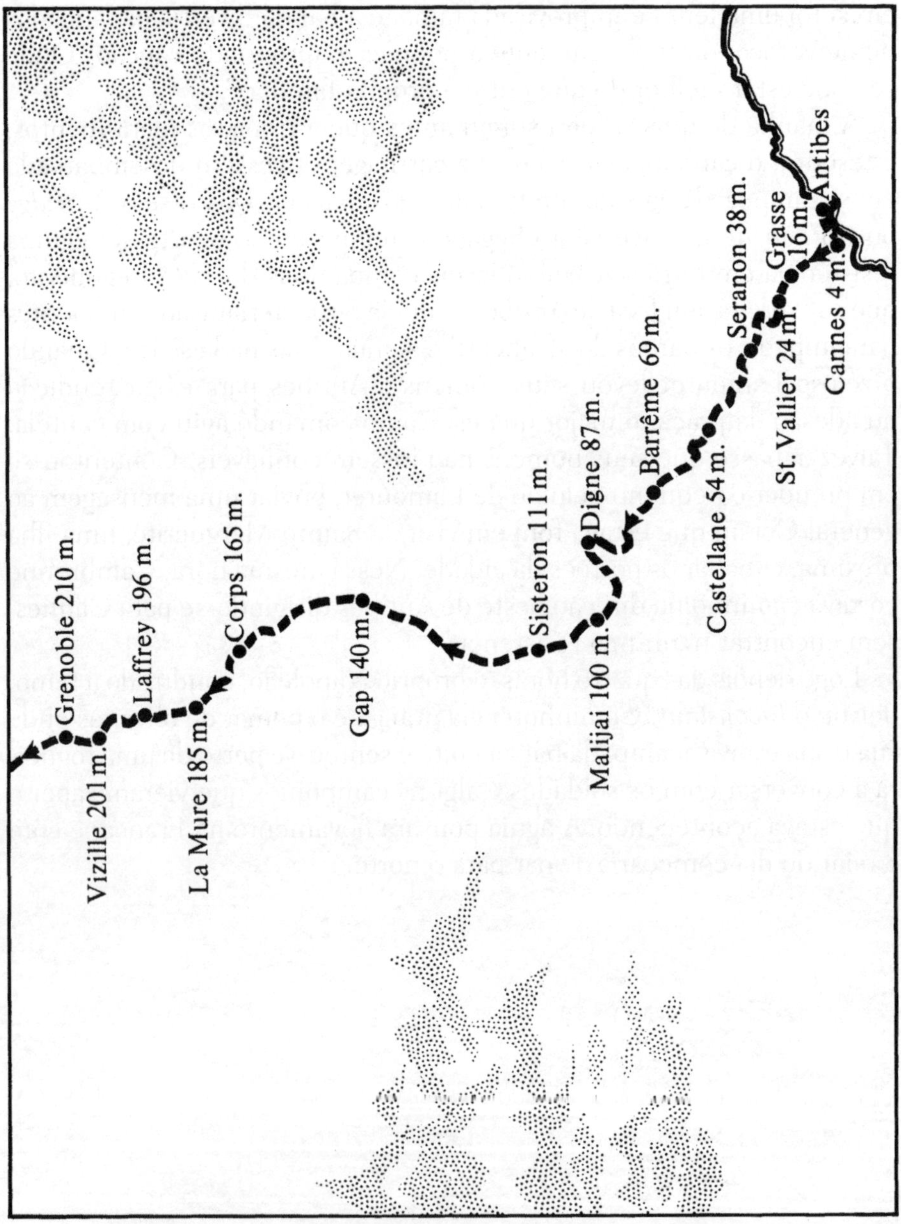

A subida de Napoleão do golfo Juan a Grenoble,
de 1º a 7 de março de 1815

19
Testando o sucesso

NÃO TER TOMADO ANTIBES FOI UM DESAPONTAMENTO, mas Napoleão se recusou a atacar a cidade onde, por breve período, fora prisioneiro após a queda de Robespierre em 1794, ou mesmo perder algumas horas tentando a libertação do capitão Lamouret e seus homens. "O tempo é precioso demais," disse, quando vários de seus oficiais propuseram entrar em luta por eles. "A única maneira de corrigir a má impressão desse incidente é andar mais rápido que a notícia. Se metade de minha tropa estivesse presa em Antibes, eu a deixaria lá. Se toda ela fosse aprisionada, eu seguiria sozinho." Essa decisão não foi tomada apenas por motivo de tempo, embora Napoleão soubesse que teria de movimentar seus homens mais de cinquenta quilômetros por dia se quisesse percorrer os quase mil quilômetros até Paris a tempo do aniversário do filho em 20 de março, e mesmo seus calejados *grognards* não poderiam progredir em tal velocidade se encontrassem alguma resistência no caminho. Na verdade, foi por questão de magia pessoal. Napoleão acreditava que seu retorno fascinaria a França e que um primeiro tiro quebraria esse encanto.

Cannes foi o primeiro teste. Assim que a lua surgiu, Napoleão liderou seus homens ao longo da costa para se juntar à vanguarda de Cambronne, que entrara no vilarejo ao anoitecer sem encontrar problemas ou entusiasmo. Os moradores, na verdade, pareciam atordoados pelo repentino aparecimento da infantaria ostentando o laço tricolor; e de madrugada, quando Napoleão chegou, ainda se mantinham por perto das fogueiras do acampamento, em frente a Notre-Dame de Bon Voyage, em ansiosa curiosidade. Foi um momento desanimador, e Napoleão teve de buscar quanto conforto pudesse numa conversa amigável sobre as condições em Paris com seu antigo ajudante de ordens, o príncipe de Mônaco, que havia sido retardado por Cambronne quando passava por Cannes a caminho de casa. Então, para surpresa de todos, Napoleão sai da estrada principal para Aix e leva suas tropas através de Le Cannet pela acidentada estrada de carruagens que ascendia por 24 quilômetros pelas montanhas, até Grasse.

Outra vez não houve resistência. Quando o prefeito monarquista de Grasse soube do desembarque, jurou defender a cidade e pediu ao general reformado Gazan para ajudá-lo. Mas o general foi realista. Ao constatar que no local havia apenas cinco mosquetes, e que ninguém se oferecia para usá-los, disse ao prefeito para moderar seu ardor marcial, enviou uma mensagem ao ministro da Guerra em Paris e partiu na esperança de encontrar os soldados de Antibes em sôfrega perseguição ao Imperador. Vã esperança, porque nada fora feito para movimentar a tropa de Antibes. E também nada objetivo seria feito em qualquer outro lugar nos vitais próximos dias, em parte porque as autoridades estavam tão surpresas quanto mal preparadas, em parte porque temiam que os regimentos estivessem demasiado descontentes para ser confiáveis, e também porque muitos em postos oficiais decidiram que o retardamento era o lado melhor da valentia quando souberam que Napoleão estava de volta à França. Receosos de se comprometerem declarando-se decididamente por Bonaparte ou pelos Bourbons, esperando que outros solucionassem o embaraçoso problema, esses homens, que haviam feito sua carreira no Império, dançaram a valsa da hesitação enquanto o Imperador marchava.

A situação em Grasse era de ambivalência típica. A cidade nem resistiria a Napoleão pela força nem ia recebê-lo com aclamações. No início da manhã de terça-feira, quando Cambronne chegou requisitando rações para mil homens, o prefeito preferiu a retórica ao heroísmo, e "muitas cabeças velhas e fitas brancas" enchiam a praça enquanto ele altercava com Cambronne. Outros citadinos saíam em caudal para olhar o Imperador e seus homens estacionados acima da cidade no vizinho platô de Roquevignon. Teve vinho para os soldados da guarda pessoal, uns tantos gritos de "Vive l'Empereur!" e alguns dos habitantes, relatou-se mais tarde, portavam simbólicos ramalhetes de violetas. Mas ninguém parecia interessado em seguir as águias na marcha para Paris. Os únicos recrutados no primeiro dia foram dois desertores de Antibes e o curtidor de couros local.

Houve também más notícias em Grasse. Napoleão ficou sabendo que a estrada para Digue e Sisteron, obra por ele autorizada em 1809, nunca foi construída. A menos que voltasse para a estrada principal passando por Aix-en-Provence, perdendo tempo e também movendo-se perigosamente perto das guarnições de Toulon e Marselha, ele teria de abandonar seu canhão, a carruagem de Pauline e dezesseis carroças com provisões. A única rota possível para o norte era por uma trilha coberta de neve através das montanhas onde em alguns pontos ele e seus homens só poderiam andar em fila indiana, sendo também necessário carregar o tesouro e outras bagagens num carreiro de mulas. "Nossa pequena força," escreveu o major Laborde posteriormente, "se estendia tanto quanto uma coluna de 20 mil homens em uma estrada comum."

Em Grasse, Napoleão deixou seus homens descansarem das oito horas ao meio-dia, e pôs-se a caminho pela desolada e fria Alta Provença. Atravessou o Col du Pilon, desfiladeiro a 760 metros de altitude, desceu para St. Vallier de Thiery, e subiu o Pas de la Faye. Muito depois de ter escurecido, uma esparsa coluna de soldados o seguia em direção à aldeia de Seranon, assentada num amplo vale cercado por paredões de pedra, 900 metros acima do nível do mar e a 50 quilômetros de Cannes. Tinha sido a pior parte da jornada. Nos extensos barrancos perto de Escragnolles os soldados foram obrigados a escalar da melhor forma que podiam os íngremes desfiladeiros e seguir por ravinas debruadas de gelo. Napoleão mantinha-se junto deles caminhando penosamente quase sem fôlego, pois ninguém podia montar. Inclusive uma mula de ando firme, com uma parte do tesouro, escorregou para a morte por um profundo sulco, e 2 mil napoleões de ouro se perderam no ímpeto das águas.

Apesar dessas árduas condições, Napoleão quis manter-se no seu horário e caminhou bem cedo na sexta-feira. Ao meio do dia chegaram a Castellane. O vilarejo, no oeste dos estreitos vales do Verdon, era tão isolado que Cambronne, requisitando 5 mil rações de carne, pão e vinho, informou pela primeira vez a vinda do Imperador. Enquanto reuniam os suprimentos e novas mulas, Napoleão recebia o prefeito e obtinha alguns passaportes civis em branco. Um era para Apollinaire Emery, o cirurgião de Grenoble que viajara secretamente para Elba em setembro com o jovem Dumoulin. A sorte de toda a expedição ia depender de uma rápida tomada de Grenoble, e Emery foi à frente dizer aos bonapartistas de sua cidade o que Napoleão esperava deles. Pons também teve um passaporte e uma missão. Separar-se em Digne e levar mensagem ao marechal Massena em Marselha instando-o a declarar-se a favor do Imperador.

A coluna fez outros cinquenta quilômetros por altas campinas de pastagens para Barrême nesse dia. Saíram cedo novamente no sábado, e quando Napoleão desceu para Digne por volta das dez horas daquela manhã, constatou que dessa vez o aguardavam. Dois dias antes, o prefeito de Var havia mandado um mensageiro dizer ao general Loverdo, comandante da pequena guarnição dos Baixos Alpes, que defendesse a importante ponte sobre o Bréone, impedindo Napoleão de chegar à estrada que, por um caminho, seguia para Aix, e por outro, para Sisteron. Mais uma vez a cautela prevaleceu ao dever. Loverdo não teve tropa suficiente para defender a ponte por muito tempo, e a lealdade da tropa que tinha era tão duvidosa que ele nem se atrevera a executar a sentença de uma recente corte marcial para soldados que gritaram *slogans* bonapartistas. E os principais cidadãos, com medo de represálias caso tentassem oferecer resistência, persuadiram-no a levar esses soldados para longe nas colinas até Napoleão chegar e partir. Então, com um grupo de bonapartistas a encorajá-la, a população da cidade ofereceu ao Imperador uma recepção cordial, ainda que cautelosa. Um pelotão de polícia montada juntou-se a ele, como também alguns veteranos do Grande Exército; e enquanto Napoleão descansava e jantava numa estalagem denominada Le Petit Paris, um impressor fazia centenas de cópias de suas proclamações.

Cento e cinquenta quilômetros longe da costa, a coluna finalmente marchava por uma estrada transitável, e cumpriu um tempo satisfatório até Malijai. Enquanto Napoleão descansava à noite no castelo, Cambronne e quarenta homens aceleravam por outros vinte quilômetros para tomar o vau em Sisteron, onde o rio Durance corre entre altos e íngremes rochedos, formando uma descida natural para a Provença.

À uma hora da manhã eles chegaram e constataram que a ponte estava intacta, e o forte, vazio. O general Loverdo primeiro pensou em destruir de imediato a ponte, mas não tinha autoridade para explodi-la, e sua experiência em Digne mostrara que a população local era contrária a ter prejuízos só com o fito de atrasar Napoleão por algumas horas. De qualquer modo seria um gesto inútil. Os fuzileiros de Napoleão poderiam facilmente fazer jangadas com a madeira das árvores que margeavam o rio e passar todos para o outro lado antes que qualquer tropa regular chegasse para impedi-los.

Pois Napoleão ganhara duas etapas de vantagem sobre os perseguidores. Marselha ficava apenas a 140 quilômetros ao sul de Sisteron, dezesseis quilômetros menos do que a distância de Cannes, e a estrada era boa; mas Napoleão já estava em Barrême quando Massena soube do desembarque, e apesar de ter logo enviado o general Miollis com dois regimentos para bloquear a estrada para Grenoble, ele havia servido com Napoleão tempo suficiente para saber que seria uma ação inútil. A menos que o Imperador encontrasse dificuldade nas montanhas, estaria quilômetros à frente de Miollis em Sisteron, e ainda ganhando terreno.

Napoleão também fazia progressos politicamente. Depois de Digne, pusera seu exército em ordem de marcha correta pela primeira vez. A vanguarda consistia de três companhias de infantaria ligeira com os fuzileiros navais e os lanceiros poloneses, que haviam conseguido cavalos no caminho. Seguindo, iam três companhias de granadeiros, Napoleão, seu estado-maior, o tesouro, e os trezentos corsos que formavam a retaguarda. Como força de combate, caso encontrasse oposição séria, essa coluna valia pouco mais do que uma grande escolta de gendarmes, porém seu apelo emocional era desproporcionalmente maior que seu tamanho. Houve mornas boas-vindas em Sisteron, onde Napoleão almoçou no Bras d'Or; porém no domingo à tarde, conforme ele deixava para trás o vilarejo de Poët para entrar nos tradicionais distritos republicanos do Delfinado, os agricultores finalmente vieram se postar à beira do caminho e saudá-lo com o antigo fervor. Trouxeram veteranos para ver os soldados passarem e confirmar que aquele homem pequeno com o casacão cinza de montaria era de fato o "Cabo Violeta," que era esperado de volta com as flores da primavera; e onde não havia ninguém que o conhecesse de vista, pegavam as moedas de cinco francos das suas economias para comparar a imagem da moeda com seu perfil.

Em Gap, localizada num vasto bojo de montanhas cobertas de neve, os *grognards*, que haviam marchado 240 quilômetros, juntaram-se à população da vila na praça, cantando a *Marseillaise*, a *Ça Ira*, e a *Carmagnole* como se a revolução estivesse começando de novo. Enquanto Napoleão dormia no Hotel Marchand, parecia que ele tinha ido para Elba como imperador derrotado e retornado como um jacobino triunfante, pronto para expulsar os Bourbons pela segunda vez.

Enquanto Napoleão levava seus soldados por caminhos mais apropriados a pastores e contrabandistas, o desventurado Campbell perdia tempo numa busca vã. Os ventos foram tão fracos que ele não conseguiu voltar a Capraia antes do começo da manhã de quinta-feira, e tão logo desembarcou, o comandante e o prefeito disseram-lhe que o capitão de Garat o enganara. Eles decididamente tinham visto a flotilha de Napoleão passar pela ilha na tarde de sábado. "O comandante Adye, no entanto," escreveu Campbell num tom de desconsolada fadiga, "tinha novamente ajustado seu curso para Antibes." A essa altura, a busca se tornava uma total inutilidade. No sábado à tarde, o *Partridge* encontrou-se com o *Wizard*, que se dirigia para Livorno, e Campbell enviou uma mensagem a Burghersh confessando que ainda não tinha ideia do paradeiro de Napoleão. No domingo, esse enigma foi resolvido, pois um navio italiano vindo de Gênova informou que Napoleão desembarcara em Antibes, mas Campbell continuava aflito com o *Partridge* ocioso no bom tempo, e a tripulação se restringindo a "dar e desfazer nós" e ajustar velas para aproveitar os mais brandos ventos. Evidentemente um período difícil para todos a bordo. "Alex Stevens levou 36 chibatadas por atacar seu superior e desobedecer a ordens," Adye escreveu no diário de bordo, "Também George Crawley e William Poole com doze chibatadas cada um por desobediência de ordens."

O *Partridge* flutuou lentamente para a costa, com as más notícias chegando em parcelas a cada novo dia. Na segunda-feira um transporte inglês de tropas confirmou que Napoleão "havia marchado para o interior." Na terça-feira a chalupa encontra o *Aboukir*, e seu comandante diz a Campbell que o Imperador prosseguia na direção de Grenoble "sem oposição." Quando o *Partridge* finalmente chegou a Antibes, uma semana inteira após o desembarque de Napoleão, Campbell encontrou o *Fleur de Lys* ociosamente "ao largo," e o general Corsin ocupado em explicar por que estivera ausente do seu comando até Napoleão ter partido. Com tato, Campbell não tentou acusar de Garat de tê-lo enganado, e apenas se permitiu um penetrante comentário sobre o general Corsin e a guarnição de Antibes. "Parece extremamente fora do comum," escreveu, "que o desembarque tenha ocorrido e o acantonamento tenha continuado do meio-dia até quase o amanhecer do dia seguinte, sem atrair atenção ou ocasionar providências da parte das autoridades."

Indeciso sobre o que fazer a seguir e ansioso por colher os ecos das notícias que agora transitavam de volta à costa, Campbell ficou em Antibes alguns dias. Nada de boas notícias. O cônsul francês em Nice lamentava que "nenhuma resistência frente a Napoleão tivesse ocorrido durante sua marcha." O governador de Nice queixava-se que "o ânimo da França não está tão bom quanto seria de esperar (...) o povo está entorpecido." Os homens da Guarda prisioneiros em Antibes "eram tratados como amigos, e foram vistos jogando boliche com a guarnição." As especulações eram ainda mais desanimadoras. "É provável que o teste do sucesso de Napoleão se faça em Grenoble," anotou Campbell em 10 de março, "e ele forçará que isso ocorra assim que possível, antes que a acumulação de tropa torne a passagem pelo Isère mais difícil." Ansioso por obter o que intimamente chamava de "*fatos circunstanciais*," Campbell tardiamente partiu para as montanhas da Provença, recolhendo mais histórias preocupantes da marcha de Napoleão e do fracasso das autoridades em impedi-la.

Em Draguignan, hóspede do prefeito de Var, Campbell foi acordado a uma hora da manhã de 13 de março com a mais temida notícia. Napoleão entrara em Grenoble seis dias antes, e a tropa enviada para detê-lo havia "faltado com o dever." Campbell deu outra meia-volta, dessa vez à procura de Lord William Bentinck em Gênova para dizer-lhe da "pouca confiança que se podia ter no exército regular e, portanto, que se preparasse para o pior." Não sabia o que fazer afora isso, e agora percebia que a missão que começara em Fontainebleau havia quase um ano, estava terminando em confusão e possível desgraça. Quando retornou a Nice, soube que Lord Sunderland chegara de Marselha com relatos dos mais desconcertantes. "É crença geral que os ingleses favoreceram o retorno de Napoleão, e o povo está furioso conosco," anotou Campbell. "A mesma ideia prevalece em todo Sul da França e no Piemonte. Um jornal de Turim que chegou agora a Nice declara que positivamente foi o que aconteceu!"

Em 10 de março, quando escreveu de Nice a Lord William Bentinck, Campbell afirmou confiante que, sob a autoridade de Castlereagh tinha a intenção de "atuar, no que concernia a Napoleão, até que a carreira dele terminasse, o que acredito seja logo." Mas quando ouviu que Napoleão já estava em Grenoble, seu moral parece ter desabado. A mudança de ânimo é imediatamente vista em seu diário, que de repente se reduziu a perfunctórios registros da sua viagem de retorno à Inglaterra. Mesmo essa jornada teve seus problemas. Ele saiu de Gênova em 20 de março. "Durante a noite, roubo do meu relógio e de cinquenta a sessenta guinéus, por bandidos perto de Novi." Em 23 de março, em Vevey: "Roda da carruagem quebrada." Os lacônicos apontamentos continuaram pelos dez dias seguintes em que Campbell viajou Reno abaixo em longas etapas e tomou o paquete de Ostend para Deal. Em 1º de abril, chegou a Londres. No dia seguinte foi recebido por Castlereagh, depois pelo Príncipe Regente que "se sentia feliz por expressar em ilimitados termos sua inteira aprovação à conduta de Sir Neil (...) de modo nenhum poderá ser considerado, em sua atribuição de comissionado inglês, responsável pela desastrosa evasão de Napoleão." O governo tinha de defender seu agente em Elba, pois os críticos no Parlamento e os jornais tentavam achar um bode expiatório, e rumores da cumplicidade de Campbell percorriam a Europa como se fossem fatos comprovados. Não obstante, Campbell sabia que nunca se redimiria do "violento e generalizado" prejulgamento contra ele. Foi pura desdita ele – sem a devida experiência, instruções claras e adequado apoio naval – ser enviado para vigiar um homem bafejado por uma sorte dos diabos. O surpreendente não é o fato de ele ter falhado, mas sim, com todas as suas desvantagens, ter chegado tão perto de ser bem-sucedido.

Tantos rumores houvera de que Napoleão estava prestes a fugir de Elba, que ninguém mais em Viena os levava muito a sério. Por exemplo, o inspetor de polícia que vigiava Marie-Louise em Schönbrunn notou que o humor dos derradeiros membros franceses de seu séquito havia mudado. "Estão dizendo que não vai demorar muito para que o pássaro alce voo," relatou ao barão Hager em 13 de fevereiro, "e que os ingleses nada poderão fazer a respeito." Outro informante disse que "soara a hora para Murat," e um terceiro que Murat logo convocaria "todos os fanáticos de Milão, os velhacos, os jovens entusiastas, os ideólogos, os napoleonistas etc. para fazê-lo 'Rei de toda a Itália.'" A falha em ver o perigo foi tola, mas compreensível. Primeiro, porque rumores eram quase sempre mais incorretos que exatos; além disso, o Congresso agora progredia rapidamente em direção a um acordo geral, e os soberanos pareciam cada vez mais dispostos a deixar os austríacos decidirem a questão italiana quando todos os outros tivessem ido para casa.

A consternada surpresa deles foi portanto das maiores quando Metternich comunicou a notícia que recebera de Campbell no começo da manhã de 7 de março. "Vesti-me rapidamente," recordou Metternich, "e antes das oito horas estava com meu Imperador." Franz I reagiu calmamente. "Napoleão parece ansioso por correr grandes riscos; isso é problema dele," declarou. "Nosso assunto é dar ao mundo a tranquilidade que ele perturbou durante todos esses anos. Vá imediatamente procurar o Imperador da Rússia e o Rei da Prússia; diga-lhes que estou preparado para mandar meus exércitos novamente para o campo rumo à França." Antes das dez da manhã, Metternich havia se encontrado com ambos os monarcas, discutido a situação com o marechal Schwarzenberg, enviado mensageiros para suspender a retirada dos exércitos aliados, e convocado Wellington, Talleyrand, Hardenberg e Nesselrode para um encontro de emergência. "Desse modo," anotou, "a decisão de declarar guerra foi tomada em menos de uma hora."

O efeito nos líderes do Congresso foi de tão grande surpresa, na verdade, que os jornais foram proibidos de noticiar a fuga por vários dias até os soberanos e seus ministros considerarem o que fazer. "Felizmente aconteceu enquanto estamos ainda aqui em Viena," disse Franz em tom de alívio. Se o Congresso já tivesse completado seu trabalho, os soberanos ido embora e seus soldados dado baixa, Napoleão poderia ter mais facilmente posto os antigos Aliados em desacordo uns com os outros e aumentado muito sua chance de sobrevivência. Do modo como estava, os despachos que chegavam de Gênova provocaram uma série de recriminações. "É no que dão todas aquelas inúteis e infindáveis discussões no Congresso," disse Talleyrand irritadamente. Tal como Castlereagh, ele achava que o problema provinha da hostilidade do Czar para com os Bourbons e de sua atitude indulgente com Napoleão. Castlereagh, por seu turno, era considerado culpado pela fuga de Napoleão. "Há os que acreditam que os ingleses permitiram que ele escapasse a fim de recapturá-lo ou de ter uma desculpa para tratá-lo com maior severidade," disse um informante ao Baron Hager em 8 de março; "outros dizem que não foi de fato uma fuga, mas sim uma partida arranjada pelos ingleses que talvez queiram enviá-lo para a América." O ânimo indeciso do momento foi bem expresso pelo rei da Prússia. "Há muito tempo Napoleão merecia ser enforcado," comentara o monarquista francês conde Alexis de Noailles para o rei. "Agora que ele fugiu, é essencial desta vez que ele seja realmente enforcado." "É mesmo verdade, meu caro conde," respondeu o rei Frederick Wilhelm, "mas primeiro tem-se de pegá-lo!"

Uma vez comprovado que Napoleão estava definitivamente na França, a dificuldade em capturá-lo ficou evidente. "Ele vai direto para Paris," disse Metternich abruptamente, quando Talleyrand sugeriu que o Imperador poderia procurar asilo na Suíça, e a voz da realidade de Metternich repercutiu na carta a respeito das intenções de Napoleão que Friedrich von Gentz escreveu ao conde Munster de Hanover em 16 de março. "A situação é muito grave," insistiu Gentz. "O exército está inteiramente ao lado dele. Não se pode contar com a Guarda Nacional. Se Bonaparte tiver sucesso, sem dúvida alguma marchará de imediato sobre a Bélgica e a Renânia." Poucos dias mais tarde o conde Humbert de la Tour du Pin, um jovem oficial francês que visitava a Áustria em licença, perguntou ao pai por que estava tão surpreso com o fácil avanço de Napoleão: "O senhor não leu minhas cartas desses últimos três meses, em que lhe estive contando sobre o descontentamento no exército?"

A perspectiva de que Napoleão pudesse logo estar de volta às Tulherias era causa de extrema ansiedade para todas as potências que haviam recentemente se unido para derrotá-lo, mas, em especial, preocupante para os austríacos – em parte porque reabriria a embaraçosa questão de sua mulher e filho, e em parte porque estavam prestes a fechar um acordo com Louis XVIII sobre a Lombardia e Nápoles. Franz poderia com facilidade resolver o problema doméstico, pois Marie-Louise estava tão profundamente envolvida com Neipperg e igualmente ansiosa por se estabelecer com ele em Parma, que resistiria a qualquer outra proposta. Uma semana depois de ouvir as notícias de Elba, ela escreveu a Metternich "para dizer que nunca tomou e nunca tomará qualquer parte nos planos, projetos e empreendimentos de Napoleão, e que concorda inteiramente com ele sobre seus próprios interesses e os de seu filho." Mas as secretas negociações sobre o destino de Murat era assunto de muito maior gravidade. Se os Bourbons fossem derrubados, o plano que Metternich havia preparado a fim de consolidar o governo austríaco na Itália estaria completamente arruinado.

O próprio Castlereagh se encarregara de levar esse plano para Paris a caminho da Inglaterra no final de fevereiro. Ele fora chamado de volta porque Lord Liverpool sentiu que precisava reforçar o governo contra as críticas na Câmara dos Comuns e que o duque de Wellington poderia lidar igualmente bem com as restantes formalidades em Viena. Embora Castlereagh discordasse e argumentasse ter trabalhos mais importantes para fazer em Viena do que em Westminster, percebeu que, passando por Paris com a minuta do acordo, poderia assegurar o sigilo, demonstrar a aprovação inglesa e encontrar o rei Louis para discutir o último sério impedimento para sua assinatura: o destino dos ducados de Parma que Louis XVIII queria para o pretendente Bourbon, e Franz I precisava para Marie-Louise. Quando Castlereagh conversou com o Rei, em 27 de fevereiro, eles chegaram a um meio-termo. Marie-Louise iria para Parma vitaliciamente sob a condição de renunciar a qualquer outra reivindicação incluída no Tratado de Fontainebleau; e com a morte dela, o ducado reverteria para um Bourbon em vez do rei de Roma.

O restante do esquema era abrangente e engenhoso, pois Metternich havia aproveitado a chance para tornar a obsessão Bourbon quanto a Murat em vantagem para a Áustria, e obter alguma compensação no sul dos Alpes pelas concessões que tinha sido forçado a fazer na Polônia e na Saxônia. Uniria França, Áustria e Inglaterra em uma política comum. Exigiria dos franceses o abandono da arriscada ideia de uma marcha sobre Nápoles, que poderia precipitar uma insurreição na Itália e possivelmente levar à desintegração de seu inconfiável exército; o reconhecimento de que a península pertencia verdadeiramente à esfera de influência austríaca; o pagamento de 25 milhões de francos referentes ao custo de colocar Ferdinand de volta ao seu trono em Nápoles. Visto que os ingleses estavam comprometidos a prover o necessário apoio naval e suprimentos quando as tropas austríacas se deslocassem para o sul, os austríacos na verdade estavam se incumbindo de livrar-se de Murat por delegação e por conveniência própria.

O preço da dedicação Bourbon aos direitos da família era alto – pelo menos dez vezes mais do que a pensão anual que a França deixara de enviar a Napoleão em Elba. Mas Louis XVIII estava tão ansioso para pagá-lo e ver os resultados do seu dinheiro, que em 4 de março, três dias após Castlereagh ter partido para Londres, Blacas foi enviado "para fazer os preparativos do caso Nápoles" com o marechal Vincent, que agora agia confidencialmente em nome de Metternich em Paris. Se Vincent pudesse dar alguma esperança de que a Áustria se moveria rapidamente, disse Blacas, ele poderia oferecer um pagamento inicial de 10 milhões de francos em questão de duas horas.

Às três horas daquela tarde a notícia do desembarque de Napoleão chegou a Paris. A única contingência que Metternich não previra quando delineou o tratado secreto era a de que o rei da França caísse antes do rei de Nápoles. No caso, a Áustria teria de lutar com Murat sozinha e sem o dinheiro Bourbon.

A notícia da fuga de Napoleão teve um efeito igualmente perturbador em Nápoles, onde a chegada de Colonna levou Murat a um nervosismo dificilmente controlável, que o fez desentender-se com sua mulher e com seu Conselho de Ministros. Convencida de que a aventura de Napoleão terminaria em desastre e poderia facilmente arruinar também Murat, Caroline persuadiu o Conselho a declarar que "esse evento não altera nossas políticas," e fez tudo que pôde para apoiar a ideia de Napoleão de que Murat deveria permanecer calmo e conciliador com os austríacos. "O imperador Franz nos tem apoiado lealmente até aqui," disse ela, "e estou segura de que não nos abandonará *caso mereçamos*." Mas Murat não era facilmente apaziguável. Tal qual um velho cavalo de batalha, orelhas em pé, aguçando os ouvidos ao som de um distante clarim, ele queria ação, ávido por glória – a sedutora combinação de vaidade e poder que impelia o próprio Napoleão e tomou quase todos que serviram sob seu comando.

O enviado austríaco de Mier estava bem ciente dessa perigosa disposição. "A inquietação e o mau humor de Murat aumentam a cada dia," escreveu de Mier a Metternich, "e temo que os fanáticos que o cercam farão com que ele dê algum passo em falso." E quando o general d'Ambrosio retornou do Congresso e instou Murat a manter seus vínculos com Viena como uma forma de autopreservação, foi mimoseado com uma arenga lunática. "Que necessidade tenho eu de alianças, desde que os italianos me saúdem como soberano?"– perguntou Murat. "Pois não irá a Áustria logo ser obrigada a lutar com a França? Como poderá atacar várias frentes e resistir a todos os seus inimigos ao mesmo tempo?" Quando Ambrosio tentou argumentar, Murat bradou de volta. "Nós conseguiremos. Reunirei o povo da Itália em Bolonha. Não é mais hora de negociar. É hora de lutar!"

Em 9 de março, o *Inconstant* aportou em Nápoles com a notícia de que o desembarque no golfo Juan correra bem, e que Napoleão fora visto pela última vez a caminho de Grasse. Essa informação levou Murat a novas culminâncias de retórica. "Finalmente tudo anda maravilhosamente bem," escreveu a Lucien Bonaparte em Roma. "Tomei meu lado." E se mostrou ainda mais extático numa carta para o cardeal Fesch. "Desejo mostrar ao mundo inteiro que nunca fui e nem sou agora inimigo de Napoleão." Caroline procurou novamente controlar o marido. "Se ele tentar voar com as próprias asas, está perdido," disse em desesperança a de Mier. Mas ela pôde apenas retardar por alguns dias o inevitável. Murat se dispunha a partilhar do triunfo de Napoleão ou a morrer tentando.

Quando Napoleão deixou Gap na tarde de segunda-feira, 6 de março, esse triunfo começou a parecer tranquilizadoramente possível. Uma alegre multidão seguiu a coluna algum tempo fora da cidade, e por toda a montanhosa e gelada zona rural, à medida que Napoleão subia de um vale e descia para outro, a gente rural esperava-o com armas para oferecer ajuda. Em Saint Bonnet, por exemplo, a população local ficou tão preocupada com o reduzido tamanho do exército, que se dispôs a tocar o sino de alarme e convocar todas as unidades da Guarda Nacional dos vilarejos vizinhos a fim de reforçá-lo. Mas Napoleão tentou manter essa onda de entusiasmo dentro de limites. Ele contava menos com os soldados que tinham vindo com ele de Elba ou com os campônios que pareciam dispostos a começar outra revolução, e mais com aqueles que iria ainda encontrar. Em algum ponto entre Gap e Grenoble certamente ele se defrontaria com soldados regulares pela primeira vez, e quando isso acontecesse ou eles ficariam extasiados com a visão do Imperador, ou permaneceriam firmes. Se não cedessem terreno, sua aventura chegaria a um ignominioso fim.

Em Gap, novamente, não houve resistência. O general Rostolland, comandante militar de Hautes Alpes, tinha apenas um punhado de homens, alguns canhões, mas nenhum artilheiro, e foi tão ambivalente em sua lealdade quanto o foram seus oficiais. Embora desse uma exibição de atividade expedindo quarenta e tantas mensagens para os outros comandantes da região, Rostollant se manteve cuidadosamente fora do caminho de Napoleão, e em uma semana desertou. Em 10 de abril, numa clara explicação do dilema de tantos oficiais com a volta de Napoleão, ele disse que "havia feito tudo no primeiro momento para conciliar sua honra e seu dever com a afinidade e devoção que nunca deixara de sentir pelo Imperador."

Essa sorte, no entanto, não podia durar. Na noite da segunda-feira, Cambronne encontrou uma companhia de engenharia do exército enviada para destruir a importante ponte em Ponthaut, onde o rio Bonne corre por um profundo desfiladeiro. Os sapadores estavam confusos; alguns haviam jogado fora as rosetas brancas e gritado "*Vive l'Empereur!*" conforme se distanciavam de Grenoble, e quando alcançaram a aldeia de La Mure, faltando cerca de três quilômetros para chegar à ponte, o prefeito, sem muito esforço, os persuadiu a abandonar a tarefa. Seria inútil destruir a ponte, disse ele, em palavras que ecoavam o pensamento predominante em Digne e Sisteron, porquanto Napoleão poderia facilmente cruzar o rio por um vau próximo.

Cambronne, prosseguindo a toda pressa com a guarda avançada, se encaminhava para La Mure perto da meia-noite, quando soube que havia à frente tropas vindas de Grenoble. Pensou em tomar a aldeia, que ficava numa nesga de terra entre os montes, ainda antes de a estrada para Grenoble começar a se inclinar para um largo vale abaixo e passar por uma sequência de pequenos lagos, mas se alarmou ao ser alertado sobre um batalhão de infantaria deslocando-se ali por perto. Temendo ser flanqueado, retrocedeu para Ponthaut, onde manteve a ponte sob controle e enviou mensagem urgente a Napoleão, o qual havia parado alguns quilômetros atrás para passar a noite no Hotel de Palais, em Corps.

O confronto vital chegara, finalmente.

As probabilidades pareciam em alto grau contra Napoleão. Acolá das tropas que fechavam a estrada em La Mure encontrava-se a poderosa guarnição de Grenoble, comandada pelo general Marchand, um advogado local que se alistara no exército revolucionário em 1791, ascendendo a general da tropa regular. Marchand tinha o 5º Regimento de Infantaria, o 3º Regimento de Engenharia e o 4º Regimento de Artilharia para defender a cidade murada, e já convocara o 7º Regimento de Chambéry e o 4º Regimento de hussardos de Vienne. Se os soldados se mostrassem leais aos Bourbons, relutantes que fossem, como os de Antibes, Napoleão poderia ser levado a se render ou a recuar, e um só revés desses seria suficiente para desencorajar o âmago da rebelião.

Mas os soldados não eram leais. A guarnição e muito da população se ressentiam com as recentes convicções monarquistas de Marchand;

o 4º de Artilharia se orgulhava de ser aquele onde Napoleão iniciou sua carreira militar, e a cidade fervilhava de conspirações bonapartistas. O Dr. Emery já havia chegado com cópias das proclamações do Imperador depois de ter sido duas vezes detido pelo caminho, e duas vezes solto devido ao medo de represálias quando o próprio Imperador chegasse; e ele e seu amigo Dumoulin haviam começado uma campanha clandestina para converter os soldados e incitar os civis. Em 5 de maio, os sinais de sentimento bonapartista eram tão fortes que o general Marchand fez seus homens repetirem o juramento de fidelidade aos Bourbons e ouvir uma ordem do dia na qual ele declarava que Napoleão não tinha chances de sucesso, pois contava com apenas mil homens. Quando essa mal-humorada cerimônia foi interrompida por gritos de "Mais nós!" e de "Nós não entramos na conta?!", Marchand decidiu que precisava manter a maior parte da guarnição dentro dos muros para reduzir o risco de deserção.

No dia seguinte Marchand soube que Napoleão se aproximava rapidamente. Foi quando ele enviou o destacamento de engenharia para explodir a ponte de Ponthaut, e algumas horas depois, quase como se tivesse pensado melhor, despachou o coronel Lessard e um batalhão do 5º Regimento com ordens um tanto ambíguas de apoio ao pelotão de demolição. Nunca ficou bem claro se Lessard recebera autoridade para abrir fogo caso Napoleão continuasse a avançar, ou se o seu desejo de resistir ficara indubitavelmente afetado pelo crescente descontentamento de seus homens. Quando passaram pelo vilarejo de Vizille, onde a reunião da Assembleia do Delfinado em 1788 havia presenciado o começo da Revolução Francesa, até mesmo as crianças gritavam "*Vive l'Empereur!*" e os soldados resmungavam inquietos. "Podem fazer o que quiserem," ouviu-se de um deles, "mas não vamos lutar contra nossos próprios camaradas." Era uma subida difícil e escarpada partindo de Vizille, e Lessard somente alcançou os arredores de La Mure um pouco antes de Cambronne. Tinha sido o som desse movimento que preocupara Cambronne e o fizera retroceder para Ponthaut.

Na manhã seguinte, terça-feira, 8 de maio, Cambronne retornou a La Mure e encontrou-a vazia de tropas e cheia de gente em regozijo. Deixou o Imperador avançar e desfrutar das boas-vindas enquanto a guarda avançada lançava-se à procura de Lessard. A oito quilômetros no sentido de Grenoble os lanceiros poloneses encontraram aquele batalhão alinhado em ordem de combate atravessado na estrada, com o flanco direito contra a encosta íngreme de um morro, e o flanco esquerdo estendido até o lago. Era uma posição sólida, e as forças estavam quase equiparadas, separadas apenas pela distância de um tiro de mosquete. Permaneceram frente a frente toda a manhã. Lessard esperava a resposta à mensagem que havia mandado para Merchand durante a noite, solicitando novas ordens; Cambronne esperava Napoleão terminar sua festiva ronda em La Mure e chegar para decidir o que devia ser feito.

Durante essa longa demora, Lessard prendeu um advogado que havia saído a cavalo de Grenoble e tentava ler o manifesto de Napoleão para os homens do 5º Regimento, mas parece que ele não conseguiu evitar que o povo em volta confraternizasse com os soldados nem fazer algo mais do que expulsar alguns oficiais reformados vestidos à paisana que tentavam descobrir se os soldados realmente atirariam no Imperador. O melhor que Lessard pôde fazer foi permanecer firme, recusando receber os oficiais enviados por Cambronne para persuadi-lo a mudar de lado, e ficar na expectativa de logo saber o que Marchand esperava dele. Mas quando o monarquista capitão Randon chegou de Grenoble por volta do meio-dia, só pôde dar a Lessard uma vaga ordem de resistir. Marchand estava ou muito irresoluto ou muito ansioso quanto às consequências de se comprometer com qualquer outra coisa.

Mesmo assim, a visão do batalhão de Lessard foi suficiente para preocupar Napoleão, que chegara durante a manhã e parecia agitado com a difícil escolha diante dele. Passou muito tempo olhando com seu binóculo para a posição de Lessard, conferenciando com Cambronne, Drouot e Bertrand, e consultando alguns dos homens que tinham se movimentado entre duas linhas adversárias. Era o momento crítico de toda a marcha. Houve outra demora, provavelmente calculada, que deixou a infantaria de Lessard muito inquieta, como se a presença do Imperador e da Guarda em alinhamento por trás da tricolor os enervasse. Lessard disse posteriormente que muitos dos seus homens, com uma palidez cinzenta e o corpo trêmulo, não tinham condições de lutar. Então, no começo da tarde, Napoleão mandou seu ajudante de ordens, capitão Raoul, apresentar-se com uma proposta final de que Lessard se bandeasse de lado. Quando Lessard recusou, Raoul gritou para os soldados: "O Imperador está prestes a avançar em direção a vocês. Se atirarem, ele será o primeiro a cair, e vocês responderão por isso perante a França!"

Os lanceiros poloneses vieram à frente, e Lessard ordenou a seus homens que recuassem. Então, percebendo que os tinha sob controle, ele voltou-se e fez frente aos cavalarianos novamente. Com isso, os lanceiros saíram para o lado, deixando à vista os longos casacos azuis e as barretinas de pele da Velha Guarda, com o Imperador entre eles, caminhando com os mosquetes sob o braço esquerdo e as baionetas embainhadas como sinal de intenção pacífica. Quando chegaram perto, exclamaram "Somos franceses também!" , "Somos seus irmãos!" Então o próprio Napoleão dirigiu-se a Lessard e seus homens.

Há vários relatos do que ele falou. "Soldados do Quinto," diz a mais provável versão, "vocês vão atirar no vosso Imperador?" Mas há dúvidas de que alguém tenha ouvido ou lembrado com exatidão, pois as fileiras de Lessard de repente desabaram, e todos davam vivas, rindo e chorando ao mesmo tempo. Foi sem dúvida um momento emocional. Foi também menos arriscado do que a lenda e as ilustrações dão a entender. Napoleão havia claramente esperado até os recadeiros lhe assegurarem que os homens de Lessard estavam prontos para aderir, e quando eles se aglomeraram em volta do Imperador, muitos soldados fizeram questão de dizer-lhe que seus mosquetes não haviam sido municiados. Lessard nunca dera a ordem necessária; e quando se tratou de blefar, Napoleão teve nervos mais fortes e cartas melhores. "Tudo concluído," disse a Drouot. "Em dez dias estaremos nas Tulherias."

Enquanto o Imperador falava aos novos recrutas que lhe prestavam juramento, o jovem Dumoulin chegou a cavalo vindo de Grenoble com o uniforme de capitão da Guarda Nacional, usando a roseta tricolor e trazendo a promessa de 100 mil francos da facção bonapartista da cidade. Estava sendo um dia de vitórias, e quando a luz da tarde começou a declinar, Napoleão teve certeza de que a queda de Grenoble iria coroar aquele crepúsculo. A Lessard e seu batalhão foi dado o posto de honra à frente da coluna – um gesto que consolidava as novas lealdades e servia como excelente exemplo aos seus camaradas de guarnição. E quando desciam pelo declive escarpado para Vizille, eles deram com o 7º Regimento que vinha encontrá-los tendo à frente o comandante, coronel Charles de la Bédoyère, que exibia a antiga águia regimental e levava seus soldados de volta ao homem que a havia outorgado.

O general Marchand cometera um erro após outro, como se fosse um político indeciso em vez de soldado experiente. Demorara demais a enviar os sapadores para derrubar a ponte em Ponthaut. Havia deixado Lessard sem apoio em La Mure. Nem sequer havia declarado estado de sítio a fim de controlar manifestações civis em Grenoble, ou feito algo além de formar barricadas em frente aos portões principais. Porém seu pior erro foi trazer o 7º Regimento de Chambéry. Napoleão posteriormente declarou que a rainha Hortense de alguma forma o avisara que esse regimento estava seriamente indisposto e que o coronel de la Bédoyère – o qual havia passado a maior parte do inverno em Paris e mantivera contato com Hortense, Flahaut e generais dissidentes – era um jovem corajoso e forte que arriscaria a cabeça abrindo o caminho para Paris. Já no dia 10 de agosto do ano anterior, na verdade, Beugnot havia perguntado a um agente sobre a lealdade de la Bédoyère e recebido uma resposta ambígua, mas o agente acrescentara que "seus oficiais estão com péssima disposição de ânimo" e que os *chasseurs* em Grenoble e os dragões em Lyon mostravam-se "ressentidos." Por essas razões, disse Napoleão, tinha ficado ansioso por saber exatamente onde o 7º Regimento acantonara. Fosse ou não verdade essa afirmação, as consequências da defecção do regimento em Grenoble foram mais graves do que se eles estivessem em Chambéry, onde apenas cobririam uma possível linha de retirada para a Suíça ou para a Itália pela passagem de Mont Cenis. E quando Marchand deixou Charles de la Bédoyère e seus homens saírem pela Porte de Bonne em situação de desafio revoltoso, por não se atrever a chamar as outras unidades para detê-los, perdeu sua última chance de defender Grenoble.

Já era tarde demais até para organizar uma retirada ordeira. O povo nas ruas lia abertamente as proclamações de Napoleão, e os soldados exibiam as rosetas tricolores, cantando rimas de caserna em favor do Imperador e gritando por cima dos muros aos lanceiros poloneses e à multidão de excitados camponeses que haviam encontrado um novo caminho para Grenoble quando Lessard bloqueara a coluna principal em Laffrey. "Os oficiais atirarão se os soldados se recusarem?" perguntou Marchand a um tenente de artilharia monarquista. "Seríamos feitos em pedaços em nossos próprios canhões," foi a resposta.

Às nove horas da noite, quando Napoleão e de La Bédoyère chegaram, Marchand e o restante dos oficiais e soldados que permaneceram leais aos Bourbons estavam saindo pela Porta St. Laurent a caminho de Lyon. A predição de Campbell de que Grenoble seria "o teste do sucesso de Napoleão" se confirmara.

Sobreveio um pandemônio na Porta de Bonne, de onde as barricadas já haviam sido retiradas. Do lado de fora, à luz de archotes, formou-se uma ruidosa multidão de soldados, camponeses e operários. Marchand disse que produziam um som "semelhante aos uivos de animais selvagens" quando começaram a se reunir no início da noite e descobriram que haviam fechado os portões contra eles. Nos muros, soldados dos regimentos da guarnição estavam igualmente agitados. A tensão aumentou quando Napoleão chegou ao postigo da Porte de Bonne e foi impedido de entrar pelo coronel Rousille, que estivera defendendo a passagem por duas horas junto com um pequeno grupamento de homens de confiança. Então, quando um grupo de artesãos de rodas de madeira começou a bater na porta com um aríete, Rousille abriu-a pelo lado de dentro. Foi um gesto simbólico saudado com grande alarde, e quando Napoleão entrou carregado nos ombros, os moradores se apressaram a pôr velas nas janelas. Visto que ninguém encontrava as chaves da cidade, os artesãos que haviam martelado a grande porta de engastes de ferro quebraram a madeira em pedaços e os depositaram debaixo da janela do Imperador no Hôtel des Trois Dauphins.

"Antes de Grenoble eu era um aventureiro," disse Napoleão em Santa Helena. "Em Grenoble tornei-me príncipe reinante outra vez."

20
Num redemoinho

Napoleão andara cerca de trezentos quilômetros em seis dias, e a fácil captura de Grenoble foi uma recompensa pela difícil marcha forçada nas montanhas e um bom augúrio do que poderia acontecer no caminho a Paris. Deu-se o luxo de uma pausa de 36 horas, enquanto os *grognards* descansavam e ele voltava a desempenhar seu papel imperial.

A mudança foi tão natural e completa que, já na manhã seguinte à entrada de Napoleão em Grenoble, parecia que o regime Bourbon nunca existira. Imperador mais uma vez, pelo menos no que dizia respeito ao Delfinado, escreveu a Marie-Louise e seu pai, anunciando que retornara à França e pedindo-lhe que reassumisse o lugar ao lado dele. Possivelmente, não esperava uma resposta positiva, mas era um gesto que precisava fazer pelo bem das aparências, pelo fato de vir afirmando por todo o caminho desde a costa que os austríacos sabiam e aprovaram antecipadamente seu empreendimento.

Novamente Imperador em Grenoble, recebeu os dignitários locais, encantando-os, como sempre fazia quando tinha algo a ganhar, com uma exibição de interesse e racionalidade, tranquilizando aqueles que temiam recriminações por terem aceitado cargos sob a autoridade dos Bourbons. "A abdicação não tinha força compulsória," disse numa expressão que caracteristicamente fundia suas próprias reivindicações dinásticas com a retórica da Revolução e o ressentimento pelo modo com que os Aliados haviam reinstalado os Bourbons, "uma vez que nunca foi aceita pelo povo e fora imposta por baionetas estrangeiras."

Imperador de fato entre seus soldados, recebeu declarações de lealdade dos que tinham naquele momento se juntado a ele, algumas espontâneas, outros produzidas por Bertrand como diretor de cena, pois esse mestre do protocolo tinha agora sido designado para organizar os soldados que bandearam de lado e usá-los como exemplo para outros que poderiam estar pensando em quebrar seus juramentos ao Rei e reagrupar-se à tricolor e às águias. E antes que a coluna em rápido crescimento rumasse a Lyon com os mais recentes recrutas à frente, Napoleão passou a tropa em revista na Place de Grenette. Esse ato era o mais familiar de todos, com a multidão cantando a *Marseillaise*, os tambores rufando e os veteranos bradando "Marengo!," "Austerlitz!," "Eylau!," "Friedland!" e o nome de outras honrosas batalhas, enquanto desfilavam diante dele.

Pela primeira vez desde a abdicação, ocorrida quase um ano antes, Napoleão tinha uma adequada força militar sob seu comando. Já podia contar com 4 mil experientes infantes, 20 canhões sobre rodas, um regimento de hussardos; e oficiais e soldados exonerados afluíam todo o tempo. Se essa força era ainda muito pequena para vencer uma batalha decisiva, e menos ainda para tomar Lyon, caso essa segunda cidade da França estivesse conscienciosamente defendida, o ânimo da soldadesca em Grenoble parecia tornar tal batalha cada vez mais improvável. Os civis pareciam infectados por uma febre revolucionária que atravessava a região tão rápida quanto um homem a cavalo podia transmiti-la, cruzando o Ródano, chegando às ruas da própria Lyon. Quando Napoleão deixou Grenoble na tarde seguinte viajando numa carruagem, tendo apenas uns poucos lanceiros poloneses e oficiais do estado-maior a escoltá-lo, a jornada começava a parecer mais um cortejo régio do que operação militar. Havia espectadores por toda parte; entusiastas corriam ao lado da cavalhada, indo do seu vilarejo até o próximo, e quando Napoleão parou para pernoitar em Burgoin, a cidade se encheu de gente que dançava regozijante como se tivessem acabado de saber de uma grande vitória. Na verdade, exatamente o que tudo aquilo lhes parecia.

O ânimo em Lyon era praticamente o mesmo. A cidade era tão importante que o rei mandara o conde d'Artois, o duque d'Orléans e o marechal Macdonald para defendê-la. Mas nem zelo monarquista, nem sentimento liberal ou reputação militar compensavam a falta de tropa confiável ou persuadiam recalcitrantes cidadãos a apoiar a enfraquecida causa Bourbon.

O conde d'Artois foi o primeiro a alcançar Lyon, e não havia sinal dos 30 mil homens que ali deveriam juntar-se a ele. Eles se moveram muito devagar para chegar a tempo. O conde não podia sequer contar com a guarnição local – embora fosse maior do que a força que Napoleão enviara de Grenoble e a cidade estivesse numa posição facilmente defensável – porque os soldados se obstinaram a ponto de aberta insubordinação. Quando Artois os pôs em forma para revista, em 8 de março, e deu a cada homem uma coroa em moeda, mesmo assim não conseguiu mais do que alguns fracos gritos de apoio a seu régio irmão. "Essas manifestações isoladas não me convenceram," disse francamente o governador de Lyon ao príncipe. "Veja a companhia de dragões. Eles estão fazendo caretas para o senhor." E muito embora tenham levantado barricadas em frente às pontes Morand e Guillotière do Ródano, havia apenas canhões gastos para apoiar alguma resistência, e a população local parecia tão ansiosa para derrubar as barricadas quanto estivera para evitar que os sapadores do exército demolissem as pontes. O fato de nenhuma ponte ter sido avariada ao longo de todo o curso da marcha de Napoleão, desde o golfo Juan até Paris, era tão revelador quanto à recusa das unidades do exército de se oporem a ele.

Quando o duque d'Orléans chegou no dia seguinte, logo viu que a situação era inteiramente sem esperança. "Parece-me," disse ao conde d'Artois, "que a única coisa a fazer é recuar." O marechal Macdonald que chegou às nove horas da noite e imediatamente reuniu um conselho de guerra, concluiu também o mesmo quando os oficiais superiores lhe disseram que seus homens não abririam fogo contra Napoleão e seus camaradas. Mesmo assim, Macdonald decidiu fazer uma última tentativa para salvar a cidade. Ele era um comandante pertinaz, discreto e confiável, o único dos marechais de Napoleão a receber seu bastão no campo de batalha, e tinha a esperança de que os soldados da guarnição pudessem atendê-lo falando-lhes "na própria linguagem deles" às seis horas da manhã seguinte.

Naquela noite houve muitas reuniões em tavernas e nos alojamentos do quartel. "A agitação dos oficiais é tão grande quanto a dos soldados," relatou o general Brayer antes do desfile na Place Bellecour. "Quanto a mim, concordo com eles." Isso era uma notícia perturbadora, e muito embora o próprio Macdonald tenha sido recebido com gritos de boas-vindas, os soldados escutaram seu apelo em silêncio hostil. Estavam agora beirando o limite entre o dever e a deserção, e quando o conde d'Artois foi passar entre as fileiras, ele quase os fez passar da medida ao tentar em vão provocar um cavalariano exclamando "*Vive le Roi*!" Mesmo esse reacionário imoderado entendeu então que não havia o que fazer, e ainda voltando para o palácio do arcebispo pôde ver as multidões se aglomerando às margens do rio na expectativa de saudar o Imperador. O duque d'Orléans, sempre cuidadoso em evitar embaraços, já havia partido para Paris, e o conde d'Artois em seguida partiu também.

O marechal Macdonald, no entanto, era homem de fincar pé obstinadamente: tempos atrás, perdera a batalha de Trebbia para o marechal Suvarov porque se negara a recuar. Voltou até as barricadas da ponte Guillotière na esperança de encontrar uns vinte voluntários que o ajudassem a guarnecê-la e assim criar um ponto de reunião para tropas leais, mas o prefeito monarquista disse-lhe francamente que não havia vivalma em toda a cidade disposta a arriscar a vida pelo Rei. Como último recurso, Macdonald decidiu empunhar ele mesmo um mosquete e dar o exemplo. Também isso mostrar-se-ia impossível. Antes que pudesse alcançar a barricada, ele viu que as fileiras da vanguarda de hussardos de Napoleão, rodeadas de exultantes agricultores e trabalhadores das fábricas de seda, haviam chegado primeiro; e assim que puseram abaixo o amontoado de tonéis e troncos de árvores, os soldados da guarnição correram à frente para confraternizar com eles. Era a história de Laffrey e Grenoble outra vez, e todo aquele alvoroço deu a Macdonald a chance de montar em seu cavalo e safar-se. Alguns cavalarianos o perseguiram na estrada para o norte, mas Macdonald não seria alcançado. Estava a caminho de Paris a fim de pôr o Rei a salvo antes que a derrocada que presenciara em Lyon se repetisse na capital.

O Imperador chegou por volta das nove da noite e foi diretamente para os aposentos no palácio do arcebispo recém-desocupados pelo conde d'Artois. Nessa hora, a cidade estava em plena celebração, e a grande multidão que deu as boas-vindas a Napoleão passou a percorrer as ruas em longas procissões à luz de archotes, quebrando as vidraças das casas de conhecidos monarquistas e gritando slogans que logo se transformaram dos costumeiros "*Vive l'Empereur!*" para antigos e mais sinistros brados. "Abaixo os padres!" gritavam. "Forca aos aristocratas!" "Morte aos Bourbons!" Uma boa parte do povo de Lyon naquela noite lembrou-se das cenas de 1793, quando os homens de Marselha marcharam desde o sul cantando o poderoso hino da Revolução.

Napoleão lembrou-se também. Ele sempre tivera sentimentos ambivalentes quanto ao poder do povo. De forma geral, apelava ao povo e entremeava seus discursos com frases demagógicas. "Liberdade e direitos para cada francês!" soava familiar aos ouvidos moderados. Mas na prática, Napoleão procurava refrear a noção de soberania popular. Sabia que seu poder pessoal baseava-se naqueles que haviam tirado proveito da Revolução e que estavam igualmente temerosos de perder suas propriedades para os Bourbons e as cabeças para os jacobinos. Ele certamente não desejava avançar sobre Paris – conforme expressou Metternich em vívida frase – "como Robespierre a cavalo." E assim, nos três dias que passou em Lyon, deixou bem claro que viera para restaurar o Império – e a ordem.

Começou por uma tranquilizante sequência de encontros formais, atendendo os usuais comitês, recebendo petições, fazendo discursos públicos e novas nomeações. Fleury de Chaboulon reaparecera e foi convidado para ser um dos secretários de Napoleão como gesto de agradecimento por sua missão; vários de seus antigos servidores e subordinados estavam também a caminho do sul para juntar-se a ele. Promoveu um gesto conciliatório concedendo a Legião de Honra a um membro da Guarda Nacional que havia corajosamente escoltado o conde d'Artois até fora da cidade. Incumbiu Bertrand do trabalho de organizar os soldados de Elba, Grenoble e Lyon em formação militar adequada, pois agora tinha material para um exército muito melhor do que as exaustas unidades que ele aprontara para combate defronte de Paris durante as últimas semanas da campanha de 1814. Contava com um total de onze regimentos, sete dos quais de experimentados infantes, dois de cavalaria, um de artilharia (e mais de cinquenta canhões), e um de treinados sapadores. Havia também meia dúzia de batalhões mistos, compostos principalmente de oficiais da reserva e de soldados que retornavam ao serviço, conforme a coluna progredira em direção a Lyon. Acima de tudo, para demonstrar que retomara as rédeas do poder, Napoleão começou a formar um governo provisório e a emitir uma série de decretos que efetivamente desmantelava o sistema Bourbon.

Os primeiros nomes da lista de Napoleão eram reveladores. Marechal Davout, que estava distante defendendo Hamburgo até o fim, quando os outros marechais forçavam a abdicação em Fontainebleau, seria o ministro da Guerra. O epicurista advogado Jean Cambacérès, que havia ajudado Bonaparte quando ele compôs o Consulado em 1799, delineando grande parte do Código Napoleão, seria ministro da Justiça. E tinha de haver, é claro, um lugar para Fouché. Naquela crise, e exatamente como ele aguardara, surgiu uma excelente oportunidade para esse campeão de todas as intrigas. No momento em que Napoleão, em Lyon, imaginava-o como ministro da Polícia novamente, ele ainda estava em Paris, muito ocupado em manipular seus contatos a fim de achar o arranjo mais compensador.

Um soldado de confiança. Um político diligente. Um policial astuto. Napoleão simbolizou assim os pilares de seu governo, e os decretos que se seguiram preenchiam as entrelinhas. A bandeira e a roseta bourbons foram eliminadas; como também os antigos títulos de nobreza, as ordens de cavalaria da monarquia e todas as patentes do Exército e da Marinha concedidas aos *émigrés* retornados, todas as promoções militares feitas no ano anterior e todas as indicações para a Legião de Honra que os Bourbons espalharam com tal prodigalidade que fora um dos motivos da contrariedade no Exército. As mudanças feitas pelos Bourbons nas cortes de justiça foram revogadas. Propriedades entregues de volta a seus antigos donos monarquistas foram novamente confiscadas, enquanto os adquirentes de terras nacionais durante a Revolução e o Império foram confirmados em suas posses. E para dar uma nova e formal sanção a essas inversões da sorte, Napoleão propôs convocar uma curiosa assembleia denominada *Champ de Mai*, em substituição à Câmara de Deputados e à Câmara dos Pares do reino. Esse órgão, que tomou seu nome dos históricos encontros anuais dos antigos francos, redigiria uma nova Constituição e também proveria o cenário para a coroação da Imperatriz e do Rei de Roma.

A primeira dessas intenções poderia ser uma alteração útil. Napoleão sabia que os tempos haviam mudado e que ele precisava agora cortejar os liberais e dar um melhor polimento constitucional em seu sistema imperial. Mas a segunda se mostrava extravagante sob todos os aspectos, pois logo estaria evidente a incapacidade do Imperador de apresentar a mulher e o filho para essa cerimônia. Só teria algum sentido caso ele estivesse tentando dar uma impressão de confiança, em parte para blefar com os Bourbons amedrontando-os a ponto de abandonarem o trono ("meus amigos," disse às tropas antes de saírem de Lyon, "iremos a Paris com as mãos no bolso"), e em parte para persuadir os Aliados de que ele realmente queria aceitar um papel pacífico no Concerto da Europa.

Era já muito tarde para isso. A tentativa de Napoleão de se mostrar homem de paz podia ter em si alguma verdade, embora sua história tornasse dúbia qualquer pretensão desse tipo; ou podia não ter sido nada além de uma tática para confundir os inimigos e atrasar qualquer medida defensiva até ele ter mobilizado a França para uma nova campanha. Mas suas intenções nunca foram postas à prova. Assim que a notícia de sua fuga alcançou Viena, ficou certo que, não importava o que Napoleão dissesse e fizesse agora, Talleyrand e Metternich aproveitariam a chance para lidar com ele de uma vez por todas.

O assunto ficou realmente resolvido na reunião que Metternich solicitou tão logo recebeu o surpreendente despacho de Gênova, quando então foi dada a Talleyrand a tarefa de delinear um documento que justificasse uma guerra e tornasse impossível outro tratado de paz com Bonaparte. "Os soberanos da Europa," dizia a declaração assinada em 13 de março, "estarão prontos a dar ao Rei da França e à nação francesa a assistência necessária para a restauração da paz." Essa frase aparentemente inócua transforma de maneira nítida um ato de rebelião contra o rei da França numa contingente ação de guerra contra o resto da Europa, e foi seguido por uma igualmente habilidosa disposição que equivalia a um *bill of attainder*, uma condenação vingativa. "As Potências declaram que, ao quebrar o acordo que o colocou na ilha de Elba, Napoleão destruiu o único direito legal ao qual sua existência estava ligada; que, por reaparecer na França, ele colocou-se acima das vinculações cívicas e sociais; e que, como inimigo e perturbador da paz do mundo, se entregou à retaliação pública."

A alegação de que Napoleão havia perdido seu "único direito legal" à existência ao desconsiderar o Tratado de Fontainebleau foi taticamente engenhosa mas moralmente fraca, visto que Talleyrand e seus colegas em Viena estiveram considerando por vários meses uma remoção de Elba do Imperador à força; e visto que os franceses já haviam ignorado ou deliberadamente violado cada cláusula daquele tratado. Como a Inglaterra nunca assinou o tratado, Castlereagh achou difícil persuadir seus críticos na Câmara dos Comuns de que o retorno de Napoleão à França era em si motivo razoável para nova e dispendiosa guerra contra ele. Talleyrand, no entanto, não precisava realmente dar ao tratado tão duvidosa razão: foi apenas um adicional de rancor. Uma vez tendo Napoleão deixado Elba, as Potências tinham de se unir para tratá-lo como "inimigo e perturbador da paz do mundo," ou qualquer outra desculpa formal que encontrassem para justificar outra invasão da França.

Tinham, em resumo, feito dele um fora da lei, sujeito à justiça sumária caso caísse em suas mãos, e as assinaturas nessa declaração podiam ser lidas como uma chamada de juízes para autorizar uma execução. Metternich, pela Áustria; Talleyrand, pela França; Wellington, pela Inglaterra; Palmela, por Portugal; Hardenberg, pela Prússia; Razumovski, pela Rússia; Labrador, pela Espanha; e Lowenhielm, pela Suécia. Todos determinados, disseram eles, "a tomar precauções contra qualquer tentativa de mergulhar o mundo novamente nas desordens e misérias de uma revolução." E para consolidar esse propósito, em 18 de março assinaram um novo tratado de aliança em que todas as partes se comprometiam a permanecer no campo de batalha enquanto Napoleão fosse capaz de maiores danos – ou, como um cínico poderia pensar após a experiência de suas prévias coalizões, enquanto a Inglaterra estivesse disposta a pagar milhões de libras para subsidiar seus exércitos. Os Países Baixos então subscreveram o tratado; assim também Sardenha, Hanover, Würtemberg, Baden, Hesse e Brunswick. Quase toda a Europa se unia contra Napoleão durante os poucos dias que ele levou para viajar de Lyon a Paris.

Caso ele fosse capaz de completar aquela jornada sem resistência dos exércitos monarquistas reunidos na Borgonha e no Bourbonnais, não haveria chance de paz. Esse era o sombrio pensamento numa cidade que passara o inverno todo se inebriando de arranjos pacíficos. "Mil velas," escreveu um dos homens que haviam dançado à luz delas nos bailes todos em Viena, "pareciam ter sido apagadas de uma só vez." E Lord Clancarty, que se encarregou da delegação inglesa quando Wellington saiu para assumir o comando em Bruxelas, ficou desolado com os sinais de pânico. "Não é difícil," disse asperamente, "perceber que o medo preponderava em todos os personagens imperiais e reais." Mesmo quando as probabilidades contra ele eram de cem para um, o espectro de Napoleão ainda assombrava as salas dos tronos da Europa.

♛

As notícias alcançaram Paris ao meio-dia de 5 de março, quando uma mensagem vinda de Massena chegou pelo sistema de semáforos de Lyon. Diferentemente dos soberanos em Viena, tomados instantaneamente por um ódio vingativo, Louis XVIII recebeu a informação com a complacência que marcava e prejudicava tudo o que ele fazia. "Estou convencido," disse aos embaixadores estrangeiros em 7 de março, "que esse evento terá tão pouco efeito na tranquilidade da Europa como tem na minha mente."

O ambicioso e amoral Fouché, que soube das notícias quase à mesma hora que o Rei, reagiu de modo diferente. Determinado a reverter o súbito aparecimento de Napoleão em vantagem própria e a assegurar que qualquer que fosse o complô que ocorresse, teria nele participação de liderança defendendo o que chamava de "os benefícios acarretados por 25 anos de aborrecimentos," começou a conspirar mais energicamente que nunca. Ninguém gostava dele. Ninguém confiava nele. Porém seus anos de poder, como ele próprio modestamente observava, facultaram-lhe tantas "ligações com os assuntos públicos," e "tão devotado corpo de clientes na capital," que ninguém podia passar sem ele. Apesar de achar que os Bourbons haviam arruinado a si mesmos, ele se ofereceu para salvá-los no caso de conseguirem sobreviver. Embora descartasse Napoleão como "um ator gasto cuja primeira atuação não poderia ser repetida," e insistisse que desde havia muito procurava por "algum meio-termo, alguma forma de conciliação que evitasse o desesperado recurso do retorno do Imperador," ele deixou claro para Hortense, Maret e outros bonapartistas leais, que estaria pronto para servir ao Imperador que retornava caso ele realmente chegasse a Paris. Informou aos jacobinos que permanecia um verdadeiro aliado do patriótico partido; encorajou os liberais;

manteve um olho na possibilidade de tornar o duque d'Orléans o salvador da França e o outro olho na perspectiva de fazer o mesmo por Marie-Louise como regente do Rei de Roma; e apesar de estar preocupado com o grupo de oficiais generais dissidentes cujo desassossego tornava-os conspiradores incautos e incompetentes, era também partícipe dos planos de um levante militar e esperava ser o principal beneficiário se fosse vitorioso.

Os detalhes desse arriscado esquema militar permanecem obscuros, pois os arquivos relevantes do Ministério da Polícia parece terem sido destruídos (provavelmente por Fouché) antes de os Bourbons retornarem a Paris no verão de 1815, e depois disso era mais prudente para todos que tinham se envolvido resguardar seus segredos. É possível, além disso, que os conspiradores não tivessem ainda completado seus preparativos quando foram surpreendidos pelo inesperado retorno de Napoleão à França, e portanto tenham sido obrigados a improvisar uma reação. Mas a intenção geral do esquema parece bem clara. A primeira fase seria puramente militar. O general Drouet d'Erlon deveria sublevar as tropas do 16º Departamento que abrangia o Pas de Calais e a fronteira belga, cortando assim as rotas de fuga para os portos do Canal e de Bruxelas, obstruindo qualquer tentativa de intervenção das unidades inglesas estacionadas na Bélgica e proporcionando uma base para a marcha sobre a própria Paris. Conforme a marcha prosseguisse e mais homens fossem recrutados nas guarnições pelo caminho, a segunda fase teria início. Oficiais reformados deveriam sublevar as ruas e os subúrbios levando um pouco da turba da cidade para se encontrar com o exército que entrava em Paris por Saint-Denis, e com o que ia para as Tulherias, a fim de tomar o Rei e outros membros da Casa Real como reféns. Nesse ponto – pelo menos na versão do drama que Fouché escreveu para si mesmo – a revolta entraria na sua terceira e última fase. Fouché formaria um governo provisório, convocaria a Câmara dos Deputados para dar-lhe endosso constitucional, levaria a Guarda Nacional a dar-lhe apoio, e então, de acordo com o equilíbrio das forças, poderia decidir tornar a França novamente uma república ou estabelecer uma monarquia orleanista, ou mesmo trazer Napoleão de volta de Elba.

Esse levante, parece, fora planejado sem o conhecimento de Napoleão e sem que tivessem nenhum alerta sobre as intenções dele, cujo retorno agora reduzia drasticamente aquelas opções. No entanto, mesmo com o Imperador de volta ao solo francês, ainda valia a pena arriscar as fichas. Fouché, na verdade, deve ter sentido que aquele aparecimento não anunciado seria um bom motivo para atacar de imediato, mesmo que a preparação para a revolta estivesse incompleta. Os conspiradores triunfando, poderiam barganhar com Napoleão e impor limites ao seu poder antes que ele entrasse em Paris e, caso ele fosse bem-sucedido, poderiam pelo menos reivindicar algum mérito por tê-lo ajudado a afastar Louis do trono.

Portanto, tão logo Fouché soube que Napoleão havia desembarcado no golfo Juan, enviou um mensageiro a Lille para informar os conspiradores. Eles reagiram impulsivamente e sem maiores consequências. A tentativa de Drouet d'Erlon de conduzir a guarnição de Lille até Paris malogrou assim que teve início, pois seu oficial superior, marechal Mortier, retornando inesperadamente, contradisse a notícia de uma revolta na capital e mandou a tropa de volta ao quartel. Porém, nesse meio-tempo, os outros três generais tinham posto seus homens a caminho. Lefebvre-Desnoëttes, cuja mulher era filha natural de Joseph Bonaparte, era um patriota impenitente que partilhava com os irmãos Lallemand saudade dos anos de revolução e de Império; e quando deixaram Cambrai, em 9 de março, com uma pequena força, foram primeiro a La Fère na esperança de tomar o arsenal e obter uma provisão de armas para equipar seus partidários. Conseguiram reunir um regimento de *chasseurs*, alguns dragões e uma tropa de artilharia, mas não foram fortes o suficiente para tomar o arsenal ou persuasivos o bastante para aliciar seus defensores, e foram rechaçados. Não tiveram melhor sorte no dia seguinte, quando tentaram tomar um parque de artilharia em Laon; e nos três dias seguintes vaguearam desconsoladamente pela região entre Paris e a fronteira belga. O movimento todo parecia mais um exercício militar do que uma revolta, e quando a coluna alcançou Compiègne sem atrair nenhum recruta, e Lefebvre-Desnoëttes sugeriu que se pusessem a salvo indo ao sul para se encontrarem com Napoleão, o moral estava tão baixo que a maioria preferiu se entregar.

Drouet d'Erlon já estava na prisão em Lille. Os irmãos Lallemand foram detidos e levados para Soissons, e Lefebvre-Desnoëttes mais alguns outros oficiais se esconderam. Apenas o coronel Marin, um artilheiro, conseguiu escapar e juntar-se a Napoleão em Auxerre uma semana mais tarde, recebendo ali um acolhimento duvidoso. Quando ouviu o relato de Marin sobre a revolta malograda, Napoleão pareceu estranhamente satisfeito como se aquilo provasse de que nem o exército nem a França poderiam vencer sem ele, e teve também uma ideia mais clara da verdade. "Alegam que tentaram abrir o caminho de Paris para mim. Sei agora no que acreditar. Foi a nação, o povo, os soldados e os suboficiais que fizeram tudo. Devo tudo a eles."

A notícia de que a revolta malograra alcançou Paris muito mais depressa, e Fouché deu de ombros àquela aventura desastrosa tão casualmente quanto a instigara. Três dias depois da fuga dos conspiradores em Compiègne ele estava em negociações secretas com os monarquistas.

No momento, portanto, ainda havia dois reis na França, e o manifesto monarquista divulgado em Paris em 12 de março expunha a situação em termos crus. "A França," proclamava, "nunca será vencida em sua luta pela liberdade contra a tirania; pela lealdade contra a traição; de Louis XVIII contra Bonaparte!" E para ir direto ao ponto, Louis começa a organizar forças de campanha para esmagar a rebelião. Requereu o aumento de cerca de 3 milhões de Guardas Nacionais para preservar a ordem e fornecer reservas, e decretou que todo aquele que recrutasse tropas para Napoleão estava sujeito à pena de morte. Alguns dias mais tarde, quando a notícia de que um regimento após outro desertava se infiltrou em Paris, um bonapartista zombeteiro produziu fina resposta nessa briga de palavras. "De Napoleão para Louis XVIII," versava o cartaz pendurado na grade da coluna da vitória da Place Vendôme "Meu bom irmão, não precisa me mandar mais tropas. Já tenho o suficiente."

Quando Napoleão deixou Lyon em 13 de março, na verdade toda a região ao norte foi tomada pelo crescente caos de um colapso militar, em que cada extrato de notícia é confuso, quando ninguém sabe o que fazer e quando todo o mundo dá ordens e ninguém obedece. Um exército em tal estado é como uma bandeira em pedaços na qual os emblemas sobrevivem sem o poder de fazer os homens segui-los. Mas nesse caso, o motivo da desorganização não era a derrota para um inimigo. A quebra da disciplina devia-se a um inebriante sentimento de libertação. O exército francês estava cheio de soldados que haviam se sentido prisioneiros dos Bourbons em seus próprios quartéis, e agora – como Napoleão colocara em sua proclamação no golfo Juan – viam a si mesmos como "libertadores da mãe pátria." A marcha sobre Paris, como explicou Castlereagh à Câmara dos Comuns, em 7 de abril, "foi uma revolução feita pelo exército – feita por artifício – e pelo tipo de influência arrogante que uma pessoa por muito tempo à frente de um sistema militar e dirigindo-se a grandes formações militares presume-se que tenha possuído e exercido." Mas Castlereagh só viu parte da verdade sobre esse notável evento. Foi enfim uma dessas raras ocasiões na história em que um exército vê-se inteiramente de acordo com o sentimento popular, e de imediato uma onda de euforia faz tudo no mundo parecer possível. Para a massa de soldados e para os agricultores e artesãos entre os quais foram recrutados, o retorno de Napoleão foi uma espécie de "segundo advento" que iria novamente iluminar a França com o brilho da glória e da fraternidade que tinham conhecido na juventude.

A disposição revolucionária aumentava mais rápido onde quer que o próprio Imperador aparecesse. Em Villefranche, onde ele fez uma pausa depois de deixar Lyon em 13 de março, 50 mil pessoas reuniram-se para saudá-lo apesar de um gélido chuvisco. Havia uma árvore da liberdade na praça, as tricolores por toda parte, e águias de papel dourado nas janelas. Multidão similar houve em Mâcon naquela noite, em Tournus no outro dia, e novamente em Châlon na noite seguinte. Em 15 de março, quando Napoleão parou em Autun, o povo da cidade estava queimando bandeiras e cartazes monarquistas.

Mas não precisava Napoleão estar presente para causar uma multidão. Em muitos lugares, só a notícia de que ele realmente havia desembarcado na França e avançava para o norte já era o suficiente. Uma turba insurrecta assumiu o controle de Dijon. O mesmo aconteceu em Dôle, em Beaune, e em centenas de vilarejos da Borgonha e do Franche-Comté, que havia sofrido bastante sob a recente ocupação austríaca. "Em nome do Imperador," o general reformado Allix bradou na praça de Clamecy em 15 de março, "assumo o comando da cidade." Isso era tudo quanto se precisava fazer. No mesmo dia ocorreu um levante incruento em Nevers; e em Auxonne, onde Napoleão servira ainda como jovem tenente, os soldados tomaram o depósito de artilharia enquanto o povo tomava as ruas. Na sequência de cidades ao longo do Saône e do Loire, onde as duas estradas principais se estendiam até Paris e por onde Napoleão logo iria passar, os funcionários começaram a trazer bustos do Imperador e de Marie-Louise que prudentemente haviam sido armazenados nos sótãos municipais desde a Restauração; e o povo comum, muito menos calculista em sua reação, exigiu que a tricolor drapejasse em todos os campanários.

Por toda a França, na verdade, as autoridades relatavam "atos criminosos" em que proclamações monarquistas foram postas abaixo, e mesmo a Guarda Nacional recusou fazer mais do que manter a ordem. "Tenho medo de uma guerra civil," escreveu o prefeito do Hérault. "As classes baixas mostram péssima disposição," declarou o prefeito de Rouen, oitocentos quilômetros ao norte; e o marechal Jourdan, que estava no comando lá, acrescentou um agourento adendo à sua asserção de que os soldados ainda estavam calmos. "Não sei o que farão," observou, "caso a lealdade deles passe por algum sério teste." Em quase todas as guarnições, os comandantes e agentes de polícia chegavam à mesma conclusão. Os homens ou ficavam em silenciosa hostilidade aos Bourbons ou se mostravam abertamente amotinados, jogando fora as rosetas brancas, apregoando em prol do Imperador; muitas unidades do exército perto de sua provável rota puseram-se em marcha para juntar-se a ele. Exatamente quando Napoleão deixava Lyon, o 3º de hussardos, os 23º, 36º, 39º, 72º e o 76º de infantaria, todos se posicionaram à frente dele, entre Moulins e Bourg exibindo as águias que tinham ficado escondidas, e ele sabia que ambas as estradas para Paris, a de Bourbonnais e a da Borgonha, estavam livres.

Escolheu seguir pela rota mais a leste, através da Borgonha, pelas altas charnecas do Morvan onde a última nevasca ainda cobria alguns trechos, e descer para o vale do Yonne. Conforme percorria etapas de oitenta quilômetros ou mais por dia, ele continuava incorporando unidades que haviam recentemente desertado trazidas pelo general Girard, que assumira o comando da vanguarda de Cambronne. Ele não podia ir mais rápido porque então iria alcançar as novas unidades antes que os oficiais precursores tivessem tempo de influenciá-las e convertê-las – alguns desses oficiais foram presos ao chegar cedo demais e deparar-se com comandantes leais ao Rei. E também não podia deter-se, para que o momentum de sua arremetida pela França não se perdesse.

Era impossível à coluna original acompanhá-lo. Os *grognards* vindos de Portoferraio, por exemplo, apenas avançaram até Châlon, onde eles e mais outros 3 mil soldados foram colocados em embarcações fluviais para fazer pelo menos uma parte do caminho pelo Saône. Quando Napoleão alcançou Avallon, em 16 de março, as divisões de infantaria e a artilharia estendiam-se por mais de 160 quilômetros de estrada ruim, e não tinham condições de participar de uma batalha. O deslocamento todo estava em tal estado de desorganização que, exceto pelo moral em maré alta da tropa, parecia mais uma retirada; um oponente resoluto – com um par de regimentos confiáveis – poderia facilmente deter Napoleão nesse momento ou mesmo cortar seu exército improvisado e capturá-lo.

Essa tarefa, de fato, foi atribuída ao marechal Ney, que havia deixado Paris jurando que levaria Napoleão de volta à capital numa jaula de ferro. Um ano antes ele havia protagonizado o papel principal no drama da abdicação em Fontainebleau. Agora o destino do Imperador estava em suas mãos pela segunda vez.

Ney tinha muito em comum com Murat. Era valente, mas um comandante de cavalaria de temperamento instável que havia aberto caminho a partir de um começo muito humilde, homem com mais ambição do que caráter, cuja vaidade propulsora logo seria sua ruína – e nessa crise, o conflito entre sua nova dedicação ao rei Louis e sua antiga lealdade ao Imperador Napoleão deixava-o ansioso e confuso. Quando passou por Poligny em 11 de março, disse ao vice-prefeito que Napoleão era "um cão louco de quem era preciso livrar-se para evitar ser mordido;" ao chegar em Lons-le-Saunier, onde haviam ordenado que suas unidades se reunissem, ele ainda estava cheio de bombástica linguagem monarquista. "Ao assegurar o triunfo do Rei," declarou, "serei o libertador de meu país." Essa perspectiva começou a desvanecer-se quando Ney viu que a situação se deteriorava por toda Borgonha e que suas próprias tropas pareciam relutantes em lançar-se contra Mâcon e interceptar Napoleão. Mesmo assim ele assumiu uma postura desafiadora e se propôs a dar o exemplo a seus homens. "Deem-me um mosquete," alardeou, "que eu darei o primeiro tiro."

Em 12 de março, no entanto, um monarquista fugido de Lyon trouxe para Ney uma cópia da proclamação de Napoleão ao exército, e ele foi grandemente afetado por essa rememoração de passadas campanhas. "O Rei deveria escrever assim," disse, repetindo as sonoras frases em voz alta. "Essa é a forma com que se escreve para soldados – isso chega neles!" E começou a especular sobre sua posição pessoal caso Napoleão triunfasse. "Aquele louco nunca me perdoará pela abdicação," exclamou com a mórbida elação que parecia reger seu comportamento no decurso daqueles emocionantes dias. No entanto, aquele temor em especial foi suavizado em algum momento durante a noite quando dois velhos camaradas apareceram em missão clandestina da parte do Imperador, pois trouxeram um bilhete pessoal dele no qual prometia que Ney seria novamente bem-vindo para ficar ao seu lado; e eles acrescentaram suas próprias induções a uma longa mensagem de Bertrand advertindo que qualquer resistência poderia ser o sinal para uma destrutiva guerra civil.

Ney estava realmente desnorteado. "Fui pego num remoinho e perdi a cabeça," disse francamente no final de 1815 quando defendia a vida durante seu julgamento. Mesmo então ele parecia incerto sobre seus motivos e incapaz de distinguir entre o próprio conhecimento das ocorrências e as meias-verdades e rumores que os mensageiros de Napoleão usaram para convencê-lo. Falou sobre o crescente descontentamento dos marechais pelo modo com que a velha aristocracia havia esnobado suas esposas. Alegou que haviam conspirado para colocar o duque d'Orléans no trono, e que a conspiração havia malogrado quando o duque se recusara a entrar no jogo. Afirmou saber que Hortense e outros bonapartistas maquinavam o retorno do Imperador, que o general Köller estivera em Elba em visita a Bonaparte e lhe dera certeza do apoio austríaco se ele procedesse moderadamente no futuro, e que a Marinha inglesa fora conivente com sua fuga de Portoferraio. Aquilo era uma espantosa miscelânea de antigos mexericos para um homem que ocupara altos postos sob Louis e Napoleão, e era na verdade pouco mais do que uma repetição da fala desconexa que Ney havia proferido para os generais Le Courbe e Bourmont na manhã de 14 de março, quando ele os avisara que estava a ponto de mudar de lado.

A verdade era provavelmente muito mais dura e simples. Ney percebeu que não podia controlar seus soldados por mais tempo. Fazia dois dias desde que o 76º Regimento, estacionado em Bourg, havia se livrado de seus oficiais, hasteado a tricolor, pilhado os estoques de vinho, e marchado ao encontro de Napoleão que vinha de Châlon; e os outros regimentos de seu Corpo de Exército estavam claramente a ponto de se amotinar. "Posso eu deter a água do mar com as mãos?" – perguntou com um toque patético. Eram em essência as mesmas questões com que se depararam Lessard em Laffrey, Marchand em Grenoble, e Macdonald em Lyon. Ney poderia juntar-se ao Imperador ou fugir dele, mas não podia contar sequer com uma única companhia de soldados para lutar contra ele. Não havia nenhum feitiço no repertório monarquista poderoso o suficiente para afastar a magia imperial.

No início da tarde de 14 de março, Ney pôs em forma seus quatro regimentos remanescentes numa praça vazia. "Naquele momento, olhei para os soldados," disse uma testemunha ocular posteriormente. "Todos tristes e pálidos. Temi o retorno dos dias durante a Revolução em que os oficiais caíam vítimas de seus homens." Mas em poucas palavras Ney transformou o ar de motim em um de exaltação. "A causa dos Bourbons está perdida para sempre," disse em voz clara e firme. Houve um estrondoso grito de "*Vive l'Empereur!*" por toda a praça e os homens começaram a dar vivas loucamente. "Soldados! Muitas vezes eu vos liderei na vitória," continuou Ney no estilo que o próprio Napoleão usava de forma tão efetiva: "agora eu vos levarei a juntar-se à imortal falange que segue o Imperador para Paris!" Enquanto os oficiais que permaneceram leais a seus juramentos se retiravam, um deles quebrando sua espada em público, Ney "percorreu as fileiras como um possesso, abraçando até mesmo os tocadores de tambor e de pífano." No dia seguinte, partiu ao encontro de Napoleão em Auxerre.

Napoleão soube da deserção de Ney antes de deixar Autun, e a notícia era bem-vinda, pois ele não estava na melhor das disposições. Pegara uma forte gripe. Estava rouco de tanto fazer discursos de improviso. Estava cansado da viagem. Preocupava-se com o exército monarquista que os oficiais desertores disseram estar sendo formado em Melun, fora de Paris; temia ainda ter de lutar pela capital, ou que o Rei pudesse recuar para Tours ou Bordeaux forçando-o a uma prolongada guerra civil; entrementes, aborrecia-o o fato de que os notáveis e as autoridades públicas pareciam estar se mantendo longe de seu caminho. "As demonstrações de alegria beiram ao delírio," observou Fleury de Chaboulon quando assistiu a população da cidade dar as boas-vindas a Napoleão em Avallon. "Eles se espremiam, se sufocavam, para chegar perto dele, vislumbrá-lo, falar-lhe." Porém, apenas um dos doze conselheiros saiu para saudá-lo. Napoleão precisava dos *prefects* de departamentos, dos prefeitos de cidades e dos comissários de polícia como símbolos da ordem e da continuidade para regularem o entusiasmo radical que ele provocava na população. "Vim para evitar uma revolução terrível," disse ao prefeito de Avallon, quando o trouxeram de detrás das barricadas de sua casa para ouvir uma das mais divagantes conversas, que Napoleão parecia dirigir mais à posteridade à sua plateia imediata. "Somente eu posso poupar a França das desgraças de que está ameaçada."

No dia seguinte ocorreu um sinal de mudança. O prefeito de Yonne, um banqueiro chamado Gamot, era cunhado de Ney e trocou de lado até mais rápido do que o marechal. Num dia, apelava por voluntários para se alistar no exército do Rei em Melun; e já no outro, declarava que somente o Imperador "pode assegurar à França a independência que lhe permitirá usufruir de todo tipo de prosperidade e dar a Constituição apropriada ao caráter e aos costumes de seu povo." E embora Napoleão mais tarde tenha comentado desdenhosamente que "Gamot se comportou como um *spaniel*," em 17 de março ficou bastante satisfeito em ver o prefeito vir cavalgando para Vermenton, onde o grupo imperial havia parado para o almoço, a fim de dizer que boas-vindas oficiais estavam sendo preparadas em Auxerre. Pela primeira vez o Imperador seria saudado em estilo.

Auxerre era uma cidade atraente, rica e sólida situada em declive para a ampla extensão do Yonne, e o grupo chegou sobre rodas na ponte no fim da tarde. Os lanceiros estavam elegantes nos uniformes turquesa com guarnições carmesins e as plumas de avestruz balançando nos estranhos chapéus retangulares que os poloneses chamam de *czapska*. Gamot e Drouot partilhavam uma carruagem; igualmente Napoleão e

Bertrand; e atrás deles vinha a Casa Imperial. No fim da ponte, rodeado pela multidão que quase bloqueava o caminho para a cidade, estava o prefeito monarquista, Robinet de Malleville. "Vossa Majestade chegou!" disse o prefeito solenemente lendo um discurso formal assinado por todos os dignitários monarquistas que, menos de uma semana antes, haviam endossado entusiástica declaração de lealdade ao Rei; "e a glória nacional, inseparável da vossa própria glória, chega para florescer novamente." A reação popular foi muito mais dramática. Houve um estrondear de boas-vindas, lembrou dez anos depois um médico do local chamado Robinot Desvoidy. "Com as fitas nacionais na mão, eu também gritava com todas as forças dos meus jovens pulmões."

À exceção de Lyon, onde Napoleão ocupou o palácio do arcebispo, ele ficava em hospedarias de postos de trocas e em estalagens de beira de estrada, mas em Auxerre, conforme requeria o protocolo, ele foi novamente instalado na prefeitura. E ali, como que para lembrá-lo de passadas magnificências, e com o objetivo de agradar, Gamot pendurou uma cópia do famoso retrato de corpo inteiro do Imperador por Gerard, com as vestes da coroação, o cetro na mão e a coroa de louros cingindo-lhe a fronte.

Foi um dia bom que acabou melhor ainda. Antes do escurecer, Napoleão foi avisado que o 14º Regimento chegara ao som do tambor para anunciar a vinda de Ney. Fazia apenas quatro dias que esse mesmo regimento havia passado por Auxerre em direção ao sul a fim de prender Napoleão e "colocá-lo numa jaula." Agora ele saiu para inspecionar os veteranos que lutaram sob suas ordens por quinze anos, de Rivoli a Leipzig. Foi encontrar-se com o abade Viart, um sacerdote obstinado, e provocou o tipo de discussão que gostava sobre a carta pastoral na qual os bispos determinavam aos católicos obedecerem somente ao Rei; e depois retornou à prefeitura para um jantar que ofereceu em comemoração. Foi uma ocasião especial, pois os convidados eram Drouot, Bertrand e Cambronne, que haviam partilhado de seu exílio, e os três que haviam conquistado cidades para ele – de la Bédoyère, que lhe deu Grenoble; Brayer, que tornou possível sua entrada em Lyon sem nenhuma luta; e Allix, que tomou Clamecy praticamente sozinho.

Napoleão mostrava-se relaxado e rememorativo naquela noite, pois estava entre amigos leais, e pelo menos uma vez falou livremente sobre os motivos e a forma de sua fuga de Elba. "Eu não estou de entendimento com ninguém," disse ele, "nem mesmo com aqueles que foram acusados de conspirarem a meu favor em Paris. Desde a ilha de Elba via os erros que eram cometidos e decidi me aproveitar deles. Meu empreendimento tinha toda a aparência de um ato de extraordinária audácia, mas na realidade foi meramente um ato de racionalidade. Não havia dúvida de que depois de todo o mal que lhes fizeram, os soldados, a gente rural e a classe média me acolheriam com arrebatamento." Houve duas memoráveis frases nessa longa conversa notívaga entre copos de vinho. "Tive apenas de bater à porta com minha caixa de rapé e ela se abriu," comentou Napoleão. "Disseram no ano passado que fui eu quem trouxe de volta os Bourbons. Eles me trouxeram de volta este ano. Portanto, agora estamos quites!"

21
Magia imperial

"Estarei em Paris quando você receber esta carta," de Auxerre escreveu Napoleão a Marie-Louise. "Venha e junte-se a mim novamente, com meu filho." Tendo apenas outros 160 quilômetros para chegar à capital, ele tinha melhores razões para estar mais confiante sobre os próprios movimentos do que os da mulher e do filho; e conquanto o tom superficial das cartas possa ser explicado pelo desejo de evitar problemas se fossem interceptadas, elas passavam impressão igual à das cartas de Elba – eram palavras de um homem que mantinha mais as aparências do que as esperanças.

Auxerre era para ser a última parada de certa importância antes da investida a Paris, e Napoleão passou a manhã de sábado, 16 de março, pondo seus assuntos em alguma ordem. Começou recebendo Ney. O marechal, aliás, chegara na noite anterior e passara grande parte dela escrevendo um documento de autodefesa, que Napoleão leu ligeiramente e logo depois destruiu. "Meu bravo Ney perdeu a cabeça," observou com menosprezo, e foi igualmente cáustico num posterior comentário para Hortense. "Ney tinha a firme intenção de me atacar," disse, "mas quando viu a tropa que comandava opondo-se a ele, simplesmente foi forçado a acompanhar a maré e procurou transformar em virtude o que não pôde evitar." Os fatos podiam ter ocorrido de forma diferente para Napoleão naquele verão caso ele tivesse levado em conta as opiniões céticas sobre seu antigo subordinado. O verdadeiro teste do caráter de Ney veio a ser não o destemido comando da retaguarda na retirada de Moscou, mas a crise de pânico interesseiro na abdicação um ano antes. E isso ainda causava ressentimento, muito embora Napoleão julgasse politicamente conveniente aceitar o ato de contrição de Ney. Foi dito ao marechal que não havia lugar para ele na marcha triunfal para Paris e que ele tinha de se contentar com a tarefa mais rotineira de buscar o restante de sua tropa em Dijon.

Havia decisões a tomar e ordens a dar para o restante do exército que aumentara miraculosamente a partir do núcleo de dois batalhões incompletos que haviam embarcado em Portoferraio apenas três semanas antes. No papel, tratava-se agora de uma força mais temível, que se desdobrava para trás desde Châlon e, para a frente, através de Joigny e Sens até Montereau: ali, no único breve e também incruento encontro ocorrido em toda a marcha, o 6º de Lanceiros havia tomado a vital ponte dupla sobre o Yonne e o Sena que controlava o acesso da estrada que ia por Melun para Paris. Por uma via ou outra cerca de 14 mil homens marchavam sob a tricolor, com vários regimentos de cavalaria e uma boa quantidade de canhões. O congestionamento nas estradas era tão grande que Napoleão decidiu colocar boa parte da tropa de volta aos barcos para descer pelo Yonne, como fizera em Châlon.

O estado-maior de Napoleão, todavia, não estava de humor muito festivo. Fleury de Chaboulon percebera sinais de um conluio para assassinar o Imperador, suficientes para reviver os temores que haviam esmorecido após ele ter deixado Elba. Uma vez mais, como ocorreu quando Napoleão ia para o exílio, a culpa recaiu sobre o conde d'Artois, suspeito de mandar assassinos para um atentado quando Napoleão passava pela floresta de Fontainebleau. No entanto, essa era preocupação menor comparada às dificuldades que Drouot, Cambronne, Brayer, Girard e outros comandantes encontravam na busca de rações e forragem para um exército que se movia pelo país sem um plano prévio ou linhas apropriadas de comunicação. Esforçavam-se em manter as formações fechadas para o caso de serem chamadas de repente a entrar em combate, e procuravam ter alguma medida de controle sobre os soldados, que eram mais entusiasmados que disciplinados. O risco de a tropa poder soltar-se como bem entendesse causou a ordem de Napoleão ao general Girard quando soube que os homens da vanguarda estavam ameaçando represálias contra monarquistas recalcitrantes. "Diga-lhes," determinou ele, "que não desejo entrar em minha capital à frente deles se suas mãos estiverem manchadas com sangue francês."

A situação em Paris tornava-se rapidamente mais confusa do que no improvisado exército de Napoleão. O próprio Rei parecia não perceber que seu governo tinha cessado de funcionar, que seus ministros discutiam incessantemente sem chegar a qualquer conclusão útil. Estiveram enganando o Rei e a si mesmos durante meses, e agora que a crise os atingira, tornaram-se vítimas da própria bajulação, acreditando nas suas jactâncias sobre os exércitos monarquistas e tomando as reportagens servis dos jornais monarquistas mais a sério do que as más notícias que os carteiros e viajantes traziam para a cidade diariamente. Achavam muito fácil atacar Napoleão com insultos verbais. Quando chegou o momento decisivo, ficou difícil encontrar alguém preparado para desfechar-lhe um tiro.

Um dos poucos realistas era o marechal Macdonald, que retornou de Lyon em 15 de março para prevenir o Rei de que deveria se preparar para deixar Paris, uma vez que nada agora poderia deter o avanço de Napoleão. Mas ninguém nas Tulherias queria levar Macdonald a sério. Os ministros achavam que deviam formar um novo governo, fazer o Rei conquistar os liberais com uma conversão pública de última hora aos princípios constitucionais e provocar na classe média, que era a espinha dorsal da Guarda Nacional, o medo de uma nova revolução. Alguns entre eles estavam até mesmo dispostos ao mais sensacional lance de todos. Talvez, no último minuto, até pudessem ser salvos por Fouché.

Blacas consultou Fouché em 12 de março, aparentemente sem sucesso. No dia seguinte, Fouché foi procurado pelo chanceler Dambray que tentava organizar um novo governo tendo o duque de Richelieu como figura de proa, o velho revolucionário Carnot como ministro da Guerra, e Fouché como sua força propulsora e ministro da Polícia. Em 14 de março, Dambray foi mais longe e propôs Fouché para chefe do governo não só de nome, mas de fato. Era uma medida desesperadora, e Fouché sabia disso; os dias escoavam, e os monarquistas apostaram tarde demais no homem que sabia calcular tão bem as chances de sucesso e malogro. De qualquer modo, Fouché entreviu vantagens para o futuro em todas essas propostas, e ele nunca desprezava oportunidades de se proteger contra as mudanças da sorte. Na noite de 15 de março, foi à casa da Princesa de Vaudemont, amiga íntima que havia defendido sua causa na corte, para um encontro secreto com o conde d'Artois.

Bizarra ocasião, em que o regicida número um da França sentou-se com o principal aristocrata, o vingativo irmão do guilhotinado Louis XVI, para receber a proposta de formar um governo liberal, com plenos poderes para lidar com Napoleão e depois formular a política interna da França. Fouché ficou mais lisonjeado que persuadido. Nada, insistiu ele, poderia agora impedir um triunfo temporário de Napoleão, e admitiu que iria servir o Imperador nas atuais circunstâncias, embora estivesse convencido de que os Aliados não tolerariam Bonaparte e que logo restaurariam os Bourbons pela segunda vez. Em tal situação, mostrou ele, seus serviços estariam novamente disponíveis para aplainar a transição de um regime para o outro. Ao se aproximar dos sessenta anos, começara a ver a si mesmo como porta-voz de todos aqueles que desejavam estabilizar a política francesa. "Salve o Rei," consta ter ele dito ao conde d'Artois, "que eu salvarei a monarquia."

Nos dias seguintes, porém, Fouché teria de salvar a si mesmo. Logo de manhã, um inspetor de polícia chegou com um mandado de prisão contra ele. Mandado emitido por Bourrienne, que recém-assumira a polícia, e foi um entre outros tantos mandados que levavam o nome dos principais bonapartistas da capital. Por exemplo, foram expedidos para Davout, Maret, Lavallete, Flahaut e Excelmans, assim como para Fouché; e no entanto houve qualquer coisa de estranho com essa providência aparentemente óbvia. Nenhum desses homens foi de fato preso, e não está totalmente claro quem os queria deter. Dizem que não passou de um ato de rancor pessoal de Bourrienne, que fora desacreditado e demitido por Napoleão anos antes. Outros veem a mão do Rei nesse assunto, e ainda outros, que conheciam o estilo de Fouché, dizem que ele havia armado essa inábil operação a fim de encobrir seus conluios com os monarquistas e se apresentar como um perseguido defensor do Imperador. É bem possível que todo o episódio tenha sido tramado no seu encontro com o conde d'Artois na noite anterior, pois ele deixou a impressão de esperar pelo que veio a ocorrer. Convidou friamente o inspetor e auxiliares para o acompanhar na casa, deixou-os esperando e se esgueirou por uma passagem secreta, subiu por uma escada antes convenientemente colocada contra o muro, e pulou para o jardim de Hortense, escapando numa carruagem reservada nos estábulos de sua vizinha como salvaguarda contra esse tipo de emergência. Por quatro dias, escondeu-se no apartamento parisiense de um ex-subordinado no Ministério da Polícia, e Hortense então comunicou a todos os bonapartistas que Fouché agora partilhava da sorte deles.

Tempos estranhos levam a estranhas amizades passageiras. Enquanto Fouché ia para seu esconderijo, o Rei ia ao Palais Bourbon encontrar-se com pares do reino e deputados. Enfim Paris parecia merecedora de um parlamento. Ao deixar as Tulherias, ele mostrou ao duque d'Orléans a estrela da Legião de Honra que usava no peito. "Eu a estou vendo, Majestade, mas preferia tê-la visto antes," comentou o duque; foi um gesto tão tardio e inútil quanto a fala na qual Louis XVIII, que nunca mostrara qualquer entusiasmo pela Carta constitucional, agora a anunciava como "minha mais admirável reivindicação diante da posteridade," despertando um nervoso entusiasmo dos legisladores que não tinham poder nem meios de recompensar a conversão do rei aos princípios liberais. Sua frase mais significativa naquela tarde foi, na verdade, uma ameaça. "O homem que vem para o nosso meio traz a marca acesa da guerra civil," declarou, " e o flagelo da guerra externa." Se necessário, os Bourbons se escorariam uma vez mais nas baionetas dos Aliados.

Claramente, pouca chance tinham de ser sustentados por mosquetes franceses. Quando o Rei e os príncipes passavam por Paris, a multidão parecia simpatizar, mas os soldados enfileirados no caminho mostravam a atitude sombria precessora do motim aberto que ocorria em toda parte a partir de Grenoble, e nem mesmo a distribuição de dinheiro e bebida os estimulava a ovacionar. "Ah, eles lutarão lindamente," exclamou o duque de Berry, com o presunçoso otimismo que caracterizava todos os Bourbons. "É possível que um ou outro crie problemas, mas logo se ajustarão ao resto da tropa.

O exército monarquista, na verdade, era pouco mais do que figura de retórica. As guarnições mais distantes não tinham sido, até então, muito afetadas. Massena manteve Marselha para o Rei por quase três semanas, após ter impedido Pons de apelar aos soldados trancafiando de pronto aquele ardoroso emissário numa cela do Château d'If; o duque d'Angoulême em Bordeaux, o duque de Bourbon em Angers e o marechal Augereau na Normandia puderam todos manter seus soldados sob controle, contanto que estes não fossem provocados a nenhuma escolha de lealdade. Mas ao sul de Paris, onde se encontrava a verdadeira ameaça, não havia ordenamento militar de espécie nenhuma. O grande exército que se reuniria em Melun nada mais era do que uma desmoralizada desordem com unidades dispersadas aleatoriamente pela linha de defesa pretendida, e era raro o regimento em que os oficiais tinham ordens precisas, ou os soldados alguma séria intenção de obedecê-las; davam-se por felizes por ter rações e um lugar para acampar. Certo momento o duque de Berry aproximou-se de um grupo de granadeiros que preparava a refeição num local perto de Villejuif, perguntando se podia provar da sopa. Era uma cortesia militar normal, especialmente da parte de Napoleão, mas o príncipe Bourbon recebeu uma resposta bastante azeda. "Vai achá-la fria, Sir," respondeu um, "o senhor chegou muito tarde."

Em Paris as coisas estavam ainda piores. Em 17 de março, o general Maison e o general Dessolles estiveram com Blacas. Eram homens indispensáveis, pois Maison comandava a guarnição de Paris e Dessolles a Guarda Nacional, mas eles não pensavam em se tornar disponíveis – a menos que cada um ganhasse 200 mil francos para compensar os riscos que corriam por ficarem firmes com os Bourbons. A notícia da defecção de Ney aumentara dramaticamente o preço de mercado da lealdade em Paris. E Blacas foi tolo e desesperado o bastante para pagar essa pródiga soma em poucas horas, pois aquela seria uma tarde de tolices e desespero. Ele já havia sugerido ao Rei liderar os pares e os deputados num encontro com Napoleão perto de Fontainebleau, embora não ficasse claro o que ele teria de fazer quando se vissem frente a frente. Talvez o devotado Blacas abrigasse a esperança de Louis XVIII repetir o milagre de Santa Genoveva, cujas orações supunha-se terem salvo Paris da invasão de Átila, o Huno.

No dia seguinte, Louis emitiu nova proclamação ao exército, a qual repetia a ameaça de uma iminente guerra civil e um consequente ataque dos Aliados. Nada acrescentou ao moral e apavorou quem já estava amedrontado; impeliu multidões à repartição de passaportes e à estação de coches, e derrubou a cotação dos fundos nacionais na Bolsa. Nos bairros mais prósperos de Paris, estavam fechando as portas, vendendo, empacotando, e indo embora. Em cinco dias os banqueiros converteram mais de 20 milhões de francos em títulos estrangeiros. Por toda parte, a emigração recomeçava.

O dia seguinte era Domingo de Ramos. Estava nevoento, o que tornava mais forte a sensação de incerteza. Havia rumores de que os subúrbios se agitavam, mas o único sinal de mudança foi os proprietários de cafés descumprirem a lei de não abrir aos sábados que lhes fora imposta alguns meses antes, e assim havia algum lugar aonde ir para abrigar-se da garoa enquanto se conversava interminavelmente sobre as notícias. Já não era mais se o Rei ia para o norte, mas quando isso seria. Ao chegar às Tulherias no meio do dia, Macdonald viu carruagens carregadas com a bagagem da Casa Real. Seria melhor, sugeriu ele, mantê-las fora da vista até o escurecer, para não instigar tumultos. A última coisa que se desejaria era repetir o desastre da fuga para Varennes em 1791, quando a família real foi detida e trazida de volta a Paris. Tudo poderia acontecer se houvesse um intervalo muito longo entre a saída do Rei e a entrada do Imperador. Cem quilômetros ao sul, Napoleão, chegando à mesma conclusão, enviara mensageiros para dizer aos seus partidários em Paris que fizessem todo o possível para manter as ruas tranquilas.

Surpreendentemente, não houve nenhuma desordem. Todos em Paris pareciam estar em estado de suspense, como se a cidade estivesse no olho da tempestade que irrompera de repente pela França inteira levando de roldão uma dinastia e trazendo outra em seu rastro. Desde cedo naquele dia espectadores que se postaram nas proximidades das Tulherias viram o Rei sair por um curto período para passar tropas em revista nos Champs-Élysées; mas perto do anoitecer as rajadas de vento já haviam afugentado todos. Era uma quietude fora do normal. "Entrementes, soava nosso dobre fúnebre," recordou Vitrolles dramaticamente. "Nossos derradeiros momentos haviam chegado em meio à mesma indecisão e inércia." Sequer se soube até as sete horas da noite se o Rei aceitava a recomendação urgente de Macdonald e partiria para Bruxelas, embora Blacas parecesse considerar essa decisão como certa quando convocou os ministros à sua casa para dar 100 mil francos a cada um que prometesse seguir o rei para o exterior.

Por toda a noite as janelas das Tulherias luziram (com luz de velas), como se os ocupantes estivessem numa grande festa em vez de estarem empacotando seus bens para uma partida às pressas. Mas a bandeira branca Bourbon não drapejava mais sobre o palácio. Disseram que foi arrancada pelo vento, mas qualquer que fosse a razão de seu desaparecimento ninguém se preocupou em substituí-la.

Então, por volta da meia-noite, se espalhou a notícia de que o Rei iria embora. Era do seu caráter egocêntrico nada ter feito para avisar os monarquistas da cidade, cuja vida e liberdade poderiam estar em grande perigo com o retorno dos Bonapartes. Só o que ia fazer era se safar. Macdonald havia pensado em fazê-lo sair às escondidas numa liteira, mas o obeso e gotoso monarca conseguiu uma saída ligeiramente mais digna. Surgiu transformado numa forma estranha, acolchoadíssimo contra o frio, e quando um aglomerado de duzentos cortesãos formou-se agitado ao pé da escada que levava aos apartamentos reais, Blacas e o duque de Duras trouxeram-no para fora, meio ajudado, meio carregado. Para seus derradeiros partidários que choravam abertamente, ele conseguiu pronunciar algumas régias palavras vazias. "Eu os verei novamente dentro em breve," disse consoladoramente, e então foi içado a sua carruagem e levado embora. Já era segunda-feira, 20 de março, quando os criados apagaram os lampiões no pátio.

Napoleão passara todo o domingo viajando, pois ainda temia que pudesse ser antecedido por um levante popular, ou um golpe militar, ou alguma outra combinação que impedisse sua entrada em Paris como um herói conquistador. Seu almoço foi em Joigny. Às cinco da tarde ele passou por Sens, e há muito escurecera quando ele parou na pequena cidade de Pont-sur-Yonne para jantar. Os homens que mandara vir em barcos chegaram antes, e ele apressou-os a viajarem durante a noite. Na confusão, um barco colidiu com a ponte, e 33 homens do 76º Regimento se afogaram. Foram as únicas baixas de toda a jornada.

Apesar do tempo ruim, Napoleão continuou a marcha. Saiu de Pont-sur-Yonne à meia-noite, exatamente quando a carruagem do rei deixava as Tulherias. De madrugada ele estava em Fossard, onde teve de optar entre seguir direto por Melun ou ir pela floresta rumo a Fontainebleau e Essone. Ainda sem ter certeza se o duque de Berry havia conseguido reunir tropas em Melun, e confiante de que o 6º de Lanceiros protegeria seu flanco direito mantendo o controle da ponte Montereau, ele decidiu ir para Fontainebleau antes do amanhecer. E houve outra razão para a sua escolha. Napoleão era fascinado por aniversários e ocasiões simbólicas, e pareceu-lhe bom retornar a Fontainebleau, onde começara sua jornada para Elba exatamente onze meses antes. Às cinco horas da manhã uma centena de cavalarianos escoltou o Imperador para o pátio Cheval Blanc do palácio. Ele era esperado, pois ao seguir direto para seu apartamento encontrou um belo fogo crepitando, e seus antigos serviçais lá estavam para mostrar-lhe que suas iniciais com coroa estavam ainda entalhadas na armação de madeira dourada de sua cama. Deitou-se meio vestido, pois apesar da pressa precisava descansar. Estivera na estrada por vinte horas e tinha ainda de percorrer mais de 60 quilômetros se quisesse comemorar o aniversário de seu filho em Paris.

Naquela mesma manhã em Viena, o imperador Franz I afastou o Rei de Roma de seus atendentes franceses. Estava determinado a que, no momento de acertar contas com seu genro, não restaria nenhum direito de sucessão para o próprio neto. A partir daquele dia o menino inconveniente deixou de ser herdeiro de uma dinastia e tornou-se algo como um enjeitado de família real.

♛

Durante toda a manhã chegaram mensageiros a Fontainebleau com mensagens para o Imperador. Traziam-lhe relatórios de seus próprios comandantes conforme eles se movimentavam rumo a Paris; informações das unidades desertadas havia pouco e que não tinham ideia do que fazer; cartas de boas-vindas de Hortense, Maret, e outros ardorosos bonapartistas; e, mais importante de tudo, uma urgente chamada de

Lavalette, que simplesmente retomara sua antiga posição nos Correios e imediatamente mandou o recado de que o Rei fora embora e que Napoleão devia dirigir-se para as Tulherias o mais cedo possível. Isso decidiu o assunto. O Imperador teria de arriscar-se a seguir para a capital sem nenhum preparativo a mais do que os feitos em Lyon. E novamente foi o marechal Macdonald que se defrontou com ele e percebeu que nada havia a ser feito. As tropas das quais se esperava fornecerem uma linha de defesa em Villejuif estavam meramente esperando que Pequeno Cabo voltasse para eles.

A cavalgada, aliás, progrediu lentamente. Apesar do tempo chuvoso, havia multidões ao longo da estrada barrenta, e conforme a carruagem de Napoleão abria caminho, o povo se juntava atrás dela para formar um cortejo errante e animado. Eram seis horas, e a claridade já definhava quando o Imperador alcançou Essones, onde o corpo de exército de Marmont passara tão ruinosamente para o lado dos austríacos um ano antes e onde Napoleão agora presidia um grande e informal encontro de soldados, agricultores, funcionários, lojistas, membros da Guarda Nacional e centenas de homens, mulheres e crianças que se apinharam para ver o prodígio de seu século. Todos singularmente animados. Se Napoleão lhes pedisse, marchariam com ele até os muros de Paris tal como seus antepassados haviam ido a tomar a Bastilha, e a lançar-se nas milagrosas batalhas em Valmy e Jemappes de 1792. Mas não havia sinal dos homens que consagraram seus nomes naqueles tempos agitados. Onde, na verdade, estavam os marechais? Alguns, como Berthier, Macdonald, Marmont e Mortier, cumpriam seu juramento ao Rei. Enquanto Ney fora obrigado a fazer sua escolha, os demais esperavam cautelosamente para ver o que aconteceria antes de mudarem a cor de uma roseta para outra. De todos a quem Napoleão honrara com títulos e propriedades, apenas Davout e o idoso e sincero Lefebvre dar-lhe-iam boas-vindas espontaneamente. E muito embora Caulaincourt, Flahaut, e alguns outros camaradas e auxiliares viessem saudá-lo na tarde de segunda-feira, aqueles de posição e poder em Paris em geral ficaram em casa nesse dia.

O único a sair-se bem nesses dias difíceis foi o severo e honrado Macdonald. Havia mostrado briosa coragem em Lyon, realismo ao avaliar a situação, e bom-senso ao aconselhar o Rei. Sua decisão de deixar as tropas de Villejuif e Melun fazer o que quisessem e retirar as poucas forças leais para o norte era a única atitude sensata a tomar nas circunstâncias. O conde de Lamothe-Langry, que passou a maior parte da segunda-feira andando calmamente por Paris e anotando o que via, disse que a ação de Macdonald "evitou a rivalidade, evitou a luta, preveniu embates e impediu o derramamento de sangue francês." O que mais preocupou o conde durante essas horas ansiosas foi o fato de que a capital estava aberta aos "aos bandidos e aos condenados... à pilhagem e aos incêndios." Tais temores mostraram-se infundados, e já na metade do dia os bonapartistas tinham começado a assumir o controle.

O general Sebastiani foi para Villejuif e impôs suficiente disciplina às unidades que Macdonald havia abandonado, a fim de começar a deslocá-las para guarnecer a capital novamente; e ao norte da cidade o general Excelmans repentinamente executou a última fase da insurreição militar abortada. Ele tinha ido para a Porta Saint Denis na esperança de usar soldados descontentes para capturar o Rei. Quando esse esquema falhou e o Rei se achava a salvo em seu caminho, Excelmans rapidamente raspou o fundo do tacho e recrutou uma força de oficiais da reserva, alguns cavalarianos, e uns poucos artilheiros com um par de canhões, e os levou de volta para o centro de Paris. Eram cerca de duas horas da tarde quando ele chegou às Tulherias tinindo as esporas num tropel com uma enorme bandeira tricolor envolvendo-o como uma toga, e em minutos um oficial, o capitão Mouras, hastearia a tricolor sobre o palácio real. Logo depois, os pensionistas nos Invalides ergueram o pavilhão vermelho, branco e azul e dispararam uma salva de canhão, fazendo todos em Paris pensarem que Napoleão havia chegado. Em uma hora as cores nacionais drapejavam por todos os lados na capital, inclusive na Notre-Dame, e o voo da águia estava quase no pouso.

Paris estava surpreendentemente quieta. Muitas lojas fecharam como se fosse feriado, algumas por precaução, outras porque o proprietário estava fora a serviço da Guarda Nacional. Na praça do Caroussel, que era o lugar mais perto das Tulherias em que as pessoas podiam chegar, havia barracas de venda instaladas para aproveitar algum inesperado negócio, e mulheres vendendo cerveja e conhaque, batatas fritas, salsichas, petiscos e guloseimas. Mas a multidão se diluía conforme a noite ia chegando, pois ninguém sabia o que esperar, e o nevoeiro vindo do Sena começava a nublar tudo. "Fomos tão mimados pelo caminho que a acolhida ao Imperador pelos parisienses ficou abaixo das nossas expectativas," confessou Fleury de Chaboulon. Talvez Paris tenha sido sempre mais moderada quanto a Napoleão do que as cidades e vilarejos que o ovacionaram quando ele subiu margeando o Saône e desceu pelo Yonne. Talvez os parisienses estivessem mais apreensivos e confusos, pois tinham ouvido durante toda aquela última semana que o exército monarquista iria esmagar, já nos portões da cidade, o tirano que se avizinhava – e agora iam dormir tendo um governante e despertar tendo outro. Talvez, afinal, Fleury estivesse certo, e a fraca recepção pudesse ser explicada pela falta de preparação cênica. "Deve-se simplesmente concluir," disse como desculpa, "que Napoleão deixou passar a deixa de entrada em cena."

Porém, mesmo que as mal iluminadas ruas estivessem quase desertas a facção bonapartista não perdera sua chance. Por várias horas os partidários de Napoleão, e aqueles que agora desejavam ser incluídos entre eles, foram se encaminhando para as Tulherias. Como os empregados domésticos tinham colocado tudo de volta ao estilo imperial – até mesmo arrancado as flores-de-lis costuradas sobre a forração do mobiliário para cobrir os emblemas napoleônicos –, os autoconvidados visitantes se espalharam escadaria acima e pelos imensos salões de recepção; ex-ministros e conselheiros de Estado, generais, coronéis e majores, funcionários e policiais, todos de uniforme, com a fita vermelha da Legião de Honra em lugar de destaque. Havia mulheres em vestidos de gala, criados de libré, e um disperso número de homens de fraque e calções de casimira até o joelho. Ao rés do chão, no grande pátio, centenas de oficiais andando em contida excitação.

Era pouco antes das nove horas quando Napoleão e uma pequena comitiva entraram em Paris através da *barrière* de Villejuif, passaram pelos Invalides, cruzaram o Sena e dirigiram-se para as Tulherias. "Até chegarmos aos portões, como havia bastante espaço, seguimos livremente," recordou seu valete. "Mas assim que entramos no pátio... fiquei impossibilitado de conduzir a carruagem até os degraus da entrada. O Imperador, vendo que não poderia ir mais longe, desceu no meio da enorme multidão que logo se apinhou à sua volta."

Tal como o rei Louis na noite anterior, Napoleão teve de ser meio ajudado e meio carregado pela entrada, embora por motivo diferente. Louis era grande e ele pequeno, e não havia outro meio de levá-lo para o alto da escadaria através da multidão que se acotovelava. Ele não tentou dirigir nenhuma fala às pessoas que se amontoaram à volta da carruagem. Se discursasse ali, as aclamações lhe abafariam as palavras. Mas quando se viu enredado em meio àquela pressão de entusiasmo, exclamou em protesto. "Meus filhos, vocês estão me sufocando!"

Caulaincourt imediatamente gritou a Lavalette, "Pelo amor de Deus abra espaço para ele", e Lavalette desceu apoiado na balaustrada para desimpedir o caminho.

O jantar foi servido naquela noite "como se o Imperador nunca tivesse deixado as Tulherias," e depois, tenso de excitação e cansaço, Napoleão circulou entre os convidados durante uma hora saboreando ao máximo seu triunfo. "Todos pareciam embriagados de felicidade e esperança," relembrou seu empregado pessoal Marchand. "O próprio Imperador foi incapaz de esconder seu deleite; nunca o tinha visto tão extravagantemente alegre, tão pródigo em palmadinhas no rosto." Apenas Drouot e Bertrand, que haviam partilhado de sua repentina decaída e espetacular ressurreição, poderiam realmente avaliar o que aquele momento significou para ele. Parecia um homem enfeitiçado, como se o translado da Villa dei Mulini para as Tulherias tivesse sido um ato de magia. E, de um modo todo seu, foi mesmo.

Epílogo

O REINADO DE NAPOLEÃO COMO REI DE ELBA foi um espetáculo extraordinário e bizarro como uma arlequinada levada ao palco entre dois atos de tragédia, e não existiu coisa igual a isso. Foi produzida por uma atitude fortuita de generosa condescendência da parte do Czar, e finalizada porque o principal ator e a plateia de estadistas, todos se cansaram da farsa.

Napoleão certamente fizera uma mudança para pior. Depois de Waterloo, regressou a Paris e, exatamente cem dias após sua triunfante entrada nas Tulherias, abdicou pela segunda vez, fugiu para Rochefort na esperança de se refugiar na América, depois rendeu-se ao comandante Maitland no *Bellerophon*. Uma vez mais ele sugeriu que o Príncipe Regente lhe concedesse asilo, que uma vez mais lhe foi recusado. Tudo que ele teve da Inglaterra, no fim, foi um vislumbre do litoral de Devon, de Torbay e da baía Plymouth Sound, quando passou em sua ida rumo à remota ilha escarpada de Santa Helena no meio do Atlântico Sul. Depois de seis anos de exílio, morreu em 5 de maio de 1821, com a idade de 52 anos.

O fiel Bertrand esteve ao lado de Napoleão em Waterloo, e levou sua mulher Fanny e seus filhos para Santa Helena até a morte do Imperador; voltou então para casa, onde exerceu um modesto papel na política e prestou serviço na qualidade de comandante da École Polytechnique. Em 1840, integrou o grupo escolhido para trazer para a França as cinzas de Napoleão e morreu em 1844. Drouot esteve também em Waterloo no comando da Guarda, e quando os Bourbons voltaram e o submeteram a uma corte marcial, defendeu-se com dignidade e foi absolvido. Assim também aconteceu com Cambronne, encontrado ferido e roubado por saqueadores depois de liderar a insolente resistência derradeira em Waterloo. Ney foi menos venturoso. Conduziu mal a batalha de Quatre Bras, quando teve Wellington em desvantagem, e seus erros em Waterloo dois dias mais tarde podem ter custado a Napoleão a derrota da batalha. Ele também foi preso pelos vingativos Bourbons, levado a juízo perante uma corte formada por seus pares, e condenado ao fuzilamento. O coronel de la Bédoyère teve o mesmo destino.

O coronel Campbell estava do outro lado em Waterloo, embora Castlereagh não o designasse para nenhum estado-maior dos Aliados.

"Temeu-se," observou tristemente Campbell, "que minha presença pudesse provocar discussões perturbadoras." O melhor que Castlereagh pôde fazer, quando Campbell juntou-se ao seu regimento em Flanders, foi enviar um carta a Wellington assegurando-lhe que o Governo Britânico "tinha todos os motivos para estar satisfeito com a atividade e inteligência demonstrados por Sir Neil Campbell... durante a mui delicada e difícil tarefa a ele imposta enquanto esteve próximo a Napoleão Bonaparte." Campbell lutou bem e sobreviveu à batalha, mas os rumores de conluio com a fuga de Napoleão continuaram. Em 1826, com o posto de general de divisão, foi designado para o governo de Sierra Leone, onde adquiriu a reputação de trabalhador eficiente, severo e criterioso. Morreu de febre no ano seguinte.

Murat foi tão desventurado quanto Ney. Induzido pela ambição e sem compreender o que Napoleão queria, atacou os austríacos e tentou empurrá-los de volta pelos Alpes; e, como lhe faltavam recursos e capacidade para tal operação militar, em pouco tempo foi derrotado e obrigado a buscar refúgio na França. "Meu cunhado arruinou-me duas vezes," disse Napoleão: "a primeira vez por me abandonar e a segunda por me apoiar." Murat arruinou também a si próprio. Depois de Waterloo ele copiou o desembarque de Napoleão no golfo Juan com uma estouvada incursão à costa da Calábria, na crença de que o povo de Nápoles ainda iria preferi-lo aos Bourbons, mas não deu certo. Foi capturado, levado à corte marcial e fuzilado em menos de uma hora.

Pons de l'Hérault teve apenas um papel secundário no drama elbense, embora suas memórias tenham se tornado a principal fonte de informação para os historiadores. Assim que resolveu o conflito entre seus princípios republicanos e a admiração pessoal por Napoleão, permaneceu devotado ao Imperador e até mesmo pediu para partilhar de seu exílio em Santa Helena. Sua carreira foi de alternação constante. Libertado por Massena após seis semanas no Castelo d'If, tornou-se *prefect* do Rhône, foi exilado após Waterloo, retornou à França em 1822 e viveu para tomar parte na revolução de 1848 e para se opor à coroação de Napoleão III como uma violação de sua fé republicana. Estava vivendo parcamente quando morreu em 1858 com a idade de 79 anos. Peyrusse se tornou prefeito de sua nativa Carcassonne em 1830, e sobreviveu para ser distinguido por Napoleão III antes de sua morte em 1860.

A mãe de Napoleão tinha razão em temer que não mais o visse após ele partir de Portoferraio. Alguns dias mais tarde mudou-se para Roma, onde viveu tranquilamente até morrer em 1836. Pauline mudou-se para a Toscana, onde foi mantida em prisão domiciliar por algum tempo. Seu pedido para se juntar ao irmão em Santa Helena foi também recusado. Morreu em Florença em 1825. Elisa passou seus últimos anos em Trieste onde ajudou Fouché, exilado da França após ter encenado a segunda abdicação de Napoleão e a segunda restauração de Louis XVIII. Morreu cinco anos depois de Waterloo.

Marie-Louise deixou o filho em Viena, onde ele cresceu como Duque de Reichstadt. Nunca lhe foi permitido que se correspondesse com o pai, ou fizesse algo para lembrar os outros que fora outrora um Bonaparte – e levou uma vida enclausurada e insignificante até sua morte prematura com 21 anos de idade. Marie-Louise, enquanto isso, havia secretamente se casado com Neipperg, vivendo em Parma até a morte deste em 1828. Casou-se novamente, desta vez com o conde de Bombelles, que fora um dos mediadores secretos nas negociações entre Franz I e Louis XVIII em 1815. Morreu em 1847. Maria Walewska fez uma bem-sucedida visita a Nápoles: em 30 de novembro, Murat revogou os decretos de confisco dos bens de seu filho, pagando-lhe mais de 1 milhão de francos de rendas acumuladas e juros. Não participou dos Cem Dias e, em 1816, casou novamente, desta vez com um primo de Napoleão, o general d'Ordano. Morreu no ano seguinte. Dizia-se de Alexander Walewski que era a imagem do pai, embora mais alto. Tornou-se diplomata francês e teve papel notável na vida pública francesa.

Isso não foi ainda totalmente a fase final dos Bonapartes. Joseph, outrora rei de Nápoles e rei da Espanha, conseguiu ir para os Estados Unidos em 1815, e viveu confortavelmente na Filadélfia antes de retornar para morrer em Florença, em 1844. Lucien foi o único membro da família sem ambições dinásticas, e fez também uma tentativa de se instalar na América, mas logo retornou para a Itália e morou em Roma até sua morte em 1840. Louis foi rei da Holanda por quatro anos, marido relutante de Hortense de Beauharnais e, depois que seu irmão foi destronado, perambulou por Alemanha, França e Suíça antes de morrer em Livorno em 1846. O mais moço dos irmãos era Jérome, que foi rei da Vestfália. Comandou o ataque à granja Hougoumont em Waterloo, momento crítico da batalha, e posteriormente perambulou pela Europa sem maiores propósitos até ser-lhe permitido retornar à França em 1847. Os tempos haviam mudado, e seu sobrinho Louis Bonaparte logo se tornaria presidente e o nomearia marechal; em 1852, quando o presidente Bonaparte proclamou-se Imperador e tomou o nome de Napoleão III, Jérome tornou-se presidente do Senado. Viveu o suficiente para ver a memória do irmão converter-se em mito nacional, e os Bourbons serem geralmente lembrados pela admirável frase do manifesto de Golfo Juan: "Eles nada aprenderam e nada esqueceram."

Pois os Bourbons não duraram muito quando retornaram nos carroções de bagagem do exército de Wellington. Louis XVIII sobreviveu até 1824, modelo de monarca doentio, fraco e reacionário. Seu irmão, o conde d'Artois, sucedeu-o como Charles X. Em 1830, o duque de Orléans teve então sua oportunidade de ser Rei dos Franceses. Reinou com o nome de Louis Philippe e, cumprindo-se por fim a expressiva profecia de Napoleão, ele se tornou "uma espécie de meio-termo entre a Revolução e a Restauração."

Seria esse o destino do próprio Napoleão, tivesse ele sido capaz de pôr seus compatriotas antes da pátria e de preferir a grandeza verdadeira àquele elevado preço de busca da glória.

Finis

Notas bibliográficas

As informações a seguir referem-se, normalmente, a obras cujos dados foram utilizados na preparação deste livro; porém, no caso de algumas obras traduzidas, voltei ao texto original para fazer uma tradução nova e, espero, mais compreensível. A maioria dos leitores conhece algo do fundo histórico deste livro, pois há muitas biografias de Napoleão de fácil acesso em bibliotecas e livrarias. Quem deseja atualizar suas informações sem consultar uma obra monumental como a de L. Medelin, *History of the Consulate and Empire*, volumes XIV, XV e XVI, encontrarão em J.M. Thompson, *The Life of Napoleon* (Oxford, 1952); G. Lefebvre, *Napoleon* (Londres, 1969); e Vincent Cronin, *Napoleon* (Londres, 1971) obras em inglês confiáveis e modelares. J.C. Herold, *The Age of Napoleon* (Londres, 1963), e George Rudé, *Revolutionary Europe 1783-1815* (Londres, 1967) proporcionam excelente leitura contextual.

Memórias

Os participantes dos eventos de 1814 e 1815 foram fecundos em memórias – escritas por eles próprios ou pelo menos atribuídas a eles – repletas de detalhes interessantes, ainda que pouco confiáveis. As fontes mais relevantes são as seguintes:

G. Bertrand, *Les Cahiers de Sainte-Hélène* (Paris, 1949) registra as reminiscências divagantes de Napoleão durante seu segundo exílio.

Louis de Bourrienne, *Mémoires sur Napoléon* foi o trabalho de um secretário desacreditado que se tornou um diligente antagonista; não é confiável pela ausência de evidências corroborativas, mas os volumes 9 e 10 efetivamente evocam intentos da época.

Armand Caulaincourt, *Memoirs* (Londres, 1950) é o relato mais abrangente da quinzena de agonia vivida por Napoleão em Fontainebleau, em abril de 1814; é, no geral, confiável quanto aos acontecimentos que levaram à sua abdicação.

O Barão Fain, secretário de Napoleão, escreveu três livros importantes: *Manuscrit de 1812* (Paris, 1827), *Manuscrit de 1813* (Paris, 1825) e *Manuscrit de 1814* (Paris, 1823).

Fleury de Chaboulon escreveu suas *Memórias* (Londres, 1819), enquanto Napoleão ainda estava vivo e capaz de comentar sarcasticamente alegações presunçosas. Vago sobre datas e detalhes é, lamentavelmente, a única e pouco fidedigna fonte sobre alguns aspectos da visita de Fleury a Elba.

Joseph Fouché, *Mémoires* (Londres, 1825) é tão claramente um trabalho sintético que não pode ser confiável, e é frustrante por omisso em muitos assuntos dos quais, sem dúvida, o mais astuto policial da Europa conhecia a verdade oculta.

G. Gourgaud, *Journal* (Paris, 1945) é o trabalho de um oficial dedicado, que lutou na campanha de 1814 e mais tarde foi com Napoleão para Santa Helena.

J. Hanoteau editou *Mémoires de la Reine Hortense* (Paris, 1927).

E.P.D. Las Cases, que também foi para a Santa Helena, escreveu *Memoirs of the Emperor Napoleon* e *Le Memorial de Sainte-Hélène* (Paris, 1951), que são baseados nas lembranças do próprio Napoleão.

C. Rousset editou *The Recollections of Marshal Macdonald* (Londres, 1893).

Marechal Marmont, *Mémoires* (Paris, 1856-7) e L. Marchand, *Mémoires* (Paris, 1952, 1955) são razoavelmente autênticas e contêm mais material proveitoso do que *Memoirs* do camareiro Constant ou *Souvenirs* de Saint-Denis, conhecido como Ali, o mameluco (Paris, 1926).

C.F. Méneval, secretário de Marie-Louise, era um homem honesto, e seu livro *Napoléon et Marie-Louise* (Paris, 1844) foi complementado por seu *Mémoires* (Paris, 1894).

The Memoirs of Prince Metternich foi editado por seu filho (Nova York, 1881).

C.J.F.T. de Montholon foi mais um dos que descreveram conversas de Napoleão em Santa Helena, mas seu *Mémoire de Napoléon* abre-se a sérios questionamentos, e há, ainda, evidência de grave plágio em seu *Récits* (Paris, 1847).

Hyde de Neuville, *Mémoires et Souvenirs* (Paris, 1894) parece tão confiável quanto é de esperar de um homem que passou grande parte de sua vida em atividades clandestinas.

Guillaume Peyrusse publicou seu *Mémorial et Archive* (Carcassonne, 1869), e L.G. Pelissier coligiu seu *Lettres inédits* (Paris, 1894).

General Savary, que se tornou duque de Rovigo e sucedeu a Fouché como ministro da Polícia, em 1810, escreveu *History of the Emperor Napoleon* (Londres, 1828) e *Mémoire sur l'Empire* (Paris, 1821); como muitas das memórias escritas logo após a restauração Bourbon, ele tratou de tornar seu texto aceitável, omitindo fatos e manifestando opiniões adequadas.

P. de Ségur foi outro general memorialista que deixou a adesão aos Bourbons afetar sua *Histoire et mémoire* (Paris, 1857).

Talleyrand provavelmente não iria relatar a verdade mais do que Fouché, mas seu *Mémoires* (Nova York, 1891), editado pelo duque de Broglie, foi, pelo menos, baseado em um texto autêntico.

Biografias

Entre as muitas biografias que se referem ao episódio de Elba encontram-se os seguintes textos, recentes ou particularmente relevantes, agrupados por assunto.

E.M. Almedingen, *The Emperor Alexander I* (Nova York, 1964); M. Grunwald, *Alexander I* (Paris, 1955); Marjorie Weiner, *The Sovereign Remedy* (Londres, 1971). Walter Scott, *Life of Napoleon Bonaparte* (Edimburgo, 1827) foi escrito contíguo aos acontecimentos descritos e está muito bem documentado. F. Masson, *Napoléon et sa famille* (Paris, 1894), Monica Stirling, *A Pride of Lions* (Londres, 1961), R.F. Delderfield, *The Golden Millstones* (Londres, 1964) e David Staction, *The Bonapartes* (Londres, 1967), todos se ocupam da família Bonaparte.

Barão Larrey, *Madame Mère* (Paris, 1892), Alain Decaux, *Napoleon's Mother* (Londres, 1962) e G. Martineau, *Madame Mère* (Londres, 1977) são biografias de Letizia Bonaparte. Bernard Nabonne, *Pauline Bonaparte* (Paris, 1948), Pierson Dixon, *Pauline: Napoleon's Favourite Sister* (Londres, 1964), e Len Ortzen, *Imperial Venus* (Londres, 1974), contêm o material disponível sobre as duas visitas de Pauline a Elba. Imbert Saint-Amand, *Marie-Louise, l'île d'Elbe, et les Cent Jours* (Paris, 1885) é uma fonte-padrão, embora lhe falte material mais recentemente publicado, que inclui a correspondência entre Napoleão e sua esposa. Paulo Garnière, *Corvisart, Médecin de Napoleon* (Paris, 1951) contém boa quantidade de informações sobre a Imperatriz, especialmente suas estadas em Blois, Rambouillet e Aix; e Patrick Turnbull, *Napoleon's Second Empress* (Londres, 1971) é uma útil biografia convencional. Christine Sutherland, *Maria Walewska* (Londres, 1979) contém dados atualizados provenientes de fontes polonesas.

Sobre outros membros da família, ver: T. Iung, *Lucien Bonaparte et ses mémoires* (Paris, 1883), Joan Beer, *Caroline Murat* (Londres, 1972), M.R. Weil, *Joachim Murat* (Paris, 1909, 1910), especialmente os últimos dois volumes; Paul Garniere, *Murat, roi de Naples* (Paris, 1959); e Carola Oman, *Napoleon's Viceroy* (Londres, 1966), que é uma biografia linear de Eugène Beauharnais.

Louis Madelin escreveu biografias modelares de *Talleyrand* (Paris, 1944) e *Fouché* (1946). Ver também J.F. Bernard, *Talleyrand* (Londres, 1973) e Emile Dard, *Talleyrand and Napoleon* (Londres, 1937).

A respeito dos estadistas da Aliança, ver Charles Petrie, *Lord Liverpool and His Times* (Londres, 1954), J.A.R. Marriott, *Castlereagh* (Londres, 1936) e C.J. Bartlett, *Castlereagh* (Londres, 1966), G. de Bertier de Sauvigny, *Metternich et ses temps* (Paris, 1959), e D.G. McGuigan, *Metternich and the Duchess* (Nova York, 1977).

Sobre os militares que acompanharam Napoleão a Elba ver: Jules Nollet, *Biographie du Génèral Drouot* (Paris, 1850), W. Serieyx, *Drouot et Napoléon* (Paris, 1929), L. Brunschvigg, *Cambronne* (Nantes, 1894), e Louis Garros, *Le génèral Cambronne* (Paris, 1949). Robert Christophe, *Les amours et les guerres du Maréchal Marmont* (Paris, 1955) é uma biografia razoavelmente recente do homem cuja parlapatice levou à deserção do Sexto Corpo. E.A. Vizetelly, *The Wild Marquis* (Londres, 1905) e Maurice Garçon, *La Tumultueuse Existence de Maubreuil, Marquis d'Orvault* (Paris, 1954) examinam o misterioso caso Maubreuil em detalhe.

Política

Henri Houssaye, *1814* (Paris, 1882) continua sendo o texto-padrão sobre os acontecimentos daquele ano. Edouard Driault, *La chute de l'Empire* (Paris, 1927), Jean Thiry, *Le premier abdication de Napoléon 1er* (Paris, 1939), Felix Ponteil, *La chute de Napoléon 1er*, e R.F. Delderfield, *Imperial Sunset* (Londres, 1968), todos descrevem o colapso do Império com certa minúcia. Charles Dupuis, *Le Ministère de Talleyrand en 1814* (Paris, 1919) e G. de Bertier de Sauvigny, *The Bourbon Restoration* (Filadélfia, 1966), ambos lidam com a formação do Governo Provisório e o retorno de Louis XVIII. Há inúmeros relatos da época feitos por visitantes da França após a queda de Napoleão, mas o contexto social está bem resumido por Simona Pakenham, *In the Absense of the Emperor: London-Paris 1814-1815* (Londres, 1968). Para os bastidores da fuga e da marcha a Paris, ver Henri Houssaye, *Le retour de Napoléon* (Paris, 1934), Claude

Manceron, *Napoléon Recaptures Paris* (Londres, 1968), e P. Ravignant, *Le retour de l'île d'Elbe* (Paris, 1977), sendo este último um exemplo da maneira popular-heroica de escrever sobre o tema. Emile le Gallo, *Les Cent Jours* (Paris, 1924) é muito útil sobre a peculiar conspiração dos generais no Norte.

Entre as curiosidades estão A.D.B. Monnier, *Une année de la vie de l'Empereur Napoléon* (Paris, 1815), C. Doris, *Secret Memoirs of Napoleon Bonaparte* (Londres, 1815) e *La Vérité sur les Cent Jours, Par un Citoyen de la Corse* (Bruxelas, 1825), que contém material credível sobre a conspiração nacionalista italiana. Um divertido comentário sobre o episódio em Elba, da forma como foi retratado pelos cartunistas contemporâneos, pode ser encontrado em A.M. Broadley, *Napoleon in Caricature* (Londres, 1911).

O Congresso de Viena

As duas obras-padrão de Charles Webster são *The Foreign Policy of Castlereagh 1812-1815*(Londres, 1931) e *The Congress of Vienna* (Londres, 1946). *The Congress of Vienna,* de Harold Nicolson, (Londres, 1946) é um conveniente e útil resumo das questões em estudo. Frederick Freksa, *A Peace Congress of Intrigue* (Nova York, 1919) é baseado nas memórias de participantes, e três relatos em primeira mão podem ser encontrados em Jean-Gabriel Eynard, *Journal* (Paris, 1914), Carl Bertuch, *Tagebuch vom Wiener Kongress*, editado por H. von Egloffstein (Berlim, 1916), e Niels Ronsenkrantz, *Journal du Congrès de Vienne* (Copenhague, 1953). Uma fonte muito importante é M.H. Weil, *Le Revirement de la Politique Autrichienne* (Turim, 1908). Nesse trabalho, o comandante Weil reeditou a correspondência clandestina entre o imperador Franz I e Louis XVIII, em que os dois soberanos planejaram a derrubada de Murat nas semanas que antecederam a fuga de Napoleão.

Militar

J.H. Rose, *Napoleon's Last Voyages* (Londres, 1906) inclui o relato em primeira mão da viagem para Elba a bordo do *Undaunted*. Para livros sobre as relações de Napoleão com seus ex-companheiros de armas, consulte: Marcel Dupont, *Napoléon et la trahison des maréchaux* (Paris, 1939), Louis Chardigny, *Les Maréchaux de Napoléon* (Paris, 1946), A. G. Macdonnell, *Napoleon and his Marshals* (Londres, 1950), e Peter Young

Napoleon's Marshals (Londres, 1974). Marcel Dupont, *Napoléon et ses grognards* (Paris, 1945) é uma fonte útil sobre os veteranos. J.C. Lawford, *Napoleon's Last Campaigns* (Londres, 1977) e F.L. Petre, *Napoleon at Bay* (Londres, 1977) descrevem as fases finais do longo conflito. Veja também Jean Thiry, *La campagne de France de 1814* (Paris, 1946). Duas fontes valiosas sobre ordens militares e outros documentos estão em Arthur Chuquet, *Lettres de 1814* e *Lettres de 1815* (Paris, 1914). Para relatos da época da campanha de 1815, ver Anthony Brett-James, *The Hundred Days* (Londres, 1964) e para um resumo geral dos acontecimentos após o regresso de Napoleão ver Edith Saunders, *The Hundred Days* (Londres, 1964).

Segurança Pública

Material sobre atividades policiais e espionagem é, pela natureza do tema, de difícil obtenção e igualmente de pouca confiabilidade. Porém, três valiosas fontes descrevem a polícia secreta austríaca: A. Fournier, *Die Geheimpolizei auf dem Wiener Kongress* (Viena, 1913), M.H. Weil, *Les dessous du Congrès de Vienne* (Paris, 1917), que reproduz cartas e mexericos que François Hager, chefe da polícia, apresentava quase diariamente a seu Imperador; e Donald Emerson, *Metternich and the Political Police* (Haia, 1968) mostra a onipresença da vigilância clandestina. Ver também E. d'Hauterive, *La Police Secrète du Premier Empire* (Paris, 1963-4), Peter de Polnay, *Napoleon's Police* (Londres, 1970), e sobre espionagem ver Pellet e Godlewski mais abaixo.

Correspondência

Em complemento ao útil material dos bastidores, tais como os contidos nos volumes IX, X e XI de *Supplementary Despatches* do Duque de Wellington (Londres, 1862), a fonte mais importante é *La Correspondance de Napoléon 1er* (Paris, 1858-1870), volumes 27, 28 e 31. A maioria dessas cartas e o retrospecto sobre Elba datados do exílio de Santa Helena foram ditadas por Napoleão, cujo estilo espelha mais a pressa das notações escritas à mão do que o do próprio Napoleão. Sua troca de cartas com Marie-Louise pode ser encontrada em F.C. Palmstierna, *My Dearest Louise: Marie-Louise and Napoleon 1812-1814* (Londres, 1958). Philip Guedalla, *The Letters of Napoleon and Marie-Louise* (Londres, 1935) não está completo e, de muitas maneiras, é menos satisfatório. *The*

Correspondence of Lord Castlereagh (Londres, 1851) e seu *Despatches* (Londres, 1848-1853) contêm ambos muito material esclarecedor, assim como os do Príncipe Murat, e Paul le Brethon, *Lettres et documents pour servir a l'histoire de Joachim Murat* (Paris, 1914), *Correspondance Inédite du Prince Talleyrand et de Louis XVIII, pendant le Congrès de Vienne*, editado por L.G. Pelissier (Paris, 1881), e *Talleyrand Intime, d'après sa correspondênce avec la Duchesse de Courland.*

La Restauration en 1814 (Paris, s/d), relato de Paris em abril de 1815 enviado por John Cam Hobhouse (Lord Broughton) pode ser encontrado em seu *Recollection of a Long Life* (Londres, 1909-11).

Elba

Descritivos: a ilha é descrita em Thiébaut de Berneaud, *Voyage à l'île d'Elbe* (Paris, 1808), que Napoleão consultou em Fontainebleau; em Richard Colt Hoare, *Tour Through the Island of Elba* (Londres, 1814), H. Barker, *Description of Elba* (Londres, 1816), A. Pons de l'Hérault, *L'île d'Elba au début du sixième siècle* (Paris, 1877), e em contexto moderno, por Vernon Bartlett, *A Book About Elba* (Londres, 1965).

Históricos: os livros que descrevem a estada de Napoleão em Elba variam muito em termos de confiabilidade e qualidade, e muitas vezes dependem de historietas sem data e de autenticação duvidosa.

O Conde Truchsess-Waldbourg deixou o relato da viagem para o exílio em seu *Relation de l'itinéraire de Napoléon de France a l'île d'Elbe* (Paris, 1815). Outras narrativas contemporâneas incluem relatórios de visitantes ingleses como Lord Ebrington, "Memories of Two Conversations with the Emperor Napoleon" (Londres, 1839), G.W. Vernon, "*Sketch of a Conversation at Elba*" no *Miscellanies* da Philobiblon Society, volume VIII (Londres, 1863-4), e J.B. Scott, *An Englishman at Home and Abroad* (Londres, 1930). L.G. Pelissier reeditou documentos contemporâneos em *Le registre de l'île d'Elbe* (Paris, 1897). J. Chautard, *L'île d'Elbe et les Cent Jours* (Paris, 1851) é um livro útil, como é também o em geral confiável H.W. Woolf, *The Island Empire* (Londres, 1855). Amedée Pichot, *Napoleón à l'île d'Elbe* (Paris, 1873) é outro exemplo de livro escrito para manter a lenda napoleônica.

E. Foresi, *Napoleone all'isola d'Elba* (Florença, 1884) foi um livro anterior que usou fontes italianas. M. Pellet, *Napoléon a l'île d'Elbe* foi um marco nos estudos sobre Elba, pois foi Pellet quem encontrou e parcialmente reeditou os relatos do Mercador de Azeite no consulado francês em Livorno, e toda sua narrativa é em geral confiável, embora de estrutura irregular. P. Gruyer, *King of Elba* (Londres, 1906) é um bom texto, porém convencional. Norwood Young, *Napoleon in Exile: I – Elba* (Londres, 1914) foi baseado em pesquisas sérias e, em adição a um interessante apêndice sobre caricaturas da época, de A.M. Broadley, contém informações não facilmente encontradas em outras fontes. Apesar de ultrapassado em alguns aspectos, continua a ser uma das melhores obras sobre o assunto. A.P. Herbert, *Why Waterloo?* (Londres, 1952) é um dos mais singulares e mais interessantes entre todos os livros sobre a estada de Napoleão em Elba. Embora escrito como uma peça leve de história romanceada, o conteúdo foi tão cuidadosamente investigado e contém tantas suposições inteligentes, que se fica a desejar que Sir Alan Herbert tivesse feito um trabalho mais formal – e um pouco menos parcial em relação ao imperador exilado. P. Bartel, *Napoléon a l'île d'Elbe* (Paris, 1947) oferece um relato franco, mas prolixo, sobre os acontecimentos na ilha. Robert Christophe, *Napoleon on Elba* (Londres, 1964) é um livro conciso e popular. Foi Christophe quem primeiro fez a provável identificação de Alessandro Forli como o Mercador de Azeite. Guy Godlewski, *Trois Cents Jours d'Exile* (Paris, 1961) apresenta muito material novo, especialmente sobre intrigas clandestinas em Elba e seu entorno.

Pons e Campbell são as duas principais testemunhas na Ilha de Elba que descrevem em detalhe as suas impressões. A. Pons de I'Hérault, *Souvenirs et anecdotes de l'île d'Elbe* (Paris, 1897), editado por L.G. Pelissier, é longo e indispensável, mas é vago sobre datas, dá muito espaço à longa disputa entre Pons e Napoleão sobre os rendimentos provenientes das minas de ferro, e sua retórica exagerada torna-se tediosa. Mas Pons foi, no conjunto, um memorialista bom e honesto, pertencente ao círculo íntimo da Villa Mulini. Seu livro é o complemento francês de Neil Campbell, *Napoleon at Fontainebleau and Elba* (Londres, 1869), publicado quase quarenta anos após a morte de Campbell, que contém seu Diário e também memórias escritas por seu sobrinho. O Diário é uma fonte contínua, contemporânea e datada e, portanto, proporciona um controle sobre a outras fontes mais anedóticas. Os fatos narrados por Campbell são no geral confiáveis, embora ele fosse propenso a relatar rumores e apimentar os registros em seu diário com especulaçõs próprias. Mas o Diário harmoniza-se muito com os despachos regulares e confidenciais que enviava para Castlereagh, agora disponíveis no Public Record Office e, em alguns casos, simplesmente cópia do despacho da época.

Documentação

O Public Record Office, como o Archive National em Paris e os arquivos de vários ministérios franceses, contêm muito material relevante sobre a estada de Napoleão em Elba e sua fuga. O diário de bordo do *Partridge*, no acervo do PRO, é o mais útil. Assim são os comentários de Lord Burghersh sobre negligência ao dever de Campbell (Foreign Office 79 /21, 22, 23), também as cartas relativas à disputa de Campbell com o comandante Tower (FO 27/114, maio de 1814-abril de 1815), e generalidades de bastidores registradas nos verbetes Toscana e Roma (FO 170, 171), Genova (FO 762, 1815); há também muitos relatórios e cartas sobre a atividade diplomática na França e em Viena. Há interessantes cartas escritas por Campbell a Lord William Bentinck nos Portland Papers da biblioteca da University of Nottingham (PwJd 1154, 1156 e 1158), e PwJd 1159 é um conjunto de notas mantidas por Campbell sobre o *Partridge* durante a infrutífera viagem para Antibes. Há uma carta de Campbell a Lord Bathurst em HMC 81 *Supplementary Report on the Manuscript of Robert Graham Esq. of Fintry* (Londres, 1942).

Outras fontes manuscritas incluem uma carta do comandante Ussher ao comandante Waldegrave, que se encontra na biblioteca do National Maritime Museum, em Greenwich, assim como as caixas de cartas do almirante Pellew. Papéis de Lord Liverpool podem ser encontrados no Manuscript Room da British Library. A maioria dos papéis de Lord Castlereagh está no Public Office em Belfast e no County Archive Office em Durham. Há alguns papéis e outros documentos na Villa Mulini e na biblioteca pública de Portoferraio. Os debates no Parlamento depois da fuga de Napoleão estão repletos de interesses e de evasivas. Consultar House of Commons, 6, 7, 20, 22 e 25 de abril de 1815, e House of Lords, 12 de abril de 1815, especialmente as tentativas de Castlereagh e de Liverpool de justificar suas políticas ambíguas e as ordens dadas a navios britânicos nas vizinhanças de Elba.

Índice

Este livro, composto na fonte Fairfield,
foi impresso em papel Pólen Soft 70 g/m², na gráfica Imprensa da Fé.
São Paulo, agosto de 2018.